臺灣政經史系列第三輯05 陳天授主編

元華文創

宗教環境學
在亞洲的跨界對話
臺灣與亞洲共同直面的環境危機與宗教實踐

Cross-Border Dialogues on Religious Environmentalism in Asia

| 第三卷 |

歷來有關臺灣與亞洲大眾信仰變遷的著作中，

最具跨學科特色而且又兼具「宗教環境學」新詮釋理念的，

三卷版研究精華匯集。

張珣　高晨揚　江燦騰 ── 主編

前言與致謝

張珣、高晨揚、江燦騰

　　本書是《宗教環境學》的第三卷，全書主要是環繞此一由當代臺灣人類學者張珣所創先提出「宗教環境學」的新建構學術理論及其跨境的延伸應用。因此有別於前兩卷只是聚焦在：臺灣本土的各類大眾信仰的新視角探索與詮釋建構，本卷內容是更具學識雄心地，企圖進一步將此一新學術理念及實質應用績效，探明其是否能夠邁向臺灣境外的國際視閾且能與彼等進行跨境的實質學術對話？

　　換言之，本卷的核心主題其實就是意在從事「宗教環境學在亞州的跨界對話」，或者更精確的說，是意在探討「臺灣本土與亞州共同直面的環境危機與宗教實踐」。否則若只是一種特殊且封閉性的地域性新學術理念，卻無法進行國際跨境對話，則將難以說服相關學者其新學術理念的建構與實際運用，是可被嚴格驗證的成熟理論。

　　而為了達成此一高水準的學術目標，本書是由張珣、高晨揚與江燦騰三位編者合作完成。此因新增主編高晨揚博士，不但是當代臺灣人類學界新銳，且其對本卷的內容編輯建構與實際相關作業貢獻極大，所以將其排序在主編的第二位。至於另一主編江燦騰，因其不提供論文納入本卷，所以只排序在第三位。

　　再者，在事實上，若回顧此三卷的《宗教環境學》新理念的建構與成熟運用，並非突然出現的學術業績，而是有其漫長的發展歷程的：此因張珣與江燦騰兩位主編其實是從 2001 年起，首次合作編輯《當代臺灣本土宗教研究導

論》一書問世以來，便由於當時深受廣大讀者的熱烈歡迎或被廣為當作宗教學系的相關教材使用，連大陸都出版了本書的大陸版，才有其後續的相關發展。

亦即就是基於如此的熱烈反應，所以兩位主編其後又有：2003 年出版的《研究典範的追尋：當代臺灣本土宗教研新視野和新思維》、2006 年出版的《臺灣本土宗教研究：結構與變異》、2014 年出版的《當代臺灣宗教研究精粹論集：詮釋建構者群像》、2019 年出版的《臺灣民眾信仰中的兩性海神：海神媽祖與海神蘇王爺的當代變革與敘事》、2021 年出版的《臺灣民眾道教三百年史：現代詮釋與新型建構》的長期多次合作。

2022 年張珣與江燦騰再次合作，以張珣提出的宗教環境學為架構，做為解釋臺灣大眾信仰變遷的新視野，從已發表的大量各類精華論文中，嚴格挑選與宗教環境學主題及其體系建構有高度相關者，才慎重納入。其成果就是《宗教環境學與臺灣大眾信仰變遷新視野》第一卷與第二卷，內容共分 6 大部份，30 個篇章，涵蓋有臺灣原住民族宗教，道教，民間宗教，臺灣新興宗教，基督教，各教別。作者專長領域有人類學，社會學，心理學，文學，史學，哲學，宗教學等等。包括蔡錦堂、黃智慧、劉璧榛、陳文德、黃宣衛、呂理哲、丁仁傑、林本炫、王見川、梁唯真、余安邦、宋錦秀、許麗玲、林永勝、賴錫三、丁敏、張崑將、劉宇光、趙東明等人的作品。

因此可以說，若無之前兩位編者的長期多次合作，並藉此積累寶貴編選經驗，就不可能有此次第一卷與第二卷如此的煌煌大書問世。所選編收錄的文章都是上述作者的優異學術精華，各類型論述之間彼此都能互相輝映或多音交響，使能收到承先啟後的寶貴薪傳功效。因此第一卷與第二卷問世之後，獲得讀者很好的迴響，而有目前本書第三卷的構思。

最後必須說，本書第三卷能夠出版，首先要感謝的是，元華文創出版社的叢書主編陳添壽教授能夠繼續支持本書的理念。其次，該出版社經驗豐富的李欣芳主編與作業程序精湛的陳欣欣編輯，都對本書的精美編排與仔細校對幫助極大，因而能讓本書得以完善而又精美地呈現在讀者面前，在此致上無比感謝之情。

本書內容簡介

　　本書是由張珣、高晨揚與江燦騰三位編者合作完成。《宗教環境學》第一卷與第二卷相繼在 2022 年 8 月與 11 月問世之後，獲得讀者大眾相當高的迴響，除了有多場新書發表會陸續向不同群體推廣宗教環境學研究的急迫性，更有來自元華文創出版社的鼓勵，期待能有後續卷本出版。

　　張珣與高晨揚遂在兩人的任職單位，中研院民族所的宗教研究群，將「宗教與環境研究」作為年度主題，在 2022 年開始，邀請國內外不同學者來演講他們在此一議題的研究成果，計有來自挪威奧斯陸大學的賀美德（Mette Halskov Hansen）教授，政治大學吳考寗（Courtney Work）教授，威尼斯大學倪杰（Jeffrey Nicolaisen）研究員，東華大學陸澐杉（Agathe Lemaitre）博士，劉宇光教授，林汝羽博士候選人等等。2023 年，延續「宗教與環境」的年度主題，持續邀請各地對此一議題有研究的學者來演講。隨著時機成熟，即於 8 月 25 日舉行「宗教與環境專書寫作工作坊」，激勵每一位演講者落實其演講內容，增補田野資料，朝向出版的方向寫作。經過工作坊的一天討論，大家都深感主題更為聚焦。此時，我們發現多數演講者的研究地點集中在亞州地區，有柬埔寨，印度東北與西藏接壤之處，印度南部，泰國，中國，臺灣等地，所以 2024 年 1 月 25-26 日兩天舉行的正式國際研討會，便以「亞洲處境中的環境危機與宗教實踐」作為大會標題，共有中英文論文 14 篇發表。

　　會後，宗教環境學第三卷便有了雛形，可以將原先第一卷與第二卷的內容擴大到臺灣以外的亞州其他地區。其次，在宗教派別上，第

三卷很明顯地有過半的論文是以亞州不同國家原住民族的原始宗教為研究對象，還有是亞州佛教相關的論文。說明了亞州地區的農村、森林、海岸、深山、河流乃至城鎮面臨到環境破壞的危機時，本土宗教成為土生土長居民在保護生存空間，抗爭外部入侵勢力的能量來源。再其次，第三卷重視的不只是人類的生存空間被破壞，更是看到其他非人類物種，例如雲豹，鳥類，植物，林木等等物種的生存危機。會議論文經過多次審查與修改之後，難免有遺珠之憾，本書收錄了 13 篇論文，並將書名與會議名稱做出區別，以更強調臺灣的主導性而又開放向亞州不同區域的比較研究。

　　第三卷總共有四位國外作者，說明了此一主題在國際學術界的重要性，環境危機的處理更是世界潮流趨勢所在。因此，第三卷也是我們與國際學術交流的部份成果。其次，第三卷有多位作者是年輕學者，我們要向下紮根，讓年輕學者關懷宗教與環境議題，繼續帶動此一議題的研究。更重要的是，第三卷許多篇論文已經指向行動，而不僅止於學術研究。在宗教環境保護上面，期待更多的社會行動與覺醒。可以說，第三卷整體成果是在第一卷與第二卷的基礎之上，學界擴大參與面向並且更加深掘議題的展現。

本書英文簡介

Cross-Border Dialogues on Religious Environmentalism in Asia
The Environmental Crisis and Religious Practices in a Taiwanese and Asian Context

Book abstract

    This monograph, which was co-edited by Hsun Chang, Cheng-yang Kao, and Tsann-terng Jiang, is the third volume of the *Religious Environmentalism and Religious Changes in Taiwan* I and II《宗教環境學與臺灣大眾信仰變遷新視野》（第一卷，第二卷）series edited by Hsun Chang and Tsann-terng Jiang. But while the previous two volumes focused on religions in Taiwan, this volume extends its scope to the religions of Northeastern India, Cambodia, Thailand, and China. The four chapters in the first section mainly discuss ritual plants and animals, the two chapters in the second section provide ontological reflections on religious cosmology, the four chapters in the third section address the ecological practices of religious communities, and three chapters in the fourth section deal with the formation of a spiritual ecology. The authors of this book discuss and present their views concerning the following issues:

    1. What is there specific to the environmental crisis in Asia, compared to

that in other parts of the world?

2. Asia is the most religiously diverse place in the world. Are the religious groups in question aware of and responding to religious diversity when facing environmental issues?

3. Are there fundamental differences among types of religion（such as animism and institutional religion）and different religions（such as Christianity and Hinduism）when facing environmental issues?

4. Is religion capable of dealing with/easing/solving the environmental crisis in any way?

5. Can we say that the environmental crisis is identical to or a form of religious crisis?

Religion and the environment in Asia is a complex issue that needs to be studied over a long period of time. This book is just a beginning, and is not yet a comprehensive look at this subject. It is hoped that it will attract the attention and concern of scholars and readers, lead to more manpower being devoted to exploring this issue in the future, and hopefully make religious people and believers aware of the urgency of the problems involving religion and the environment.

編者與作者簡介

一、編者簡介

張　珣　人類學者，美國加州大學柏克萊分校人類學博士。曾任科技部人類學與族群研究學門召集人，臺灣人類學與民族學學會理事長，臺灣大學人類學學系兼任教授，政治大學宗教研究所兼任教授，現任中央研究院民族學研究所研究員兼所長。著有《海洋民俗與信仰：媽祖與王爺》、《媽祖信仰的追尋》、《文化媽祖：臺灣媽祖信仰研究論文集》、《疾病與文化：臺灣民間醫療人類學研究論集》等著作。與人合編有《當代臺灣本土宗教研究導論》、《研究典範的追尋：臺灣本土宗教研究的新視野和新思維》、《臺灣本土宗教研究：結構與變異》、《人類學家的我們、你們、他們》、《宗教、法律與國家：新時代的文化復振》、Religion in Taiwan and China: Locality and Transmission 等專書。

高晨揚　中央研究院民族學研究所副研究員，英國蘭開斯特大學宗教學博士。研究領域包括中國基督教、世界基督教與基督教人類學。已發表的文章主要探討文化大革命時期的基督教型態和中國基督教的變遷與現況。

江燦騰　桃園大溪人，1946 年生。臺大歷史研究所文學博士。經歷：曾教臺大、清大、佛光山叢林研究所教師、佛教弘誓學院教師、新文豐出版公司佛教文化叢書主編、商鼎文化出版公司佛教叢書主編、臺北城市科技大學創校首位榮譽教授，現已退休。主要著作：《臺灣佛教百年史之研究（1895-1995）》、《臺灣當代佛教》、《日據時期臺灣佛教文化發展史》、《認

識臺灣本土佛教》、《臺灣佛教史》、《當代臺灣心靈的透視──從雙源匯流到逆中心互動傳播的開展歷程》、《風城佛影的歷史構造──三百年來新竹齋堂佛寺和代表性人物誌》、《東亞現代批判禪學思想四百年》、主編《跨世紀的新透視──臺灣新竹市 300 年佛教文化史導論》、合著《臺灣民眾信仰中的兩性海神──海神媽祖與海神蘇王爺的現代當代變革與敘事》、主編《當代臺灣本土大眾文化──雙源匯流與互動開展精選集》第一冊、合編《臺灣民眾道教史三百年》、主編《根本佛教解脫道論》等。學術榮譽：第一屆宗教學術金典獎得主。第二屆臺灣省文獻傑出貢獻獎得主。中央研究院歷史與語言研究所傅斯年紀念獎學金臺大學生唯一得八次者。

二、作者簡介（依篇目順序）

劉璧榛　人類學者，法國高等社會科學院（E.H.E.S.S.）社會人類學與民族學博士。現任中研院民族所研究員兼副所長。近年來因自然環境遭破壞與氣候變遷，人們不得不面對全球性的生存問題。適應力強的原生種植物跟原住民的生態知識，成為熱門的研究議題與解決之道。於是筆者延伸象徵生態學的取向，到原住民族宗教的研究中，特別從噶瑪蘭族與阿美族的社會中汲取借鑑，並把比較的視野帶到其他的臺灣原住民族差異甚大的傳統宗教研究中。很多原住民熟悉的原生植物並非因其經濟價值而存在，而是由於其象徵力量、被賦予的社會文化意義或是本體論之差異，這部份正是當今在討論農業的生物多樣性時常被忽略的面向。原住民族主動維持生物的多樣性，來自這些植物在其社會文化實踐中，有特殊的意義與存在的價值。而筆者長期聚焦的巫師相關祭儀，是一個重要感知植物及環境的機制，亦是建構植物意義與傳遞知識與價值的網絡。

李宜澤　人類學者。美國匹茲堡大學人類學博士。現任東華大學族群關係與

文化學系副教授。主要研究領域分別為：阿美族傳統信仰以及儀式活動的身體經驗與地景觀點，原住民基礎設施與多物種觀點，臺灣農業技術轉變與能源設施，以及 NGO 培力政治的網絡行動。著有論文〈祭儀地景的多重記憶與環境偏移：南勢阿美族里漏部落船祭活動變遷與文化製作〉發表於《民俗曲藝》期刊，〈從「傳統領域」到「基礎建設」：南勢阿美族人都市化祭儀地景的空間轉換〉，收錄於中研院民族所出版之《國家，環境治理與原住民族的文化實踐》論文集。以及 "Environmental Shift in the Entangled Anthropocene: Use and Abuse of Birds in Amis Ritual Practices of Taiwan," 收錄於 UBC 出版社所發行之 *Feathered Entanglement: Human-Bird Relationship in the Anthropocene*，等等中英文學術著作。

陸澐杉 Agathe Lemaitre 是一位人類學博士，於 2023 年 7 月畢業於臺灣東華大學原住民族學院族群關係與文化學系。她的論文題目是：「滅絕中的人與動物糾纏：排灣族、雲豹和鵰鷲關係中物質、神靈和身體形式的維持及消失」。她的博士研究探討了從社會、政治和環境角度出發，南島語族排灣族與兩種動物之間的關係：已在當地滅絕的雲豹（Neofelis nebulosa）和瀕危的鵰鷲（Nisaetus nipalensis）。她對於保育或滅絕情境下的人與動物關係十分感興趣，並特別分析了「縈繞」、「消失」和「生存」等概念，以理解在變動時期的韌性能力。2024 年 9 月，她將開始由蔣經國基金會資助的博士後研究，隸屬於巴黎的 LISE 研究實驗室（CNAM-CNRS）。ORCID: 0000-0002-3284-8802

吳考甯 Courtney Work 現為政治大學民族學研究所副教授，長期關注鄉村的發展，尤其那些正從森林轉變為已開發、定居地景的鄉村地區。研究領域涵蓋宗教人類學、發展人類學、環境人類學、東南亞政治史、當代氣候變遷下的政治經濟。專長參與式研究，主題包括環境條件變動下之人類與非人界的互動，並關注過程中植物、藥材、原始自然於社會空間的關係。穿梭在東

南亞、臺灣的山林，協同原住民社群展開研究，於氣候變遷、全球發展之政治與傳統知識的交會下，進行知識協作，並將長期田野的研究動態帶入課堂討論，以及課堂中討論激盪所獲得的見解與反思帶回田野。著有專書《帝國的浪潮：柬埔寨的宗教、發展與環境》（*Tides of Empire: Religion, Development, & Environment in Cambodia*）（2020）及多篇研究相關論文。

楊美惠 Mayfair Yang 加州大學聖塔芭芭拉分校宗教及東亞系教授。加州大學柏克萊分校人類學博士。她的研究包括中國與臺灣的宗教、當代性與國家，以及性別與媒體研究。她是美國宗教人類學會主席，並曾擔任澳洲雪梨大學亞洲研究主任（2007-2009）。出版有：《現代性再魅化：中國溫州的儀式經濟與社會》（獲得：2020 克利福德・格爾茨獎榮譽獎）和《禮物、恩惠和飲宴：中國的社會關係藝術》（獲得：1994 美國民族學會專書獎）。編有：《崛起的中國人類學：歷史、成就與磨難》（2024）；《中國環境倫理：宗教、本體論與實踐》（2021）、《中國宗教的多重性：現代性的困境與國家建構》（2008）；和《她們的空間：跨國中國的婦女公共領域》（1999）。她的文章散見於：《理論、文化與社會》、《亞洲研究期刊》、《當代人類學》、《公共文化》、《年鑑》、《社會與歷史比較研究》、《宗教與社會》。她是兩部紀錄片的製片、編劇與導演：《透過中國女性之眼》（1997 年，由 Women Make Movies 發行）和《中國溫州農村的公共與私人領域》（1994）。

倪杰 Jeffery Nicolaisen 宗教學者。美國杜克大學宗教研究所博士。現任玄奘大學宗教與文化學系助理教授。曾任職於陽明交通大學人文社會學系博士級研究人員（2023）、陽明交通大學文化研究國際中心外國籍博士級研究人員（2021-2022）、崑山杜克大學全球學者項目客座講師（2020-2021）。研究領域包括多物種研究、佛教研究、原住民族研究、批判動物

研究、環境人文學等。研究用臺灣傳統思想與教義來重新思考在臺灣的人類與非人類的能動力以及漢族、原住民、狗、猴子等之間的多物種互動關係。研究資助包括獲得夏洛特・紐科姆研究計畫、傅爾布萊特—海斯研究計畫等。在從事學術事業之前，曾任職於環境諮詢師供職於全球永續性諮詢公司伊爾姆（ERM）環境資源管理。

鄧元尉 政治大學哲學博士、宗教學碩士，任教於輔仁大學宗教學系。主要研究領域為宗教哲學與猶太哲學，著有《通往他者之路：列維納斯對猶太法典的詮釋》，以及〈宗教護生信念與生物多樣性的對話〉、〈奧斯維辛之後的耶路撒冷：從孟德爾頌到列維納斯的猶太政治神學路徑〉、〈懸擱與邊界：宗教現象學與社會系統理論的對話〉、〈對話、理解與暴力：桑德斯與紐斯納之論爭對基督教的倫理意義〉等單篇論文，亦從事翻譯工作。近年研究方向為宗教與生態之社會關連以及宗教現象學之哲學理論探討。

劉宇光 佛教學者，香港科技大學博士，先後擔任政治大學宗教研究所（2023- ）、加拿大麥基爾大學宗教學院（2022）、泰國摩訶朱拉隆功大學國際研究生院（2016, 2018, 2019）、德國萊比錫大學東方學系（2014）的客座教授、美國加州柏克萊大學馬愛德（E. Malatesta, 2010）訪問學人、復旦大學宗教學系副教授（2006-2021）。專著有《量論與識論：佛教哲學研究回顧》（2024）、《僧侶與公僕：泰系上座部佛教僧團教育的現代曲折》（2023）、《煩惱與表識：東亞唯識哲學論集》（2020）、《僧爭與僧兵：佛教、社會及政治的互塑》（2020）、《左翼佛教和公民社會：泰國和馬來西亞的佛教公共介入之研究》（2019）；譯作有安妮・克萊因（Anne Klein）著《知識與解脫：促成宗教轉化體驗的藏傳佛教知識論》（2012）和伊莉莎伯・納巴（Elizabeth Napper）著《緣起與空性：藏傳佛教中觀哲學》（2003，2007），另以中、英文撰有佛教哲學和現代佛教政治—宗教關係之論文多篇刊臺、港及北美學報或論集。

林汝羽　學識的累積來自於臺灣大學、清華大學和英國的薩賽克斯大學（University of Sussex），曾經到印度的德里大學與歐盟的愛琴海大學短暫進修。是個寫散文與詩的文青少女，後來念了經濟學學士（副修性別研究）、社會學（中研院中國研究雙聯學位）和人類學碩士，一步步走進社會科學。因緣際會到了全球發展學排名第一的大學念書，博士學位的科目是當代重視平等正義與去殖民方法的發展學，並且在英國發展學中心（Institute of Development Studies UK）從事研究。曾與南亞研究的前輩及學友合著《看見南亞》一書，長期在天下獨立評論寫作專欄「流亡與共生」，2024 年在從事流亡西藏研究約 18 年後出版了《桑和朵瑪：西藏離散社群的流動與社會韌性》。想了解更多關於她的獲獎紀錄、學術論著與創作請見：irisruyulin.com

林敬智　宗教學者，美國加州大學柏克萊分校歷史學博士、中央研究院近代史研究所博士後研究，現為政治大學宗教研究所助理教授，2016、2018、2021 年擔任德國哥廷根大學客座教授，開設 Chinese Popular Religion 課程。研究方向包括華人民俗、民間宗教與民間信仰、環境史、數位人文、木版年畫，關注民俗與宗教信仰隨著人群的移動後，如何在各地傳播與重新調適在地化的過程，觀察宗教與生態環境之間如何交互影響，博士論文即研究華北山東與江蘇交界微山湖的水上人，如何從陸上人轉變為浮家泛宅的生活形態，由此而衍生出特殊的水上人信仰、神譜與儀式。自任職政治大學後一直致力於華人宗教民間信仰研究，並關注宗教信仰與生態環境的相互影響議題，同時應用歷史文獻研究、田野調查、和數位人文的 GIS 空間分析、社會網絡分析等跨領域研究方法，研究山東微山湖水上人的信仰與民俗、臺灣民間信仰、東南亞華人民間信仰，曾受文化部文化資產局委託執行「傳統金紙及香製作無形文化資產潛力調查計畫」（12.2017-12.2018），近年來觀察北臺灣大文山地區（木柵、景美、深坑、石碇、坪林、新店）原鄉福建安溪籍貫的宗教信仰與民俗，回饋在地文史與社區，並應用 3D 光達掃瞄與建

模對於古蹟寺廟文化資產進行數位紀錄保存，善盡大學社會責任。著有《民間儒教及其現代命運：轉型時代下一貫道的挑戰與調適》。

林益仁 生態人文學者，臺北藝術大學博物館研究所教授。研究者長期關注不同社群對於自然這個概念所發展的社會文化價值與意義，並從參與式的行動研究方法論入手，在過去的三十年間未曾間斷。主要研究項目包括：臺灣佛教徒的環境信仰與實踐、棲蘭檜木森林價值的多元文化觀點、部落地圖與傳統領域、傳統生態知識與社會—生態系統、自然災難的生態政治學、原住民族的韌性治理與生計、生態健康與照顧、以及家園走讀與策展。代表著作包括：〈我在泰雅生態農耕敘事中的走動：對 Tim Ingold 的呼應〉，（2021）《臺灣人類學刊》（19）：9-56; Indigenous Resilience to Disasters in Taiwan and Beyond. *Sustainability*. 2021. 13（5）：2435; Situating Indigenous Resilience: Climate Change and Tayal's "Millet Ark" Action in Taiwan. *Sustainability*. 2020. 12（24）：10676; Politicizing Nature: The Maqaw National Park Controversy in Taiwan. *Capitalism Nature Socialism*, 2011. 22（2）：88-103; 基督教生態觀與在地生態知識：Holmes Rolston III的「荒野」生態哲學，臺灣宗教研究，*10*（1），3-26; Indigenous Language–informed Participatory Policy in Taiwan: A Socio-political Perspective. 2007. In: *Documenting and Revitalizing Austronesian Languages*: 134-161. Honolulu: University of Hawaii Press; 解析西方環境運動及其中科學與宗教的關連，1997，思與言，35（2）：313-347。

周序樺 中央研究院歐美研究所副研究員，美國南加州大學比較文學博士、美國紐約州立大學英美文學碩士，主要研究領域為美國有機農業文學與文化、後殖民環境論述、亞裔美國環境書寫等，論文多發表於 *Concentric*、*MELUS*、*Comparative Literature Studies*、《英美文學評論》等國內外學術期刊與專書，另編有專書 *Geo-spatiality in Asian and Oceanic Literature and*

Culture: Worlding Asia in the Anthropocene（2022）、*Key Readings in Ecocriticism*（2015）以及特刊 *Arboreal Ecocriticism*（2022）、*Sinophone Literature and The Environmental Humanities*（2021）和 *The City and the Anthropocene*（March 2017）等。2019 年與歐美所同仁成立「種種看公民有機農場」與「Farm for Change 氣候變遷、生態文學、環境人文與韌性社會跨領域觀念實驗室」，希望透過跨領域研究與社會實踐，形塑不同的環境人文視野。

蔡怡佳　宗教學者，輔仁大學宗教學系教授，美國萊斯大學（Rice University）宗教學博士。研究領域為宗教心理學、生態心理學、宗教與障礙研究。出版專著《宗教心理學之人文詮釋》，並與其他學者發起「複眼重讀：宗教學與人文心理」網誌。

目　次

前言與致謝／張珣、高晨揚、江燦騰 ································· i

本書內容簡介 ··· i

本書英文簡介 ··· i

編者與作者簡介 ··· i

導　論／張珣、高晨揚 ··· 1
　　一、自然環境被破壞的危機 ································· 1
　　二、非人生物絕種／瀕危的危機 ··························· 3
　　三、「人類世」的出現 ··· 4
　　四、宗教環境學 ··· 9
　　五、本書各章簡介 ··· 12
　　參考書目 ··· 26

第一部份：多物種生命共同體

第一章　穀物黏人、野菜女人與「包心」菜：北部阿美族的儀式植物
　　　　與感官生態學／劉璧榛 ································· 31
　　一、前言 ··· 32
　　二、人與植物同名：生命共同體與永續循環 ············ 35
　　三、小米如同孩子：女人的照顧與餵食 ·················· 39
　　四、有生命的小米及其神靈性 ······························· 42
　　五、力量與危險：穀物的黏性體現人神的血親關係 ··· 46

六、人神相黏的有機網路：感官生態學 ·················· 48
七、禁食葉菜：氣味、口味、性暗示與生態考量 ·················· 49
八、僅能吃豆類、筍與 rokec（心／嫩莖）：神秘感、看不見與異質空間 ·················· 52
九、結論 ·················· 54
參考書目 ·················· 56

第二章　認同與跨越的環境之羽：當代阿美族人與鳥的交纏關聯／李宜澤 ·················· 63
一、前言 ·················· 64
二、會說人話的鳥類 ·················· 66
三、鳥與人：移動與定居的交會 ·················· 69
四、田野背景和阿美族的兩大組織 ·················· 72
五、從儀式到地景的媒介：與阿美族人共存的鳥 ·················· 74
六、結論：鳥類如何向阿美族人講述糾纏生態 ·················· 87
參考書目 ·················· 91

第三章　重新思考消失的意義：排灣文化中雲豹（likulau）的滅絕與韌性／陸溧杉（Agathe Lemaitre） ·················· 95
一、前言 ·················· 96
二、雲豹是謎一樣的動物 ·················· 96
三、死亡與根 Tjagaraus／Kavunlungan ·················· 106
四、如何理解滅絕？ ·················· 112
五、結論 ·················· 118
參考書目 ·················· 119

第四章　能通力與市場攫取：柬埔寨白朗森林的祖靈經濟
　　　　／吳考甯（Courtney Work）……………………125
　　一、前言…………………………………………126
　　二、在白朗的故事………………………………128
　　三、人類行動者：歐先生，田先生與公司………130
　　四、非人類行動者：火、微生物、樹木與喀斯特石灰岩地………133
　　五、結論…………………………………………137
　　參考書目…………………………………………138

第二部份：宗教宇宙觀的本體論反思

第五章　非自然、非文化：中國佛教的素食主義、親屬關係與輪迴觀
　　　　／楊美惠（Mayfair Yang）…………………145
　　一、前言…………………………………………146
　　二、素食主義：禁戒殺生………………………148
　　三、憐憫動物的做法……………………………153
　　四、輪迴中的親屬倫理與因果報應……………159
　　五、結論…………………………………………162
　　參考書目…………………………………………163

第六章　護生在臺灣：「自然的權利」能否保護一切有情眾生？
　　　　／倪杰（Jeffrey Nicolaisen）…………………167
　　一、前言…………………………………………168
　　二、人人平等的起緣：基督宗教本體論…………170
　　三、眾生平等……………………………………175
　　四、自然的本體論………………………………184
　　五、宗教的本體論………………………………192
　　六、結論…………………………………………198
　　參考書目…………………………………………200

第三部份：宗教群體的生態實踐

第七章　從社會系統理論看「生態宗教」的可能性：以放生爭議為例／鄧元尉 211

一、前言 211
二、系統視野中的放生現象 214
三、放生在宗教系統中的運作方式：宗教放生的功能關係分析 222
四、放生在系統共振中的意義關連：宗教放生的演示關係分析 229
五、放生與保育倫理進行語意銜接的結構條件：宗教放生的反省關係分析 236
六、結論 245
參考書目 248

第八章　佛教與森林：泰國生態僧山林保育的宗教意義與淵源／劉宇光 253

一、前言 254
二、1960-1976：從官派弘法僧到左翼政治僧 255
三、1980-2000：從農村發展僧到山林保育僧 260
四、最後一代泰北森林頭陀的時代背景 265
五、泰北森林頭陀的生活常態 269
六、泰北森林頭陀山林宗教體驗的組合 275
七、跨越隱密與世代的宗教體驗：語言與詮釋 281
八、介入公共的宗教體驗：佛使《法的社會主義》......287
九、結論：國家發展、山林生態及佛教動力 292
參考書目 294

第九章　僧侶、候鳥與喜馬拉雅河川：印度東北達旺的爭議領土環境保育與宗教動員反水壩運動／林汝羽⋯⋯⋯⋯⋯⋯301

一、前言⋯⋯⋯⋯⋯⋯⋯⋯⋯⋯⋯⋯⋯⋯⋯⋯⋯⋯⋯⋯⋯⋯⋯⋯⋯⋯ 302
二、牽動世代人心的候鳥與宗教領袖⋯⋯⋯⋯⋯⋯⋯⋯⋯⋯⋯⋯⋯ 304
三、邊境與國家的基礎建設整合⋯⋯⋯⋯⋯⋯⋯⋯⋯⋯⋯⋯⋯⋯⋯ 306
四、資源開發之於當地的文化意義⋯⋯⋯⋯⋯⋯⋯⋯⋯⋯⋯⋯⋯⋯ 308
五、喜馬拉雅山區水資源的資源政治⋯⋯⋯⋯⋯⋯⋯⋯⋯⋯⋯⋯⋯ 309
六、以青年為主體的反水壩抗爭運動⋯⋯⋯⋯⋯⋯⋯⋯⋯⋯⋯⋯⋯ 311
七、反對水壩運動背後的思想基礎⋯⋯⋯⋯⋯⋯⋯⋯⋯⋯⋯⋯⋯⋯ 312
八、運動世代青年訴說的抗爭回憶⋯⋯⋯⋯⋯⋯⋯⋯⋯⋯⋯⋯⋯⋯ 314
九、從單純草根運動到將宗教理念帶入法律程序⋯⋯⋯⋯⋯⋯⋯⋯ 315
十、政府嘗試利用宗教權威讓抗議民眾妥協⋯⋯⋯⋯⋯⋯⋯⋯⋯⋯ 316
十一、從倡議與收編兩方對峙轉變成遊行抗議⋯⋯⋯⋯⋯⋯⋯⋯⋯ 317
十二、第二波抗爭的死傷與消音⋯⋯⋯⋯⋯⋯⋯⋯⋯⋯⋯⋯⋯⋯⋯ 318
十三、在環境問題背景下信仰牽起衝突也牽起解方⋯⋯⋯⋯⋯⋯⋯ 320
十四、結論：宗教象徵的世俗化演變與環境的關係⋯⋯⋯⋯⋯⋯⋯ 322
參考書目⋯⋯⋯⋯⋯⋯⋯⋯⋯⋯⋯⋯⋯⋯⋯⋯⋯⋯⋯⋯⋯⋯⋯⋯⋯ 324

第十章　環境保護與宗教實踐的交錯：臺灣民間信仰中金紙與香的符號意識形態與非人能動性分析／林敬智⋯⋯⋯⋯⋯⋯329

一、前言⋯⋯⋯⋯⋯⋯⋯⋯⋯⋯⋯⋯⋯⋯⋯⋯⋯⋯⋯⋯⋯⋯⋯⋯⋯⋯ 330
二、神靈與金香的「非人」能動性⋯⋯⋯⋯⋯⋯⋯⋯⋯⋯⋯⋯⋯⋯ 334
三、Webb Keane 符號意識形態的啟發⋯⋯⋯⋯⋯⋯⋯⋯⋯⋯⋯⋯⋯ 338
四、香火傳承的符號意識形態：物質、神靈與人共織的行動網絡⋯ 339
五、環保論述下的金香空污⋯⋯⋯⋯⋯⋯⋯⋯⋯⋯⋯⋯⋯⋯⋯⋯⋯ 347
六、香火論述與環保論述的符號意識形態折衝⋯⋯⋯⋯⋯⋯⋯⋯⋯ 352
七、環保替代方案的滑稽戲（Burlesque）⋯⋯⋯⋯⋯⋯⋯⋯⋯⋯⋯ 359
八、結論⋯⋯⋯⋯⋯⋯⋯⋯⋯⋯⋯⋯⋯⋯⋯⋯⋯⋯⋯⋯⋯⋯⋯⋯⋯⋯ 365
參考書目⋯⋯⋯⋯⋯⋯⋯⋯⋯⋯⋯⋯⋯⋯⋯⋯⋯⋯⋯⋯⋯⋯⋯⋯⋯ 367

第四部份：邁向生態靈性的塑造

第十一章　呼應羅斯頓的「故事居所」敘事：以泰雅人飲食實踐中的生態靈性為例／林益仁……383
　　一、赫姆斯・羅斯頓三世（Holmes Rolston III）的來臺與「故事居所」敘事……384
　　二、「故事居所」中的泰雅敘事：飲食文化與家園看顧中的靈性…393
　　三、結論：生態靈性與「故事居所」……404
　　參考書目……406

第十二章　農本主義與希望詩學：「耕作」作為方法／周序樺……409
　　一、前言……410
　　二、對談稿中文翻譯……413
　　參考書目……431

第十三章　沙漠、山海與小鎮：生態繪本中的地方與靈現／蔡怡佳…433
　　一、前言……434
　　二、繪本的可能性……435
　　三、生態繪本與大地心理學（Terrapsychology）……438
　　四、沙漠系列：沙漠是我的家……440
　　五、《山之生》與《海之生》：涵容生死之處……449
　　六、劍獅系列：小鎮的護守者……455
　　七、結論……460
　　參考書目……461

導　論

張珣、高晨揚

一、自然環境被破壞的危機

　　亞洲宗教雖然大多數都是對環境友善，但是亞州宗教是否意識到當代環境危機並做出因應？或在原有的宗教教義體系做出相對的論述？或是針對當今環境危機做出倡議？或有給予信徒相對的提醒與教導？亦即，亞州是世界各大宗教的搖籃，各宗教歷史悠久，是否與時俱進而能夠更新到回應當前的地球生態危機與社會問題？

　　當代生態研究除了原有的自然科學者，也有越來越多的人文社會科學者加入行列，人文社會科學界也提供環境與發展問題的因應策略，讓人們意識到生態危機也是社會危機，也是人類生存的危機。我們知道窮人對抗生態危機時所能使用的資源遠遠少於富人，因此生態危機勢必引起社會更加貧富不均，連帶地，也導致全球各國之間資源分配更加不平均，此所謂社會危機。生態危機會影響到人們的生活方式與行為方式以及相對應的精神追求，導致影響到人與人之間的倫理道德與生命態度，因此生態危機也是人類生存危機。

　　宗教提供人們精神追求與生命態度，因而是要處理人生存所面臨的各種危機，其中包括生態危機。因此當代生態危機考驗著每一個宗教可否教導其信徒面臨未來的生存環境？如何解釋生存環境的巨變？某個程度來說，生態危機提供了宗教重新審視其對於人與自然關係以及人與人關係的假設。宗

教無法提供生態危機一個解決方法,但是宗教對於自然的價值觀,人的生命態度與社會的發展方向的指示,有助於重建人與自然以及人與人之間的關係。宗教與生態學的跨領域研究促成了宗教生態學的出現,也提供各宗教之間一個新的交流平台,共同面對當代新的生態危機。

宗教是每個文化的深層核心價值所在,因此宗教對人們的影響有時是不自覺的。事實上,宗教隱微潛藏地指引著人們面對自然、社會與超自然的態度。亦即,人們對於生態環境採取甚麼行動,很大程度依賴文化(宗教)指引的人與自然關係來行動(陳霞,2019)。例如,中文的「自然」兩個字,範圍很廣,包含天地萬物。即使許多人已經不再相信星辰,山河或是雷雨背後都帶有神靈,然而,其實多數華人至今仍深受「氣化自然觀」所影響,認為人與自然萬物都是同一天地之氣所演化出來,人屬於自然的一部份,要與自然維持良好關係。再例如基督宗教相信人是唯一可以被神救贖的萬物之靈,具有主宰萬物的權力,間接鼓勵了人們對於自然進行開發與探索,人類往北極,往海洋深處,往大氣層探索,發展出現代自然科學,使得地球不再神秘,人不再畏懼自然界。自然科學也讓地球上任何一切物質得以轉化成資源而被人所使用。

1967 年,懷特(Lynn White, 1967)便指出猶太—基督教信仰應該為生態破壞承擔最大責任。隨後,許多基督教神學家辯論說基督教也有其愛護生命與地球的一面,應該是現代資本主義之後,對地球的生態破壞才變本加厲。雖然說,基督宗教的本體論,人定勝天,加上近代資本主義帶來的量變,造成自然生態大量破壞,但是基督宗教也是當代科學發展的基礎,人類也享用著當代科學的種種利益。基督宗教早已傳播到歐美與亞非各地,已經難以區分西方宗教或是東方宗教,而是人類共同的宗教。減低宗教內不利於環境的信仰元素,增強宗教內有利於環境的信仰元素,恐怕是未來全人類要共同努力的方向。

本書希望臺灣讀者站在臺灣主體位置,深刻思考臺灣／亞州國家是否有生態問題?何種生態問題?嚴重程度?此一問題幾乎是不問自明的,臺灣

當然有生態問題。二次世界大戰之後，臺灣逐漸深陷於全球化經濟體系，生態破壞無庸置疑，只是與亞州其他地區受害程度不等。我們看到臺灣基督教很早就注意到綠色改革或是生態保護問題，但是因為基督教徒占臺灣總人口數不大，能見度不高。要到佛教多個團體的環保運動，提醒臺灣民眾生態危機的存在，才見出宗教對環保的貢獻。諸如慈濟功德會證嚴法師從基層做起，做資源回收與垃圾減量，法鼓山聖嚴法師提出從人類心靈的淨化開始才是環保，佛光山星雲法師也提倡要落實在日常生活每一環節的環保。佛教是有組織有領導人的宗教因而能夠即時回應社會問題並提出策略。相對起來，民間信仰因為缺乏全國性組織或是領導人，在生態危機議題的回應方面比較遲緩，甚至並未主動做出回應措施。而是被動地配合政府的環保政策，在焚燒金銀紙錢、焚燒香枝或是燃放鞭炮方面，有所節制。

二、非人生物絕種／瀕危的危機

　　上述佛教環保運動比較注重在於生態潔淨或是物質回收，其實生態危機還有一個層面是「非人類」的其他動植物或是浮游生物，多少都因為人類破壞的生態而危及其生存空間。城市侵入原本是草原或是森林之地，水壩建築在山川或是深谷之地，工廠重金屬廢水或是大量塑膠物料流入海洋，原本棲息在草原、森林或是海洋的動植物被迫遷徙，或有瀕臨絕種的危機，或是已經絕種消滅。地球人口大量繁殖，根據聯合國統計，2022 年以來已經突破 80 億人口，人類依賴科技挑選某些動植物來餵養大量人口，牛豬雞的非自然大量畜養或是玉米大豆的大量種植噴灑農藥，造成生物鏈的失去平衡。不當捕捉稀有動物造成某些動植物的瀕危絕種等等，都造成了地球生物的生存危機。

　　聯合國統計，2100 年之前，非洲大陸的一半哺乳類與鳥類都會消失。2050 年之前，亞太地區的海洋生物與河流生物也可能消失。物種消失的主

要原因是塑料汙染，農藥與化學肥料的長期使用，耕地與濕地面積大量減少等等因素。我們不能漠視其他物種消失，人類必須保護多元物種的存續，目的除了是人類必須食用其他生物，必須呼吸新鮮空氣（來自大量綠色植物的光合作用）而賴以為生，還有更根本原因是讓地球生物保持其多樣性。生物多樣性才可以確保生態平衡，也才可以在物競天擇的時候，某些生物被淘汰，某些生物也因此有機會得以存續[1]。

在這方面，印度的耆那教與佛教都是教導信徒要吃素，不能屠殺動物來滿足口腹之慾。華人的一貫道宗教長期在臺灣民間推廣素食，開立素食餐廳，研發各種素食材料，已經培養出一股大眾化的素食文化。清海無上師1985年在臺灣苗栗創立的觀音法門，也提倡護生與環保，其弟子皆吃素，在世界各地成立素食團體，宣導吃素對抗全球暖化危機。道教也有齋戒的儀軌，民間信仰也深受佛道教濡化而能接受素食。但是對於亞洲或是全球許多地區來說，素食文化仍不普遍，僅有素食文化也不足以解決其他生物或其他物種的絕滅危機。種植素食所需的植物，如果仍然使用農藥與化學肥料，對於土壤的破壞以及對於其他生物的破壞的危機仍然存在。

三、「人類世」的出現

1995年的諾貝爾獎得主，荷蘭籍的大氣科學家庫忍（Paul Crutzen）在2000年的一場會議中，很喪氣地說出：「我們已經處於『人類世』了！」我們知道地質學家用來命名地球年代的名詞有「白堊紀」、「侏儸紀」、「第三紀」、「第四紀」等等，其中的「第四紀」再分為「更新世」、「全新世」，地球目前處於「全新世」。但是有科學家如庫忍等人主張「全新

---

[1] https://www.rfi.fr/tw/20180525-dev-durable-25-05-18-la-biodiversite-pourquoi-faire%E7%82%BA%E4%BB%80%E9%BA%BC%E5%BF%85%E9%A0%88%E4%BF%9D%E8%AD%B7%E7%94%9F%E7%89%A9%E5%A4%9A%E6%A8%A3%E6%80%A7. 瀏覽日期 2024/7/10

世」在人類第一次工業革命之後結束了，目前地球處於被人類強力改造之後的「人類世」（Ellis, 2018:1-3）。

庫忍從大氣科學角度觀察到地球的臭氧保護層已經有破洞，因而導致全球氣候異常。庫忍與其同伴科學家使用「人類世」這個詞，用來說明十八世紀工業革命以來，石油燃燒所造成的排碳量已經造成地球進入一個不可逆的時期。其所產生史無前例的現象包括氣候變遷，海洋酸化，森林退化成草原，草原沙漠化，河川改道，很多物種絕種等等。多數學者同意人類對地球造成破壞，但是學者們對於「人類世」的開始時期則議論紛紛，有主張人類開始用火以來，就改變自然界了。有主張農耕出現時期，人類就改變自然界了。「人類世」這個名詞因此成為目前國際學界最火紅的詞彙，不只是地質學，考古學，人類學，宗教學，法律學，政治學，都紛紛投入討論。那麼，究竟人類世，人類改造的地球，是否意味著地球的末日？從而也是人類的末日？

而更早幾年，在 1980 年代，法國人類學家德斯寇拉（Philippe Descola, 1949-今）已經開始懷疑西方現代科學將人類與自然二分，將自然視為文化的對立面，他從南美洲巴西亞馬遜河流域的土著觀點出發，重新思考人類與自然之間的關係，後來被稱之為「自然人類學研究」（The anthropology of nature）。「自然人類學」的研究者主張人類對於自然的認識有很多種，不是僅有當今生物科學（林奈的生物分類，達爾文的物種學說）的知識。而是主張每一個民族都有其特殊對於自然的認識，都有其關於人類在自然界的位置，或是人類對於自然界其他生物責任的一套宗教或是哲學。亦即，前文所提及，每個民族對於自然的定義不同，其所隱含的人與自然的關係也不同。至此，每個土著民族的傳統知識體系（或是生態知識體系）的研究成為人類學家的研究議題，包括土著的土地概念，動植物分類概念，動植物的管理方式等等，此些自然人類學者也就可以面對上述提及的一些問題，諸如，究竟人類是在破壞自然？還是與自然和平共存？人類是否帶來自然的末日？我們活在人類世嗎？我們需要進入「後人類」世界了嗎？

同時期，英國人類學家印戈（Tim Ingold, 1948-今）研究芬蘭與北極圈地區少數民族的營生與生態適應，他們的農耕、狩獵與游牧方式，尤其專注人類與動物的關係，他提出萬物生態學（sentient ecology）的概念。認為生態學不應只是站在人類的立場，或以人為中心的觀察，而應該是考量各種不同生物。印戈與德斯寇拉不同的是，印戈的「環境認識論」特別注重個人對於生態環境的知覺，他融合了生態學、認知科學、現象學與人類學，企圖理解一個文化內的個人是如何學習到對於周遭生態環境的察覺、認知與技巧？北極圈民族必須將各種不只是對於自然環境也加上社會環境的技藝與技巧熟練之後，才能在冰天雪地中維生。他發現社會環境例如路線，步道，空間，方位布置，以及人類的語言、工具、器物、建築與工藝都有助於人類的環境學習。人對於環境的學習是在不斷的行動與行走足跡當中，認知、感觸並判斷周遭環境細緻的變化以及做出決擇人類個體如何與之因應[2]。

這一股思想潮流反省了西方的「自然觀」並且重構了人類對於環境的認知過程與機制，承襲並結合了更早之前 1960 年代以來，人類學對於歐美「親屬觀」的解構，對於「文化觀」的解構，匯流出最新的對於西方本體論的解構，在人類學界稱之為「本體論轉向」（ontological turn）（Holbraad and Pedersen, 2017:74-80）。以德斯寇拉提出的四種本體論為例，人類社會至少可以有四種不同的本體論，以澳洲原住民族文化為代表的圖騰主義本體論，以美洲印第安人文化為代表的泛靈主義本體論，以華人文化為代表的類比主義本體論，以及以西方歐美文化為代表的自然主義本體論（Descola, 2013）。前三種本體論的文化與自然，人與非人（所謂非人包括神鬼祖先，其他生物與非生物）之間多多少少，不同程度地維持著某一種密切關係，到了當代西方歐美自然主義本體論將文化與自然，人與非人，做了截然二分的切割。所謂的本體論轉向的學術思潮便是肯認到其他非西方本體論的

---

[2] 中文讀物可參考《臺灣人類學刊》第 19 卷 2 期「環境人類學方法論探索：與 Tim Ingold 對話」專號（李威宜，2021）。

價值，肯認到西方本體論的有限性而做出的反省與轉向。

受到本體論轉向思潮的影響，學者看到了全球不同文化與民族之間的權力差異與能動性（agency）的不對等，學術話語權的不對等，以及人類與其他非人類之間的不對等權力關係。人類學家未來不只是研究多元認知與信仰體系，更是要研究真正的多元世界（worlds），亦即人類以外的其他生物的世界。E. Kohn 在 2013 年出版的書《森林如何思考？》（*How Forest Think*）說，這是關於森林如何思考森林的問題，而不是土著如何思考森林的問題。這是一個「後人類」的人類學研究（posthumanist anthropology）潮流，尋找多物種民族誌，非人類的生物種，非生命的物件，來研究。目前已經出版有許多研究個案，例如：蚊子會說話嗎？冰河會聆聽嗎？如何成為一顆無花果？像山一樣地思考，等等研究個案。這一類的研究可以促成思考動物權，甚至回過頭來，可以思考人權（的界線），人類是否太超過了？對待地球與其他生物？非生物資源等等（Orr, Lansing and Dove, 2015:162）。

回到「人類世」的討論，2015 年以來，宗教（*Religion*）這個期刊有數篇文章特別討論宗教與「人類世」的環境變遷。有學者指出伊斯蘭教與基督宗教一樣，其宇宙觀立基於有一個先驗的超越者創世者，祂創造了具有精神神聖性的人類，而人類是高於自然界其他生物。此一宇宙觀阻礙了人們對於生態的責任感與危機感。但是經過多年來的努力，此一現象逐漸有了改善。伊斯蘭教與基督宗教高層努力呼籲在教內進行綠色革命以提升生態意識。例如哈佛大學宗教研究中心在 1995-1998 年召開一系列世界宗教與生態的國際會議，並出版會議成果。教內的這一個無聲的革命，必須有人持續進行，在西方與亞州都有各個積極的宗教團體或是靈性團體在努力。這些進步的生態靈性團體願意將整個大自然視為神聖，人類（的神聖性）只是其中之一。他們甚至主張將自然與物質世界的「再魅化」（re-enchantment of nature），將萬物有靈論重新詮釋並給予高的價值。願意考慮自然界是有生命的，山川大地是有生命的，萬物是有靈性的。這樣一個「綠色宗教」的新

轉變雖然僅是基督教與伊斯蘭教內部一小群人，但是未來會逐漸擴大。作者便以他在印尼研究的一個伊斯蘭教綠色革命團體為例來說明（Reuter, 2015）。

有學者討論菲律賓天主教聖母信仰，如何因應氣候變遷。菲律賓的巴打雁省塔爾湖及其鄰近水域，土著以農漁為生。湖泊內更是漁產豐沛的地區，漁民能夠依賴水中魚獲維生。1603 年，一尊天主教聖母馬利亞聖像被漁民在捕魚時從水中網起，而被稱為凱薩賽聖母，也得到梵蒂岡教宗給予官方承認，成為該地區的守護女神。但是 1970 年以來，菲律賓的快速城市化過程，加上塔爾湖的水源河流改道以及水流量減少，人為污染，挖礦，垃圾，泥土，漁撈器具淤塞了塔爾湖，使得塔爾湖的漁產減少以及水質變化。菲律賓天主教會多次諭示地方教會必須注意氣候變遷與環境汙染的嚴重性，人類應該還給地球一個當初上帝創造時候的肥美大地。作者呼籲地方教會可以更進一步結合土著對於湖水女神的原始信仰，讓塔爾湖休養，讓土著學會休漁，以讓湖水復原（Peracullo, 2020）。

如前述，有學者反對「人類世」一詞，主張應該使用「資本主義世」（capitalocene）一詞，認為一切環境異常或是物種瀕危都是資本主義造成，而不是全人類造成，有些人比其他人更應該負責。當今西方為主的學界如果繼續以人類為主人，來思考解決環境異常等等人類世災難，又會回到以人類為主宰的思考模式，憑什麼由人類來解決地球災難？難道不是造成更大的人為危機？因此主張西方學界應該敞開心胸聆聽來自其他宗教與其他地區的想法（Bauman, 2015）。

若從基督宗教來看，人類與自然的關係，從誕生者，到主宰者，到看管者，到破壞者，如今難道是自我毀滅者？不乏一些宗教研究者表示悲觀，指出有些人的特殊宗教偏見而導致宗教幻覺，否認生態危機或是地球耗盡，甚至以為若是生物繁榮是神的旨意，那麼生物浩劫，當然也是神的旨意。因此有（西方）學者著書主張在面對當今「人類世」時，不需要宗教，只信科學（Shults, 2015）。

其實筆者以為在亞州情況可能不需這麼悲觀，對待其他生物如同人類的親人一樣平等，在佛教早有明訓，「無緣大慈，同體大悲」，眾生都具有佛性。人類在六道（天、人、阿修羅、地獄、惡鬼、畜牲）中輪迴，人類只是六道的一環，佛教的過去、現在、未來的三世時間觀念，讓我們的想像力可以更為接受人類與其他生物平等。現世出生為人，並不保證世世為人。加上佛教的因緣果報觀念，更提醒人類過去世的屠殺牲畜，可能造成未來世的果報。如此一來，人類還能遂行私慾地無止盡享受其他生物嗎？不殺生成為佛教戒律的第一條，而為了延續人類生命，吃素是便宜行事，因為即使是水中亦有微生物。

人與萬物平等，人不是唯一。北宋大儒張載說：「民，吾同胞，物，吾與也」。道教「洞天福地」的信仰保存了許多生態區域。民間信仰「魔神仔」也阻止了過多人類進入山林砍伐。華人信仰一向是山川大地均有神祇，庶物器具也有神靈，例如城隍神、灶君、門神、廁神。《聊齋誌異》裡面的人與非人（狐狸）之間可以穿梭互換身體。在楊美惠主編的一本書（Yang ed., 2021）內，便開始探討了許多華人宗教環境的倫理，值得我們參考。我們還可以進一步思考，華人傳統宗教哲學與價值體系內，如何論述人與其他生物的關係？為了回應當今生態危機，宗教學者如何援引古典明訓？如何給予新的詮釋？以期更能深入人心並接引社會大眾？如何於未來提倡生命共處，而不是以資源的觀點來看待地球？

四、宗教環境學

感謝元華文創出版公司於 2022 年出版了第一、二兩卷《宗教環境學與臺灣大眾信仰變遷新視野》。在這兩卷書內，側重在討論 1.宗教受到周遭環境尤其是人文歷史環境的影響而有變遷，2.欲了解宗教變遷必須理解其所處時空環境，不同時空環境導致宗教的不同表現，3.宗教是協助人類適應周

遭時空環境與生態環境的策略之一，亦即宗教功能之一是協助人類生存。

在本書（第三卷）來說，我們從前面兩本書的靜態觀點，更進一步討論動態的宗教與環境之間的互動關係，甚至討論如何利用宗教來解決環境問題。這三卷書所使用「環境」一詞的涵蓋面比「生態」更廣，「環境」可以包含自然生態系統，也可以包含人文社會處境。如上所述，自然生態危機已經導致人文社會處境受到威脅，因此，我們要討論的不只是生態危機，更要加上人文社會環境危機，其中也包括宗教環境。歷史上的宗教聖地，宗教庇護所，標記著其可能是宗教衝突之地或是文化衝突之地，經過宗教加以神聖化使其免於更多的迫害，讓聖地得以成為一塊淨土，例如基督宗教的耶路撒冷或是西藏佛教的不丹。在當代宗教環境視角下，如同道教的洞天福地信仰，意外地成為自然生態保護地，很多宗教聖地也都成為多元生物物種的保護地。

有研究顯示十四世紀時候西藏高僧為了躲避蒙古大軍而避難至不丹，不丹逐漸成為藏傳佛教高僧的庇護所，十九世紀國際上也保護不丹免於印度或是西藏中共軍隊的入侵，二十世紀不丹政府也拒絕過度發展觀光產業或資本主義，使其維持藏傳佛教聖地。不丹其所在地崇山峻嶺因而保存了很多當地物種不受人類開採或是盜用，也提供候鳥黑頸鶴從北方的中國各地定期造訪不丹停留過冬。黑頸鶴與當地農民已經發展出密切友好關係，每年黑頸鶴的抵達預示了豐收季節。因此當黑頸鶴逐年減少數量時，國王下令必須加以保護。美國維吉尼亞大學的一個宗教團隊研究呼籲，未來的聖地研究可以增加其他物種的面向，以往研究只注意人類的角度，聖地提供了人類宗教保護。其實，聖地免於人類過多破壞的同時，也保護了當地其他物種。也因此，未來的宗教環境學研究可以對於涂爾幹宗教「神聖」的再思考。神聖化的庇護所不應僅從人類的角度出發，未來要納入其他生物的角度並考量其他生物的存亡。也因此宗教可以提供生態學一個積極正面的思考。同樣的，如果地球環境破壞，氣候巨大變遷，也會改變宗教聖地的外貌甚至使聖地消失，例如，如果尼羅河水乾枯，埃及的歷史王朝信仰是否受到改變？約旦河

水乾枯，對於基督宗教的跨越約旦河尋找庇護所的宗教意義，是否受到改變？（Jenkins, 2020）

環境主義獲得來自宗教性神聖性的加持，是否更具有深度意涵？獲得／促使人們的省思？許多科學家都同意，目前很多自然生態保護區都是原先的聖地，有的上達千年，因著宗教聖地信仰的保護之下，物種意外地得以受到保護。例如西班牙天主教的修會用地或是教會的轄區，比起鄰近地區，顯示出物種有受到保護。還有宗教儀式需要使用到的動植物，或是宗教相信具有靈性的動植物，由於人們對它們的敬畏信仰，也因此意外地成為物種保護成果（Tatay-Nieto and Munoz-Igualada, 2019）。如果可以結合當地人（土著）原有信仰，更可以起到保護生態環境與物種的效果。例如印度學者研究，從喀什米爾到緬甸的廣大原始森林原是孟加拉虎的棲息地域，但是人類的盜伐濫墾，導致森林林木減少，印度聖雄甘地的鬼魂信仰也間接地保護了喜馬拉亞樹林（Agarwal, 1975）。顯示宗教信仰對於自然生態與物種保育具有正面貢獻。

本卷書的成形可以回溯到 2021 年，張珣在中研院民族所的「宗教生活實踐研究群」開始導讀宗教與環境的論文與書籍。2022 年，我們嘗試邀請國內外不同學者來演講他們在此一議題的研究成果，2023 年，時機成熟，將研究群的年度主題訂為「宗教與環境」，持續邀請對此一議題有研究的學者來演講，並於 8 月 25 日舉行「宗教與環境專書寫作工作坊」，讓演講者朝向出版的方向寫作，並使主題更為聚焦。2024 年 1 月 25-26 日兩天舉行「亞洲處境中的環境危機與宗教實踐」國際研討會，共有中英文論文 14 篇發表。讓作者們接受評論人與聽眾的提問與意見，將論文做更進一步細膩的修改。

為了促請臺灣宗教研究者更為關懷環境危機，本書設定的讀者群是臺灣中文讀者，因此四篇英文論文，我們都邀請專業人士進行翻譯，並與作者充分溝通，務必讓中譯文如實呈現英文原意。

五、本書各章簡介

　　本書撰文者出自人類學、宗教學、發展研究、心理學、地理學、歷史學、哲學和比較文學，探討案例涵蓋臺灣、中國、柬埔寨、泰國與印度，從多元的學科與地域視角展開宗教與環境多層次關聯的討論。以下我們從「多物種生命共同體」、「宗教宇宙觀的本體論反思」、「宗教群體的生態實踐」和「邁向生態靈性的塑造」四個主題，來介紹本書十三篇文章的內容與貢獻。

（一）多物種生命共同體

　　安置人類與萬物的關係向來是宗教關切的主題，而將人類視為具有主宰其他物種的優越性則是生態危機的根源。宗教環境學一項關鍵議題就在於探討非人類與人類之間主體性交涉的可能性與實踐樣態。人類學對非人類主體性的探索已取得豐碩的成果，但大部份的討論仍集中於與原住民生活密切相關的動物。劉璧榛在〈穀物黏人、野菜女人與「包心」菜：北部阿美族的儀式植物與感官生態學〉一文中提出，花蓮縣阿美族 Lidaw（里漏）部落認為植物與人一樣都源自神靈，都有靈魂，他們也用植物來命名人、氏族群體、男性年齡階級與部落，表達出人與植物關係性共享的生存狀態。

　　進一步，劉璧榛指出 Lidaw 部落透過儀式將植物分成三類。第一類是田裡的穀物，具有神靈，也是做儀式的主要對象，目的是促使穀物成長。穀物被視為由女性負責照顧的小孩，會長大，需要進食。其中小米在所有植物精靈中最為敏感，容易被觸怒，而小米具有的黏性則將神話世界中人與神兩個世界的斷裂在儀式中重新連結起來，使自然、植物、人、祖先與神靈都打開界線，彼此共感，共處於一個宇宙之中。第二類植物是儀式前就需禁戒的野菜。田間任其生長的野菜不需特別照顧，而採野菜是女性活動，歌謠中以野菜表達女性身體，族人藉由儀式期間禁吃此類植物進行性別區隔與性禁

忌。第三類是儀式期間可食用的豆類、心／嫩莖與筍。這類植物被吃的部份都被包覆起來，具有神秘感，標示出另一個屬靈的世界。這三類植物呈現出阿美族人如何感知人與其他物種的差異性與相似性，即使在族人進入殖民、國家化、現代化與全球資本主義市場後，繼續展現出人與植物非商品性的依存連結。

李宜澤的〈認同與跨越的環境之羽：當代阿美族人與鳥的交纏關聯〉同樣討論阿美族 Lidaw 部落儀式所展現出人與其他物種之間的共生性關聯，而探討的主題則轉移到鳥與人。本文指出，「鳥類的活動範圍大於人，又可以在不同領域的空間中隨意來去，在傳統知識與生活觀察裡，比其他動物更具主動性與靈性……鳥作為與人生活的陪伴者，在神話故事中也具有溝通神靈與人間的能力。」男性年齡階級的啟蒙訓練與身分進階儀式中，鳥象徵著跨越年齡邊界與村落物理邊界的能力，進階後的勇士戴的羽冠則以鳥的羽毛作為裝飾。巫師靈力增長的儀式之後，女性巫師用男性的捕鳥器射發以薑葉片所代表的鳥靈，將鳥送回田野，守護農作物的生長；這個儀式展演出場域（村莊與田野）、性別（男性與女性）和物種（生薑和鳥）的跨越轉換。「共食補鳥節」中，換工男性於田野放置陷阱捕捉候鳥，在盛宴上吃掉牠們。這些候鳥於農業勞動交換期間固定出現在田邊，展現出的忠誠品格使其成為「換工結拜」誓約的見證者。這三種儀式地景呈現出鳥與人交纏互動的多重關聯。

歷經殖民統治與現代化治理，阿美族人生活環境有了巨大的變動，也帶來儀式中動植物可用性的改變。李宜澤對上述三個儀式的討論，不但運用「多物種民族誌」（multispecies ethnography）方法考察阿美族與鳥類的各種互動交織，也引入「環境偏移」（environmental shift）的概念討論政治經濟轉變所導致人類文化與環境之間關係的變化。儀式實踐中，文化景觀被重塑與重構，賦予新的意義。〈認同與跨越的環境之羽〉討論的的四個場景是博物館展示活動。2021 年「南昌阿美文物館」舉辦「追隨靈鳥軌跡」特展，所呈現的卻是現代國家與保育團體的視角，沒有反映出傳統土地經歷

國家掠奪與私有化之後阿美族人與鳥類的真實關係。李宜澤指出，博物館中靜態的鳥類照片諷刺性地傳達著族人就像被現代體制與城市生活纏住的鳥兒。溝通神靈與人間的鳥類對當代族人生活處境繼續提出新的洞察。

「環境偏移」最嚴重的後果就是物種滅絕。物種共生與連結的世界中，一個物種的滅絕意味著什麼？曾分佈於臺灣南部山區森林的雲豹已被宣布滅絕多年，但排灣族人卻繼續講述 likulau 這種動物的故事與傳說，認為牠仍然存在。〈重新思考消失的意義：排灣文化中雲豹（likulau）的滅絕與韌性〉一文中，陸澧杉（Agathe Lemaitre）探討雲豹在排灣文化中的角色，以此反思動物滅絕的意義。首先，對排灣族而言，人死後，靈魂前往大武山祖靈之地，而新生嬰孩的靈魂來自於祖靈，出生時以祖先之名命名。大武山連結起生者與祖靈，使死亡與誕生成為循環的一部份。另一方面，排灣族的動物分類中，雲豹處在一個模糊的位置。獵殺雲豹就和獵人頭一樣，都必須請巫師為其靈魂舉行儀式。雲豹是勇士模仿的對象，給予勇士力量面對鬼魂與邪靈；勇士死後變成雲豹，守護起祖靈之地大武山。雲豹處於人類世界之外，卻沒有完全融入動物世界，連結起人類、自然與靈界。雲豹的複雜地位顯示出，死亡並非生命的終結，人與其他自然實體也沒有明確的界線。

雲豹更接近於靈的存在，而不僅僅是一種肉身動物。排灣族人對於雲豹的滅絕不置可否。「likulau 真的消失了嗎？還是仍以靈的身份出沒於大武山領地？」科學根據經驗框架對自然進行分類與描述，物種間的交纏關聯卻使得理解世界的標準範疇相對化。如同陸澧杉的文章所說：「滅絕的確不是存在與不存在之間一個明確界定的時間，而是一個過渡的時間軸，帶來人類與動物在消失過程中糾纏不清的許多反思。」（見本書陸文）

雲豹滅絕的討論清楚顯示出我們生活在一個多重現實的世界中，不同的現實賦予人類與非人物種迥異的地位與價值，並伴隨著對於土地、生命與物種關係截然不同的態度和觀點。下一篇文章同樣聚焦於異質的本體論，卻更為尖銳地指出這種異質性可能在同一個人類主體身上展現出來。吳考甯（Courtney Work）〈能通力與市場攫取：柬埔寨白朗森林的祖靈經濟〉一

文將我們的目光從臺灣原住民轉移到柬埔寨中北部的少數民族 Kui 族。世居於白朗森林（Prey Lang Forest）的 Kui 族正面臨其「經濟」與「宗教」的古老的連結──祖靈經濟──遭受全球市場經濟毀滅性衝擊，造成森林與土地所蘊含之生命能（potency）迅速流逝，生命萎縮殆盡，而某種有效攫取生命能的事物卻日益壯大。

白朗森林中，「祖靈經濟」和「市場經濟」不只是經濟活動、自然環境與宗教實踐的兩種關聯方式，更是萬物有靈論（animism）和機械世界（machine world）兩種不同現實的會遇。吳考甯的民族誌描述反抗伐木集團的大火、一棵拒絕被搬上卡車的巨木，和附身在政府人員身上的石灰岩地神靈。然而，人類卻是搖擺不定的能動者。兩位最早挺身而出對抗伐木集團的積極份子，憑著他們對森林物種和地方人脈的熟識轉而為伐木集團效力；他們論述世界的方式，也從祖靈經濟轉為市場經濟。〈能通力與市場攫取〉發人深省的告訴我們，不同的本體論並非中立的呈現於人類面前，卻可能帶著難以抗拒的利益引發出人性的貪婪，加劇人類與非人存有的共同危機。

這四篇文章都藉由探討原住民族和少數民族與其他物種的依存連結，指出不同於西方現代性中人類與自然二分觀點的另類本體論。下一個主題中的兩篇文章則將從世界宗教的宇宙觀與實踐出發來進行本體論反思。

（二）宗教宇宙觀的本體論反思

〈非自然、非文化：中國佛教的素食主義、親屬關係與輪迴觀〉一文中，楊美惠（Mayfair Yang）從中國溫州地區佛教徒環境實踐討論能以突破「自然─文化」對立觀點的佛教本體論。溫州地區的佛教徒積極的推廣素食、實踐放生、收容動物，並在社群媒體上分享以動物具有靈性為主題的短片。他們遵循佛教禁止殺害動物的戒律，以實際行動表達出對動物的憐憫，甚至迫使金華市政府取消原本預定於 2011 年 11 月舉辦的大型狗肉節。

佛教徒是當代溫州保護動物的主要推手，而他們的種種努力則來自於

佛教輪迴與業力的教義。根據業力的累積，動物是人可能進入的來世生命形式之一。不同生命道路之間相互聯繫，不同形式的生命也應彼此同情，因此佛教徒慈悲的對待一切眾生，如同對待自己的親人。事實上，動物可能就是自己的親人。這種跨越物種的親屬倫理可以作為深層生態學「生物平等主義」的本體論基礎：

> 中國佛教中，跨物種的親屬關係被認為是世代連結的鎖鏈，也是由業力或功德累積來決定靈魂輪迴的一個面向。佛教對跨物種、連結不同形式與世代的有情眾生的親緣關係，是透過其輪迴本體論的實踐而建構，其中，隨著每次死亡，靈魂重生作新生命，便又成為一個親屬。（見本書楊文）

楊美惠指出，西方現代性主張一種失去能動性的自然、一種凌駕於自然之上的文化，以及自然和文化兩者的分離與對立，而佛教本體論正好能夠矯正這種主張所帶來的生態危機。倪杰（Jeffrey Nicolaisen）採取相似的立場，進而剖析兩種本體論的宗教根源、歷史脈絡與當代效用。他的〈護生在臺灣：「自然的權利」能否保護一切有情眾生？〉深入比較洛克所代表的基督教本體論與釋昭慧主張的佛教本體論，討論兩者引申而出的「權利」觀。倪杰指出，現代人權理論與人類平等的主張建基於一種劃定上帝、人類與自然三者差異與關係的基督教本體論，在脫離了基督教創造論後難以成立。對洛克而言，理性是人權平等的基礎，也是人與動物的差異之處。依此主張，「權利」無法延伸至非人存有，「環境權」只能是人類享有美好自然、健康環境與永續生存的權利。

對應基督教本體論具有的人類中心主義，倪杰提出釋昭慧的「眾生平等」觀。眾生平等的基礎在於所有生命都由因緣而起，彼此之間具有無數因緣連結。在此，「眾生」包含一切具有感知能力的生命，例如人、動物與神。佛教的護生觀念來自緣起而非權利。然而，現代東亞社會中，基督教本

體論享有規範化的體制性優勢，傳統宇宙觀與佛教本體論卻被歸類為「宗教」而無法得到同樣的待遇。釋昭慧發起臺灣的動物保護運動，為了推動護生，她採用外來的「權利」與「環境」概念重新詮釋佛教教義。釋昭慧賦予非人實體人格地位的權利，將「動物權」與「環境權」建基於「眾生平等」的原則上。「動物權」直接保護有情眾生，具有優先性。而環境則是一切有情眾生的共業，保護環境即是保護支持生命的因緣，也就是支持有情生命，釋昭慧因而支持《生物多樣性公約》。於此，釋昭慧基於佛教本體論，提出一種超越人類中心主義的權利體制。

楊美惠與倪杰所談論的宗教本體論，不僅對於「人」、「動物」、「自然」與「文化」帶來深遠的影響，更是根本性地形塑了我們劃定與思考這些範疇的方式與我們所具有的能動性樣態。現代社會中，宗教信徒根據教義內涵所進行的生態實踐，無可避免地需要經由各種社會因素、體制規範、權力運作和利益競逐所中介，於複雜異質的行動者網絡中進行嘗試與協商，而帶來不確定性與非預期後果。下一個主題我們就聚焦於宗教群體的生態實踐。

（三）宗教群體的生態實踐

前述楊美惠的文章提到，溫州佛教徒的放生儀式，曾被媒體批評為「不負責任地將具破壞性的外來物種引入當地的水庫和湖泊，導致在地物種的枯竭」，但我們可以期待「未來佛教徒將與科學家和生態學者合作，促進生物多樣性、可持續性和物種保護。」面對生態危機，教義、實踐、社會效應與生態影響之間具有複雜與迂迴的關聯性，有待釐清、溝通與調適。鄧元尉〈從社會系統理論看「生態宗教」的可能性：以放生爭議為例〉一文，即以臺灣的宗教放生為例，基於德國社會學家盧曼的社會系統理論，闡述宗教與生態與危機的關聯。

從盧曼的觀點，現代社會分化為不同的功能系統，各個系統依據自身

的特質運作並處理特定訊息，形成內部認定的語意，具有封閉性。對於某個系統而言，其他系統是它的外在「環境」。系統會依據自身解讀方式處理環境帶來的刺激並予以回應，形成不同系統之間的「共振」。彼此干擾與協調的過程中，各個系統會提高自己的複雜性。放生的意義由宗教系統所界定，但大規模的商業化放生卻是透過經濟系統取得動物個體，這種「宗教—經濟」的共振形式如同現代的贖罪卷被道德系統指認為腐敗，又被環保團體依賴科學系統的語意指認為破壞環境。對於媒體系統而言，關聯於放生的超驗性宗教意義並非可報導的訊息，可作為訊息的卻是環保團體指認的「破壞環境」與「放生即害生」。如此，一種宗教實踐以宗教系統沒有預料到的方式引發其他系統的反應。新的複雜環境要求宗教系統提升自己的複雜性，例如將「保育」與「生物多樣性」等科學語意賦予宗教意義，提高宗教系統與科學系統的共振。上文中，釋昭慧基於佛教教理支持《生物多樣性公約》，楊美惠所期待的佛教徒與科學家和生態學者的合作，依據盧曼的理論均可視為宗教與科學兩種系統的共振。

　　藉由觀察社會系統中的放生爭議，鄧元尉提出「生態宗教」（eco-religion）的可能性。「生態宗教」是在某種特定視角與脈絡下顯現的現象，可被理解為「具有正向生態性、被賦予正面生態意義、並能進行積極生態溝通的宗教。」（見本書鄧文）1960 年代之後，生態意識普及，凝聚出「友善環境」與「破壞環境」的倫理準則，使得產生正面或負面的「生態意義」成為可能。作為一種生態意義，生態危機在社會系統的運作中被辨識、指認與解釋。當社會各個功能系統以生態危機為主題進行溝通，也就是「生態溝通」。溝通的結果，使社會各個系統在「賦予生態危機意義」上提升自己的複雜性，以處理複雜的自然事態。而一種「生態宗教」的展望，不但需要宗教系統能夠處理與傳達生態危機的語意，更為根本的是，當宗教於現代社會中發揮身份整合的功能時，將生態性建構到個人的複合認同中，整合宗教認同與生態認同，形成「生態信徒」。

　　鄧元尉對於「生態宗教」的建構，將宗教與生態關聯的討論從「哪一

種宗教更具生態性」，轉向「各個宗教如何將生態性建構於自身之內」。這篇文章最後以天主教為例說明這種生態性建構的可能性方向。教宗方濟各（Pope Francis）於 2015 年《願祢受頌讚：論愛惜我們共同的家園》通諭中提出「生態皈依」，召喚漠視自然環境的天主教教友進行第二次皈依，「這次皈依伴隨著對自身缺乏生態意識的懺悔，致力於讓信仰的果實可以顯現於他們與自然環境的關係中。」（見本書鄧文）下一篇文章則討論泰國佛教僧侶如何跨越世代，將生態性建構於上座部佛教中，整合佛教認同與生態認同，投身於山林保育。

1990 年代以降，被稱為「生態僧」的泰國僧侶以「樹木出家」為名的投身於山林保育運動。劉宇光的〈佛教與森林：泰國生態僧山林保育的宗教意義與淵源〉首先說明戰後泰國僧侶參與農村與林地維權的淵源。1950 年代以來，泰國政府大規模奪取原本作為農村社區公共財產的林地，全面伐林，開發為現代大型農場，泰國森林覆蓋率迅速減少，傳統農業與農村生計遭受嚴重破壞。1960 年代官派弘法僧開始關注農村問題，1970 年代左翼僧侶參與農民抗爭運動，1980 與 1990 年代發展僧侶投身農村重建。1990 年代開始廣為人知的生態僧，不但進行山林保育多方實作，更倡議維護社區山林產權的立法與修法。

生態僧有其政治與經濟脈絡，但與其佛教僧侶身份密切相關的宗教因素卻常為學者所忽略。劉宇光將生態僧的宗教淵源追溯至二十世紀初期泰北的森林頭陀。這些身無恆產、雲遊四方的苦行僧是泰國北部和東北部寮族農民子弟，抵制新興的曼谷政權於國家現代化改革下所推動僧團制度統一和僧團教育標準化，試圖維護其本土文化身份。他們在當地神靈山林主和守墳兩老的監督保護下進入原始山林修行，觀察植物榮枯體會無常與緣起，透過身旁出沒的老虎與熱帶原始林夜間的黑暗，於克服無時不在的恐懼中領略無我，擺脫無明。

最後一代泰北頭陀僧已於 1950 年代消失。劉宇光提出，頭陀僧以佛教教理所闡釋的森林經驗，通過像佛使比丘（Buddhadāsa Bhikkhu, 1906-

1993）這樣的泰國佛教思想家，轉化為涉及農村社區的公共議題。二十世紀後期許多從事農村與山林工作的僧侶深受佛使比丘「法的社會主義」（Dhammic Socialism）的啟迪。佛使所說的「社會」，包含動物、植物與其所處的山、河、大地所構成的關係性眾生共同體，是人類社會的根源。「法的社會主義」有其現實意涵，反映出泰國現代化發展的過程加劇中央與地方、城市與農村的差距與對立，眾生共同體原有的和諧遭受破壞，急需修復與重建。就其觀點，只有自足的農村社群能夠維持眾生與環境之間相互倚賴與支持的和諧關係，才是人類理想的社會型態。佛使「視自然環境、維持生計及倫理實踐為一體，所以毀林、水源枯萎與污染、水土流失與土地貧瘠，及精神沉淪也是一體多面，從而護林、農村維權及重建也是修心。」（見本書劉文）

　　佛教僧侶在泰國社會中有其公共角色，有助於二十世紀初期頭陀僧的山林宗教體驗，藉由重新闡述佛教教理，轉化為二十世紀後期僧侶重建農村、守護山林的信念根據與內在動力。然而，從森林頭陀、佛使比丘，一直到生態僧，對曼谷皇室佛教而言都屬異類，有著信仰駁雜與異端的疑慮。我們在下一篇文章將看到，印度東北環境保育中，年輕的藏傳佛教僧侶挺身而出領導抗爭運動，卻遭受寺院住持的反對。

　　林汝羽的〈僧侶、候鳥與喜馬拉雅河川：印度東北達旺的爭議領土環境保育與宗教動員反水壩運動〉討論 2011 至 2016 年印度東北阿魯納洽爾邦（Arunachal Pradesh）達旺（Tawang）的反水壩運動。早在印度、中國與不丹於此地區劃分國界（並持續爭論至今）之前一千餘年，藏傳佛教就已傳播與發展，並與喜馬拉雅山區的自然崇拜並存，位於此處的達旺寺中古時期以來即成為藏南地區政治宗教統治中心。達旺於 1970 年代末期被整合進印度聯邦體系，軍隊進駐、邊界建築、運輸建設與微型水力發電廠，都為當地巴門青年帶來工作機會。2000 年代初期，印度政府預計開發喜馬拉雅山區豐沛的水資源，於達旺地區興建大壩與大型水力發電廠。水壩有使用壽命期限，卻將淹沒大量土地，對山區脆弱的環境生態帶來極大壓力。

建設大壩需要與地方社群簽訂土地轉讓協議。2011 年協商開始，兩位當時於南印度色拉杰（Sera Jhey）寺院修行的僧侶得知家鄉面臨環境危機，號召了一群年輕的僧侶與學生發起反水壩運動；隔年，「救援門區聯盟」（Save Mon Region Federation）成立。林汝羽分析，僧侶領導的反水壩運動，是以保護聖地為訴求的「宗教環境主義」。大壩建築用地涵蓋了黑頸鶴的棲地，這種瀕危的高山候鳥被視為於達旺出生的六世達賴喇嘛的化身。此外，大壩的建造將淹沒好幾處藏傳佛教開山祖師蓮花大師遺留祝福的神聖地景，稱為「伏藏」（drema），能為環境帶來平安、為個人帶來好運。「救援門區聯盟」成員於達旺各地舉辦非正式聚會，致力於提高人們對黑頸鶴的神聖性、聖地背景、環境保護和民主權利的認識，聘請律師展開法律行動，並在政府施壓與達旺寺住持勸阻下仍發起大型抗議集會。經過一連串的努力，政府暫停興建大壩。然而，「救援門區聯盟」一位領導者隨後被捕入獄，兩名僧侶在聲援他的抗議活動中遭警察槍擊身亡。聖地開發隨時可能恢復，達旺寺僧侶群體立場分歧，沒有人再見過位於這場風暴核心的黑頸鶴。

這個主題的第四篇文章將我們的視野再一次帶回臺灣，並從一個相當不同的觀點反思宗教群體的生態實踐。上述鄧元尉的文章顯示出，「環境保護」於現代社會已成為規範性訴求，宗教系統被要求對其做出回應而改變自身。然而，這種要求與改變是否應有其限度？是否會更動宗教本質性內涵？當「環境保護」被推上道德制高點，使其在面對意識形態和價值衝突時立於不敗之地，是否會侵犯宗教自由？

環保署近年來要求各地宮廟逐步減少使用金紙與香，以維護空氣品質，並進而推動「集中焚燒」、「以米代金」、「網路祭拜」等替代方案。部份宮廟也以環保之名實行減爐與禁絕金香，主張「心誠則靈」。2017 年 7 月 23 日眾多民間宮廟會師於總統府前發起「史上最大科眾神上凱道」活動，反對環保部門過度干涉民間宮廟燒香與金紙，主張宮廟自主為環保盡力。雙方爭議持續至今。林敬智的〈環境保護與宗教實踐的交錯：臺灣民間

信仰中金紙與香的符號意識形態與非人能動性分析〉從「符號意識形態」與「非人能動性」兩種理論觀點討論此爭議。

「符號意識形態」（semiotic ideology）是文化系統中定義與評價各種符號形式（語言、文字、圖像、香火……）的方式。林敬智指出，民間信仰中，香火是神明靈力的載體，透過燒化金紙與香才能傳遞祈願給神明，與神靈進行溝通。「香火的符號意識形態」構成的本體論中，非人的網路行動者不但包含了金紙與香，也包含了所要溝通的神、鬼、祖先等神靈。「集中焚燒」、「以米代金」、「網路祭拜」等措施忽略了燒香與金紙作為物質媒介在宗教實踐中的角色，同時又忽略神靈的行動者角色，無法滿足信徒在儀式中情感與靈性訴求。環保單位主張的「心誠則靈」，是將基督新教側重於非物質精神與意義的符號意識形態加諸於民間宗教信仰者身上，延續了二十世紀初「破除迷信」的思維。事實上，焚燒金紙與香於空氣污染數據中所佔比例極低，而且許多宮廟與宗教團體早已自主性地減少燒化香與金紙的數量、改善兩者品質，並設置環保香爐。

〈環境保護與宗教實踐的交錯〉中，宗教群體被要求以一種違反自身信仰邏輯的方式進行宗教實踐，以達到保護環境的目的。林敬智提醒我們，宗教具有根本性的價值宣稱與本體論，不應被任意操弄，當作實現其他訴求的工具。另一方面，這個爭議的根本問題，其實不在於為了環保而犧牲宗教，而是將生態議題縮限為現代性構想（或林敬智指出的基督新教符號意識形態）下的一個環保政策面向，形成不必要的對立衝突。「宗教」與「生態」都與人類整體生活密切相關，兩者所探問的都是生命與存有本身。從這一個角度而言，唯有宗教能適切地回應生態危機，這就帶領我們進入本書的最後一個主題。

（四）邁向生態靈性的塑造

本書前述的文章已經指出，許多文化與宗教都述說著人類與非人物種

的依存連結,其不同於西方現代性的另類本體論,能以克服帶來生態危機的人類中心主義。然而,宗教不只是一種世界觀,也是將這種世界觀展現於整體生活中的實踐方式。我們無法只是客觀的描述一種另類本體論,因為我們已經與其他物種活在相互交纏的關係中。我們必須採取立場與行動,因為所開啟的視域邀請我邁向回歸大地與自我的旅程。面對生態危機,我們無法抽身,而負有責任。本書的最後一部份將關切,文化與宗教所揭露的現實如何幫助我們脫離人類中心主義,放下宰制他者的慾望,深化與他人和非人物種的連結,從與大地和海洋的互動中重新認識自己與生命,成為多物種生命共同體中一名負責任的公民。

　　林益仁〈呼應羅斯頓的「故事居所」敘事:以泰雅人飲食實踐中的生態靈性為例〉一文,以「生態倫理之父」赫姆斯・羅斯頓(Holmes Rolston III)「故事居所」的概念闡述泰雅飲食實踐中的生態靈性意涵。羅斯頓批判以人為中心的思維,提倡自然的內在價值,呼籲人走向「荒野」。他從基督教《聖經》文本闡述人在自然中與世界連結並建立家園。人類是大地的看顧者,而不是其主人,應在造物者與受造物面前謙卑。自然承載苦難、經歷死亡,卻顯出生命的韌性與復甦,指向基督受難與復活對所有生命帶來的盼望。

　　林益仁敘述 2015 年「食在泰好」的課程,由新竹縣尖石鄉泰雅族耆老與族人現身說法,帶領大學生透過現場走動與做中學,進入泰雅族的食物地景與生活世界。土肉桂、香菇、桂竹與小米,述說著一個又一個鑲嵌於食物實踐中引人入勝的故事,傳達人、動物、植物、土壤、氣候的多重連結。這個關係性集合體包含了非物質性層面的關係網絡,也就是靈性層面。食物製備與分配的過程開展出尋覓家園的內涵,人與土地的交流中,心靈被喚醒,感受到從巨大連結網路而來的支持力量,使人在偉大的奧秘前保持謙卑、尊重,並心懷感謝。

　　「食在泰好」可以被視為一種「做生態」的實踐,參與者從中學習生態知識,深化生態體驗,培育生態靈性。下一篇文章從雙重意義而言同樣是

「做生態」的實踐。周序樺的〈農本主義與希望詩學：「耕作」作為方法〉的正文部份是她與諾曼・威茲伯（Norman Wirzba）帶著生態關懷所進行跨越信仰與學科的對談，而對談的主題環繞著如何以一種根植於土地的生活方式、信念和實踐對抗生態危機。周序樺是農業文學與文化和環境論述的學者，威茲伯的研究從基督教神學與倫理學討論生態、美國農業與環境議題。兩人的對談的內容涉及農場經驗、農民處境、人對待土地的方式與看待食物的態度，以及背後的信仰理念。

周序樺與威茲伯的對談從「農本主義」（Agrarianism）出發。兩人同意，農本主義是「一種適應土地和當地社區需求的生活方式」（a way of life attuned to requirements of land and local communities）（見本書周文）。這似乎是倡導一種守舊的生活形態，但他們卻認為農本主義是激進的政治主張。現代世界將事物變成可銷售的商品，迷信食物由錢產生，將生命化約為成本效益分析表上的數字，而人自己也成了待價而沽的商品。將世界作為商品時，生命遭受濫用與貶低。農本主義的信念是「你需要滋養孕育你的地方」（you nurture the places that nurture you），這包含了關注我們如何吃、如何建立一種讓土地和動物繁盛的經濟型態，以及找到有助於維持甚至增加生物多樣性的種植方式。

當世界正迅速遭受商品化之際，珍惜世界就是最為激進的政治行動。周序樺提出農耕、園藝與日常實踐具有帶來生態皈依並轉化為生態公義參與策略的能力。威茲伯則從基督教文本與傳統來喚起一種理解世界的方式。這是一個受造的世界，而創造者認為所造的是好的，因而所有的生命與滋養我們的地方都值得珍惜與尊重。我們所得的不是商品，而是禮物，是我們用感謝的心收下再分享出去的東西。以食物而論，當人們認識食物形成的故事，品嘗到食物的源頭，才真正了解食物，而能肯認其他生命為我們所做的犧牲，並願意回應造物主對我們的愛。如此，飯前謝恩與彼此款待就成了生態靈性的操練形式。

周序樺與威茲伯都體認並重視農業文學所帶來改變生態認知的影響

力，本書的最後一篇文章則帶領讀者進入繪本所具有的這種影響力。繪本是結合文字與圖像的創作。蔡怡佳指出，「繪本可以成為現代人探問靈魂與生命意義的途徑，探索對超越的體認、生活的意義與目的，對痛苦的認識，以及靈性生命的開展等主題。」（見本書蔡文）她的〈沙漠、山海與小鎮：生態繪本中的地方與靈現〉從「大地心理學」（Terrapsychology）重新挖掘人與地方關係深度的視角，探討生態繪本如何表達人類心靈與大地的連結相屬。

這篇文章的主標題「沙漠、山海與小鎮」呈現出三個系列生態繪本的各自主題。由拜爾德・貝勒（Byrd Baylor, 1924-2021）創作文字和彼得・帕爾諾（Peter Parnall, 1936-）創作圖像的一系列繪本，表達出創作者對於美國西南部沙漠的熱情。沙漠是「屬於老鷹、蜥蜴、土狼、鳥兒與仙人掌的地方，也屬於人，有著棕色皮膚的、強壯的沙漠人。他們知曉這裡的秘密，喜愛這片土地的山、沙漠與太陽，待它如老友。這份情感，土地也感受得到。」（見本書蔡文）日本的繪本作家伊勢英子（Hideko Ise, 1949-）與小說家立松和平（1947-2010）合作的《山之生》與《海之生》，以山、海作為涵容生死的地方。兩位主角有著各自的生命故事，在山與海中，直視生命的現實，進入和萬物生命的交流循環，展開自己的人生。臺灣繪本作家劉如桂以臺南安平地區避邪物「劍獅」和金門避邪物「風獅爺」為主題，刻畫出人與神靈及自然之道共感的「地方」。面臨危機與混亂，劍獅和風獅爺努力回復宇宙自然秩序，守護地方，但人也需要自我反省與改變。

環境危機是當今世界人與非人物種共同面臨的重大挑戰，究其原因，與人類的生活方式導致的環境破壞與生態失衡密切相關。〈農本主義與希望詩學〉中，威茲伯提到他參加 2021 年「聯合國氣候變遷大會」（COP26）的經驗。與會者普遍同意，所討論的各項議題在工程與技術層面都沒有問題；問題在於，是否有帶來改變與支持改變的文化。環境危機的根本問題和改變的可能性在於，我們如何看待自己與世界的關係、我們如何與萬物在世界中生活共存，以及我們是否願意和如何做出改變。這是文化、宗教與價值

觀的問題。身處於亞洲的我們，面臨這場全球共同危機，也承擔著帶來改變的責任。本書的討論涵蓋臺灣與亞洲不同文化中人與其他物種共生共存的智慧，佛教本體論所具有對治生態危機的潛力，當代社會中宗教群體進行生態實踐的可能性，以及培育生態靈性的途徑。我們期待本書對於讀者在亞洲處境中思索與討論生態環境議題有所貢獻，進而對我們共同面臨的危機帶出改變的力量。

參考書目

李威宜
 2021 導言，「環境人類學方法論探索：與 Tim Ingold 對話」專號，《臺灣人類學刊》19（2）:1-8。

陳霞
 2019 《道教身體觀：一種生態學的視角》。北京：中國社會科學出版社。

Agarwal, Anil
 1975 "Ghandi's ghost saves the Himalayan trees," New Scientist 67:386-387.

Bauman, Whitney A.
 2015 "Climate weirding and queering nature: getting beyond the Anthropocene," Religion 6:742-754. doi:10.3390/rel6020742.

Descola, Philippe
 2013 Beyond Nature and Culture. Chicago: The University of Chicago Press.

Ellis, Erle C
 2018 Anthropocene: A Very Short Introduction. Oxford: Oxford Univer

sity Press.

Holbraad, Martin and M. A. Pedersen
  2017 The Ontological Turn: An Anthropological Exposition. Cambridge: Cambridge University Press.

Jenkins, Willis
  2020 "Sacred places and planetary stresses: sanctuaries as laboratories of religious and ecological change," Religions 11, 215; doi:10.3390/rel11050215.

Orr, Yancey, J. S. Lansing and M. Dove
  2015 "Environmental anthropology: systemic perspectives," Annual Review of Anthropology 44:153-168.

Peracullo, Jeane
  2020 "The Virgin of the Vulnerable Lake: Catholic engagement with climate change in the Philippines," Religion 11,203; doi:10.3390/rel11040203.

Reuter, Thomas A.
  2015 "The green revolution in the world's religions: Indonesian examples in international comparison," Religion 6:1217-1231. doi:10.3390/rel6041217.

Shults, F. LeRon
  2015 "How to survive the Anthropocene: adaptive atheism and the evolution of Home deiparensis," Religion 6:724-741. doi:10.3390/rel6020724.

Tatay-Nieto, Jaime and Jaime Munoz-Igualada
  2019 "Popular religion, sacred natural sites, and "Marian Verdant Advocations" in Spain," Religion 10,46; doi:10.3390/rel10010046.

White, Lynn
  1967 "The historical roots of our ecological crisis", Science 155:1203-

1207.

Yang, Mayfair ed.
2021　Chinese Environmental Ethics: Religion, Ontologies, and Practices. New York: Rowman and Littlefield.

▪第一部份▪

多物種生命共同體

第一章　穀物黏人、野菜女人與「包心」菜：北部阿美族的儀式植物與感官生態學　劉璧榛

第二章　認同與跨越的環境之羽：當代阿美族人與鳥的交纏關聯　李宜澤

第三章　重新思考消失的意義：排灣文化中雲豹（likulau）的滅絕與韌性　陸澐杉（Agathe Lemaitre）

第四章　能通力與市場攫取：柬埔寨白朗森林的祖靈經濟　吳考甯（Courtney Work）

第一章　穀物黏人、野菜女人與「包心」菜：北部阿美族的儀式植物與感官生態學[*]

劉璧榛

中央研究院民族學研究所研究員兼副所長

本章大意

近年來人類學從宇宙觀理論化「非人類」的主體性有很大的進展，但多聚焦在獵物，低估了植物生靈的重要性。阿美族人的宗教儀式、禁忌跟植物的關係密不可分，她們透過儀式行動將植物分為三類：第一類是有神靈（Kawas）的穀物，為其多神信仰與巫師祭儀的重心。小米與稻穀被視為小孩，女人在儀式中餵養並與之分享食物，以尋求合作與協商。但這些神靈會「黏」人，跟人「討」吃的，或主動「攻擊」讓人生病。第二類是作儀式前需禁食的葉菜類，特別是採集來的野菜。她們被視為沒有神靈（Kawas），人們不需要尋求農作神的協助，促進其生長，而任其自生繁衍，而有相對的自主性。這種自主性被類比為未婚的女性，亦含有性的暗示。族人藉由禁吃此類植物來做男女區辨、性與婚姻禁忌。最後一類是儀式期間唯一能吃，但看不見的「包心」植物，如豆類、藤心與筍類等。族人藉由吃這類植物來揭露所有生命體共處的真實空間與時間。本文就從植

---

[*] 本文改寫自筆者於 2021 年出版的 Plant-women, Senses and Ecological Considerations: Rethinking Ritual Plants and their Taboos among the Pangcah of Taiwan (1920-2020). *Social Compass* 68(4): 529-547 一文。此篇新增了理論的反芻與民族誌資料。田野補充受惠於國科會「北部阿美族儀式植物的本體論與感官生態學」（NSTC 112-2410-H-001-073-MY2）計畫。並感謝陳韋廷先生協助資料統整與校訂。

物在阿美族巫信仰與宇宙觀的重要位置出發，進入其本體論的檢視，再由感官經驗（黏、臭）在人類、植物與神靈於儀式中交會，所扮演的角色切入，期待對儀式（宗教）植物有新的理解角度。

一、前言

　　近年來由於氣候變遷，加上 2019 年後 Covid-19 病毒的快速擴散經驗，使得各國面臨進出口受阻的難題，人們不得不嚴肅面對糧食危機、全球性與在地自然環境遭破壞後的生存問題。耐旱、耐高溫與適應力強的原生種植物，跟原住民族與自然及其他物種的關係及生態知識，因此成為熱門的研究議題與解決之道（Ingold 2000, Posey 2000；Descola, 2005；Filoche, 2018）。人類學家 Anna Tsing（2015）藉由研究昂貴的松茸，提出由於人對森林的干擾，讓松茸滋養松樹而互利共生的例子，以批判在現代化、工業化與資本主義追求「進步」之後，留下的殘破環境中，人類是否能開始認真思考與其他物種保有互不和諧，但又無需掠奪的和平共存。本文則思考，也許不要等到發展破壞殆盡，才來反思「修補」自然與共存的問題。不同於已開發國家的發展過程或生活模式，可能有其他社會文化與物種或自然環境有較友善的共存方式，讓我們思考以不一樣的方式寄居地球（Descola, 2015）。

　　因此本文聚焦研究以「吃草民族」自稱的臺灣原住民 Pangcah/Amis（阿美族），她們吃的野菜超過 200 種以上（吳雪月，2000），多樣性極高，非常適合刺激我們思考人與、植物及環境生態的共存關係。在開墾森林時，Pangcah 不會先砍樹或翻土，而是跟動物學習先吃要開墾區內的植物來認識環境。這樣對自然的認知與學習從小就開始，如我報導人的小孩們在戶外奔跑常哼唱的：

Ina-aw mama-aw, talaen kako ina, i tira i wuma-wumahan, midaten kita-haw anini.

媽媽爸爸等等我！在田那邊我們一起去採野菜！

迄今，她們仍然從小父母便帶小孩沈浸在大自然中學習採摘植物，這不僅只是知識的學習，更是上一代親身展示透過觸摸、聞、嚐來體驗自然環境，是一種注意力的教育（Ingold, 2000：21-22）。同時也是培育對自然的情感，一種情感教育（Miller, 2019：90-91）。這些日常生活習慣讓我們看到 Pangcah 對植物與生態有高度的認識與情感。我在學生時代（1993-）到部落裡做田野時的感受便特別深刻，一早出門不需總是要花錢，而擔憂口袋裡還剩多少錢。去田間小徑、田裏、到海邊還是山上採集，讓身心在水泥牆與商品化關係中能稍作喘息。現今雖在都市化與資本主義化的環境中，Pangcah 仍代代延續這種不需貨幣買賣也能生存的半採集（semi-gathering）生活模式，因此其與自然環境的關係值得進一步探究。

Pangcah/Amis 語言上屬南島語系（Austronesian language family）。Pangcah 為人的自稱詞，或指阿美族，有時阿美族人用此詞涵括所有的臺灣原住民族。其總人口約有 21 萬 8 千人，遠超過其他 15 族的原住民族人口。Pangcah 族人多聚居在臺灣東部海岸與縱谷平原上，境內有北回歸線通過，氣溫橫跨熱帶與亞熱帶，而有相當豐富與多樣的生態環境。

1920 年代在日本殖民政策下，Pangcah/Amis 逐漸由游耕種植小米，轉到定耕的水田稻作。1970 年代其居住區域開始都市化與工業化，1980 年代人口多轉到大都會從事營造業，迄今僅有少數部落還在耕種，不過相關聯的農耕祭儀早已成為耆老們斑駁的兒時記憶。反而在較都市化的部落，如本文要研究的 Lidaw（里漏）部落，才是個特例。族人雖然多已不耕種，但仍然持續由巫師（*makawasay*）主持繁複的農耕祭儀，擁有多元的儀式植物與相關的生態永續知識，而相對地跟大自然仍有密切的相依共存關係。因此本文田野聚焦在臺灣東岸花蓮縣吉安鄉緊鄰花蓮市區的 Lidaw 部落，其植物相關的儀式不但未中斷，還登錄為文化資產（劉璧榛，2017；Lee, 2020），顯示

出其儀式適應變遷的能力較強，仍是現今部落社會結構與組織重要的創造性工具。簡而言之，Lidaw 人的社會生活與儀式皆環繞著植物。近年來人類學從宇宙觀理論化非人類的主體性有很大的進展（Gibson, 1986；Descola, 2005； Kohn, 2013），但多聚焦在獵物及打獵的象徵隱喻，低估了植物生靈的重要性（Rival, 2012：69），本文將彌補此不足。

本人於 2000 年博論期間開始接觸紀錄 Lidaw 的巫師祭儀。回臺後 2006 年迄今，每年都參與觀察 Lidaw 部落內的大大小小儀式，其集體儀式仍相當頻繁，幾乎每個月都有。這些長期的紀錄與觀察是本文分析的民族誌基礎。2020 年 6 月到 9 月間，為了撰寫植物相關的議題，我跟巫師們及老頭目開始進行密集的訪談與採野菜共食的活動。同時，也跟鄰近七腳川系統的阿美族民族植物學家吳雪月一起去採集，及參與她農場的保種耕種與野菜學校的新計畫。

在 Lidaw 特有的自然與都市交錯的環境與祭儀文化中，令人好奇的是，如人類學的經典提問，Pangcah/Amis 如何感知、認知與分類植物（Lévi-Strauss, 1962；Leach, 1989[1964]；Douglas, 2003[1966]；Turner, 1967；Tambiah, 1969）？儀式是 Pangcah/Amis 很重要的感知與認知植物的方式，同時也是與其互動的場域。透過儀式族人建構植物的意義與傳遞其價值的網絡。依本人長期的觀察，Pangcah/Amis 透過儀式進而將植物分成三類：第一類是以田裡種的穀物為主，為其重要的主食，不像歐洲人將之視為蔬菜。穀物是作儀式主要的對象，目的要促其成長。第二與三類以蔬菜（*daten*）為主，其中又細分為兩種，第二類是儀式期間不可食，與第三類是儀式期間可食。葉菜類與芋頭需禁食，一個人如果違反此 *paysin*（禁忌），被認為會 *adada*（「生病」）與妨礙穀物的生長。而種在田邊的豆類、心／嫩莖與筍則是儀式期間唯一能吃的菜類。因其食用部份是包在裡面的心，也有人稱之為「包心」菜或十心菜。

本文將從本體論（ontology）的角度切入，以理解 Pangcah/Amis 怎麼自我感知人與其他物種（特別是植物）的差異性與相似性？進而將植物透過

儀式作如此分類。在此分類下人與植物又建立怎樣的關係（多元關係的生態學）？進而理解阿美族人的世界是由什麼樣的生命體所構成？（Descola, 2005：163-180）。本文將特別聚焦在被賦予宗教意義的儀式相關植物上，以探究 Pangcah 透過命名與組織不同的人群與儀式行動中，與植物、生態建立怎麼樣的相互連結？

本文從系統、結構、象徵、秩序（Douglas, 2003[1966]：39）之外，來理解這樣的儀式植物分類。希望從植物在 Pangcah 的生活方式與宇宙觀的重要位置出發（Rival, 2012：69；Gibson, 2018；Schulthies, 2019），進入其本體論的檢視（Ingold, 2000；Descola, 2005），最後再由人們認識世界的方法（感官經驗）在人類與植物於儀式中交會所扮演的角色切入（Shepard, 2004；Daly and Shepard, 2019：14），期待有新的觀看角度。

二、人與植物同名：生命共同體與永續循環

Lidaw（里漏）部落的巫師 Sera 跟我解釋她幫人治病的儀式（*mipohpoh*）中禱詞唸著：神（Hailan）變成了天、地、太陽與月亮，世界才有光明。然後女神 Matiting 捏了人形，但光有這個身體（*tireng*）還不夠，必須要吹氣才會有靈魂（*adingu*），並且要透過 Kakumudan 女神把兩者聚集在一起才是好的健康狀態（well-being）。再者，很會說故事的耆老 Putal 曾跟我說，宇宙原初當太陽循環正常後，這個 Kakumudan 女神集結眾神跳舞慶祝，並分配他們成為各種植物的 Kawas（神靈）。如 Tomicmic 將頭髮種植後變成了茅草。Halawhaw 腳一踏出即變成竹子。所有的植物此時都出現了。Kakumudan 見動物沒有食物，於是把某些植物變成其食物。後來這些植物也變成人類吃的野生植物，也可以做衣服或蓋房子⋯⋯

從這個神話與儀式實踐中，我們可以理解 Lidaw 人認為植物源自於神身體的一部份變來的（具有神靈性）；而人是神捏出來的，不過還要透過吹

氣才會有靈魂，才能讓身體有生命（animate），意即靈魂是賦予事物生命的生命本質。因此，人跟植物的形體都源自於神，只是外觀不同（dissimilar physicalities），有相似的生命內在性（similar interiorities）。又人跟動、植物共同生活在一個宇宙生物圈內（cosmic biosphere），彼此除了有 Descola 強調的食物鏈中獵食的關係外，人的其他生活所需也依賴植物。

進一步，Pangcah/Amis 用植物命名人、氏族群體、男性年齡階級與部落，有將人擬植物化的傾向，跟亞馬遜原住民將植物視為人相反。如在這個世界內的人與某些植物同名，這是 Pangcah 認知自己、植物與環境的方式，表示人跟植物為一體。如我的好友名叫 Panay（陸稻之意）去年懷孕時夢到她過世的曾祖母 Daya。此名源於 Dayan（冇骨消 Taiwan Elderberry），是族人家屋旁會留的植物，其葉子常被族人用來消炎止痛，為常見的藥用植物。後來經過家族討論後，Panay 決定讓新生兒承接此名，並觀察是否合適，如果沒讓嬰兒身體不舒服（表示呼吸順暢）即為適合的名字，否則要找巫師換名字。這個取名的過程將植物併入到人裡，反之亦然。如此打破了外部與內部、人與植物、文化與自然之間區隔的圍牆（Viveiros de Castro, 1992）。意即 Pangcah 未將植物視為是自然的另一個世界，而是兩者一起關係性共享的生存狀態。

再者，人跟植物的關係與人跟人的親屬關係相同。Pangcah 人的名字數量有限，會被循環使用。[1] 這種將還掉呼吸（靈魂）的人的名字，給剛開始要呼吸的小孩（開始有靈魂）的命名方式，建立了一種靈魂（生命體）循環的平衡。像似一個新的循環開始，也是一種時間與生命的循環。這個過程中將過去的祖先、未來的後代與植物相互連結在這個封閉的循環裡，而將之視為一個整體。Lidaw 的親屬稱謂也有祖父母與孫子同稱謂，都用一詞 *faki*

---

[1] 根據 2012 年原民會的統計，女性名字共約有 150 個，男性名字共約有 305 個，氏族名稱有 44 個。名字會循環使用其數量跟人口概念息息相關。這個總數相當於今日一個中等部落的人口。

的重疊循環現象。

　　另外，用植物命名人還有性別與空間的區別考量。如使用一個人出生的家（luma'）周遭生長的植物來命名：女性慣用 Kamaya（毛柿）[2]這種臺灣原生種的常綠喬木，有紅色絨毛具香味的果實，是族人愛吃的水果與做槍托的好木材。男性則常用 Icep（檳榔）命名，他是男女日常愛嚼的果實。人們認為過世後仍要繼續嚼食，而成為儀式中必備的祭品。從家向外空間延伸到田裡（umah）種的穀物：Havay（粟）、Panay（陸稻）與 Tipus（水稻），這都是每家女孩必取的名字，此範疇有女性化的傾向。這些名字特別象徵可以幫家裡帶來資源與財富，人與植物之間有一種類比的（analogical）邏輯。另有冬天不種稻時輪種的 Tali（芋頭）、Kaubih（地瓜葉）/Bonga（地瓜）也是名字。田裡的植物還有野菜也是女性常用的名字：如 Samah（苦巨菜）。到田的邊界，攀爬於竹籬上的 Tevi（鵲豆）、Rara（豆）也是名字。

　　延續家與田的空間，比家分佈更廣的 ngasaw（氏族）則用田或山裡多年生的樹來命名，如燒田後第一個會長出來的 Marorang（構樹），其果實也是菜（dateng），樹皮被用來做衣服跟繩子，葉子煮熟被用來餵豬，鹿也會來吃。另還有來自 topay（大葉山欖 Taiwan Nato tree）叢生的 Cikatopay 大氏族，字根也是源於樹。

　　Pangcah/Amis 語「種植」一詞為 paluma'，以 luma'（家）為字根，將名詞的家直接動詞化，意即將植物帶回來種在家屋旁邊，表示以家為地理與社會的中心將植物家居化或馴化的意涵。前述這些被用來命名的植物，剛好可以畫出以家為中心，逐漸向外分佈的植物文化地景圖像（landscape），如圖 1-1（粗體為男性名，其他皆為女性名）。這種景觀就是其生態關係、社會關係及其世界觀的表達。人、家、氏族、年齡組織或是部落都在複製自然生態中的植物，相對地這些人跟人群組織的模式也遍佈傳統領域內，亦更

---

[2] kamaya（毛柿）的學名為 Diospyros discolor Willd。

廣泛的形成特有的文化圈。

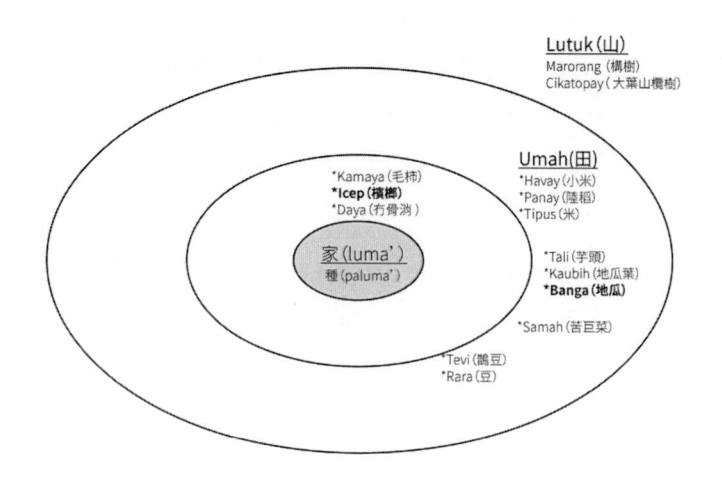

図 1-1 「植物人」的社會地景

　　歸納起來，Pangcah/Amis 藉植物生長的地方來標示人的位置與認同，這是他們對其與環境之間關係的認識與分析。同時這又表示人跟植物有親近性、群聚性與相似性，都是生態系統（ecosystem）與自然環境的一部份，像似生態中的群落生境（biotope）的概念。不像西方人將人從自然中特別區分開來，別具文化優越性（Ortner, 1974：72），或是像自然主義中將自然與文化做斷裂性的二元區分（Ingold, 2000：47；Descola, 2005）。

　　另外，以上這些 Pangcah/Amis 用來命名的植物不少是原生種，其中還有因自然災害及工業化開發後瀕危消失的物種。透過用植物來命名與儀式來分類的文化機制，族人代代相傳其祖先遷徙的環境記憶與植栽保種，讓他們相對地有較高的農業生物多樣性（agrobiodiversity）。近年來政府的復育計畫即常跟 Pangcah/Amis 要種苗或種子。廣義的說，這些植物並非因其經濟價值而存在，而是由於其儀式力量與被賦予的社會文化意義，這部份正是在討論農業的生物多樣性時，常被忽略的。Pangcah/Amis 如同世界其他地區的人，主動維持生物多樣性多少來自這些植物在其社會文化實踐中有特殊

的意義與價值。而儀式是一個重要建構植物意義與傳遞價值的網絡。

進一步，在 Pangcah 的儀式中，什麼植物跟人相近有 Kawas（神靈）？我們從第一類的儀式植物來看。

三、小米如同孩子：女人的照顧與餵食

Pangcah/Amis 社會中的植物相關儀式與禁忌不僅是生產的社會關係中的一個環節，還是族人感知環境與日常真實世界的過程。從以一年為週期的歲時祭儀中可以窺見人怎麼看自己，並與植物、動物（豬、魚、鳥、昆蟲）、生態、地景互動。（參見表 1-1）請參考如下今日與加入 1920 年前有獵頭時期的一年歲時祭儀圖。

不同於北方民族以獲取獵物為目的之巫信仰（Hamayon, 1990；Laugrand and Oosten, 2010），Pangcah/Amis 的巫宗教集體聚焦與關心的則是穀物。從小米、陸稻轉到水稻。請看表 1-1，一年中最多的祭儀都是跟農耕相關。部落族人配合作物的成長過程賦予儀式積極的效用，認為做儀式能帶來豐收。不管是亞洲大陸或島嶼東南亞，這些穀物不僅是政治要掌控的對象（Scott, 2017）也是信仰的重心，但宗教的面向常被政治人類學家忽略。近來在臺灣挖掘的考古中發現，與 Pangcah/Amis 同是南島語族的祖先在距今約有 5,000 年前，已有小米、稻米與高粱的混耕文化（Tsang et al., 2017）。這種混耕與獵頭政治宗教持續很長的時間，阿美族一直到 1920 年代，才屈服於殖民暴力。殖民勢力進入之前，如 Lidaw 的人口維持約在 550 人左右的規模[3]，呈現某個程度長時間的生態穩定。迄至 2023 年部落阿美族人口約有 1,700 人，跟漢人混居。在這樣的小型世界裡，其神話與儀式仍多環繞著小米，將之宗教化與女性化。

---

[3] 除 1896-1920 年日本殖民勢力以現代軍事力量進入，Lidaw 死亡人數約 100 人，佔總人口的 1/5。

40 宗教環境學在亞洲的跨界對話（第三卷）

表 1-1　年度歲時祭儀的循環

	十二月	一月	二月	三月	四月	五月	六月	七月	八月	九月	十月	十一月	十二月
降雨	海風輕拂			乾季		小雨		颱風季		大雨		海風輕拂（乾季）	
經濟活動			種小米・採集（女性） 打獵（男性）				捕魚（男性）		獵首（男性）（約1920停止）		種芋頭（女性）	捕鳥（男性）	
儀式	masawumah：開始耕作 mitiway：播種祭	saka' orip：祭土地				mivahvah：驅蟲祭	miladis：Kavit（海神）祭	miangang：人倉祭 talapangcah：獵首祭（約1920停止）	malalikit：豐年祭	mirecuk：巫師祭	talato' as：祖靈祭	mililiw：捕鳥祭	

Lidaw 部落中仍傳唱的神話中敘述，太古時代神靈 Kakomodan、Sapaterok 與 Foday Hafus 帶著兒子 Sera 與女兒 Nakaw，下凡到 Tawrayan 這個地方生活，飼養著豬跟雞。有一天其他的 Kawas（神靈）獵鹿經過時覬覦他們的豬跟雞，但是 Kakomodan 不願意割愛而拒絕。於是他們請求海神淹沒其家園。洪水中，姐弟 Sera 跟 Nakaw 坐著木製的臼（*dodang*），平安的漂流到 Langasan 山的山頂。從此之後 神的時代結束了，「人類的世代」開始，而出現了人神兩世界的斷裂。在此以前本體論上人神不分，活在一個宇宙中，過一樣的生活。

洪水停了不久之後，Nakaw 懷孕了，臉部也腫脹波及耳朵。她用手從耳中挖出圓形的小顆粒，隨手丟棄在地上，沒多久冒出芽還結了果實，這就是小米（*havay*）的由來。後來 Sera 跟 Nakaw 陸續生了三男兩女。有一天家人齊聚欲嘗試粟的味道，於是生火將粟放入陶鍋燒煮。不料，粟竟膨脹到擠破鍋子。Nakaw 於是將粟切成對半，僅用半顆煮。此次非但沒有破裂，也極美味！今日粟有黏性，就是祖先將之切開煮食之故。Sera 跟 Nakaw 雖然有了粟能安穩過日子，但總擔心不懂儀式，哪天粟會消失不見。於是派遣兒子爬梯上天請求祖先與神教授感謝穀神的祭儀（臺灣總督府臨時臺灣舊慣調查會，2009 [1914]：3-5）。

如這個兄妹類型的洪水神話所傳述，族人意識到小米跟其他植物不同，煮熟後像有魔法一樣，量會倍增又好吃，可以餵飽人口也倍增的家人（後代），能免於飢餓，因此 Pangcah 很高興其祖先能將植物轉化為賦予生命成長的食物。但因擔心不會做儀式小米會消失，因而爬梯上天便有空間上的高低與穀物「神」的出現，而不是單純的泛靈信仰。然而，這裡神與人之間的垂直高低，是否是一種階序關係（Sprenger, 2016）？後續我們將進一步從儀式中人神的互動來理解。

在 Pangcah/Amis 社會中，透過神話小米被詮釋為由女神祖先所帶來的，這是一種清楚地女性有權力的示意符碼（sign）（Lappé and Collins, 1982）。當女性懷孕生產創造生命時，隨手一丟身體的一部份，竟然還帶

來了滿足生存所需的主食。神話形塑了女性是生命的給予者,也是其餵養者的角色(藉由耕作)。那麼女性就負責照顧這個小孩:小米(耕作)。如今日報導人所言:「男性雖然也參與耕作,不過負責的是『保衛性』的工作,在田裡趕鳥與除草等」。小米種植仍被認為是女性專有的領域,一個有性別差異化的範疇。

過去 Lidaw 人在處理媽媽生產後的血塊與胞衣(胎盤)時,會將之看做是植物的種子一樣,埋在屋後的土裡,並且避免在掩埋地丟髒東西,以免影響小孩的身體成長。同時這個小孩／種子的概念也與女人在田裡的工作連結起來:一直到仍有耕種的年代,穀子的收藏者及播種者一定是女性家長。

另一個例子是在播種祭(mitiway)的第三天,有一個集體歡樂的儀式叫 mibirbir,男人與女人會拿出鋤頭在地上敲響,過程中互相性調戲取笑,希望藉此類比以提升小米的生長力。二月當小米要開始成長時會舉行 misatulikun 的儀式,或稱 michuchu do umah (給土地餵奶),乃藉由女性餵奶的隱喻希望給土地「營養」而肥沃長大。

又族人認為小米有 Kawas(神靈)而神聖,像小孩一樣有靈魂有生命會長大。播種祭 (mitiway) 的禱(唱)詞中(巴奈母路,2013:42),詳述穀物之神(Kasiuwasiuw)的樣子。巫師們唱到小米、穀物神從身體貼著地面(nabuyay)到半蹲半跪(tusulaw),最後長出果實來(wulisangay)。這些禱詞與歌謠中,明顯地把穀物之神與小米擬人化,巫師們還唸出以為族人描述其「可見的」與存在的樣貌,像人的成長由嬰兒爬行到慢慢站立的過程。除了透過儀式歌謠與小米及穀物神溝通與遵守性的禁忌外,分享食物是另一種關心及愛護小米孩子的儀式展演方式。

四、有生命的小米及其神靈性

在每年的 12 月 28 日傍晚起,巫師們會分 2 組到每一戶人家裡進行播

種祭（mitiway）。儀式中會請 Kawas 神靈們從天上「滑下來」（seli-seli），幫忙自己田裡的穀物生長，所以先宴請她們吃麻糬（dulun）、檳榔（icep）跟酒（epah）。而儀式結束時家人也會一起聚餐，表示人跟祖先及神一起共享食物。這些儀式實踐中還把穀物之神 Kasiuwasiuw 視為跟人或動物一樣需不斷進食的生命體 "being"（雖然是一般人看不到的非人）。如巫師做儀式「面對」Kasiuwasiuw 時，手拿麻糬唸到：pangangisa-nigisal i tamuwan……（你們〔神靈〕）吃一口，我吃一口）。藉由這個餵食來滿足小米神與穀物神的慾望，好讓它們覺得自己與人類一模一樣，並且可以藉進食長大。因此族人需舉行儀式請她們幫助穀物成長，互相地有了收成可餵養人，人再持續用穀物跟酒「餵養」他們，維持互養與互惠的關係。

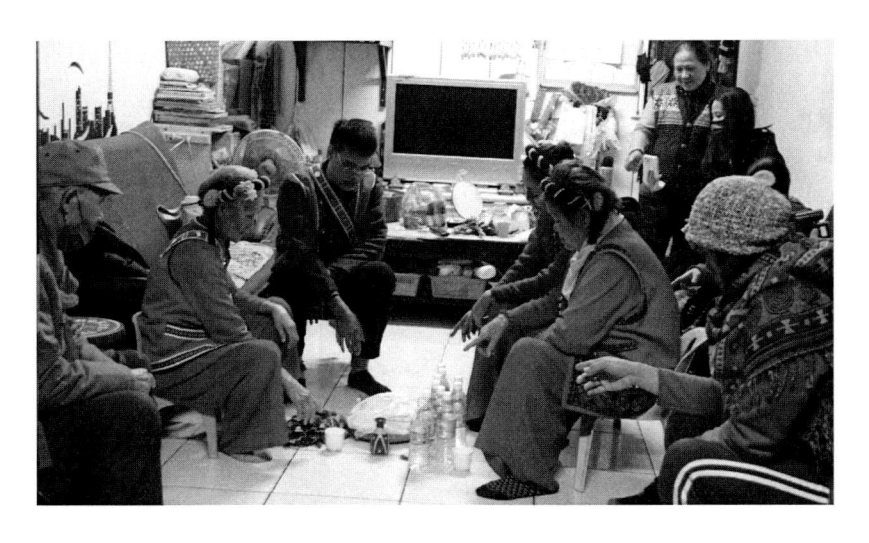

圖 1-2　巫師們正在族人家中進行播種祭（mitiway），請 Kasiuwasiuw（穀物之神）等下來吃飯喝酒。（2021/12/27 劉璧榛 攝）

1940 年代前的播種祭（mitiway）很盛大，還要殺家中媽媽餵養的豬（臺灣總督府臨時臺灣舊慣調查會，2007[1912]），現在這些神靈則變成「素食」。儀式中透過祭品／食物人跟小米到底建立什麼關係？對稱或不對

稱的交換關係？形成一種高低的階序？這裡的祭品／食物不是一種人給予神的禮物，因為不會產生須償還的債務；也不是一種貢品（tribute）用來建構階序。而比較像是 Gibson（1986：182）分析菲律賓 Buid 人在 fanurukan 儀式時所提到，祭品被用來建立人類和神靈世界之間的連續性關係。不過，如 Miller（2019：116）所質疑的，的確非人類在儀式共食中的角色尚不清楚，無論是作為「會吃的人」還是作為被吃的食物。這裏小米扮演既是被吃又會吃的雙重角色，同時主動與被動。呈現出如 Descola（1993：111）所言，園藝式耕種（horticultural farming）有一種辯證式的交換關係（dialectic exchange），樹薯讓人吃，前提是人類可以讓他生長並保證其後代。

　　另外，資深的巫師 Pah 曾提醒我，小米是所有植物神靈中最敏感的，像女人有靈性，也具有人性，有靈眼、靈耳和靈覺。為了避免觸怒她，儀式期間要輕聲細語並且說好話，免得一不小心觸怒她而離去，作物可能就會歉收。

　　我們另也可以觀察到，跟粟相關的儀式並沒有因轉作與進入資本市場而在 Lidaw 部落消失。原先由母系氏族負責主祭的農耕祭儀，逐漸改由巫師主祭，有專業化的趨勢，到了 1970 年代後巫師以女性居多（泛女性化），祭儀也反而更加密集與興盛，主要的食物祭品麻糬（*dulun*）也越做越大。以前種小米時，全年只有一個儀式的週期，從 12 月底到 7 月底。開始種水稻時，為了量產於是有了第二個週期，從 8 月到 12 月初，整年的集體儀式圖示如下，灰底部份是為數眾多的農耕相關祭儀。

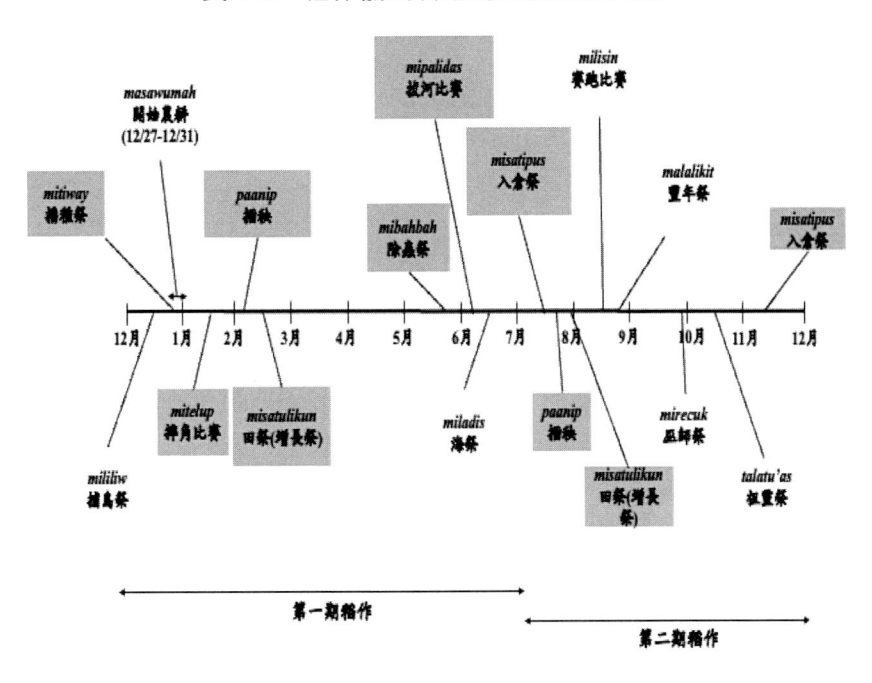

表 1-2　稻作儀式新增為二個週期循環

1930 年 Lidaw 改種水稻之後進入資本主義市場，其信仰與新社會是銜接起來的，甚至儀式更世俗化，變為兩個週期，好讓穀物生產能加速與加量。的確短短的百年間 Pangcah/Amis 的經濟生產與作物有了巨大的改變，令人好奇地為什麼大部份的 Pangcah/Amis，甚至全臺灣的原住民部落已經不再做農耕祭儀，Lidaw 卻延續下來？不像唯物主義者所聲稱的，生產方式的改變必然導致上層文化的改變（Biersack, 1999：11）。巫師 Sera 認為是「大家的關係」，意即人的主觀意願跟社會關係的延續，筆者認為神話中特別描述與解釋小米的感官特性黏性與美味是理解人與植物交會關係延續性的關鍵。穀物的黏性調解了人—植物—神靈間的接觸。這種與穀類植物的接觸既實際又意識形態，多感官和多尺度，體現了 Lévi-Strauss（1962）所說的「具體科學」。

五、力量與危險：穀物的黏性體現人神的血親關係

　　今日穀物雖然喪失了在經濟生產的中心地位，卻沒有影響她在儀式中的重要性，小米或陸稻製品非但沒有被取代，反而更凸顯它的不可或缺性（胡家瑜，2004：191）。現在儀式仍需使用具黏性的陸稻做大麻糬（dulun），儘管是原料的陸稻或是成品麻糬都可以透過現金購買。粟與陸稻變成僅在儀式中才使用的植物，如重要的祖靈祭（talatu'as）時每家除了給巫師現金外，還一定要送一塊大麻糬。巫師解釋麻糬是祭拜神靈必備的祭品，因人們認知其為神靈與祖先吃的美味食物，一種味覺的饗宴，就如神話中所強調的。並在儀式後還要跟大家分享麻糬，並分送給參與的人帶回家而不會餓肚子，表示有飽足感象徵足食，也有好運的意思。

圖 1-3　Lidaw 部落盛大的 *talatu'as*（祖靈祭）一定要用大的 *dulun*（麻糬）祭拜祖先（劉璧榛 攝）

麻糬的物質特性在於黏性。人們對其黏性的多層次感受也具體出現在現今儀式的過程中。儀式當天女性會一早起來準備麻糬，將前晚泡水的陸稻煮熟，然後打成開始有黏性的一團，再分成小團麻糬時人們開始會感覺到黏手（*miruhepit*）。這個透過不同感官（手、嘴）觸覺感受到的黏性，觸發人們開始感受到時空上「接近」祖先的儀式氛圍，因黏的感覺縮短了兩個世界的距離，使之產生了結合。神話中因洪水分開的兩個世界（神人）又連續了起來，成為一個宇宙。

　　我在儀式參與觀察中與禱詞謄錄時發現，原來儀式期間，族人認知「人的身體跟另一個世界的神靈在一起」。如巫師在播種祭（*mitiway*）的禱詞中，呼喚造人的 Dongi（女神們）、釀酒神、檳榔神、長根長芽的神、農作神、太陽神還有過世的巫師與做儀式者家中的祖靈等。巫師依階序先後告知她們人間要播種了，請她們互相實際上跟著（*malhakulun*）巫師們互為母女（*maluwiluwina*）。字根 *ina* 是母親的親屬稱謂，*luwiluwina* 有母女相黏的意思，意即巫師借米食祭品與神靈建立虛擬的直系血親關係[4]，並用唱詞黏當作行動以建立兩者間的緊密關係，進而獲取幫忙族人的兩種力量。一是 *sapi-iyup* 協助植物生長的力量。二是 *sapi-suri* 幫人治病的能力，此靈力跟著唱詞藉由手滑下來，再透過身體的接觸除去病人的污穢（*bihibihi*），好讓人能順利成長。這整個人、神與穀物交會的過程中，都是藉由觸摸的感官經驗在進行。

　　但是人神之間的關係也是有「危險」性，是一種協商的過程。過去穀物神 Kasiuwasiu 被認為手持木棍，於儀式期間如果有不禮貌必會挨打。且如果祭品太少，他會釋放害蟲危害穀物（臺灣總督府臨時臺灣舊慣調查會，2007 [1912]：27）。現在筆者在儀式中觀察有不少轉變，如巫師在播種祭（*mitiway*）與田祭（*misatulikun*）的禱詞裡所唸唱的，穀物神多是正面的力量。反而請祖靈（*tu'as*）不要來搗蛋（*piwalawal*），讓植物長不好，讓

---

[4] 阿美族人視獵物為女兒的情人，彼此是姻親關係。

人生病。這些穀物神靈變成也協助巫師治病，幫忙找出致病的祖靈。

另外，在儀式結束時會常看到，參加的人跟著巫師都有跳開與抖動身體的動作。其動機主要是怕儀式結束後，祖靈會繼續「黏住」（*misikeh*）參加者的身體或衣物，跟著一起回家。族人認為跟祖靈或神靈如此膠著、混淆（intermingle）（*malipasaw*）就會生病不舒服（*siwa*）。過去在 Pangcah/Amis 的社會中，跟自然（改成農作）相關的神靈較有社會制約力，現在轉成母系祖靈（domestic matrilineal ancestors）為主要致病的歸因，呈現出母系系統與宗教結構異質同形的現象。

再者，Lidaw 人對「被黏住」的驅離反應，正好為自己描述神靈與祖靈這些看不見的力量的客觀存在，也成為一種害怕的實際感受。甚至治病儀式（*mipohpoh*）時，巫師會用香蕉葉從頭到腳輕拍病人的身體，希望藉此撥開那些可能「黏住」的祖靈（劉璧榛，2013：132）。如果是病情較嚴重剛出院或新屋落成，則會殺豬舉行「掃除」的儀式 *miasik*，用生豬腳接觸病人身體與其家屋，以「踢除」致病的祖靈或其他的神靈（Kawas）。在黏性互動的感官經驗中，我們看到人對穀物神或是祖靈都不是將之視為至高神聖的，兩者間不是一種絕對的高低階序關係，而是透過巫師進行儀式來共同會面協商。

六、人神相黏的有機網路：感官生態學

回過來看，Pangcah/Amis 儀式中感受到粟與陸稻黏性特殊的意義，有如 Sartre（1943：690-708）提出人存在的本體感受外，也讓族人具體感受到神靈的共同存在。儀式過程中族人藉由穀物的黏性，從自我（人體）向他者（神／植物）之間的分界進攻，欲拉近與神的關係（像女兒黏媽媽）。而回到神話中，人神一體共處的狀態。但越界（即共處）也會帶來危險。

同時黏性也讓人知道其侷限性，萬物要生長不只有人的力量（撒種

就能成功,還需要進行儀式黏住(尋求商量)他者(太陽神、農作神、生命神等)的協助。這種黏性並非用人的意志力強迫去改變自然(植物)或超自然,反而比較是一種依賴。待儀式結束後巫師藉由動作將人、神區隔開來,維持一個清楚的分類,人才不會生病(陷入危險),同時也凸顯出人、祖靈與神靈屬性的差異。

穀物的黏性在儀式過程中,還有一個重要的有機網絡(organic network)的面向,即 Shepard(2004:255-256)強調的感官生態學(sensory ecology)。儀式時自然(太陽)、植物(小米／陸稻)、人與祖先、神靈都打開界線,彼此身體性地共感而共處於一個宇宙中,進而傳遞力量與生命所需。類似以前 Siona Indians of Colombia 的巫儀,但沒有跨物種的變換形體(transfigurations)(Langdon, 2017)。Pangcah/Amis 藉由共食經驗、分享吃植物(人將之轉變成美味的食物)的反饋,彼此黏在一起。過程中透過味覺與觸覺等感覺彼此互動協商,而不僅是基於象徵意義而已。總之,穀物作為特殊的儀式植物分類,並非僅具食物或祭品之物的功能,或如 Douglas 所言為了建立一種不混淆的整體分類而有安全感的秩序,也不是僅供人類投射自身企圖與意象的符碼,他們是人們必須合作與共存的生命體。

七、禁食葉菜:氣味、口味、性暗示與生態考量

Lidaw 人藉儀式分類的第二種植物是進入儀式前就需禁食的蔬菜(*dateng*)。這裏蔬菜特指田裡長的野生或種植的綠色葉菜類。老人家說過去比較嚴格,儀式期間必須完全禁食(*manamet*),如此身體比較潔淨,較容易親近神。因為吃進肚子的東西會讓人發出味道,所以儀式期間必須嚴格遵守食物禁忌。族人特別忌吃味道重的野菜跟魚,現在則怕外人吃蒜跟蔥(*kenaw*),因會散發出「臭味」(*angcoh*),神靈就不會來靠近人。同樣

的感官邏輯，五月稻子開始結穗時蝗蟲、鳥與老鼠會靠近搶食。部落會舉行驅蟲祭（*mibahbah*）以驅蟲跟貧窮之神（Takenawan），這期間就要吃這些味道重的野菜跟魚，好「趕走」害蟲跟貧窮之神。

另外，資深的 Sera 巫師解釋，避免性別分類的混淆（*malipasaw*）是另一種理解植物禁忌的角度。採野菜與種菜多是女性的活動，人們藉由拿回家的食物來自我界定（Schlegel, 1977），這些植物等於是女性的自我認同。我們從女性婚前會對情人唱具性暗示傳統歌謠中來理解。這首歌俗稱結婚招婿三部曲，在部落當代日常生活的喜慶時常會有人唱。第一段女孩唱到男性相互競爭地到山上砍木材，送到女孩家門口，女孩會選定最勤勞有力的男子。然後唱女孩接續會去找野菜歌詞如下：

dateng-ay（採野菜）*to tatokem*（龍葵），*hacowa*（何時）*i tanam-en*（試嘗）*no tao*（他人）*kina*（這）*tiring*（身體）

採野菜去！何時會有人來嚐我？

這句歌詞中女性身體被類比於野菜，女孩與野菜同體，暗示期待有人親近她的身體。第三階段女孩會開始在家裡煮野菜宴請男孩，唱到：

safel-ay（煮）to *tatokem, hacowa*（當）*i kemkemen*（咬／吃）*no tao*（他人）*kina*（這）*tiring*（身體）

煮野菜啊！何時有中意的人吃（欣賞）我啊！

這句歌詞含意中野菜就是女人的化身，措辭上直接用吃／咬作為一種性的感官刺激表達。另外，捕魚則是男性的範疇。儀式未結束前這兩類不能同時吃，因會進入人體而混在一起。這種避免進入人體會引起建立不可否認的連結之禁忌（creates undeniable bonds），讓筆者想到 Héritier（1994）解釋兩姐妹不能跟同位男性有性關係的亂倫為禁忌的原則相同（體液相混）。

我們進一步對照 Pangcah/Amis 從旱稻輪作農業生態系統轉換到水稻生

態中,怎麼處理穀物跟葉菜類的關係。葉菜類的野菜生長在特殊的生態變遷系統中,受人為耕種與氣象的影響(蕭巧玲、楊純明、何佳勳,2013)。嚴格定義「野菜」並不是真的野生,也不是真正的被馴化刻意種植。相對於在田裡種植(*paluma'*)的穀物,族人會有意識地故意保留讓翻土後隨著長出的某些野菜(*dateng*)與作物共生。如報導人解釋冬季輪耕種玉米田,小鳥愛吃玉米粒,會帶來鳥糞做肥料外,重點是會帶來不少野菜的種子,如龍葵、苦苣菜類、紫背菜、鵝仔菜等基本菜種,只要不灑除草劑,不用人特別照顧就自然會有野菜可食。這些野菜亦可當成耕作的循環,充作肥料。現在秋冬休耕時,族人讓多種野菜蓬勃生長,小塊田裡就約有 30 多種可食。阿美族這種特殊的野菜培育生態知識與模仿自然生態技術(biomimetic),值得進一步深入研究(羅素玫,2022:111)。

另外,我們從儀式中對稻作生態植物的社會選擇來看,在播種祭(*masaumah*)的第三天,從 9 月即開始沒吃葉菜類的巫師們,會集體舉行解除食物禁忌的儀式:*pawatawad*,以重新適應食物的味道。此儀式的主角就是特別吃刈菜、香菜與小葉碎米薺(Cardamine flexuosa/microzyga)(黃啟瑞、董景生,2010:40-41)。小葉碎米薺是二期水稻耕作中排名前五名最常伴生的雜草(野菜)(蕭巧玲、楊純明、何佳勳,2013:117),這三種植物是解除食物禁忌的代表。它們生吃起來味道都很辛辣像芥末,不過族人會把刈菜煮熟再吃,因為喜歡吃它的苦味。刈菜跟小葉碎米薺有共同的屬性皆為十字花科(Brassicaceae)。從這三種植物共同突出的辛辣屬性,便可理解因其感官明顯度(sensory apparency)的這個特性,才被族人用來做解除禁忌的儀式。

總之,族人沒有將在新的水田生態中長出的野菜,視為雜草而拔除或用農藥殺死,她們其實是女人的同類生物(beings)。因此水生物、蝸牛與昆蟲等也能共存,維持了生物多樣性的共存生態。這些田裡成群的野菜很能適應新的生態與克服環境,較少有病蟲害,不需用藥也不需施肥,被稱為「健康菜」。這樣的耕作方式(其實也是 Pangcah 的世界觀)對土地也較

友善。另外，婦女們的採摘也有助於野菜的分支與生長（盧建銘，2015），或是在開花繁衍時他們會刻意避免採摘。一般農民想盡辦法要除去田裡看似不起眼的雜草（野菜），但在 Pangcah/Amis 的儀式中卻扮演重要的區辨角色（男性與女性），同時也是其日常生活仰賴的在地自然資源，同時在農業生態系統中也有維繫多物種生存的重要位置，讓人與自然環境及其他物種有較友善的共存方式。

八、僅能吃豆類、筍與 *rokec*（心／嫩莖）：神秘感、看不見與異質空間

第三類則是儀式期間唯一能吃的菜（*dateng*），主要有 3 種：豆（*rara'*）、心／嫩莖（*rokec*）與筍。豆類多種在田邊界的圍籬上，吃其豆莢內的種子部份。*rokec* 指吃植物的「心」，即嫩莖部位。如以前田裡種的甘蔗心，近山邊野生的芒草心（*hinapelo'*），山裏長的山棕心（*rokec no falidas*）與藤心（*rokec no o'way*）等。最後筍子亦可食，也是嫩莖。

民族植物學者吳雪月（2000：16）認為小米收穫祭（*misahavay*）舉辦期間，正值山棕的結果期，族人常用其葉來綑綁小米穗。所以在採山棕葉的同時也一併摘採其心來食用。或是田裡收割時正好是田邊豆子成熟時，所以這些植物就成了小米收穫祭（*misahavay*）中主要的食物。她點出了儀式期間植物的多元使用，與 Pangcah 的儀式有適應自然環境與季節的特點，不過筆者認為除了這個實用主義外，還有宗教的因素。

中生代的巫師 Panay 解釋，因為這些植物被吃的部位都是被包覆起來，有種神秘感，可以跟禁吃的葉菜類區別開聖（內）與俗（外）兩個不一樣的範疇。的確由於人們的眼睛直接「看不見」這些植物的部位，會有宗教上的神秘感外，筆者認為還有「看不見的世界」的隱喻（metaphor），意即此類植物被用來象徵性地標示另一個屬靈的真實世界，在儀式的脈絡中更

容易理解此特性。

相較於靠近家的田裡容易取得的葉菜類，此類植物長在田與山的交界（人神交界），甚至更遠到平常沒有人跡的山裡，因而被族人定義為屬 Kawas 神靈的空間。儀式期間到這些地方採集，對族人而言乃是透過行動區隔出儀式空間與日常生活空間的異質性（heterogeneity）與過渡性（transition/passage）（交界處）。意即有透過這些植物來標示特殊儀式的時間與地點的作用。另外，這些植物可吃部位也都處在「過渡階段（liminality）」（Turner, 1967），如山棕心與蘆葦心處於開花前，筍子處於冒出土長葉之前，豆子處於發芽前的狀態。

Pangcah 稱巫師為 *si-kawas-ay*，語意上直指擁有 Kawas（神靈）的人。每年 9 月底巫師們必須「上路拜訪」（lalan）其擁有的神靈，進行巫師祭（*mirecuk*）以供給祭品，才不會被「找」麻煩而「生病」，以及獲取治病的能力。巫師會有長達 3 個月的儀式期間僅吃這些植物的心，目的就是藉由吃的食物，保持其「過渡的狀態」與身體的潔淨，同時「表示」其身體跟這些靈處在一起的狀態。巫師的身體做為人與靈之間溝通的媒介，也是一種政治象徵（Lindenbaum, 1972）。她所象徵的不僅是 Pangcah 對超自然的想像（疾病的來源），還有對周遭自然生態環境、空間、多物種與在其中的人自己現況的認識與界定。

另外，採集與吃這類植物也有創造不同想像空間（utopia）的作用，可以揭露所有的真實空間，如同 Foucault（1984）的異質空間（heterotopia）的分析概念。並且在這個特殊的儀式空間裡，多神跟祖靈信仰的符號被再生產。不過其運作之模式非如 Foucault 所分析的「原始」社會中，為特別保留給處在「危機」狀態的個體，如青春期男女、月經期女人或老人等，而形成差異地點（crisis heterotopia）的特定形式。Lidaw 部落裡被隔離在危機差異地點的「危機個體」都不是人，而是 Kawas（神靈）或是被 Kawas「監禁」（迷失的）人的靈魂（*adingu*）。而且當代全球化的社會中，這些地點未如 Foucault 所言已全然消失，它們仍對應出現今

Lidaw 人對部落與山林活動空間的組織管理。

九、結論

　　Pangcah 將宇宙世界視為有人外，還有與之維持親屬社會關係的植物與動物、日月星、山川海洋及神（Kawas）等生物（beings）共居。透過呼吸／靈魂，這些生物／生靈會互相流動循環。跟生長相關的神有較高的優位，但不是一種絕對的上位階序，而是可協商的對象；接續是過世的巫師靈與祖靈。Pangcah 透過儀式行動區分的三類植物中，第一類是有神靈的穀物作物，她們被視為會長大的小孩，人們在儀式中餵養並與之分享食物，以尋求合作與協商，維持互惠的關係。但是這些神靈有時候會「黏」住人（如穀物的物質特性），跟人尋求食物（餵養），未果則會轉為有攻擊性讓人生病。Pangcah 試著與之建立儀式性的母女血親關係來穩定穀物的生產與消費鏈。

　　第二類是儀式期間禁食的葉菜類，特別是採集來的野菜。她們並沒有神靈（Kawas），人們不需要尋求農作神、巫師靈與祖靈的協助，幫助其生長，而是自生自滅，相對的自主。人們將之視為未婚的女性，帶有性的暗示。相對於第一類植物的母系關係（matri-descent），Pangcah 藉由禁吃第二類植物來做男女區辨、性禁忌與婚姻禁忌。從這個分類中可以看出，Pangcah 跟 Ingold（2000）所強調採集狩獵的社會中感知環境的方式一樣，人跟植物的關係與人跟人的關係（姻親）一樣。再者，Pangcah 藉由吃第三類植物來揭露所有生物（beings）共處的真實空間。這三類植物都是透過吃與不吃這個進食與感官經驗來控制與轉換循環。

　　Pangcah 從被殖民後就不種小米而改種水稻，進入全球市場後連水稻也不種了，但仍然熱衷採集。這讓我們看到不同於西方社會的發展，殖民、國家化、現代化與資本主義化在 Pangcah/Amis 這種小型的部落社會中，與其傳統信仰與社會組織產生不同於西方模式的複雜連結，另發展出與動、植物

及環境不同的互動關係。這種差異正好讓我們回過頭來「再思考我們自己理解人類行為、感知和認知的方式，以及我們對環境及與其關係和責任的理解」（Ingold, 2000：40）。

野菜的採集多被認知為先於農業，或是工業化之前的謀生方式，雖然持續至今，但因不是現代化進步的一部份，或是低產不會造成不平等（豐饒起源的想像）（Sahlins, 2004[1974]；Testart, 1982），而常被忽略（Tsing, 2015）。現在 Pangcah/Amis 不種田了，在休耕的田裡採摘野菜。除了在自己的田裡採集，大部份的人也會到鄰近的地景中走動，尋找愛吃的野菜生長茂密的「秘密基地」。不過，這些秘密基地也面臨農地工業化與都市擴張後被破壞的危機。儀式期間採野菜的過程，不僅只是兒時回憶，或是爸媽教授小孩植物、地形或生態的辨識知識，更是培養其求生技能與對自然的感受力與敬畏的情感，還有對環境與整體生態變遷、進入工業化與資本市場的省思等。

Pangcah 的野菜還有一個重要的採摘權（使用權）共享的概念。在水稻定耕後，土地開始私有財產化，變成資本與商品，然而儘管這些野菜長在已私有化的土地上，族人概念上仍認為「因為不是人種的」（*paluma'*），每個看到的人都可以採。這表示讓每個人都可以在「自然」中求生存，像過去的傳說中被繼父陷害的小男孩 Kalang，因學野生動物吃野菜而學會了求生的技能。到了當代採野菜有了新的脈絡，讓族人可以不需完全依賴貨幣也能生存。採野菜延續 Pangcah 共享生命基本所需的文化價值。這正是 Descola（2015）指出跟資本主義經濟市場不一樣的占有（appropriation）邏輯。資本主義從西歐擴張至全球後，很多生活所需逐漸被私有化，僅由某些人占有，如土地、森林、能源、水與基因資源、技術、原住民的知識與某些植物等。當 Pangcah/Amis 捲入了資本市場，她們並沒有將視為生命所需的野菜作為占為己有的目標。雖然 1990 年代後逐漸也有為了販售目的而來的採集。近年野菜更因無毒與無化肥汙染成為時興的市場新寵。但這種人跟野菜、環境生態、儀式不一樣的生活結合方式中，人跟自然比較沒有異化關

係，其與植物非商品的依存連結還在。

參考書目

巴奈・母路
2013　《繫靈：阿美族里漏社四種儀式的關係》。花蓮：國立東華大學。

臺灣總督府臨時臺灣舊慣調查會
2007　《[1912] 蕃族調查報告書第一冊：阿美族／卑南族》。臺北：中央研究院民族學研究所。
2009　《[1914] 蕃族調查報告書第二冊：阿美族奇密社、太巴塱社、馬太鞍社、海岸蕃》。臺北：中央研究院民族學研究所。

吳雪月
2000　《臺灣新野菜主義》。臺北：大樹文化。

胡家瑜
2004　〈賽夏儀式食物與 Tatinii（先靈）記憶：從文化意象和感官經驗的關聯談起〉。刊於《物與物質文化》，黃應貴主編，頁 171-210。臺北：中央研究院民族學研究所。

黃啟瑞、董景生
2010　《邦查米阿勞──東臺灣阿美民族植物》。臺北：農業部林業及自然保育署。

劉璧榛
2013　〈身體、社會主體與口語文本：北部阿美 mipohpoh 儀式治病展演〉。刊於《身體、主體性與文化療癒──跨域的搓揉與交纏》，余安邦主編，頁 105-165。臺北：中央研究院民族學研究所。
2017　《從迷信到民俗展演與文化資產：里漏阿美巫信仰與殖民現代性及臺灣國族政治的互動》。刊於《當代臺灣原住民族的文化展演與主

體建構：觀光、博物館、文化資產與影像媒體》，劉璧榛編，頁 3-44。臺北：順益臺灣原住民博物館。

2021　Plant-women, Senses and Ecological Considerations: Rethinking Ritual Plants and their Taboos among the Pangcah of Taiwan (1920-2020). Social Compass 68(4): 529-547.

盧建銘

2015　〈採集與微型生態菜園的沃土經濟〉。《臺灣社會研究季刊》98: 259-287。

蕭巧玲、楊純明、何佳勳

2013　〈不同水旱田農耕生態系統對田間雜草相變動之影響〉。《臺灣農業研究》62(2): 106-125。

羅素玫、胡哲明

2022　〈人與植物的社會生命：阿美族菜園裡的原住民傳統生態知識及飲食實踐〉。《臺灣人類學刊》20(2): 79-138。

Biersack, Aletta

　1999　Introduction: From the "New Ecology" to the New Ecologies. American Anthropologist 101(1): 5-18.

Castro, Vivieros de

　1992　From the Enemy's Point of View: Humanity and Divinity in an Amazonian Society, Translated by Catherine V. Howard. Chicago: University of Chicago Press.

Daly, Lewis, and Glenn Shepard

　2019　Magic Darts and Messenger Molecules: Toward a Phytoethnography of Indigenous Amazonia. Anthropology Today 35(2): 13-17.

Descola, Philippe

　1993　Les lances du crépuscule. Paris: Plon.

　2005　Par-delà nature et culture. Paris: Gallimard.

2015 Humain, trop humain? Esprit 12: 8–22.

Douglas, Mary

    2003 [1966] Purity and Danger: An Analysis of Concepts of Pollution and Taboo [Electronic resource]. London: Routledge.

Filoche, Geoffroy

    2018 Making the Difference with a Common Plant: The Recovery of Guarana by the Sateré-Mawé (Brazil). *In* The Commons, Plant Breeding and Agricultural Research: Challenges for Food Security and Agrobiodiversity. Girard F. and Frison C., eds. Pp.173-184. New York: Routledge.

Foucault, Michel

    1984 Des espaces autres. Architecture Mouvement Continuité 5: 46-49.

Gibson, Diana

    2018 Towards Plant-Centered Methodologies in Anthropology. Southern Africa 41(2): 92-103.

Gibson, Thomas

    1986 Sacrifice and Sharing in the Philippine Highlands: Religion and Society Among the Buid of Mindoro. London: Athlone Press.

Hamayon, Roberte

    1990 La chasse à l'âme: esquisse d'une théorie du chamanisme sibérien. Nanterre: Société d'ethnologie.

Héritier, Françoise

    1994 Les deux sœurs et leur mère: Anthropologie de l'inceste. Paris: Odile Jacob.

Ingold, Tim

    2000 The Perception of the Environment: Essays on Livelihood, Dwelling and Skill. London: Routledge.

Kohn , Eduardo
  2013 How Forests Think: Toward an Anthropology Beyond the Human. Oakland, CA: University of California Press.

Langdon, Esther Jean
  2017 From Rau to Sacred Plants: Transfigurations of Shamanic Agency Among the Siona Indians of Colombia. Social Compass 64(3): 343–359.

Lappé, Frances Moore, and Joseph Collins
  1982 [1979] World Hunger: Ten myths. San Francisco, CA: Institute for Food and Development Policy.

Laugrand, Frédéric B. and Jarich G. Oosten
  2010 Inuit Shamanism and Christianity: Transitions and Transformations in the Twentieth Century. Montreal, Quebec: McGill-Queen's University Press.

Leach, Edmund
  1989 [1964] Anthropological Aspects of Language: Animal Categories and Verbal Abuse. Anthrozoös 2(3): 151-165

Lee, Yi-Tze
  2020 Ritual Landscapes, Human-species Networks, and Environmental Shift: Contemporary Amis' Ritual Practices as Cultural Heritage. *In* Environmental Teachings for the Anthropocene: Indigenous Peoples and Museums in the Western Pacific. Nobayashi A. and Simon S., eds. Pp. 165–182. Osaka, Japan: National Museum of Ethnology.

Lévi-Strauss, Claude
  1962 La pensée sauvage. Paris: Plon.

Lindenbaum, Shirley

1972 Sorcerers, Ghosts, and Polluting Women: An Analysis of Religious Belief and Population Control. Ethnology 11(3): Pp. 241–253.

Miller, Theresa L.
  2019 Plant Kin: A Multispecies Ethnography in Indigenous Brazil. Austin, TX: University of Texas Press.

Ortner, Sherry B.
  1974 Is Female to Male as Nature is to Culture? *In* Woman, Culture, and Society. Rosaldo MZ and Lamphere L. eds. Pp.67-87. Stanford, CA: Stanford University Press.

Posey, Darrell Addison
  2000 Ethnobiology and Ethnoecology in the Context of National Laws and International Agreements Affecting Indigenous and Local Knowledge, Traditional Resources and Intellectual Property Rights. *In* Indigenous Environmental Knowledge and its Transformations: Critical Anthropological Perspectives. Ellen R., Parkes P. and Bicker A., eds. Pp. 35-54. Amsterdam: Harwood Academic Publishers.

Rappaport, Roy A.
  1968 Pigs for the Ancestors: Ritual in the Ecology of a New Guinea People. New Haven, CT: Yale University Press.

Rival, Laura
  2012 Animism and the Meanings of Life: Reflections from Amazonia. *In* Animism in Rainforest and Tundra: Personhood, Animals, Plants, and Things in Contemporary Amazonia and Siberia. Brightman M., Grotti VE and Ulturgasheva O. eds., Pp.69-81. Oxford: Berghahn Books.

Sahlins, Marshall

 2004 [1974] Stone Age Economics. London: Routledge.

Sartre, Jean-Paul

 1943 L'être et la néant: essai d'ontologie phénoménologique. Paris: Gallimard.

Schlegel, Alice

 1977 Male and Female in Hopi Thought and Action. *In* Sexual Stratification: A Cross-Cultural View. Schlegel A., ed. Pp.245-269. New York: Columbia University Press.

Schulthies, Becky

 2019 Partitioning, Phytocommunicability and Plant Pieties. Anthropology Today 35(2): 8-12.

Scott, James C.

 2017 Against the Grain: A Deep History of the Earliest States. New Haven, CT: Yale University Press.

Shepard, Gleen H. Jr.

 2004 A Sensory Ecology of Medicinal Plant Therapy in Two Societies. American Anthropologist 106: 252-266.

Sprenger, Guido

 2016 Dimensions of Animism in Southeast Asia. *In* Animism in Southeast Asia. Kaj Århem and Guido Sprenger, eds. Pp. 31-51. New York: Routledge.

Tambiah, S. J.

 1969 Animals Are Good to Think and Good to Prohibit. Ethnology 8(4): 423-459.

Testart, Alain

 1982 Les chasseurs-cueilleurs ou l'origine des inégalités. Paris: Société d'Ethnographie.

Tsang, Chen-Hwa, Kuang-Ti Li, Tze-Fu Hsu, Yuan-Ching Tsai, Po-Hsuan Fang & Yue-Ie Caroline Hsing
 2017 Broomcorn and Foxtail Millet Were Cultivated in Taiwan about 5000 Years ago. Botanical Studies 58: 1–10.

Tsing, Anna Lowenhaupt
 2015 The Mushroom at the End of the World: On the Possibility of Life in Capitalist Ruins. Princeton, NJ: Princeton University Press.

Turner, Victor
 1967 The Forest of Symbols: Aspects of Ndembu Ritual. Ithaca, NY: Cornell University Press.

第二章　認同與跨越的環境之羽：
　　　當代阿美族人與鳥的交纏關聯

李宜澤

東華大學族群關係與文化學系副教授

本章大意

南勢阿美族人傳統上在奇萊平原生活，與當地環境的動植物種有長期互動與使用。在當代所見的儀式活動中，阿美族人與鳥，魚，和豬等三個物種在儀式上有密切關係；而其中又以鳥與阿美族人的生活互動最具代表性。從日本殖民時期的民族學調查紀錄，可以發現關於鳥的神話與其在阿美族人日常活動的豐富紀錄。透過鳥與阿美族人的研究，本文探究三個議題：一、阿美族人與鳥的日常互動有哪些重要案例，並且在過程中形成由鳥而引發的特殊認同？二、鳥類遷徙性質和環境跨越的能力，如何在環境偏移（environmental shift）與族人生計模式轉變的情境下，仍然反應阿美族文化內的傳統意義？三、如何看到鳥在當代生活的網絡中，產生新的象徵意義，並且超越以在地為基礎的社會網絡連結？這些問題本文將以四個例子作為介紹討論，並且呈現阿美族人與環境共生的思考。透過上面這些理論關係討論，本篇論文試圖說明「儀式地景」（ritual landscape）與「多物種民族誌」（multispecies ethnography）在阿美族研究中的角色，並且透過由鳥所呈現的現代議題，反思阿美族人與鳥在環境變遷與物種意義之下呈現的交纏關聯，以及在亞洲環境裡的特定宗教儀式意涵。

一、前言

　　亞洲作為新興的經濟發展環境,對於環境的危機有巨大的影響。臺灣座落在亞洲與大航海時代接壤的「前線」地區,從「福爾摩沙」的命名,到當前對阿美族人生活環境的變動,都與亞洲的經濟模式變化有巨大關聯。連續數個世紀的經濟發展,當前的亞洲環境也受到長期的影響而有不同危機。原住民族在經濟發展與環境危機的歷史過程,處在殖民國家以發展為名將環境大肆改變的皺褶裡;因此尋找與肯認原住民的認識論觀點至為重要。原住民族哲學家 Kyle Whyte 因此反思路徑,提出「反對危機認識論」(Against Crisis Epistemology)的觀點(Whyte, 2021)。過去殖民社會以及政權,常用「危機」來竊取搶奪原住民相關的資源。透過對前述的反省,Whyte 建議從「危機認識論」轉向「多重協調認識論」(Epistemologies of Coordination)。危機認識論強調兩種情境:「前所未有」:過去並沒有這樣的處理案例,因此特殊手段可以執行;「緊急狀態」,所以需要快速處置,原來所具有的關聯性都可以先拋棄切斷。

　　從討論亞洲的宗教儀式與環境地景出發,本文以阿美族人與鳥的交纏關聯為例,希望以多物種民族誌的角度,呈現原住民族所看到的環境變遷以及對於危機尺度的回應。傳統宗教與所需要的物種形成進行儀式的必要連結,當物種失去原有的生存環境或者是因為現代化情境有所變動之後,儀式地景(ritual landscape)因而受到新的活動影響而有所更新;這也是 Kyle Whyte(2017)提到在當代原住民日常活動與物種之間的「更新親屬關係」(renewing relatives)。這些與宗教相關的環境變化在阿美族人所參與的活動裡包括歷史儀式路徑變動,執行儀式的位置改變,將儀式活動作為當代的博物館展示,甚至是過去的團體互助成為法規化的政策活動等等,不只呈現了環境與宗教的密切關係,也表現出原住民族在當代儀式活動下的能動性以及物種網絡連結。透過鳥這個特定物種的觀察,我們發現到當代阿美族的儀式活動裡,鳥具有「身份進階」,「跨越邊界」,「見證誓約」,以及「反

思展示」等等關係。同時也看到物種與人在當代環境危機情境下的親屬關聯。在本文當中，我以四種交纏面向來說明阿美族人與鳥的密切關係：鳥作為「男性年齡階級的跨境代理者」，作為「儀式活動與性別分工中的觀點」，作為「交換勞動和結拜盟約的見證者」，以及「展現當地博物館展示活動的鬥爭」等四個例子來討論。透過這四個例子，本文嘗試進一步說明阿美族人與鳥類的關係如何反映在當代的生活情境裡，並且記錄與回應生存環境的變遷。

　　為了說明前面所提到的種種變化，本文也提出「環境偏移」（environmental shift）的概念。從使用環境的角度來說，地景（landscape）是透過人為活動而變動的自然「環境組合」方式。在自然條件的轉變以及人為生計的變動狀態下，環境地景因此可能會有所改變。這些變動以「私有化、軍事化、工業化、都市化」等情境，在當代原住民的生活中出現。這裡所提到的「偏移」概念，就在於這些地景與環境在原住民的使用觀點裡面，並不會消失或者劇烈變動；而是依據原來的使用關係，慢慢移動位置，或者是以另一個相似的環境模式，產生出新的操作與對應的行動與儀式進行。在本文中，環境偏移最主要也在於思考鳥類物種活動型態的變動，以及人鳥互動時與地景相關的情境。透過這個概念，特別能夠將靜態單向的地景片段，與原住民受到生計活動轉變的動態連結起來，成為可以不斷「更新」（renewing）並且以物種作為親屬關係轉換的象徵連結。

　　阿美族人世代生活在臺灣東部縱谷平原與海岸一帶。傳統的生計活動是以種植小米，採集在地常見的野菜植物或是在海邊的魚蝦貝類，以及狩獵淺山地區的動物例如山羌山羊野豬等生物為主。清朝時期開山撫番的政策，使得平埔族人大量從西部往東部移動，除了擠壓阿美族人傳統的生活空間，也帶來旱稻種植的技術與習慣。日本殖民時期改良蓬萊米之後，東部縱谷區域大規模地開始種植稻米做為民生與軍事所需，也大規模地禁止傳統儀式活動中具有族群衝突型態的活動如獵首。日殖時期的農作影響，延伸到戰後的生活模式；阿美族人在傳統所生活的區域裡以水稻種植，放養牛隻與豢養豬

隻雞鴨等牲畜,這一系列具有定耕模式的操作,都展現了殖民統治與現代化治理,將阿美族人生存地區納入臺灣整體統治的生活體系的規劃企圖。因為這些治理型態物質性基礎的變化,使得阿美族人在傳統儀式上透過環境物質使用的操作活動以達成的宗教意義,有了劇烈變動。這些變動在戰後透過「私有化,軍事化,現代化,與工業化」這四種力量,產生新的交會模式。更將阿美族人從原來在原鄉的生活形態,推上了「被都市化」的環境變遷情境。這篇文章所描述的南勢阿美族人與環境關係,並不是因為工作而離開原鄉的變化,而是受到都市化的原鄉所看到的改變。鳥與阿美族人的關係,要從前都市化的歷史關聯談起。

二、會說人話的鳥類

　　南勢阿美族人世居在臺灣東部縱谷的北端,地理位置上接壤海岸山脈的起始點以及花蓮溪出太平洋的交會處,也作為阿美族人採集與漁獵活動的空間。這個地理區域正好也在洄游性的魚類如蝦虎或鰻苗生存的位置,以及遷徙性的冬候鳥移動休憩的地方;除了移動性的鳥類,在地的鳥類同樣也有多樣種類。在山邊與水田邊的環境裡,鳥類因為季節不同成為在地儀式活動的物種標誌。動植物在歲時循環或者特定情境的儀式活動裡,與阿美族人發生關係:例如鹽寮山邊常見的五節芒,會在喪禮的時候編成拱門放在屋前,讓喪家成員通過以作為除穢的意義;而七腳川溪裡的魚也會在喪禮活動之後捕撈食用,以作為完成喪禮的 malialath 脫除禁忌之用。豬在家戶儀式中也有其神聖重要性,作為女神 dongi 的坐騎,豬可以帶領過世的祖先回到家屋中接受祭拜;也可以在房屋新建或者翻修之後,作為除穢以及帶來福氣的作用。在本書的另一篇關於阿美族人的文章裡,劉璧榛(見本書)也提到儀式活動中穀類黏性與治療和取得祝福的重要意義。可以說在阿美族人的生活中,環境裡各種生物與人互動熟識,並且與部落的活動產生密切關係。

在不同物種之中，鳥在儀式活動裡面有它特別的角色。鳥類的活動範圍大於人，又可在不同領域的空間中隨意來去，在傳統知識與生活觀察裡，比其他動物更具主動性與靈性；鳥的羽毛可以作為年齡階級進階後的勇士羽冠裝飾，當鳥變成白色公雞，也在年齡階級進階賽跑的活動時，由長老手持殿後，以雞爪抓咬落後的進階賽跑者，稱作 pakaros。鳥作為與人生活的陪伴者，在神話故事中也具有溝通神靈與人間的能力。在年度祭司活動開始之前，需要儀式性地將代表鳥類的神靈收服在蹬鳥竹架上，結束活動才將其釋放回田地裡。作為這些自由活動者的鄰居，阿美族人與鳥分享領域和活動，也透過鳥的往來活動向神靈以及環境傳遞訊息。從阿美族神話和當代的角度來看，鳥是「會說人話的同伴」。說話的鳥在神話裡，扮演幾種角色；回應阿美族人對不同鳥類的觀察，以及人鳥關係的思考。在日治時期佐山融吉（2005〔1921〕）主編的《番族慣習調查報告書》裡有幾個神話故事，紀錄鳥類種族的不同性格，以及阿美族社會的慣習觀點：

1.雉雞和老鷹是創造者最初創造的生物。在大洪水之後，這兩種鳥類是人類派在歷史最初時期的偵查者。

2.鵪鶉教導阿美族人如何交合產生後代。在大洪水之後生存下來的阿美族祖先 Sera 和 Nakao 是兄妹，鵪鶉教導他們戴上面具，就不會有羞恥感地婚配並產生下一代。

3.大卷尾在神話中最勇敢。大洪水之後天上的太陽太靠近地面，讓人間非常燥熱，也無法種植農作。大卷尾自告奮勇，冒著被灼燒的痛苦，把天撐高，使人間適合居住。

4.大卷尾如同布農族神話裡的紅嘴黑鵯，也是在洪水之後為人取得火種的鳥。

5.棕尾伯勞是天神的信使，要人們在田間努力勞作。而沒有依照時間工作的夫婦，田地裡就會充滿害蟲，唯一剩下的穀子也被伯勞吃光。

6.不尊敬老人的懶惰小孩，被天神變為烏鴉，每天要自己找食物（而不

是和大家一起食用）。

7.一個沒有把太太交代的訊息轉告給村人的男人，被天神變成夜鷺，只能在晚上自己找東西吃。

8.為過世太太傷心難過的男子，被天神變成鴿子，天天在天空中哀傷啼叫。

這些在神話中鳥與人的關係，不只是反映阿美族人最重視的品性（包括尊敬長輩，守承諾，對伴侶信實，以及面對勞動與工作的責任），同時也描繪與阿美族人比較接近的特定鳥類品種。長期以來，阿美族人以狩獵、捕魚、採摘野菜、種植雜糧為生。基於自然資源的可用性，阿美族人運用了一套與季節節奏相協調的複雜儀式實踐週期。這種傳統的生活方式在日本殖民時期（1895-1945）發生了變化，阿美族人被迫在稻田裡種植粳稻而不是過去的採集園藝生活。粳稻和其他經濟作物的引入為阿美族人提供了額外的收穫週期，雖然與原本的儀式時間相衝突，但與小米週期一起更好地滿足了社區的飲食需求（黃宣衛，2005）。此外，阿美族人被動員進入戰時供應系統，族人被要求改變為水田種植、強迫勞動建造鐵路和港口以及繳重稅（Ka, 1995；Tsurumi, 1977，賴昱錡，2013）。除了生存策略和勞動方面的變化外，阿美族還面臨著宗教和現代教育制度方面的衝突。隨著環境中的傳統元素或資源被現代基礎設施改變和取代，阿美族人以自然資源為基礎的傳統生活開始流失。新一代的阿美族人越來越疏遠過去常用的自然知識。幸運的是儀式活動和操作的祭司與耆老仍在，使我們能夠探索這種不斷變化的文化及其對環境的適應。阿美族人與鳥類的關係也因現代化進程而發生變化。在許多方面，對鳥類的使用反映了阿美族人在歷史上如何適應環境，正如我們在上述民間傳說和神話故事的總結中所看到的那樣。

三、鳥與人：移動與定居的交會

根據口述歷史當中的 Sanasai 傳說[1]，阿美族的祖先在數百年前從大洋彼岸航行到臺灣的不同地區定居。不管口頭傳統所描繪的遷徙路線如何，第一批拓荒者在定居之前曾多次探索該島，最終被它的美麗和豐富的自然資源所影響，例如眾多的植物和低山棲息的動物。這種新環境的影響以及由此帶來的與其他人的互動，會通過將不同種類的動植物融入神話傳說中來影響阿美族文化。在南勢阿美族的神話故事中，被稱為"*Alikakay*"的巨人不斷侵佔他們的土地。Alikakay 會在晚上變成男性並與阿美族女性發生性關係。武器不能傷害 Alikakay，只能以 "*porong*"（一種用芒草編成的草結）來對抗。為了尋找 Alikakay，阿美族戰士學會了製作 takal 男性頭冠，上面裝飾著藍腹鷴的長尾羽以便飛翔，最終擊敗了 Alikakay。根據這個神話故事，阿美族人為土地而戰並學習使用當地的植物和動物。阿美族的傳統知識，即使不是全部源自神話傳說，也反映了多物種的相互作用和生存（Kirksey and Helmreich, 2010）。

從多物種民族誌的觀點來看，物種與人的關係有兩個取向可以理解：其一，對物種的理解讓我們重新思考人類世界的邊界，以及使用特定觀點的認識論觀察。其二，物種作為整體自然中的天然象徵物，可以理解不同於人類語言的交纏互動。所謂「交纏」（entanglement）即是對於世界關係的去線性過程；同時也透過物種在生活中的現身所在的地景關係（比如棲地，製作物品的位置與器具放置處），將人重新放置在相應的「行動團絡」（Meshwork；引用 Tim Ingold, 2015 的說法）當中。在本文我從「環境偏移」和「多物種民族誌」的觀點來討論阿美族儀式地景的轉變及其與鳥類的糾纏關係。首先，我比較了儀式周期中年齡組關係的變化，特別是關於不同

---

[1] 參見詹素娟（1998），「Sanasai 傳說圈的族群歷史群像」，選自《平埔族群的區域研究論文集》，臺北：南天書局。

場合使用鳥類的情況：包括年祭和年齡組儀式中的羽毛裝飾、稻米收穫後交換勞動的鳥類盛宴，以及祭司崇拜後帶著薑葉進行象徵性鳥類變身。其次，我探討了在「儀式地景」（ritual landscape）中使用動物的不同，這反映了環境變化對當地棲息地的影響，因為通過儀式實踐重建了記憶。最後，本文將儀式活動視為「文化存在具象化」的一種形式，以展示其在人類世中的「交纏生態學」（entangled ecology）。

　　南勢阿美族人在東部縱谷與海岸山脈的交會處生活，透過自然環境與物種在環境中衍生各種人與物種之間的關係（見表 2-1）。在特定的儀式活動與季節生活所需裡面，阿美族人與物種連結成網絡，在移在神話起源中的意動和定居之間產生交錯。本文討論四種與鳥的互動關係，反映了當代阿美族人與環境關聯的認識觀點：第一、「鳥的儀式活動與性別分工」，回應了鳥義，呈現阿美族人以鳥作為生活規範的依據。第二、鳥作為「年齡階級的跨境代理者」，展現鳥在儀式中的跨越能力，作為展現外在形變的方式以表現特定環境認識論。第三、鳥是「交換勞動與結拜的見證者」，反映阿美族人在特定組織中結盟並透過該活動與生計勞動連結的社會意義。第四、透過鳥類在「博物館展示活動的鬥爭」，從策展行動反映當代阿美族在外工作者被規則捕捉與匡限的處境。阿美族人與鳥類都在不同的邊界之間穿梭，包括過去與現代，原鄉與都市；並且在移動與定居之間形成特殊認識觀點。透過人與鳥的互動與連結，阿美族人從過去的山林燒墾與狩獵，轉為定居的模式，也反映在捕捉鳥類，使用鳥類衍生的工具，以及回應鳥類與人互動的類型裡面。

表 2-1　南勢阿美族人的歲時活動（作者整理）

月份	十二	一	二	三	四	五	六	七	八	九	十	十一
季節	Katiposan（冬天）		Kafalawfawan（多風雨）		Kacidalan（乾燥與多晴）			Kabaliusan（颱風季）		Kafalian（多風）		
傳統事件	Midiwai		Misatuligun	Miva'va'	Mivalidas	Miladis		Miadop	Malalikid	Mirecuk		Malahok do liliw
活動	宣告小米播種祭		除草，種植甘藷	驅蟲，除鳥，驅除餓鬼	收穫小米並且收藏於穀倉	捕魚祭		準備豐年祭而狩獵	豐年祭	祭司祭典		捕鳥共食活動
相關動植物	小米稻米	甘藷	鳥類昆蟲	小米山棕	淡水或海水魚	白雉鵪鶉山羌		白色雉雞家畜豬				

　　我運用兩個主要概念來討論和分析阿美族儀式地景及其與鳥類的關係。第一個概念是在田野調查中運用「多物種民族誌」（multispecies ethnography）的方法。正如多物種民族誌所提醒我們的那樣，我接下來會討論阿美族生活，以他們與鳥類的各種互動和交織為代表。通過多物種民族誌的思維，我們可以從阿美族的角度來理解鳥類，也可以反過來進行，並進一步擴展我們對阿美族與鳥類關係的理解。第二個概念是「環境偏移」（environmental shift），它指的是基於政治經濟轉變而導致人類文化與環境之間關係的變化。這些變化包括由於城市化而導致的行政界限的變更，進入沿海和低山地區野地開發的改變，以及環境／儀式中動植物等的可用性不同。在環境偏移的象徵觀點中，物種成為了理解原住民世界本體論觀點的對話者（Kohn, 2013）。以物種作為「體現的文化存有」（embodied cultural being）觀點，通過適應多物種民族誌和環境偏移的概念，我提出當代阿美族以回顧性記憶和與不同物種（尤其是鳥類）在象徵意義上的建設性互動，藉以保持著與自然界的關係。

四、田野背景和阿美族的兩大組織

　　本研究的田野工作是在吉安鄉東邊的阿美族村莊東昌村里漏部落（Lidaw）進行的，靠近七腳川溪（Cikasuan River）的出口。Lidaw 是南勢阿美族人的一個主要部落社區。在其 1,500 人口中，大約一半是阿美族人（北部阿美族人也自稱〔Pangcah〕）。自 2015 年以來，我在 Lidaw 里漏部落的田野工作包括兩期男性年齡階級進階儀式（每八年舉行一次），和幾次以季節週期為基礎的歲時祭儀。與花蓮市附近的其他主要南勢阿美族社區相比，Lidaw 部落有著不同的城市化軌跡，從而形成了其獨特的儀式地景和日常實踐。過去，里漏是南勢阿美族出入鹽海的門戶，其範圍從現在的居民區到花蓮溪口對面的淺山地區（鹽寮）（見圖 2-1）。Lidaw 里漏部落人不斷地從村莊遷移到海邊和鹽寮地區採集貝類、捕魚、抓水鳥、以及採集植物，同時送水牛跨過花蓮溪到對岸去吃草。然而，第二次世界大戰後，由於軍事衝突和沿海航海限制，部落人民被迫將自己限制在村落附近而無法常常靠近海邊。對 Lidaw 里漏部落阿美族人當代儀式的研究，展現阿美族人在海濱地區和低山地區的生物群與運用動植物的儀式地景間的聯繫。儀式和生存策略在自然環境和儀式材料的慣用性之下，在不同的歷史時間當中不斷位移，卻也交織在一起。

　　與里漏部落同為南勢阿美族的傳統部落如薄薄部落（Pokpok，仁里村）和娜荳蘭部落（Nataoran，南昌與宜昌村）等社區，在二戰後都受到了都市化和土地使用成為都市計畫區的影響，原有的田地已經多數變為房舍；但 Lidaw 相對而言並未因此大量改變土地種植與採集模式。與臺灣大多數原住民社區不同，里漏部落中沒有影響深遠的基督或天主教會，二戰後也沒有朝向基督教的集體轉宗過程。此外，Lidaw 里漏部落在傳統祭司團體 Sikawasay 的領導下保留了季節性儀式。Sikawasay 通常主持小米播種、土地使用、村莊房屋清潔和家庭崇拜，祭司增能等儀式。另一個傳統組織，男性年齡階級 Slal，則對於村莊的公共服務非常重要。其中年齡階級每八年一

次的晉階儀式,一方面負責公共事務的主導儀式活動,另方面也標誌部落年齡的成長。男性年齡階級 Slal(或南部阿美語中的 Kapah)是社區事務的主要幹部,涵蓋軍事訓練、交換勞動、儀式實踐和社會福利等活動。Sikawasay 和 Slal 是保存部落儀式和歷史記憶的兩個主要組織。

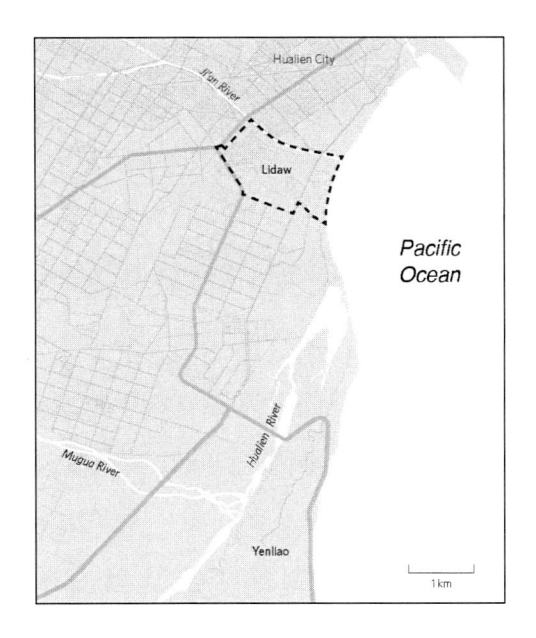

圖 2-1　Lidaw 的當代地圖及其到海濱和花蓮溪出口的環境

　　Sikawasay 祭司團體和 Slal 年齡階級的儀式實踐都需要來自環境的物種,無論是動物還是植物。對於 Sikawasay 來說,豬是神靈在儀式中的載體,而檳榔和薑葉則是取得神靈祝福的器皿。芒草被編成儀式通過的門檻,魚是儀式後脫離神聖的重要材料。多物種互動的理念已經體現在阿美族人的日常生活和儀式生活中。對於男性群體 Slal 來說,白雉和藍腹鷴是男性保護神的使者,鳥類在年齡階級中的意義,包含在野外訓練時作為決定領導者的物種(鵪鶉或者鷦鶯):當年進階的少年在海邊接受訓練時,誰能夠在沙地上先找到上述指標鳥類,就具有成為該階級成為領導者的意義。另一方

面，是在年底的換工收割活動中，年齡階級依照各自的關係，與階級朋友與家人換工操作。冬季候鳥如伯勞或者雲雀，也會在此時成為年齡階級在田邊捕捉的對象。鳥的意義對年齡階級而言，是「連結同伴」與「承諾協助」的代表。而在 Sikawasay 祭司團體方面，鳥類最重要的意義來自從家屋的祭祀空間轉變到戶外的媒介，由鷹神 Ansurai 作為主要的引導者，讓祭司每年秋季在家屋裡針對家族祖靈與神靈的祭拜活動，慢慢轉移到戶外的空間，完成對部落的祈福。鷹神原先是最早帶領 Lidaw 祖先乘船建立部落的角色，透過祭司呼喊鷹神的引導，損害作物的鳥類都在最開始被象徵性地以蹬鳥器上纏繞的一片薑葉做為代表，直到儀式最後結束，才會在村落水源處把薑葉解開投到田地裡，讓各種候鳥回歸他的環境。鳥類對 Sikawasay 而言，具有「延伸歷史」與「區辨邊界」的意義。在不同的儀式物種中，鳥類——不論是實體鳥類，或象徵——對阿美族人來說非常重要。鳥類代表能量和敏捷性，並在社區中交換勞動的聚集和責任，作為稻田收割後的款待。鳥類的象徵意義體現在它們在祭司儀式中跨越邊界的能力和賦予生命的力量。

五、從儀式到地景的媒介：與阿美族人共存的鳥

儀式地景的意義是由阿美族儀式生活中的動植物來維持的。然而，由於基礎設施和都市下的環境條件發生了變化，使阿美族人在儀式活動重建與其非人類親屬的關係。在 Lidaw 里漏部落，一年中最著名的儀式包括十二月底的 Midiwai（宣布小米播種的儀式）、三月的 Misatuligun（農場的田地清潔儀式）和四月的 Miva'va'（害蟲防治儀式）、Misaliliw（捕鳥／食鳥儀式）在十一月舉行（不過，由於水稻種植的轉變，該儀式現在在十二月舉行）和在六月舉行的 Miladis（捕魚儀式，標誌著種植週期的結束。參見表 2-1）。這些儀式揭示了特定地景中人類與非人類之間的關係。當代祭祀活動進一步成了傳統文化復興的新舞台。儀式的形式仍然遵循傳統週期，但

其內容已與政府主辦的文化節日、政治動員和促進社區團結的新方式相結合。通過反覆的儀式實踐，文化景觀被不斷地重塑和重構，賦予新的意義和活躍成分。雖然傳統的阿美族人生活方式無法挽回，但阿美族人與動物／植物關係的變化，可以揭示如何通過原住民記憶（如儀式召喚）以及該地區的動植物關係來構建地景。從某種意義上說，要理解阿美族人當代生活方式的延伸，我們必須檢視儀式地景呈現中與非人類元素相關的儀式活動。

城市化和基礎設施造成的當代環境變化導致鳥類遷徙路線的消失和改變。1930 年代，南勢阿美族的捕鳥者可以在距離村莊約 15 至 20 分鐘步行路程的沿海地區灌木叢中徒手捕捉鵪鶉和雲雀。如今，獵人已經沒有紅樹林可以捕鳥，也找不到水禽可以藏身的池塘、灌溉渠等水資源。十一月下旬稻田勞動交換盛宴的捕鳥者現在必須遠赴鳳林光復等南部地區，那裡的水產池塘和灌溉渠仍然發揮著作用，尋找盛宴上的鳥類，這是基於基礎設施變化的環境偏移的例子。「基礎設施」（infrastructure）創造了新的領土活動並刺激了物質的流動（Larkin, 2013），但它也改變了人類世中的人與動物關係（Whyte, 2017）。就當代阿美族人而言，二戰以來，在低海拔森林修建道路、將農田改造成工廠、在港口附近修建海堤等轉型，導致阿美族人被排除在外，無法與鳥類接觸。

阿美族人將鳥類（'ayam）分為「來回移動的鳥」（masamaamaanay a 'ayam，意思是「在農田邊走來走去的」）和「留下來的鳥」（Mamaroay a 'ayam，意指「家裡附近」的鳥），但他們對能夠為他們提供羽毛、食物和信息的鳥類有特別指名的名稱，稱為「可以用鳥溝通的」（sapisa no 'ayam）。阿美族文化中的鳥類以民間傳說人物為代表。前文引述了《番族慣習調查報告書：阿美族篇》中，在各種阿美族傳統社群故事中，鳥被描繪成許多不同的角色（佐山融吉，2005：15-21）。另外，稻田收割後的交換勞動盛宴，有名為 " Malahok do liliw "（捕鳥共食）的儀式，阿美族人在此期間招待收割勞動的幫手。傳統上，這場盛宴以稻田中的害鳥為主，包括麻雀（cirociro）、燕子（Suwik）、鴿子（tolatolaw）、鵪鶉（pulu'）、

蒼鷺（Aletac）、鴨子（dadok）、伯勞鳥（sical）、紅冠水雞（kuakuak）等。我們稍後將在狩獵部份討論這些鳥類。

　　前面提到所有這些民間故事都以神話的方式表現了鳥類和阿美族人之間的親密關係。在故事中，鳥的種類是隨意的，但每個故事中鳥的信息都很明確，標誌著人鳥糾纏的特定含義：鳥代表勇敢、無畏和忠誠。另一方面，懶惰、自我放縱、頑皮的人類可能會被變成鳥（反而成為被取笑的對象）。鳥類是一種特殊的動物，既能到達天神境界，又能與凡人同食共飲。此外，飛翔的鳥類很容易跨越地理界線，這使它們保留了人類渴望的特殊能力和機構。但鳥類有時也是騙子，鳥叫聲可以偽裝成其他動物的聲音來欺騙人類；卻是為了說明人類已經忘記的基本原則。面對天威，鳥兒不畏懼，不誘惑；面對人類的失敗，鳥類不會背叛它們的朋友或提供虛假信息。從這兩個角度來看，鳥類都是忠誠和可敬的，因此可以被視為對人類誠信和環境意識的考驗。這也是當代阿美族人因都市化、資本主義發展、基礎設施建設而改變環境和儀式時所面臨的信息。

　　正如 Eduardo Kohn 在他有關於森林中人類與動物網絡的符號學民族誌中所指出的那樣，鳥類在土地上的活動，特別被描繪成洞察力和超越性的指標（Kohn, 2013）。而根據我的田野工作經驗，男性年齡階層新手在進階儀式（阿美語稱為 Pacu'od）之前進行實地訓練時，青少年成員會在他們戶外休息處沙丘旁的灌木叢中狩獵。幾乎每一位經歷過睡眠不足和在戶外飢餓折磨的男性成員，都曾有過與鳥兒共舞、為訓練疲憊後收穫而歡呼的感覺。成員們抓到的鳥，通常是鵪鶉，在艱苦的訓練中會是一頓美餐。通過訓練後，阿美族的年輕人終於可以在公共場合佩戴男性頭冠，以顯示他們的敏捷和活力。當代阿美族流行歌手 Suming 舒米恩（2018）創作了一首名為「Kapah o A'tolan」（都蘭的年輕人）歌曲來讚揚該年齡階級的成員。歌曲 MV 中描繪了各年齡組成員戴著自己的榮耀羽毛在田野裡「飛翔」的美好形象，就像雉雞為年輕人提供冠羽一樣。這些經歷透過鳥類幫助成為阿美族人光榮氣質的代表，尤其是有資格的男性成員。

在接下來的段落中，我將討論不同儀式環境中人與鳥關係的四個方面，展示這些習俗的傳統象徵意義以及它們所經歷的當代變化。這些例子展示了阿美族人如何通過鳥類來看待自己，以及需要鳥類來承載他們的意義創造過程。通過對男性年齡階級進階、祭司釋放象徵鳥類儀式、割稻後結拜的勞動交換活動、以及博物館循跡鳥靈展示的案例研究，展示「跨越邊界」（border crossing）和「更新親屬關係」（renewing relatives）概念在阿美族多物種民族誌中的重要性。我強調儀式和物質適應如何通過維持基本的文化意義來構成當代文化遺產，即使在物質和物質資源變得不可用的情況下。雖然儀式可以幫助支持一個民族的文化意義，但環境變化和基礎設施變化的影響通常會導致某個年齡階級的人喪失其羽毛同伴相關的重要經驗。

（一）鳥作為男性年齡階級的跨境代理者

每隔七年（或者以當地的說法是「八年一次」），十到十七歲的南勢阿美族人年齡階級新成員都會加入專門屬於他們的階級，並通過實地訓練獲得該年齡階級 Slal 身份。在南勢阿美的系統中，年齡階級的九個名稱是固定且循環使用，由階級成員所共同保持與維護。訓練過程中的阿美年輕人穿著白衣，頭上戴白毛巾，代表白雉。帶有白色尾羽的雄性藍腹鷴[2]雖然現在很少見，但在前殖民時代很常見，當時阿美族獵人可以在野外或小米田捕獲它們（古野清人，2005）。然而自二戰以來，它們就很少出現在鹽寮山區的野外，被狩獵的土地已經變成了稻田。白雉的形象現在只體現在收穫儀式活動中使用雄性羽毛冠。過去，阿美族男人會狩獵藍腹鷴，從鳥尾取下兩根最長的羽毛，作為冠上十二吋長的羽毛，以達到飛翔於天空的象徵。下層裝飾由竹雞的蓬鬆羽毛製成，其他羽毛裝飾來自鷹或其他猛禽。當我第一次看

---

[2] Swinhoe's Pheasant（Lophura swinhoii），又名臺灣藍腹鷴。男子白色的羽毛頭飾最佳的材質應該是藍腹鷴白色的長尾羽，但平常看到的多是白雉雞或白雞羽毛。環頸雉羽毛用於長輩的耳環裝飾。只有藍腹鷴的長長的白色羽毛才被用在青少年身上，以像徵純潔和勇敢的美德。

到這個時，我問：「為什麼阿美族男性獵人用藍腹鷴或者白雉羽毛而不是猛禽來象徵他們的勇敢？」Lidaw 的阿美族長老 Potal 在製作年齡階級羽冠時回答了我的問題：

> Kalebis（猛禽）很少見，通常自行行動。阿美族人並不欣賞這種氣質。Tolok 雉雞看似愛好和平，但它們卻和其他雉雞一起為自己的巢穴而戰。最重要的是，雉雞成雙成對，這一點阿美族丈夫要時刻記住。[3]

從耆老的說法我們可以了解，對於阿美族人來說，共同努力比進取和大膽更重要。南勢阿美族居住區附近也有一些環頸雉，但它們的羽毛並不是男性頭冠最有價值的裝飾物；現在，當地已不再捕獵野生雉雞來獲取裝飾入會冠的羽毛。自一九七〇年代以來，專門的原住民服裝和裝飾品商店滿足節日服裝的需求。傳統上，年輕人想要戴上一頂完整的羽冠，需要十二根長長的白雉羽毛。由於新的狩獵規定和野雉雞數量的減少，二十多歲男性尤其關注羽冠的來源。現在的冠羽是從越南進口的越南雉雞羽毛（像臺灣藍腹鷴般有白色的長羽毛）。每套十根羽毛售價 2,500 元臺幣。除此之外，羽冠還需要將鴿子、竹雞和鵝絨等其他羽毛固定在竹藤藤條底座上，整個頭冠重達五公斤，售價超過 6,000 元臺幣。雖然價格看似很高，但對於接受啟蒙訓練的年輕男性來說卻是必要的開支。

在他們進入年齡階級啟蒙的訓練中，年輕的阿美族男性被要求留在野外一周不回家。他們的訓練包括尋找野生根莖類和地瓜類作為食物，用蘆葦製作吸管在河岸附近取水使用，尋找野生植物以滿足生存或醫療需要，最重要的是，用傳統的竹條陷阱 *tekel* 或小網捕捉鳥類，以獲得蛋白質來源以及羽毛冠上的裝飾。這是對青少年在入階級過程中至關重要的訓練：當小男孩

---

[3] 田野訪談紀錄 2022/8/10。

能夠在一周的訓練中為自己捕捉到可以提供肉質的鶴鶉或者鷦鶯，並在公共舞蹈活動中將白雉羽毛戴在他們的羽冠上時，他們才會被視為男人。訓練的最後一天，有一場長途賽跑，從村口一直到長輩停放漁船的沿海地區（也是傳說中祖先乘坐五艘祭船來到本地上岸定居的地方）。與新入會的男孩同一階層名稱，但是年長了九個階級的長輩，會手抓著一隻白雞（過去是白雉雞），在長長的競跑隊伍最後跟隨。據說，跑得比長者慢並被雞腳抓住的人都在" pakaros "的陰影下，這意味著鳥兒休息降落的足跡，就會被「留級」：

> 青年人要奔跑如飛翔的鳥兒；如果有人跑得比長者還慢，他就沒有資格獲得新的年齡組名稱，應該在七年後的下一個週期中再次回來。Kranis（一種特殊的白雉）是男子守護神 Malataw 的動物化身；任何被 Malataw 抓住的人都需要犧牲一隻雞，並重新加入訓練週期。[4]

Lidaw 的傳統領袖 Mama Ripon 解釋了年齡組訓練的規則。無論是啟蒙訓練的頭冠光榮還是村落守護者，鳥類都象徵著跨越邊界的能力；一方面是年齡的邊界，另方面是村落物理的邊界。對於年輕的阿美族男性來說，他們跨越了年齡界限，成為了部落中公認的 Slal 新年齡組。他們的夥伴白雉雞是飛行、跳舞和跨越物理界限的象徵。然而在當代，雉雞羽毛在當地已經不多見，只好從越南或者泰國進口。海外貿易是與這種鳥相關的另一個跨境活動。從本體論的象徵意義來看，鳥類將動物本性轉化為人的生命歷程與精神，甚至參與了神話故事中神靈教導的作用。就比如在殖民時期，阿美族男性被迫從事港口和鐵路建設工作；大部份傳統的捕鳥場被改造成政府控制的海岸防線或軍事要塞區。將鳥類與阿美族少年並置的儀式中，我們看到鳥類是自然物質性的部份，也因此在阿美族人跨越邊界的實踐中被製成消耗品，

---

[4] 年齡組啟動培訓過程，頭目 Mama Ripon 現場說明，2022 年 8 月 13 日。

這對阿美族少年來說具有儀式意義。我的下一個探索是關於環境偏移的另一種儀式「跨越」：祭司儀式實踐中的鳥類符號象徵。

（二）祭司儀式實踐和性別分工中的鳥靈

鳥類與 Lidaw 部落阿美族人之間的第二種關係，是祭司儀式中的實踐。阿美族儀式的主要神靈之一是「獵鷹神」（*Ansurai*）。有趣的是，獵鷹神並不是鳥類獵人的保護者；相對地，這位神靈是男性入會時船隻儀式的守護者，也是男性成年後捕魚活動的守護者。據說幾百年前，最初有五艘船來到南勢阿美建立 Lidaw 部落，其中一艘船是由 *Ansurai* 所變成的；在海上的航行，*Ansurai* 負責看到陸地上的獵物，而可以找到陸地而停留。在十月的祭司靈力增長儀式中，*Ansurai* 受到崇拜，以監督儀式中象徵生命的生薑生長；整株生薑可以保護祭司在儀式過程中免受不純接觸的污染，而生薑葉片隨後又會被當作鳥靈得到釋放。在這種情況下，鳥類（以神靈的形式）象徵著世俗和神聖領域的過渡。

使鳥類與儀式週期和生態視角聯繫得更深入的是祭司儀式的另一個場合。在十月份為期一周的祭司靈力增長儀式（Mirecuk）之後，阿美族祭司們將前往村莊周圍的農田（通常在收穫後），進行淨化儀式，並經歷「重新融入」的過程，回到日常生活。這與 van Gennep（2004）的「通過儀式」的想法不謀而合，稱為 *Tala-omah*，在阿美語中字面意思是「去田裡」。在準備野外崇拜的祭品時，*Tala-omah* 期間的關鍵過程之一，是取幾片薑葉並將它們綁在名為 *teker* 的捕鳥陷阱上：捕鳥陷阱由竹片製成，頂部綁有棉線。在一般的捕鳥活動中，只有男性才能觸摸和使用 *teker*，以保持捕鳥器的神聖效果。然而，在祭司使用 *teker* 的情境中，發起和執行這一儀式的都是女性祭司（如圖 2-2）。女祭司領袖 Ina Sera Ingui 告訴我：

這個儀式是為了感謝我們的 *Ansurai*（獵鷹神），也是為了將鳥帶回

田野才有以後的收穫。*Ansurai* 在儀式裡面看顧生薑，讓我們有力氣。在這個儀式裡面，*Ansurai* 是 mama（意味父親），所有的鳥都因為他躲了起來。現在我們需要把這些躲起來的鳥放回田裡，這樣我們所有的作物都能自由生長，豐收後鳥兒也能吃得飽。[5]

圖 2-2　一位女性 Sikawasay 祭司領袖在儀式上準備分配象徵捕鳥的 Teker 捕鳥器

在「釋放田間鳥」的儀式中，祭司將薑葉綁在代表被捕獲的鳥的捕鳥器 teker 上。經過點酒祭拜結束後，祭司將薑葉從 teker 上取下帶到河岸邊。面朝東，將手中的薑葉像是釋放鳥類一樣飛射出去。通過這樣做，象徵性的鳥被送回田野。這顯示鳥是連接男性和女性的媒介：傳統上捕鳥器是男性使用的器具，鳥也是年齡階級的領導者；但是在祭司活動中，是由女性祭司領袖完成分配且到田邊操作後，才由男女祭司一起釋放由薑葉象徵的鳥。從男性使用的器材故意讓女性使用捕鳥器，也將捕鳥者的含義轉變為放鳥者。在阿美族狩獵者和捕獲的獵物或與之相關的各種動物中，例如魚類或山

---

[5]　儀式活動現場訪談筆記，2020 年 10 月 13 日。

區哺乳動物中，只有鳥類可以在儀式中做出這樣的轉變。

　　鳥類具有多種變形的力量。在神話故事中，鳥類和人類可以互換形象，完成神賦予他們的任務。阿美族人不把鳥類視為害蟲，儘管他們的作物可能會被鳥類吃掉；相反，他們遵循生態循環，在祭司儀式過程中象徵性地捕捉鳥類，儀式結束後將它們釋放，並期待它們在農作物收穫後返回，以便再次捕捉鳥類。隨著這一象徵性行動的進行，鳥類將阿美族人從 *niyarow'*（村莊）帶到了 *omah*（田地），從 *fafayinai*（男性）帶到了 *fafahi*（女性），從 *taiyo*（生薑）帶到了 *'ayam*（鳥）；整個過程也就是植物到動物的轉變。在性別分工上，在年輕男子的年齡階級儀式後，用雄性的捕鳥器將未進階之前，帶有女性飾物的兒童（幼雛）轉化為成年男子的羽冠。整個過程可以作為象徵性理解阿美族生態轉型的生命週期。非人類的力量──尤其是通過鳥類──在儀式行動來實現，它們認識到新的身份和新的生命。在下面的部份，對鳥類與阿美族關係的第三個探索觀點，涉及與鳥類的交換勞動契約。

（三）鳥類作為交換勞動和結拜盟約的見證者

　　「共食捕鳥節」（*pakalahok to liliw*）[6]*是南勢阿美族獨有的節日。是十一月下旬農耕結束後的集體休閒狩獵活動。各部落的換工男性（換工包含女性，但捕鳥以男性為主）都會出去到田野裡放置陷阱捕捉鳥類，以祈求來年五穀豐收。現在花東縱谷北部的阿美族利用冬季農活結束的時間，以鄉公所補助的名義舉辦「捕鳥節」。在當代，捕鳥並不是一項全年合法的活動，需要辦理「臨時儀式狩獵許可證」。在過程中，阿美族獵人必須立即釋放任何誤捕且受《野生動物保護法》保護的物種。麻雀、鵪鶉、紅冠水雞和竹雞很常見，可以獵殺；不過，藍腹鷴、林鵰（如果奇萊平原附近還有的話）、

---

[6] 原意為「農業勞務交換後的捕鳥盛宴」，各地名稱不同：pakalahok to liliw / Malahok to liliw / miliwliw / malaliliway 。

長尾伯勞屬於保護動物，不宜捕捉。只捕捉特定物種的想法不僅沒有辦法在真實環境中考量，也和過去的儀式文化脫節。但在非農鳥類繁殖期間，阿美族人會讓鳥類大量繁殖，避免捕獵。因此，捕鳥活動不僅是一種生活習俗，也是生命節日的一部份，具有生態意識、生命教育、文化傳承等意義。

阿美族生活區域常見的鳥類種類顯示了生活方式和生存策略的轉變。過去，捕捉的鳥是"masamaamaanay a'ayam"，阿美語的意思是「來回移動的鳥（靠近農田）」。這種類型包括麻雀（cilocilo）、鴿子（banul）、鵪鶉（pulu'）、紅冠水雞（tikukuway）和野鴨（datok）。它們特別受到阿美族人的青睞，不僅因為它們的肥肉，還因為它們與阿美族人「簽訂了契約」：在農業勞動力交換期間，當"liliw"（傳統的交換勞力群體）成員正在以「換工結拜」的身份勞動時，它們就會出現在田邊。「結拜兄弟姐妹」與「來回鳥的忠誠度」連結起來，加上成群性遷徙和覓食活動，使得相對於留鳥而言阿美族人更喜愛候鳥。候鳥在阿美族語中多被稱為"Sical"[7]，被村民稱為伯勞（也指其他候鳥）。過去，Sical 會在九月份小米收穫後的 Malalikit 豐年祭之前訪問花蓮地區。然而，當前候鳥數量急劇減少，南勢阿美族人居住的花蓮地區的候鳥棲息地也因海岸邊的基礎設施建設，例如消坡塊和海堤而面臨巨大變化。隨著都市化進程，鳥類失去了棲息地，阿美族人也搬到城市從事工資勞動，而不是耕種土地。因此，我們看到候鳥和阿美族人之間的「對稱性」（以 ANT 行動者網絡論的觀點來看），因為鳥類和阿美族人都被剝奪了生活和棲息的權利，成為彼此平行的象徵參考。這樣的描述也出現在 Eduado Kohn（2007）所描寫的厄瓜多 Runa 人：當他們的獵狗不再被傳統的「忠誠毒藥」餵養，狗無法訴說森林裡的語言；正如同 Runa 人被西班牙人殖民，而忘了如何說傳統族語一般。人類與動物（阿美族人與鳥）的平行對稱，反映了殖民與資本時代的常見寓言。

7　*Sical* 的身份需要澄清。是一般候鳥的一種，還是特指伯勞鳥？一般來說，伯勞鳥大約在十月和十一月左右訪問臺灣南部。花蓮的伯勞記錄有所波動，因為它們會在花蓮停留數週，然後再向南遷徙。

（四）當代博物館與展示活動的鳥靈鬥爭

　　阿美族人與換工夥伴成為結伴兄弟姐妹，同時在交換勞動盛宴上吃掉候鳥。鳥不僅被視為年齡階級狩獵活動中的男性夥伴，Mataraw（男性保護神）的使者，又是祭司的儀式伴侶。在當代這種多重實踐的復返與重現，反映了都市化條件下阿美族人的過渡性認同。2021 年，在南勢阿美當地的「南昌阿美文物館」舉辦的展覽中，策展人刻意使用「追隨鳥靈軌跡」（Milsun to lalan no 'ayam）的主題。此次展覽由南昌與宜昌村落的「娜荳蘭阿美族文化協會」主辦，該協會是一個從傳統年齡組織群體轉型為與現代官僚機構互動的組織。「南昌阿美文物館」由舊的男性聚會所改建而成，過去曾經被鼎鼎大名的「阿美文化村」所用。火災之後，在 1990 年代後變成了公共展演與展覽空間，透過從傳統組織向現代組織的轉變，我們看到阿美族人在地的新競爭場域。

　　然而，「鳥靈軌跡」展覽呈現的多半是鳥類作為阿美族獵人捕捉到的最後影像。以花蓮在地野鳥協會成員通過雙筒望遠鏡所觀察到的影像呈現在館內，而在館外則進行如同捕鳥節的集體鳥類盛宴。一方面，以戰利品形式現身的鳥出現在村莊的男性頭冠上或宴會上；另一方面，展覽展示的是阿美族獵鳥者手上拿著陷阱的照片。但其中所有鳥類影像都是賞鳥者風格的照片，全身和羽毛都清晰可見，但沒有一隻鳥被網或陷阱困住。參觀過博物館的阿美族長輩們對這些鳥類圖像表示懷疑：

> 「那些鳥看起來不像我們抓到的那種，它們看起來不像我們捕捉到的那樣。它們太安靜了，也沒有同伴。」[8]

　　這次展覽的確讓人感到困惑，因為整個展覽感覺就像是原住民狩獵知

---

[8] 田野訪談紀錄，2021/11/29。

識的「馴服版」。這些照片以懷舊的基調展示，並配上諸如「傳統遺產與當代監管之間的難題」或「男性羽冠是男性權力和能力的展示，也是成熟的標誌」等說明文字（見圖 2-3）。然而，這次展覽正是阿美族與政府糾葛的象徵。館內的鳥類圖像類似於保育團體「野鳥學會」的鳥類知識和保護視角，但另外在館外組織了一場鳥類飲食盛宴，以展示鳥類與阿美族人關係的真實性。

圖 2-3　「南昌阿美文物館」展出的男子頭冠與策展說明

　　阿美族捕鳥者是精準而小心翼翼的獵人，他們不會拿著槍，也不會為大型獵物設置巨大陷阱。相反，捕鳥者在吸引候鳥的農田邊，在水圳邊並放置竹子，或陷阱上面掛上釣魚用的大麥蟲，或者轉向鐵絲陷阱或大型的高張網，來收集仍在都市化地區尋找「棲息地」的鳥類。十一月底是標記傳統捕鳥活動的季節，揭示了被遺忘的智慧和傳統義務權威的削弱。當換工午餐時，彼此結拜的兄弟姐妹仍在聚會，也就是傳統的 *"Malahok to Liliw"*（與勞務交流團共進午餐，見圖 2-4）。在文物館中的「鳥景」照片中現代化的捕鳥節呈現方式，並沒有透露太多阿美族獵人的局限性。阿美族人不再以他們的傳統領土為捕鳥的唯一界線，因為他們的傳統土地已經被私有化或被政

府掠奪。如今，農耕不再是日常生活的必要部份，但勞動力交換仍為其他方面進行社會團結的結拜兄弟姐妹的生活基礎。「一起吃鳥」只是共同完成的某件事情。在日常活動中，「換工結拜成員」（liliw）是信用貸款的對象，或是一同幫助建造房屋的朋友；在男性年齡階級入會時，結拜兄弟姐妹可以幫忙送禮，或者提供儀式幫助者的勞動力；最終他們的兒子和女兒很有可能成為情侶，團體的感情繼續向下一代維繫。儘管由於環境變化，捕鳥不再是一種維持生計的做法，但「換工結拜成員」（Liliw）仍然遵守與群體成員以及鳥類的契約，以留在換工結拜組織內，但共同面對不同的事務，阿美族人試圖跟上不斷變化的世界節奏。

圖 2-4　*"Malahok to Liliw"* 在 Lidaw 當地集會所舉行的「換工結拜成員」鳥類盛宴活動

當 Kohn（2007）解釋厄瓜多原住民族 Runa 人解釋其獵犬之夢時，狗是定居者殖民主義對 Runa 人進行國家統治的象徵。阿美族的捕鳥活動也表現出類似的反抗殖民者政府對動物保護和掠奪性經濟發展的管制的鬥爭和馴服過程。由於該地區不再有鳥類進行冠羽或雄性訓練活動，阿美族人的土

地、農業和野生動物採集權也隨之喪失。在這裡，鳥是環境偏移中文化糾葛的見證者。鳥類象徵著阿美族人在城市化生活中有限的自由和統治。在《野生動物保護法》的威脅下捕捉日常生活的鳥類，就是現代法律體制將人送入鳥網的行為。阿美族人在不友好的都市環境中工作，充滿債務和法律的陷阱，如同被現代化的網困住的鳥兒一樣。對於阿美族村民來說，作為頭冠的羽毛榮耀或換工後盛宴款待的鳥類，比博物館裡的靜態照片更有吸引力。有了田野裡的鳥靈（adingo no ayam），這些狩獵和飲食活動可以將阿美族文化記憶帶入社會團結的親密形式，而靜態的鳥類圖像則在博物館中上演的劇碼，以在動物保護浪潮中獲得政府的支持。一方面，阿美族的展覽和公開演出由政府資助，以振興他們的文化認同；另一方面，沒有交換勞動的舞台展示和不可持續的鳥類盛宴方式，也提醒阿美族人，他們就像被現代化和城市化的網纏住的鳥兒一樣。博物館的展品生動地揭示了鳥靈在這個「糾纏生態學」（entangled ecology）中的掙扎。

六、結論：鳥類如何向阿美族人講述糾纏生態

根據上述討論，我們看到對於動物與人類之間關係的經典作品有不同的評論。對阿美族而言，鳥類是適合思考的對象（Tambiah, 1969），鳥類還與祖先有著儀式上的聯繫並供奉給祖先（Rappaport, 1967）。然而，隨著都市化和環境轉變的挑戰，我們也看到阿美族如何與現代法律規範和對鳥類的習性相纏繞，就像鳥類纏繞在阿美族獵人的網上一樣。我在前一段所稱之為「糾纏生態」，認識到環境轉變，如物種可用性和基礎設施的變化。它還揭示了阿美族人民對現代政策和地景變化的生態觀點。Marlene Castellano（2004）將在地傳統知識解釋為一個「樹冠結構」。整個樹冠由個體行為組成，分支是傳統習俗，葉子和樹枝是道德行為，樹幹是價值觀和行為規範。在最底部，根支撐整棵樹，代表多物種、精神世界和可持續生計

的循環。這種知識樹的所有美麗表徵都受到原住民族，文化意義物種，和現代政府之間的糾纏挑戰。由於生活環境中的生計策略轉變，使用的儀式動物發生了很大變化。男性年齡階級集體工作的實際對象是海中的魚和山上的鳥；當政府限制公眾進入大型海域時，阿美族男性轉向在河口撒網垂釣，甚至在私人的生態景觀公園池塘裡捕魚，他們的傳統領土已經被不同的資本所私有化了。傳統上在收穫季節作為換工勞動者禮物捕捉的鳥類被放在保育觀點的展示櫥窗裡，以及從越南進口的白雉羽毛製成的男子頭冠轉變成商業購買；阿美族人在歷史的流動裡跟著祖先的腳步出發，但也不斷通過更新傳統，創造可以讓自己不斷回顧的當代傳統。

　　然而，多物種民族誌所面臨的挑戰不僅僅是通過物種反映文化意義，還包括如何從人類與動物關係各種新興條件的角度來思考世界。根據 Runa 人與狗的關係，Eduardo Kohn 提出了他的「多自然本體論」（multi-natural ontology, Kohn, 2007：21）的觀點，以展示動物存有狀態與 Runa 人認識世界的本體論間的合作關聯。如果 Kohn 代表本體論轉向而出現多重本體觀點的思考，Paul Nadasdy（2021）提供了對這種轉向是否具有普遍性的質疑策略。在檢討加拿大的狩獵政策時，Nadasdy 對「多重世界論」（world of multiple worlds）這一概念提出了強烈的挑戰，該概念指的是一種涵納許多可能世界觀的物理環境。但是，Nadasdy 認為多重世界論的概念（以 Kohn 所挪用的森林思考者來看）在理論上被誤解且放大，缺乏在本體論後設的認識論基礎。因而他主張一個「不確定」（indeterminacy）的世界，以納入環境或殖民政治條件等情況（Nadasdy, 2021：359）。依循政策與殖民情境的反思，我們會發現阿美族透過鳥類所顯示的世界，與 Nadasdy 的論點相互共鳴；不論是鳥與阿美族人在儀式的真實性，博物館保育策展觀點，或者政府資助的文化振興項目合作等等，都共同創造了阿美族換工結拜夥伴和年齡階級進階者，在傳統儀式和公共展覽的「不確定」領域，也因此需要重新檢視政治與殖民情境所呈現的認識論關係。如果僅考慮阿美族與鳥類在多重世界中的關係，我們可能會認為阿美族與鳥類的關係比

其他人更為密切,但這並不是當代阿美族人所面臨的情況。這裡的「不確定性」不僅指涉人鳥關係在外在環境下的物質變遷,同時還受到殖民論述框架的限制以及意義環節的重新編排,而在各種政治領域和儀式動員中,提供了進一步地批判和解釋。阿美族長者對於地方博物館展覽的矛盾態度,以及阿美族捕鳥者面臨當代法令的治理和限制,重新定義了阿美族與鳥類在政治領域中的互動。通過納入不確定的觀點,非人類(在這裡是鳥類)的代理與能動性就從被人類所設定的意義網中突顯出來。這樣的觀察類似於詹姆斯·克利福德(Clifford, 2004)所說的「傳統的未來」(traditional future):從祖先的角度出發,但通過更新傳統來創造回顧性創新。正如我們所看到的,這些變化就是我所謂的「環境偏移」(environmental shift),標誌著不同的環境和獲取動物進行儀式活動的方式。在我們看到儀式動物消失的同時,我們也看到了儀式符號「實體化」作為真實動物或植物象徵的努力。這為公眾參與和文化認同的環境中提供了一種恢復力和可持續性的地方機制。阿美族人通過環境偏移和糾纏的生態實踐,利用鳥類文獻和記錄儀式活動來展示城市化、環境退化和生存策略變化的影響。

原住民哲學家 Kyle Whyte 一直將氣候變化的挑戰及其對環境的影響轉化為「更新親屬」與「基礎設施」共變的概念,將原住民環境中的不同物種和非人類行為者視為有意義的「親屬」,以提供生存需求和網絡支持(Whyte, 2017:210)。人類世從歷史和哲學的角度揭示了人類生存的關鍵問題。阿美族儀式生活中的鳥類體現了文化,並使其發揮作用。儀式不僅是公共話語的參與領域,也是一個涵蓋民族關係中所有可能差異的領域。為了解決複雜的生態問題,鳥類在儀式中與阿美族人的文化信仰和政府政策進行「對話」。本文以四種阿美族人與鳥的互動方式,以及從神話到當代的鳥與人的情境和呈現過程,討論作為對話者的鳥以及原住民阿美族人的關係:從男性年齡階級進階、祭司釋放象徵鳥類儀式、割稻後結拜的勞動交換活動、以及博物館循跡鳥靈展示的案例研究。本文展示了「跨越邊界」(border crossing)和「更新親屬關係」(renewing relatives)概念,在阿

美族多物種民族誌中的重要性。也同時呈現，當代原住民族在亞洲都市化與環境危機的當下，如何與政府單位進行協商，並且維繫自身的認同與透過物種能動性指向未來。

　　本章開頭提到在阿美族傳說中，鳥類可以說人類的語言。神話時代的鳥類對阿美族人的說話方式是否會與現在在這個錯綜複雜的環境中的說話方式有所不同？從我提出的四個例子來看，鳥類是環境中最敏感的參與者；從男性入會儀式的象徵物到祭司儀式中性別和角色轉變的調解者，最後到土地和狩獵法衝突的見證人。阿美族文化邊界的這些儀式活動、地景記憶和日常體驗是多物種網絡中的關鍵要素。就鳥類及其與阿美族人實踐的關係而言，我將「更新親屬關係」與「環境偏移」視為對人類－物種－空間三者關係理解的一部份。鳥類是環境中持久的參與者。在傳說中，鳥類是人類在天空中的同伴。對於阿美族人來說，鳥類有兩個特徵。一是年輕人為了成年想要模仿和體現的敏捷領導者。阿美族男性年齡組成員所佩戴的羽毛冠就是這一願望的縮影。二是成為祭司力量和農作物生長的守護者。在這種情況下，鳥類既是靈力收穫的競爭者，也是耕耘收穫的餵養者。多物種民族誌呈現著阿美族／鳥／田的聯繫，顯示了根據環境變化而更新的關係。鳥類可以告訴我們關於阿美族人的哪些信息，這在男性年齡組、結拜兄弟姐妹和祭司儀式持有者的作品中得到了體現。我們在這種糾纏的存在中所看到的鳥類，及其捕捉／釋放儀式、《野生動物保護法》以及在博物館中公開展示圖像／文物／羽毛，給阿美族人重新演繹他們與鳥類的生活帶來了不確定性。在鳥——阿美族文化的例子來展示儀式中的糾葛，從傳統的符號本體論觀點擴展到逐漸不可利用的土地和性別角色的轉變，最後到文化復興與法律的衝突，以及鳥類消費壓力。由於各種環境偏移和生態模式的糾纏，鳥類正在對阿美族人說多種新的語言。在這片錯綜複雜的風景中，有長著羽毛的對話者陪伴；阿美族人聽見鳥所訴說的語言，比他們的祖先多了更多。

參考書目

古野清人
 2005〔1945〕《高砂族的祭儀生活》。黃美英編譯。臺北：中央研究院民族學研究所。

佐山融吉
 2005〔1921〕《蕃族慣習調查報告書第一冊：阿美族南勢番》。中央研究院民族學研究所編譯。臺北：南天書局。

黃宣衛
 2005 《異族觀、地域性差別與歷史：阿美族研究論文集》。臺北：中央研究院民族學研究所。

賴昱錡
 2013 〈你今天做苦力了嗎？：日治時代東臺灣阿美族人的勞動力釋出〉。《東臺灣叢刊》，東臺灣研究會。

詹素娟
 1998 〈Sanasai 傳說圈的族群歷史群像〉，刊於《平埔族群的區域研究論文集》。臺北：南天書局。

劉璧榛 Liu, Pi-Chen
 2024 〈穀物黏人、野菜女人與「包心」菜：北部阿美族的儀式植物與感官生態學〉。（本書第一章）

Castellano, Marlene
 2004 "Ethics of Aboriginal Research." Journal of Aboriginal Health 1(1): 98-114.

Clifford, James
 2004 "Traditional Futures." In Questions of Tradition, Mark Phillips and Gordon Schochet, eds. Pp.152-68. Toronto: University of Toronto Press.

Ingold, Tim
    2015   Life of Lines. London: Routledge.

Ka, Chi-Ming 柯志明
    1995   Japanese Colonialism in Taiwan: Land Tenure, Development, and Dependency, 1895-1945. Boulder: Westview Press.

Kirksey, S. Eben and Stefan Helmreich
    2010   The Emergence of Multispecies Ethnography. Cultural Anthropology 25(4): 545-576.

Kohn, Eduardo
    2007   "How Dogs Dream? Amazonian Natures and the Politics of Transspecies Engagement." American Ethnologist 34(1): 3-24.
    2013   How Forests Think: Toward an Anthropology Beyond the Human. Berkeley: University of California Press.

Larkin, Brian
    2013   "Politics and Poetics of Infrastructure." Annual Review of Anthropology 42: 327-343.

Nadasdy, Paul
    2021   "How Many Worlds Are There? Ontology, Practice, and Indeterminacy." American Ethnologist 48(4): 357-69.

Rappaport, Roy
    1967   Pigs for the Ancestors: Ritual in the Ecology of a New Guinea People. New Haven: Yale University Press.

Tambiah, Stanley J.
    1969   "Animals are Good to Think and Good to Prohibit." Ethnology, 8(4): 423-459.

Tsurumi, E. Patricia
    1977   Japanese Colonial Education in Taiwan, 1895-1945. Cambridge:

Harvard University Press.

Whyte, Kyle

2017 "Our Ancestors' Dystopia Now: Indigenous Conservation and the Anthropocene." In The Routledge Companion to the Environmental Humanities, edited by U. Heise, J. Christensen, and M. Niemann, 206-15. London: Routledge.

2021 Against Crisis Epistemology. Handbook of Critical Indigenous Studies. A. Moreton-Robinson, L. Tuhiwai-Smith, C. Andersen, and S. Larkin, eds. Pp.52-64. London: Routledge.

第三章　重新思考消失的意義：排灣文化中雲豹（likulau）的滅絕與韌性*

陸澐杉（Agathe Lemaitre）
東華大學族群關係與文化學系博士

本章大意

動物滅絕是當今世界一個令人痛心的現實，特別是當我們目前正生活在第六次物種大滅絕之中。在臺灣，雲豹已被宣布滅絕多年。不過對排灣族來說，雲豹的滅絕似乎並不意味著完全消失，也不意味著終結，而是像某種死亡一樣，滅絕似乎被視為是通往另類存在的一個通道。在本文中，我將探討排灣族的精神世界和生命週期，以理解雲豹（likulau）在臺灣南部山區實際而模糊的存在。排灣族的宇宙觀和日常生活充滿了大量的神靈觀點。對排灣族來說，死亡和生命構成了一個循環的轉變過程，沒有終點，但卻蘊含著新生的可能：人死後，靈魂會前往大武山（Tjagaraus）的祖靈之地，人的出生也受到祖先靈魂的影響。雲豹似乎更接近靈的存在，而不是某種肉體性質的動物。我想知道對排灣族來說，滅絕到底意味著什麼；而這也說明科學分類並不能完全掌握當地人對生態系統改變的看法，而且往往將其限制在某些分類的說明中，排除了不同的世界觀。Likulau

---

* 本文原著為英文，題目為 Reconsidering Disappearance: Extinction and resilience of the likulau（clouded leopard）in the Paiwan culture。安迪・邇發尼耀十八翻譯為中文，並由李宜澤校訂。

的閾限存在讓我質疑是否有其他存在模式的可能性，例如鬼魂或靈魂，它們仍然影響著人類，並使人類採取行動。要理解眾生相的交融，有必要觀察它們在排灣族文化中對於物質、象徵和精神生活等各個層面上，作為互動過程中的存在方式。

一、前言

本章以雲豹（likulau）滅絕為例，試圖了解排灣族文化中思考動物滅絕的意義。2013 年，臺灣宣布雲豹已經滅絕，但這個物種是否完全消失仍然存疑。在本研究中，我反思了排灣族的死亡觀念和朝向祖先世界的過渡儀式，以思考雲豹存在的模糊性。如果死亡是一段旅程，那麼滅絕又如何呢？我首先介紹雲豹及其對排灣族社會的意義，然後解釋排灣族關於死亡的觀念，以及雲豹作為人類、自然和精神世界三者之間的媒介地位，以及其與大武山的聯繫。最後，我討論「滅絕」概念的模糊性，這不是簡單的現實，而是可以根據本體論進行不同的概念化論述。因此，儘管雲豹被宣布滅絕，但對於依然保持某種存在形式的 likulau 與其複雜地位的理解，我們需要探索排灣族的宇宙論，並解構滅絕的概念。這項研究是筆者以五年（2018-2022）時間在排灣族社會田野調查的結果，在其中我進行了許多非正式訪談，同時也在部落進行了廣泛的參與觀察。

二、雲豹是謎一樣的動物

本節將介紹雲豹與排灣族文化的關係，討論雲豹在排灣族社會組織和文化中的重要性。透過討論排灣族劃分野生動物的方式，本文嘗試呈現如何理解雲豹在其他動物中的特殊地位。最後，我將討論 likulau 作為人類、動物和精神領域之間媒介的複雜地位。

（一）排灣族文化中的雲豹

　　雲豹的棲息地非常多樣，一般牠們偏好低地熱帶森林，但牠們也可以生活在乾燥森林、次森林、紅樹林和山區。雲豹是夜行性動物，有樹棲傾向。在臺灣，由於缺乏有關雲豹的觀察資訊，因此很難進行估計，但雲豹大致主要出現在中海拔森林地區，即臺灣南部中央山脊大武山脈的山坡上。在日本殖民時期（1897-1945），雲豹漸漸消失，這與幾個伴隨因素有關（Chiang, 2007）：首先，日本人和國民黨對原始森林的大量砍伐，導致森林面積減少和支離破碎。這使得雲豹的自然棲息地減少同時繁殖變得困難。其次，野生動物狩獵的加劇，向日本運送肉類、毛皮、標本和活體動物，減少了雲豹生存所需的獵物。第三，隨著與日本和其他亞洲國家的毛皮和標本貿易的增加，人們對獵雲豹的興趣也隨之增加（Swinhoe, 1862；Rabinowitz, 1988）。

　　雖然在臺灣的山區很難追蹤雲豹的蹤跡，但各族原住民的敘述可以大致呈現雲豹不再出現的時期，即日本佔領末期（1945 年）和 20 世紀的 80 年代。Chiang Bo-Ren（2007）在 2000 年至 2004 年間作為其博士論文的部份研究也證實，臺灣山區未曾再觀察到雲豹。然而最近（2019 年 2 月），新的目擊者聲稱看到了雲豹[1]，但對其真正失踪的懷疑仍然存在。由於缺乏實質證據，尚無法確定這些發現的真實性。

　　日本狩獵記錄顯示，一些原住民群體曾與雲豹有接觸，特別是排灣族和魯凱族，以及布農族和泰雅族（馬淵東一，2017：76-77）。魯凱族是除了排灣族之外唯一將雲豹置於重要文化意義的民族。然而，主要是好茶的魯凱族認定雲豹的特殊地位，因為傳說中雲豹會保護和指引族人，帶領他們走向新而更好的土地，因此牠被視為神聖的動物而不可獵殺。很少有魯凱人擁有雲豹皮或雲豹牙製成的物品，因為這些物品與他們的社會階級體系沒有直

---

[1] Taiwan News, Keoni Everington, "Extinct Formosan clouded leopard spotted in E. Taiwan. https://www.taiwannews.com.tw/en/news/3644433. 2019 Feb. 23

接的聯繫。本研究主要選擇關注排灣族，在於他們與雲豹關係的複雜性以及社會和文化的豐富性。

排灣族居住在臺灣南部屏東縣和臺東縣中央山脈兩側。政府通常根據四個地理區域：北排、南排、東排和中排，將他們分為幾個方言組（許功明，1993）。但排灣族劃分的相當複雜，且界定不明確。排灣族通常先分為 vutsul／butsul 和 ravar。Ravar 位於屏東縣北部，地理位置靠近魯凱族，隨著時間的推移，產生了一些文化和語言的相似性。Vutsul／butsul 族可以進一步分為北部的 vutsul；中央部份的 paumaumaq；南部有 chaobolbol、sebdek、parilariilao 和 skaro；以及東方的 paqaluqalu（蔣斌，1984）。葉高華在 2023 年出版的《強制移住：臺灣高山原住民的分與離》一書，就在第七章重新考慮這些不同區域的排灣族劃分法和移住過程。他提到日本統治時代到當代所畫出來的排灣族區域分類，其實並不準確，因為很多部落遷移或分離等情況。而從他們的語言，歷史，文化來看，平常的地理區分其實沒有那麼均質（葉高華，2023：204-205）。本研究的重點是 vutsul 族群，主要是排灣族中部和東部的族群。

Vutsul 群體的居住地是雙邊居住制（ambilocal），親屬制度則基於雙邊血緣關係。他們原本是狩獵社會，從事刀耕火種，飼養豬、雞等牲畜。按照社會等級的組織制度，分為三個主要等級：社區領袖（vusam mamazangiljan）、少數貴族家庭（mamazangiljan）和平民（adidan）。家庭孩子中的長子（vusam）繼承姓氏和房屋，無論是男性還是女性，都可以成為繼承人。Vusam 的意思是種子或小米種子，透過比喻說明小米種子不是完全固定的，它們可以被帶到另一個地方播種並產生其他種子。所以每個社區都有自己的 vusam，也就是社區的最高頭目，每個家庭都有自己的 vusam，也就是長子。在這些等級中還可以加入一些特殊的地位，例如戰士 rakac、頭目 pualu 的助手和巫師 pulingau。巫師在部落中具有特殊的地位，充當人類、自然和精神世界之間的中介（胡台麗，2006）。

臺灣雲豹於 2013 年被正式宣布滅絕，到如今矛盾的是牠的存在既持續

卻又慢慢消失：越來越少的人能記得牠，但自 2019 年有報導宣稱看到雲豹重新出現以來，情緒激動的見證者人數一直在增加。過去，雲豹因其稀有性而成為森林之王，也是排灣族權力和力量的主要象徵。對科學家和自然資源保護主義者來說，牠則是人類對大自然採取行動的潛在目標。最近，更有人開始討論是否有可能將雲豹重新引入臺灣高山，以重建大型捕食者和自然生態系統的平衡（Chiang, 2007；Greenspan, 2018）。

當我開始研究時，我認為島上的雲豹已經滅絕了。國際自然保護聯盟紅皮書以及最近的調查都將臺灣雲豹列為「已滅絕」。但是當我在山裡與排灣族人相處了一段時間，並且更深入地了解受訪者後，人們開始向我講述有關這種動物的故事、傳說和信仰，likulau 周圍的沉默被打破了。我意識到我把注意力集中在雲豹是否滅絕的問題上是錯誤的，因為這個問題是多餘的。排灣族人試圖告訴我的是，雲豹仍然存在於臺灣，儘管可能不再作為活體動物。當我意識到排灣族的死亡和消失並不意味著空虛，而是另一種形式的存在與來世，我終於能夠進一步進行我的研究。臺灣的雲豹處於一種中介（liminal）狀態：既已滅絕，又仍然存在；既死又活。

要了解這種複雜的動物，首先需要研究排灣族與現存動物在過去的種種關係。對排灣族來說，儘管部落規範並沒有禁止獵殺牠，但雲豹並不是慣常的獵物。如果出現一隻雲豹，獵人可以嘗試獵殺牠，作為祖先的禮物。如果雲豹被成功獵殺，首先會將其放置在部落的邊界範圍，並請巫師舉行儀式（palisi）以安撫動物的靈魂並感謝祖先（胡台麗，2011）；同時必須犧牲一頭豬作為祭品。如果不進行儀式，獵人、他的家人和整個部落都會遭受厄運（意外、疾病、死亡）。[2] 然後，獵人通常會將雲豹交給部落的頭目（作為領地所有者的頭目應該收到部份狩獵作為貢品）。頭目保留雲豹的牙齒、尾巴和皮來製作頭飾、背心等工藝品，然後將肉分給村民。有些受訪者告訴我，這些肉是全村人共享的，而有些受訪者則解釋說，雲豹肉不能吃，牠的

---

[2] 2020/11/25 臺東縣土板部落，訪問一位獵人和耆老。

屍體必須埋在部落外。

根據我大多數的排灣族受訪者所稱，穿著雲豹皮毛和牙齒是權力和權威的直接象徵，通常是 vusam mamazangiljan 家族的特權。然而，也有一些人告訴我[3]，獵到雲豹的人可以穿著雲豹皮。透過狩獵雲豹，神靈、動物和人類在循環中連結在一起；在排灣社會內部，每個人也透過分享獵物，傳遞而重新連結為一個整體。祖靈是狩獵成功與否的主要決定者，決定獵人是否能成功捕獵。狩獵活動讓人類與祖靈和神靈的關係交織在一起，也透過儀式和祭品聯繫在一起。

近年來，臺灣原住民社會發生的深刻變化，影響著排灣族人與自然的關係。在日本（1897-1945）和國民黨統治下，狩獵活動受到限制甚至被禁止（Jacobs, 2014），儘管過去幾十年變得更加靈活，但法規仍然具有限制性（盧道杰，吳雯菁，裴家騏和台邦‧撒沙勒，2006）。此外，自從商品市場的興起（特別是在第二次世界大戰後）以來，狩獵不再是主要的生存策略。這些變化直接影響人們看待野生動物以及與野生動物互動的方式。傳統的階級制度也因為過去的殖民政策而發生了顯著的改變。社區被迫向平地遷移，傳統社會制度被破壞，地方主要權威被削弱等等（松岡格，2018）。目前，許多部落不只有一個頭目，他們的權力更常受到新精英者的財富和政治權力的挑戰。

雲豹的滅絕深刻地改變了這種過去的關係。由於雲豹毛皮或者牙齒等珍貴物品的缺乏，以及舊寶物緩慢損壞消失，促使人們尋找新的珍品來源。在 1950 年代、1960 年代和 1970 年代初，許多皮革是從中國、馬來西亞和其他國家進口的。其中一些皮革來自雲豹、老虎和其他大型貓科動物。在禁止野生動物貿易的國際法頒布後（1973 年），這種貿易急劇減少（Cooper 和 Rosser, 2002）。[4] 因此，一些假皮出現了：它們更便宜、更容易護理、

---

[3] 2020/11/27 臺東縣嘉蘭部落，訪問一位貴族和一些耆老。

[4] CITES, the Convention on International *Trade* in Endangered Species of Wild Fauna and Flora have been signed in 1973 and enforced since 1975.

佩戴更舒適。[5] 這些新的文物與 likulau 相關的舊物件具有不同的意義。

（二）動物的分類

在排灣族社會，動物根據牠們與人和神靈的具體關係被分為許多類別。首先可以區分為，一類是生活在人附近並在人照顧和監督下的動物 qudjipan[6]；另一類是生活在人控制之外、生活在森林和山區的動物 sacemel。sacemel 動物又可分為有爪動物和有蹄動物。在部落裡和人們交談時，他們常說排灣人只吃「高跟鞋的動物」，指的是蹄類（野豬、鹿、山羌、山羊）。金崙的一位老獵人解釋說，他們不能吃有爪子的動物，因為牠們是雲豹和熊鷹的食物。由於他們尊重這兩種動物，是森林和天空中的 sacemel 之王，排灣族讓牠們吃爪類動物，族人只吃蹄類動物。

當我與受訪者談論 sacemel 動物時，他們經常區分第一類動物為獵物（如野豬或山羌）、第二類為神聖動物（特別是百步蛇）和第三類具有象徵性但不被正常獵殺，但也不神聖的動物（例如熊鷹和雲豹）。而熊鷹和雲豹幾乎很少或從未被故意獵殺。在日常生活中，獵人更依賴狩獵野豬、山羌、山羊和鹿來提高自己的地位。第一類動物用自己的血肉照顧人類，為排灣族提供製作衣服和食物的材料。第二類動物是族人的保護者，因此有助於排灣族良好的狩獵和福祉，受供奉和尊重。第三類的地位較為模糊，特別是因為牠們與獵人頭有關。

在我的研究過程中，受訪者做了一個奇特的比較：他們解釋說，排灣族如果捕捉雲豹、熊鷹或黑熊，會被視為類似於砍敵人的頭。

> 那個雲豹本身對我們獵人你要抓到雲豹，跟熊，熊鷹還有獵人頭，是同樣的，是屬於勇士。你只抓到這些你只是勇士，這些。所以在文化

---

[5] 2018/03/23 屏東縣來義部落，訪問頭目家族。
[6] 比如豬（dridri），狗（vatu）和蜜蜂（pangats），以及後來雞（kuka）和貓（ngiav）。

的背景這個是很重要。像比如說我們抓到熊鷹,熊,雲豹,獵人頭是一樣,一樣的等值,是怎樣。〔……〕所以變成要抓到這四種,任何一個,你都要祭拜所謂當作敵人的頭拜拜,是一樣,一樣重要,是一定要拜這個,安息他的靈魂。(Lemaitre 訪問一位長老和獵人,屏東縣文樂部落 2019)

捕捉這些動物或獵人頭,對獵人來說都是同樣的榮耀。在獵頭過程中,敵人的頭顱被取走,帶回來的頭顱必須透過儀式 seman qalja 淨化,才能將敵人變成家人。如果沒有儀式來安撫死者的靈魂,它就會為戰士和他的親戚帶來惡運。有人告訴我,同樣,如果獵雲豹或熊鷹,就必須請巫師為牠們的靈魂進行儀式,以避免出現不祥的預兆。一位報導人向我解釋:

我剛剛說,四個〔黑熊,雲豹,熊鷹,人頭〕,我包括在裡面,要請巫婆拜拜,要請牠的靈魂,去到那個祖靈屋去拜,然後讓牠的靈魂安息在一個點,叫牠在那邊乖乖的不用回過頭來找我們。(Lemaitre 訪問一位耆老,屏東縣文樂村 2020)

進行儀式之後才能使用第三類動物的羽毛或毛皮。在這兩種情況下,儀式都允許將所得的戰利品從一種狀態轉變成另一種狀態:從敵人到家庭成員,從狂野和危險到文化元素。

獵人頭是整個南島世界的常見做法,被視為對社會生產和再生產具有重要性。在獵頭活動中,敵人通常被視為外人,甚至不完全是人類,但將頭顱帶回村莊後,頭顱就變成了朋友或家人(McKinley, 2015:445)。與獵頭的象徵相似,雲豹是一種特殊的動物,牠與排灣族的關係是根據牠被賦予的位置來加以考慮:存在於在非人類世界,但又沒有完全融入動物世界,陌生而危險,但仍然可以融入文化世界。

目前雲豹的滅絕已經深深影響了排灣族與雲豹的關係,導致排灣族與

雲豹的關係被切斷——無論是從雲豹那裡獲取材料來製作工藝品的需求，還是與牠直接互動的可能性。然而，這種消失並不意味著兩者的關係完全斷絕，而更像是一種存在記錄的轉變。Likulau 仍然讓人們談論、思考和反應。在這種情況下，這種動物還可能以什麼形式存在？為了思考即使死亡和滅絕，仍然可以存在的可能性，我開始反思排灣族如何看待他們與土地、靈魂和死亡的關係。如此更能理解死亡對排灣族意味著什麼，讓我們思考身體消失後存在的延續，以及為什麼看似消失的動物，仍然可以保持某種形式存在。

（三）世界之間的媒介

1. 勇士模仿雲豹：當動物給予力量時

在與我的受訪者談論 likulau 時，我慢慢了解到雲豹是一個複雜的存在，牠不僅僅是一種動物形象的存在，而且與排灣族的生死循環有著千絲萬縷的聯繫。作為動物，牠與勇士和人類密切相關，也與神靈世界密切相關。我將在本段中解釋，雲豹是一種媒介，有助於在人類、自然和精神世界等不同領域之間架起橋樑。

在萬金，我遇到了一位受訪者，他告訴我許多關於排灣族和雲豹之間的聯繫。他首先告訴我，雲豹與人類，尤其是勇士的關係最密切。他說，雲豹是兇猛勇敢的象徵，男人可以向雲豹學習，可以模仿牠，並且變得更強。

> 男孩子叫 Malikulau 就雲豹是男孩子個兇猛跟英勇，牠是這樣子。〔…〕專有名詞勇士也是要叫雲豹，然後牠 Likulau 前面加了一個 Ma 指的就是人，如果你只有講 Likulau 那真的就叫雲豹，叫 Malikulau 指的就是一個年輕的男子，或者是勇士，牠就變成是擬人化變成是人，是這樣子〔…〕他們〔耆老，以前的年輕人〕在跳勇士舞的時候那個眼睛睜得大大的，他們跳上去那個多優美，那個就是你

要像雲豹那樣能夠跳躍能夠蹲,能夠跳的那個氣勢,其實要教年輕人把勇士舞跳好,是你要去想像雲豹的舞,那個雄姿,是這樣子的。(Lemaitre 訪問一位耆老,屏東縣萬金村 2021)

在舞蹈中,男人們學習體現雲豹的行為,並以某種方式將其作為榜樣。因此,儘管牠是動物,但牠更是值得學習的模型。男人不僅在跳舞時召喚雲豹,這也是一種保護形式,就像我的受訪者稍後解釋的那樣:

年輕人也好或是任何一個人,在經過大武山不是我們的聖山嗎?我們聖山有兩座,一個是很高的北大武山一個比較矮的南大武,真正的聖山不是在最高峰而是這兩座山中間那個凹下去的,那個是通往天界天堂,你們的概念叫天堂,天界的路,你的靈魂,你是好人你會經過那邊,你不是好人你會被擋住,會掉下去,但是從來我們活人要經過那個地方去打獵,或是屏東要到臺東過那一條路,你要有一個世世代代的一個祈禱文,也算是一個口訣,你要喊,你到了那邊你就 Wo---報信完畢了你後面也接說 Ma---Lii-kulaw 我是勇士,所以過那個地方一定要勇士在帶,然後他後面他就講說 Kulaw-----Ma-kuLii-Kulaw-, Kulaw---Ma-kuqadis---Kulaw--vinatigane--Wo---,然後你才能夠走過去那個神聖的地方,剛剛那個報信那個詞是什麼?他說請天神祝我像雲豹一樣的兇猛在森林野地裡面是無敵的,給我氣勢讓我走過這個神聖的地方,我不會被煞到,我不會被另外的靈(煞到)⋯⋯,因為聖靈的聖神的靈附近一定有邪靈,讓我能夠頂住,希望你祝福我加持與我像雲豹一樣的兇猛,也像天空的熊鷹一樣飛翔的雄姿。所以這兩種東西在排灣族都是神聖的,所以你提到雲豹的時候,他就是跟那個天際的熊鷹,一個是天一個是地,所以我在走過聖山的時候我們要這樣如此的報信,我們才能夠走過去,走過去,所以這就是我們排灣族,我從小在部落裡面,我能夠接觸到的跟雲豹有關係的一些老人家

說的。（Lemaitre 訪問一位長老，屏東縣萬金部落 2020）

因此，雲豹帶來了保護，勇士們希望化身成雲豹，以更強大的力量面對鬼魂。即使是像大武山這樣排灣族先民的領地，其中也有很多鬼魂和邪靈，對人類來說是危險的，但雲豹卻被召喚來賦予勇士力量，賦予他們狂野的力量。雲豹讓他們有足夠的力量通過這些危險的地方。雲豹和熊鷹似乎是處在中間的存在，是活生生的人類和靈魂之間的中介。這些動物可以利用牠們的一些特質，例如兇猛和威嚴來幫助處於困境的人類。由此可見這些動物在過去的重要性。其他故事也證實了這個受訪者的說法。接著是值得注意的排灣族從活人到神靈轉變的傳說。

2. 關於死亡與轉變的故事

在排灣族裡不同版本的傳說，各自解釋動物如何幫助將人類的靈魂帶回大武山。我在臺東的一位受訪者給我看了一根刻有人物的木柱。這根木柱過去是排灣族傳統領袖家屋的中柱。這根柱子非常重要，既是屋頂穩定性所必須的建築結構，也是受訪者告訴我的象徵圖案。這座柱子代表了一個人，手臂和腿捲縮著身體，就像嬰兒從母親的身體中出來一樣，也是死者被放置在房子中央地下墳墓裡的方式。在它的頭上雕刻著一條百步蛇，有兩個頭，在這個人頭的兩側各一個。據我的受訪者解釋，因為在靠近耳朵的地方，所以蛇可以很容易地和他說話。他的頭頂上有三根熊鷹羽毛，象徵著 vusam mamazangiljan 等級。當人死後，他們會以嬰兒出生的姿勢回到地下，在生與死之間形成一個圓圈，百步蛇告訴死者的靈魂要走的路。蛇為他們指明了返回大武山的道路，而熊鷹則在天空中飛翔，引導並保護族人的靈魂回到傳統的領地。

另一位受訪者告訴我，勇士死後會變成雲豹，繼續守護在那片土地。

> 獵人死後靈魂化為雲豹，雲豹死後化為熊鷹，熊鷹死後化為水竹，水竹枯死了再回祖靈地，這個是獵人的命運也包含他的責任。獵人死後

化為雲豹，在自己的傳統領域繼續奔跑守護。當雲豹老死了，靈魂化為熊鷹在高空翱翔，看護我們的傳統領域。當熊鷹從天空掉下來，牠會化為水竹，水竹裏頭有水，幫助去山上的人，等你沒有水喝的時候我身體裏的水可以給你，可以解渴，救你的命，這個是一種守護，看護，直到我棵水竹枯死了，我再能回祖靈地，也就是說我看護，守護傳統領域的責任，也就結束了。等到這些責任結束，我再能回祖靈地。（Lemaitre 訪問一位獵人，臺東縣按說部落 2020）

這段話顯示了大自然和不同實體之間的循環，使排灣族能夠在他們的傳統領域上從實體轉向靈魂。這不是簡單的過程，而是從人到動物再到水，最後回到傳統領域的循環。透過這些蛻變到達大武山（Tjagaraus），並完成勇士的使命。雲豹和熊鷹為這段旅程做出了貢獻，但也讓勇士透過這些蛻變能在土地上漫步或在空中飛行，來繼續確保他們守護土地的使命。牠們是人類靈魂回到祖靈地過程中的守護者。人類與其他自然實體之間沒有明顯的界線，甚至可以融合，或者更準確地說，牠們可以化身成另一個自然實體。

正如蒂姆・英戈爾德（Ingold, 2000）在「居民社會」（dwellers societies）中所說的那樣，人類和非人類之間的界限並不是固定不變的，而是流動的和可滲透的，特別是透過蛻變和從一種身體到另一種身體的轉變。在上面的兩段引文中，雲豹和熊鷹是勇士死亡後不可或缺的一部份，既引領行動，又作為靈魂的保護者。

排灣族社會中的 likulau 地位很複雜，與死亡和境界轉換的觀念有關。下一部份探討排灣族的死亡觀念以及大武山在生命繁殖過程中的重要性。

三、死亡與根 Tjagaraus／Kavunlungan

第二部份探討排灣族文化中的死亡問題，以及排灣族與其領地之間的

聯繫，特別是本研究中考慮的排灣族群體——大武山——作為祖先聖地的情況。我將探討排灣族社會中的死亡概念，將其視為連結生與死的循環。我也同時討論死亡和停屍儀式，以及這些概念在與外來力量和顯著的宗教聯繫中的轉變。

（一）排灣族社會的生與死糾葛

要了解雲豹對排灣族的意義，有必要更詳細地了解他們如何看待死亡，以及死後會發生什麼。首先，排灣族死後並沒有從世界上消失，而是從血肉中變得更加虛無縹緲，化為鬼魂，回到了大武山的祖靈地。大武山（排灣語的 tjagaraus／kavulungan）被部份排灣族視為聖山，是祖先的傳統領域和祖靈之地。死亡對排灣族來說是一個過程，祖靈依然存在，並影響著族人的生活。

過去，當有人去世時，在同一所房子裡，他會被以胎兒的姿勢埋在家裡的房子下，但只是在地下以不同的方式放置著，以便與生者保持接近。地上活著的人與埋在地下的家人靈魂構成了一個整體，就像一面鏡子，只以石頭隔開。日本殖民統治制止了這種被認定為野蠻的做法，並迫使臺灣原住民建造墓地，將死者埋葬在遠離生者的地方。這代表著活體和死體空間區別的開始。隨著這種地理上的距離增加，儀式習俗的演變為讓巫師將死者的靈魂從墓地帶回來，否則靈魂可能會在部落之外迷失方向，永遠無法找到前往大武山的路（童春發，2014）。由於生者和埋葬死者地點的區別，靈魂迷失的機會就更多了。童春發解釋說，死亡是生命的對立面，它是人類生命階段的兩個互補面：

「出生時用祖先之名命名新生嬰孩，是用祖靈再現的活門，而死亡是活人進入祖靈世界之道。傳統的信念是生命是永恆的，死亡是生命轉換的過程」（童春發，2014：103）。

部落的所有人都需要在場參加巫師為死者舉行的儀式。死亡與誕生是

一個循環的一部份，沒有停止，沒有中斷，新生兒來自靈界，死者又回到靈界。但排灣族會分好和不好的死亡，意外死亡是不好的而不能用一般的方法送靈，這樣的靈也無法回到祖靈地。不幸的死亡，例如在山裡發生的事故，會導致人們在心理上繪製出需要避開的危險區域，因為死者的靈魂還沒有得到安撫仍然憤怒，並可能試圖傷害活著的人。

「死亡不是一個人死去的那一刻，而是他的靈魂在葬禮上被送走並回到 tjagaraus 的那個過程」（童春發，2014：108）。當人的呼吸停止（nasi），而不是生理死亡的時候，失去呼吸也就失去了靈魂；靈魂離開人的肉體，成為了靈。在排灣語中，nasi 既指了呼吸，也指了生命，兩者是相關的，所以失去了呼吸，也失去了生命和靈魂。對排灣族來說，生命是永恆的，死亡只是生命轉化的過程，這就是為什麼在所有儀式中，葬禮不能孤立於其他成年禮之外（童春發，2014）。大武山是個連結者，連結生者與祖靈，讓生命從生到死、從死到生的轉變過程。Kavulungan 被認為是所有山脈的母親。Kavunlungan 是指大武北峰，是眾神的領地，是排灣族的聖地；而 tjagaraus 是指大武南北峰之間的土地，是祖先死後靈魂回歸的地方。彩虹有助於連結靈界和人界，它就像一座橋樑，人們可以從一個世界穿越到另一個世界。對排灣族來說，生死輪迴，山既是他們的出生地，也是他們死後的歸宿。

「更重要的想法是家、部落與大武山是整體的關係；活人（家人）、祖靈、saljavan 神與造物者是氣脈相通。擬人化人大武山是神的頭，padain vinqacan（核心部落）是神的心臟部位，溪流、斷崖和山丘是神的腳踏之路徑。〔…〕排灣族是在這樣的宇宙概念和時空認知之框架裡思考生命的每一個過程。」（童春發，2014：133）

大武山是與他人區別的直接象徵，是他們作為一個集體的認同核心，不同於其他排灣族將另一座山視為自己的聖地和起源地，也不同於臺灣其他

原住民群體。

> 「排灣不是人的意思，Paiwan 原來是指他們祖先發祥地——大武山的一個部位，子孫繁衍後從大武山向各處分布，他們取靈地的名稱作為族名（森丑之助，2000）。森丑之助提到大武山是排灣族發祥之地，他們相信族人死後靈魂都回到大武山頂永住，所以大武山是排灣族崇拜的靈峰。」（察馬克和楊維琳，2017：249）

談論排灣族的山，促使人們思考大武山作為文化認同象徵的重要性，與起源神話的聯繫，至今仍是祖靈居住的神聖之地。這座山直接關係到排灣族的生死觀念，是生命週期的一部份，也是生育力的來源。大武山既是一個物質領域，也是一個精神領域，它不能只被視為一塊土地、一種地理表現、一個地圖區域，它也是排灣族與土地連結的一種精神代表。

然而，現在與這種精神和地理空間的關係也受到了干擾，原住民族人離開部落前往城市，造成了一些文化損失。排灣族作家伊苞在《老鷹再見》一書中說，對長輩來說，遺忘和死亡成了同義詞。離開部落的人們被認為在死後無法再返回大武山的祖靈地（劉秀美，2016）。大武山被視為幸福之地，值得回歸，卻因為民族資本主義社會發展相關的慾望而消失。作者伊苞（2004）本身屬於 20 世紀 60 年代成長的族人，他們離開自己的部落，進城市並融入現代社會。排灣族的耆老們說，這個時代的族人選擇逃跑，因此他們的靈魂已經不知道大武山的路了（劉秀美，2016）。對長者來說，離開和遺忘是另一種死亡。在過去，死亡並不是消極的，而是一種轉變，拋棄塵世的人類形象，成為一種精神的存在。但是遺忘自己的文化或是自己的祖先，會導致死亡過程的割裂。死亡並不是壞事，但失去文化就意味著無法轉變和回歸。在這種情況下，死亡成為一種滅絕，因為它是一種徹底的消失，而不是一個回歸的過程，它意味著也失去了與其他人（社區生活和祖靈）的連結，並且無法重新加入他們。

（二）死亡和喪禮儀式

　　不同的社會中，死亡有不同的意義，人們對死亡的理解和處理方式也不同。在西方，死亡被認為是在一瞬間發生的，短暫而立即消失，不再是生命的一部份。在西方猶太教和基督教的影響下，死亡被認為是一種結局，通往天堂或地獄，但與人間生活完全隔絕。儘管在許多原住民社會和非西方文化中，死亡並不是立即發生的，而是在或長或短的一段時間，伴隨著與生者分離直至到達祖靈地的過程。羅伯特·赫茲（Robert Hertz, 1960）描述了這段中間時期，他分析了靈魂從生到死的轉變過程中，具有特殊重要性的雙重埋葬，如何經歷複雜的過渡狀態。如果在西方，死亡是一種結束；那麼在亞洲國家或原住民社會，死亡往往被認為是一種轉變。

　　在許多南島社會和東亞原住民社會中，喪禮儀式非常重要，是整個禮儀的一部份。Roxana Waterson（1993）評論說，對於印尼的塔納托拉雅（Tana Toraja）來說，喪禮儀式是連接死者和生者的一部份，有助於促進生者的繁榮和生育。然而，隨著基督教的轉化和市場經濟的進入，喪禮儀式受到了影響，並往往成為人們展現社會地位的時刻，奢侈的祭品可以增強人們的威望，即使他們來自平民階層。

　　Hertz（1960）關於死亡的著名研究提出了許多必須審視的觀點。首先，他認為死亡會造成對生者世界的分裂和需要處理的不平衡。圍繞著屍體和靈魂舉行的儀式目的是重新確立社會秩序，並恢復再生產能力。哀悼靈魂向下一個目的地的過程，讓個人以成為靈魂的新形式重生。通常可以觀察到兩個階段：首先是與喪禮儀式相關的分離，在這階段（隨著肉體的分解），與肉體聯繫在一起的社會存在從肉體中分離。然後是重新安置階段，社會從死亡中勝利，屍骨得到淨化，靈魂進入死者的世界。Hertz 談到靈魂從一種社會秩序轉移到另一種社會秩序。因此，與結婚和生育儀式類似，這也是身份的轉移，而不是結束或消失。人類學者 Bloch 和 Parry 解釋：

每個生命週期儀式都意味著從一個群體到另一個群體的轉變：一種排斥，即死亡，以及一種新的整合，即重生」（Hertz, 1960：81）。死亡時的重生不僅是對個體滅絕的否認，也是社會的重新確立以及生命和創造力的更新（Bloch & Parry, 1982：5）。[7]

這就是為什麼葬禮常常與社區的繁榮聯繫在一起，人們聚集在一起送走亡靈，重申其團結並克服死亡帶來重生。Bloch 和 Parry（1982）認為，文化否認生命是有限的資源的觀點；相反地，透過喪禮儀式，死亡被視為生命的源泉，透過它的轉變為生命提供了新的潛力。性交通常也被認為是一種損失，是男人和女人的死亡，卻可以創造新的人類。死亡是不可預測的，不像其他活動，如收穫、季節結束／開始等具有周期性，但需要將死亡帶回平衡的社會秩序中，將其放回重複的時間，死後有生，生後有死，生生不息（Bloch 和 Parry, 1982：10）。儀式和典禮有助於將這種自然的重複時間分割開來。在排灣族社會中，我們觀察到，通常每五年舉行一次的 maljeveck（五年祭）儀式，可以維持與死者和靈魂的關係，使其進入不間斷的相遇時間。死者會回來與生者一起吃飯和慶祝，然後再離開。個體因死亡而被抹去，並藉由重生而成為祖靈集體的一部份和生者生育的源頭。在排灣族社會，葬禮儀式也非常重要，由巫師（pulingau）主持，幫助死者的靈魂回到祖靈地。

社會秩序被認為是永恆的，喪禮儀式否認死亡引起的破壞，使其成為更新過程的一部份，沒有間斷。這就是為什麼喪禮儀式對社區、社會秩序和生命本身的延續如此重要。這與西方世界的赫茲（Hertz, 1960）評論截然不同，在西方世界中，個人被賦予了獨特的、不可複製的傳記及價值，在這

---

[7] "Every life-cycle ritual implies the passage from one group to another: an exclusion, i.e. a death, and a new integration, i.e. a rebirth' (Hertz, 1960:81). The rebirth which occurs at death is not only a denial of individual extinction but also a reassertion of society and a renewal of life and creative power."

種情況下,死亡並不參與社會的延續,人的本性是永恆不變的,但集體的社會秩序並非如此。

在當代排灣族社會,許多人皈依基督教並去教堂,但對我所接觸到的大多數受訪者來說,靈魂、祖靈的信仰以及祭祀和紀念死亡的重要性仍然非常重要。人們與死者交談,記住他們的存在並感受他們。和我的受訪者一起去山區時,有時有人告訴我,「我們不去這個地區,因為那裡發生了不好的事情」。儘管社會發生了深刻的改變,但死者和祖靈仍然圍繞著生者。檢視排灣族社會的死亡觀念,可以看出,死亡並不是一種分離、而是向另一種狀態的轉變。同樣,當觀察雲豹時,似乎沒有明顯的分離,滅絕並不直接意味著一個深淵,而是像前面提到存在的轉變。當肉體消失時,仍然存在著而成為靈,成為在另一種脈絡下表達自己的存在。儘管宗教發生了變化,西方宗教在排灣族社會中也佔據了重要地位。一些信奉西方宗教的人比較容易認為雲豹已經從他們的世界中消失了,就像他們與過去的部份文化脫節一樣。而那些仍然相信靈和祖先存在的人則更常感受到雲豹的存在。相信 likulau 有助於在現代的世界中保持文化和傳統。那麼,在這種情況下如何理解滅絕呢?

四、如何理解滅絕?

本小節回到滅絕的概念,以討論雲豹在當代世界中的複雜地位。首先,本文將分析來自自然科學詞彙的滅絕概念,以及只接受一個定義的困難。我將探討不同學者如何解構滅絕概念,以便更能理解其複雜性。然後,我將說明,儘管雲豹已被宣布滅絕,但它仍在排灣族世界中活動,並保持著特定存在形式。

（一）滅絕作為對世界分類的努力

當審視這些理解地方分類的困難時，同樣重要的是去了解目前西方科學傾向於確定據以考慮和處理自然世界的框架（Robbins, 2012；Agrawal, 2005）。例如，我們可以在國際層面思考關於生物多樣性危機的辯論，以及滅絕、瀕危或需要保護的物種清單。這些名單是在全球、國家和地方層級管理環境的重要標準，並且往往是權威標準。Stefan Helmreich（2005, 2008）將夏威夷的分類學概念視為一種需要結合情境才能理解的結構。如果科學家根據現實中的經驗框架對自然進行分類，則分類法與人類與物種的關係直接相關。外來物種、入侵物種或本地物種的概念不能脫離成為與人類世界相脫節的自然世界（Helmreich, 2005：124）。

這些不同學者所堅持的是眾多生命的交纏（entanglement），這些交纏總是讓明確劃分標準的範疇相對化，從而需要將其視為可變、不穩定和具有情境性的。當科學提出分類法和類別，將動物和植物作為一個穩定的整體進行分類以描述世界時，各種人類學家解釋了來自不同文化群體的不同觀點，這些觀點促使我們避免落入偏見，並將世界及其類別理解為在定義身份的互動過程中才得以形成。人類和非人類的存在都是由這些遭遇加以定義，每次遭遇都會帶來新的概念化和分類。談論本地物種或外來物種總是在特殊的框架內進行。同樣，將物種定義為滅絕或瀕臨滅絕，會涉及某些標準和規則，這些標準和規則對於每個人和每個世界觀來說都不相同。直接與該物種打交道的當地人類對科學家設定的瀕危地位，並沒有類似的看法。事實上對排灣族來說，沒有表達瀕臨滅絕這個概念的詞彙。這個詞對他們來說也沒有直接的意義。特別如同前面的解釋所言：死亡是一種新形式的延續，因此動物身體的消失不意味著滅絕，而是一種新的存在狀態。Likulau 作為界域的媒介，在消失之前就已經佔據了這種模糊的地位，牠是連結生命世界和靈界的動物，指引著死亡的靈魂。在這種情況下，就更容易理解為什麼我的受訪者對滅絕的概念如此不確定。Likulau 真的消失了嗎？還是仍以靈的身份出沒

於大武山領地？

　　地方範疇、科學範疇、文化範疇都提出了物種定義的區別。更確切地說，它們以不同的方式呈現了人類與物種之間的關係。事實上，對非人類物種進行分類的方式，與我們和這樣的生物群體之間所培養的關係直接相關。使用滅絕概念並不是全能全知的，但它可以對不同理解進行區辨。這取決於使用它的人，它並不像我們傾向認定的單一現實。滅絕的概念本身並不是完全的現實，而是與對不同世界可能的特定理解有關。的確，如果滅絕指的是物種的消失，那麼這個範疇的界線是什麼？對於當地人來說，如果野生動物已經不是具有血肉的生物，它是否能夠被認定已經滅絕了？但對科學家來說，如果某些保育中心或動物園中仍然有一些標本，那麼滅絕就完全了嗎？同樣地，如果消失不是一種虛無，而是一個轉化的過程，是存在狀態的變化，我們還能把滅絕說成是徹底的消失嗎？Benjamin Kapron（2022）討論了北美水牛的滅絕，並指出，水牛雖然已經從世界上完全消失，但仍有一些稀有個體出沒於荒野平原。他引用了 Anishinaabe 作家 Georges Vizenor 的生存概念，解釋道：

「從生存的角度講述水牛的故事，將堅持認為這些水牛可以在不依賴人類干預的情況下繼續生存，並拒絕承認這些水牛仍處於不可避免的滅絕邊緣。」[8]（Kapron, 2022：33）

　　對 Kapron 來說，重要的是要表明人類並不是影響動物在當代世界生存的唯一行動者。卡普倫在這篇文章中表明，滅絕一詞的使用是概念性和片面。

　　Van Dooren 和 Rose 在他們的文章「有生氣的民族誌（Lively

---

[8] "Telling the story of the buffalo through the lens of survivance would maintain that these buffalo can continue to survive with-out relying on human intervention, and would reject that these buffalo remain on the verge of inevitable extinction".

ethnography）」（2016）中透過追蹤夏威夷的僧海豹和烏鴉反映了動物滅絕的想法。這些學者建議用 ethea 來考慮生態萬物有靈論：在這個世界中，所有形式的生命都被視為與他人的關係，總是在與他人的相遇中。Van Dooren 在關於滅絕的著作中總是著眼於這個極限，在這個滅絕過程中的轉變。滅絕實際上意味著什麼？它何時真正發生？是當野外不再有更多自由的動物，或世界上不再有該物種的個體？保育中心的動物還跟以前的野生動物一樣嗎？滅絕的過渡狀態從來都不是立即發生的，它假設了一段時間的流逝，當我們想知道野生個體是否仍然存在時，牠們的數量減少了，保護政策增加了，而剩下的個體被捕獲並圈養以保護牠們的遺傳多樣性完全消失。

滅絕的確不是存在與不存在之間一個明確界定的時間，而是一個過渡的時間軸，它導致了人類與動物在消失過程中糾纏不清的許多反思。拯救動物及其遺傳資本免於完全消失的努力很早就開始了，透過紅色名錄和原地保護工作，然後轉向異地、圈養生存努力，最後一步，將視角從動物轉向實驗室和基因庫中的基因保護。在這個過程中，動物的地位發生了轉變，牠越來越傾向於被視為人類操縱的對象，以實現假設的生存目標。

繪製和定義標誌著一個物種終結的界限是很困難的。當最後的動物被圈養時，人類的努力深刻地改變了這些動物和物種本身。瀕臨滅絕，就是討論著失去，討論著轉化。這是在不同層面上進行的轉變：人類層面、動物層面和生態系統層面。每個層面都會影響其他層面，每個人類行為和政策都會為動物和物種帶來新的改變。當野生動物被圈養時，牠們也變得像東西一樣，人類根據牠們的用途將牠們定義為資本（Collard, 2013）。

Gillespie 和 Collard（2015）提到了這種分類、排名、分類的想法，這是西方科學特有的，但卻對動物保護政策產生了潛在的影響：

> 受威脅物種清單是生物政治學，它強化了潛在的物種本體論，尤其是區分受威脅的非人類和從未受威脅的人類；此類清單還涉及創建、計算和重新執行可殺死的非人類生命與應該培養的非人類生命之間的界

限。（Gillespie and Collard, 2015：188-189）[9]

對滅絕的思考和談論從來都不是中立的，它總是假設在政治倫理辯論中的一種定位，在這種辯論中，生命被視為一種可以被模仿、使用和選擇的價值。研究動物滅絕的人類學家經常在這兩個要素之間來回徘徊，即在生命的混合世界中生命本身的價值，以及將生命置於更理性和功利的人類視角下的價值。

（二）如何看待 likulau 的滅絕？

觀察臺灣雲豹的滅絕，有必要了解人們，特別是排灣族的受訪者、政府和科學家對滅絕的各種看法。但是，我們也需要反思野生動物管理的方式，更與全球化的動物價值概念相呼應，並根據現代西方科學原則設定。作為一種大型貓科動物，雲豹吸引了許多人的目光，與許多哺乳動物一樣，雲豹是人們關注的旗艦物種。世界各地的保育計畫層出不窮，保育中心也努力拯救雲豹的遺傳多樣性。在臺灣，科學家正在討論重新引進雲豹的可能性，以重新帶回一種掠食者。作為荒野和島嶼原始狀態的象徵，雲豹受到人們的重視。儘管對排灣族來說，他們討論的並不是掠食者的回歸，而是雲豹仍然存在於他們中間的可能性。

在我研究的頭兩年（2018-2019），我並沒有聽到太多關於雲豹的消息，人們都告訴我它已經消失太久了，故事也被遺忘了。

不過，2019 年在安朔發現雲豹後，人們開始擴散關於雲豹談論。我聽到部落裡的一個獵人告訴我，他有一次看到牠在河邊喝水。2020 年晚些時

---

[9] "Threatened species lists are biopolitical technologies in their reinforcement of underlying species ontologies–and in their distinction between threatened nonhumans and never-threatened humans in particular; such lists are also about creating, calculating, and re-performing that line between nonhuman lives that are killable and those lives that should be cultivated".

候，我聽到了有關雲豹的其他故事，尤其是金崙一位 70 歲左右的獵人，他在長篇大論地談論了狩獵和野豬後，還講述了一個故事。他向我解釋說，三十年前，他獨自在山裡打獵時，看到樹上有一隻動物。他不知道那會是什麼，因為他以前從未見過。那隻動物從樹上跳了下來。牠比貓大得多，但有相似的頭和很長的尾巴。他有些害怕，於是快步走上了另一條路。黎明時分，他獨自一人在山上很遠的地方，但這次的相遇讓他感受到了一種強烈的情感，幾十年後他仍然記得。

我的另一位受訪者，一位六十多歲的耆老，對排灣文化很有興趣，也告訴我了一些非常重要的故事。他向我解釋說，許多獵人仍然相信雲豹的存在，但他們寧願什麼也不說。這是他們保留的一種信念，因為沒有必要分享他們所知道的真理。他還告訴我，如果從其他地方重新引入雲豹，牠就不一樣了； 牠將是一個外人，與排灣族文化、祖靈聯繫和土地根源脫節。他還說：「這就是為什麼如果重新引入牠，我們不能叫牠 likulau，我們必須叫牠 kalikulau，前面加 ka 的意思是『假的』。」[10]他本人沒有看過雲豹，但他聽說有很多獵人相信並看到或聽到牠。然而，當科學家組織與來義鄉獵人的會議，向他們詢問有關雲豹的情況並討論重新引入雲豹的想法時，這些獵人沒有提到他們相信雲豹的存在。

回到 Thom Van Dooren 對滅絕的思考，重要的是要思考動物滅絕的複雜閾限性，由於缺乏明確的日期來確定牠消失的時刻，對於雲豹來說，這一點並不能立即顯現出來。事實上，滅絕的概念本身並不像單一定義那麼清晰，而是包含一系列可以分化和演變的情況、情感和感知。人類與動物物種

---

[10] 這個受訪者的說法和語言解釋出問題。Raleigh Ferrell（1982：103）排灣語辭典說明 ka- 有幾個用法：
1. ka- 是使用了帶有否定和疑議結構的形式，比如 "ini-ka not"。
2. ka- 與字幹共同構成起動動詞，例如：ka-djalav-u 快做！
3. ka-+-an 原則一；特定的一個／類型，比如 ka-gung-an 真牛。
4. ka- 過去，比如 ka-tiaw 昨天。
這四個用法都不涵蓋我的受訪者的說法，所以我不確定是我聽到跟他說的差異或者他說錯，不過他想表示的是雲豹不會是真的 likulau。

的關係導致人類在情感上將自己與這種消失聯繫起來。人類與動物的連結本身就是可變的，使不同參與者的感知變得複雜。Rose 或 Van Dooren 堅持認為，動物滅絕不會在真空中發生，生物的消失對其他人、人類和非人類都有深遠的影響，並推動反思這種消失的過渡狀態，在此期間關係和紐帶被重新協商和轉變。因此，我與受訪者談論雲豹時，通常很難知道他們的想法，他們可能會先說牠已經從島上消失了，然後在深夜他們會解釋說他們相信牠的存在，雲豹仍然漫遊在大武山。這種持續的存在也是一種與排灣族文化保持聯繫的方式，也是排灣族文化在這片土地上紮根的一種方式。當科學家談論重新引入或滅絕時，我的受訪者不會直接關注這些項目和敘述，因為這不符合他們的認知。Likulau 的消失並不是一片空白，而是一種精神存在的延續，牠一直影響著排灣族。

五、結論

　　回到爭論，臺灣雲豹到底是不是滅絕了？這個答案永遠沒有定論。有些受訪者可以在早上正式、非常果斷地告訴我，臺灣已經沒有雲豹，晚上又解釋了他們的懷疑，並希望可能還有一些。對排灣族來說，雲豹並不是一種簡單的肉身生物，無論是滅絕的還是活著的隱藏在山裡。即使某些知情人表達了第一種觀點，其他人則進一步表達了他們對於雲豹消失的深深懷疑，更準確地說，導致考慮消失的可能性，這種消失寧願是一種看不見但持續的存在：幽靈般的存在（ghostly presence）。這裡的 likulau 不僅僅是一種肉身動物，從雲豹過去的文化內涵來看，牠從來都不是。牠是一種總是模稜兩可的生物，既不完全融入動物世界，也不完全屬於精神或神聖世界。關於牠的故事很難找到，數量也不多，而且我的受訪者通常不會輕忽地告訴他們：環繞雲豹的沉默並不表明消失或遺忘的記憶，但也可能揭示關於 likulau 難以訴說或表達的情感，以及處理科學知識和這些相關類別的複雜性。動物物種

的概念並不是每個人都在相同的基礎上認同的。Likulau 這個具有中介意義的動物（liminal animal）在消失後似乎獲得了新的存在，作為一種轉瞬即逝的生物，而不是作為有血肉的貓科動物。雲豹在過去就已經與靈界有聯繫，幫助生命、人類到祖先、祖靈的溝通和過渡。雖然雲豹的斑點皮毛不再直接可見，但許多人告訴我，他們仍然相信 likulau 就在其中。牠還沒有完全消失。

因此，雲豹就像一個鬼魂，一個動物的靈魂，似乎繼續在排灣族的土地上游盪，人類的眼睛看不到牠，當代世界也難以捉摸牠，但牠存在著，被一些人感覺到，既不願意也不可能被完全遺忘。如果雲豹是排灣族文化認同所依賴的精神領地的一部份，那麼我們就更容易理解牠的重要性，也更容易理解牠的反覆出現，雲豹是比動物世界更大集體的一部份，作為人類—動物—靈性集體圍繞著這隻貓科動物，以便於世界中不斷再製作排灣族文化認同的獨特性和韌性。

參考書目

伊苞
    2004　《老鷹再見》。臺北：大塊文化。

松岡格
    2018　《番地統治與【山地】行政：臺灣原住民族社會的地方化》。周俊宇翻譯，臺北：國立臺灣大學出版中心。

胡台麗
    2006　〈百步蛇與熊鷹：排灣族的文化表徵與詮釋〉。葉春榮主編。《歷史‧文化與族群：臺灣原住民國際研討會論文集》，臺北：順益臺灣原住民博物館，171-196。

馬淵東一
2017　《馬淵東一著作集第一卷》。楊淑媛主編，余萬居初譯、林雪貞、黃淑芬校譯，臺北：中央研究院民族學研究所。

許功明
1993　〈排灣族財產體系及觀念的初步分析〉。《蒐藏與研究期刊》4：162-182。

童春發
2014　〈跨信仰比較視野下的喪葬儀式：以排灣族喪葬儀式為例〉。《臺灣原住民研究論叢》15：93-140。https://doi.org/10.29763/TISR

葉高華
2023　《強制移住：臺灣高山原住民的分與離》。臺北：國立臺灣大學出版中心。

劉秀美
2016　〈幸福空間：從《老鷹，再見》看移動的聖山象徵〉。《臺灣文學研究學報》22：257-276。https://doi.org/10.6458/JTLS

察馬克／邵定國／山羊，楊維琳／達尼瑪嫪・額葛絲
2017　《北大武山～排灣族聖山文化初探》。臺北：全國登山研討會。

盧道杰，吳雯菁，裴家騏和台邦・撒沙勒
2006〈建構社區保育、原住民狩獵與野生動物經營管理間的連結〉。《地理學報》46：1-29。
2011　《排灣族的文化詮釋》。臺北：聯經出版公司。

蔣斌
1984　〈排灣族貴族制度的再探討——以大社為例〉。《中央研究院民族學研究所集刊》。55：1-48。

Agrawal, Arun
　　2005　Environmentality: Technologies of Government and the Making of Subject. Durham, N.C: Duke University Press.

Bloch, Maurice and Parry Jonathan
  1982 Death and the Regeneration of Life. USA, Australia: Cambridge University Press.

Chiang, Bo-Jen 姜博仁
  2007 Ecology and Conservation of Formosan Clouded Leopard, its Prey, and other Sympatric Carnivores in Southern Taiwan. Phd Diss., University of Virginia.
  http://cloudedleopard.org/ documents/Formosan%20clouded%20leopard%20Po-Jen%20Chiang%202007.pdf.

Collard, Rosemary-Claire
  2013 Life for Sale? The Politics of Lively Commodities. Environment and Planning A 45(11): 2682-2699.
  https://doi.org/10.1068/a45692

Cooper, Margaret and Rosser Alison
  2002 International Regulations of Wild- life Trade. Revue of science and technologies 21(1): 103-123.

Everington, Keoni
  2019 Extinct Formosan clouded leopard spotted in E. Taiwan. Taiwan News. Feb. 23. 2019.
  https://www.taiwannews.com.tw/en/news/3644433

Ferrell，Raleigh
  1982 Paiwan dictionary. Pacific linguistics, Series C, 73. Canberra: Australian National University.

Gillespie, Kathryn and Collard Rosemary-Clair, eds
  2015 Critical Animal Geographies: Politics, Intersections and Hierarchies in a Multispecies World. London: Routledge.

Greenspan, Evan
  2018　Planning the Reintroduction of the Clouded Leopard(Neofelis Nebulosa)to Taiwan: An Assessment of Attitudes and Potential Support. Master thesis, Southern Illinois University Carbondale.

Helmreich, Stefan
  2005　How Scientists Think ; About 'Natives', for Example. A Problem of Taxonomy among Biologist of Alien Species in Hawaii. Journal of the Royal Anthropological Institute 11(1): 107-128.
    https://doi.org/10.1111/j.1467-9655.2005.00228.x
  2008　Species of Biocapital. Science as Culture 17(4): 463-478.
    https://doi.org/10.1080/09505430802519256

Hertz, Robert
  1960　Death and the Right Hand. Translated by Rodney and Claudia Needhamn. GB: University Press Aberdeen.

Ingold, Tim
  2000　The Perception of the Environment. Essays in Livelihood, Dwelling and Skill. London & New York: Routledge.

Jacobs, Bruce
  2014　Taiwan's colonial experiences and the development of ethnic identities : Some hypotheses. Taiwan in Comparative Perspective 5 : 47-59.

Kapron, Benjamin
  2022　Storying the Futures of the Always-Already Extinct. Challenging Human Exceptionalism; Exploring Animal Survivance. UnderCurrents 21: 26-34.
    https://doi.org/10.25071/2292-4736/40296

Martin, Richard and Trigger David

2015 Negotiating Belonging: Plants, People, and Indigeneity in Northern Australia. Journal of the Royal Anthropological Institute 21(2): 276-295.

http://www.jstor.org/stable/45182978

Mc Kinley, Robert

2015 Human and Proud of it! A Structural Treatment of Headhunting Rites and the Social Definition of Enemies. HAU vol 5(2).

https://doi.org/10.14318/hau5.2.031

Robbins, Paul

2012 Political Ecology: a Critical Introduction(2nd ed.). UK: Wiley-Blackwell.

Swinhoe, Robert

1862 On the mammals of the island of Formosa. Proceeding of the Zoological Society of London. 23: 347-365.

Rabinowitz, Alan

1988 The clouded leopard on Taiwan. Oryx 22: 46-47.

Van Dooren, Thom and Rose Bird Deborah

2016 Lively Ethnography: Storying Animist Worlds. Environmental Humanities 8(1): 77-94.

Van Dooren, Thom

2014 Flight Ways. Life and Loss at the Edge of Extinction. New York: Columbia University Press.

Wang, Mei-hsia

2008 The Reinvention of Ethnicity and Culture: A Comparative Study on the Atayal and the Truku in Taiwan. Journal of Archaeology and Anthropology 68: 1-44.

https://doi.org/10.6152/jaa.2008.06.0001

Waterson, Roxana
    1993   Taking the Place of Sorrow: The Dynamics of Mortuary Rites among the Sa'dan Toraja. Asian Journal of Social Science 21(2): 62-72.

Yang, Shu-Yuan
    2011   Death, Emotions, and Social Change among the Austronesian-Speaking Bunun of Taiwan. Southeast Asian Studies 2 : 214-239.

第四章　能通力與市場攫取：柬埔寨白朗森林的祖靈經濟*

吳考宥（Courtney Work）
政治大學民族學研究所副教授

本章大意

柬埔寨中北部，桂族（Kui, Kuy, Kuay）少數原住民族的祖靈經濟（ancestral economics）正迅速轉變為市場依賴的生計模式。當人們的生活從獨立於市場到依賴市場，維持對於資源、地位和政治優勢的取用機會組織起這個變革。從強大的森林和祖靈經濟中直接攫取資源、地位和政治關係的「能通力」（prowess）不同於全球經濟市場依賴的處境下所需的能通力。當市場吞噬森林，祖靈經濟所述說的故事鋪設了一個感知世界（a sentient world），在這個世界裡，有感知的萬物會對能通力的意圖作出回應，這與市場經濟中樹木和石頭無法發聲的主張互相牴觸。本文依據從資源前沿地帶所蒐集的民族誌資料，探究使得機械世界與感知世界兩種主張得以成立的分殊性世界樣貌。

---

* 本文原著為英文，題目是 Prowess and Market Capture：Ancestral economics in the Prey Lang Forest, Cambodia。本文由林惠萍翻譯為中文，並由高晨揚校訂。

一、前言

　　桂族人正努力在迅速變換的地景中維持生計。他們生活在白朗森林（Prey Lang Forest）東部邊境，位於湄公河西岸的 Kratie 及 Steung Treng 兩個省分。曾富有果實、天然藥材、小溪、大獵物的森林和曾優遊著豐碩大魚的湄公河，昔日源源不絕地供養著桂族族人。森林和河流、水與土地，是桂族「宗教實踐」的基礎。這意謂著，對桂族人來說，環境危機（environmental crisis）也就是宗教危機（religious crisis）。在此脈絡下，本文欲帶出經濟與宗教間的重要連結。「祖靈經濟」（Ancestral Economics）涵蓋環境、祖靈與經濟，使得這個詞彙能更精確的界定桂族的「宗教」。山、石頭、沼澤、島、河流，是桂族「宗教」的主要行動者（actors）。不同的時機點，樹木、藥草植物、特定的動物和人物會代表上述的行動者。歸類行動者的界線在不同的區域和歷史處境下會交錯、重疊與移動，並受到與國王、祭司與產業巨頭接觸的影響。

　　值得注意的是，學者們所稱的「宗教」（religion）確切來說應該是指「一種促進生活、豐饒與繁榮的組織運作，將生命從蘊藏生命的事物移轉到自身缺乏生命的事物。」（Hocart, 1936：3）在這裡 Arthur Hocart 所討論的是「政體」（government），然而他在文中明確的將「政體」與人們所稱的「宗教」關聯起來。在此，這種關聯性正好能闡明本文中對於人們所稱的「萬物有靈論」（animism）或被稱為「迷信」與「經濟」之間的連結。本書將「環境危機與宗教實踐」作為批判性探究的起點。適逢當前歷史性的時刻，特定的經濟活動與全球環境危機間的關係早已不言而喻。現代經濟透過提供商品、服務以滿足各種需求——從基本的食物、水的供給甚至到奢華的月球之旅，看似是要提倡所謂的美好生活與促進繁榮。然而弔詭的是，現代經濟所追求的「人類福祉」，反而是將蘊藏生命的水、土壤等物質，從那些自身缺乏生命能量卻需要能量的樹木、魚、人類中抽離出來。至於生命能量去了哪裡？本文暫且不討論，而接下來本文將透過人們口傳的故事，呈現

那些給予生命能量的資源是如何從一類事物被轉移到另一類事物中。

宗教講述那些能夠解釋世界的故事。如同本書許多討論所顯示的，「宗教」的確與經濟和環境活動緊密相關，這也促使我們以嶄新的視角來探討經濟和環境共構的危機。佛教、伊斯蘭教或基督教等普世「宗教」可能會從道德的層面來檢視經濟與環境之間的關聯性。本文則採用「萬物有靈論」和民族誌研究取向探討經濟活動、環境危機及宗教實踐間的關聯性，邀請讀者透過田野案例，跳脫道德範疇，以更廣袤的觀點思考文化體系之下道德的定義與運作。本文中的兩組故事發生在全球資源的前沿地帶，這些故事解釋著世界，也解釋生命從一類事物到另一類事物的轉移。柬埔寨中北部的白朗森林裡，所發生的事清晰可見，彼此之間卻又正面對決。

第一組故事來自祖靈經濟。故事中的祖先們是山、石頭、沼澤與溪流，以下稱這個世界為為感知世界（a sentient world）。有關祖先的故事裡，樹木（Tsing, 1993）、烏龜（Århem, 2022：224–225）、白蟻丘（Baumann, 2022）、鯰魚（Johnson, 2020）皆為著名的祖先代表（但不限於此）。宗教範疇裡，這些故事通常被歸類為萬物有靈論。下文將指出，這些故事如何有助於我們理解感知世界與經濟間的重要關聯。第二組故事來自全球經濟。由現代科學與發展所搭建起的故事架構中，山、石頭、水、礦物是科技進步的關鍵元素，而魚類、樹木與生物圈的其他產品則是因著能夠提升人類生活而獲得重要性。此處的世界是機械世界（machine world）（Work, 2023），這個世界中唯有人類能夠感知，而其他生物的與地質的行動者皆以機械式的隱喻而被理解。白朗森林裡，當祖靈經濟碰上了全球經濟，感知世界與機械世界的競逐清晰可見。

本文透過民族誌來呈現兩種不同世界的會遇，所依據的資料來自於筆者從 2014 年至今仍持續進行之研究，其目的在於探究陸地氣候變遷減緩政策的實施對於生活在這片土地上人們的影響。研究皆以高棉語（Khmer 語）進行，筆者與當地桂族研究員協作，爬梳全球產業經濟與祖靈經濟的運作，並關注這兩種經濟型態對森林生命能量的正面與負面影響，從當地桂族

研究者的需求與在地草根性行動設定研究主題。市場是強大的（potent），但並非「生命能」（potency）。森林也是強大的，然其也非生命能。生命能是一種能量，是世界萬物生命力的展現。「能通力」（prowess）是可以取用生命能並將之導向特定用途的能力[1]。我們可以談論森林能通力（forest prowess）、市場能通力（market prowess）、老虎能通力（tiger prowess）、樹木能通力（tree prowess），或獵人能通力（hunter prowess），這些都是特定環境中所需要特定技能、知識與儀式配置的實踐套組。它們有時行得通，有時卻不管用。生命能可以適應各式各樣關乎科技的能通力。身為人類的我們，講述著有關生命能與能通力的故事，筆者在白朗所遇到不同故事的分歧衝突，則闡明了宗教實踐與環境危機之間的關聯性，這或許能提供新的方式來述說關於這個世界的故事（另篇略微不同關於故事敘說的討論，可參閱本書，林益仁）。接著，本文將介紹兩組關於生命能與能通力的故事同時上演的民族誌情境，最後以未來還能如何述說故事作為總結。

二、在白朗的故事

白朗，桂族語意為「我們的森林」。桂族族人已在這片廣大森林裡生活了兩千年，他們的能通力早在古代鐵匠和前吳哥窟（pre-Angkorian）時期寺廟建造者身上就嶄露無遺（Pryce et al., 2014）。桂族人述說著過去幾百年來他們狩獵、採集、輪耕、水稻種植的故事，是鑲嵌於關乎土地能量的

---

[1] 譯者註釋：本文的「生命能」譯自 potency、「能通力」譯自 prowess，在中文的字義裡，potency、prowess 皆表示某種程度的力量，前者帶有強大的、潛力、影響力等無所不在之能量的意味，後者則較常指稱透過巧妙的手段或技巧施展特殊能力與本領。譯者根據本文的敘述，potency 是世界上無所不在的生命能量，因此譯為「生命能」，而 prowess 是一種能取用、觸及生命能的本事，譯者決定以「通」字來表示能順利、達到生命能的本領特質，並將 prowess 譯為「能通力」。

政治經濟體系，與占主導地位的高棉族群有所區別，卻又緊密相關（Keating, 2013；Swift and Cock, 2015）。桂族族人在前殖民時期遭抓捕為奴隸，後殖民時代被抓捕為士兵，最近則通過生產市場經濟作物與雇傭勞動，淪為「現代」貨幣經濟的勞奴。接下來故事的時序將從 1990 年代開始，也就是全球發展浪潮再一次席捲柬埔寨田野與森林之際，那時產業經濟重返白朗森林，部份桂族男人擔任軍人，而大部份桂族男人則是自給自足的輪耕農夫、漁夫或獵人，他們憑藉著繁茂的森林維生，那片曾被社會主義經濟所忽略的森林。

　　桂族的歷史顯示他們為了謀生而具有的靈活性，尤其是資本累積的環境下所浮現的能通力。龐大的森林裡，涉入其中的行動者不計其數。以下將敘述筆者在 2014 年所遇到的幾位桂族人，他們對抗白朗森林中的非法伐木者，以及假山林復育之名行造經濟林之實的業者（Scheidel and Work, 2018）。其中兩位桂族人的行動有助於本研究對於能通力的闡述，種種類型的能通力部署有效地啟動森林和全球市場之間蘊含著生命能量資源的強大流動。

　　白朗森林的資源邊境，市場以一種令人生畏的粗暴施展著它的力量。事件的開端是林地開墾特許權（the forest concessions）的頒布，讓柬埔寨跨出邁向新自由主義國家的第一步（Cock, 2016；Work, Theilade, and Thuon, 2022）。居住在林中的人們見證了一切，工業化的林木開採成了柬埔寨暴力衝突（the civil skirmishes）的導火線，而掠奪性的採伐更為後紅色高棉時期（the post Khmer Rouge years）的派系鬥爭火上加油（Le Billon, 2002）。然而，市場榨取更為暴力的形式在於提供村民從森林中一點一滴攫取生命能並用之於從市場獲利的機會。本文接下來將討論的兩位族人，有助於闡述傳統上擺盪於從魔法、功德與禁慾而來的「能通力」樣態，同時又顯示出赤裸、無視於規範與過度的暴力。其中一位桂族男人具有軍事背景，他嗓門大、身材矮胖、個性張揚，體現了某種「反叛的男子氣慨」（insurgent masculinity）（Day, 2002：272）。他展現出能夠有效汲取生

命能的「違背道德共識之罪行」（crimies against common morality）（Graeber and Sahlins, 2017：277；請參閱 Anderson, 1990：25）。另一位男子在故事裡扮演著圓滑的中介者，他年輕時候曾行僧多年。他的家族與通曉古老法術的僧侶有著淵源，其閱讀和寫作的能力使得他得以游刃有餘地在桂族社群和當局與組織間遊走。苦修、學術、冥想與扮演中介者皆是汲用生命能的有效方式（Anderson, 1990；Davis, 2014）。

讓筆者感興趣的是，歷經時間更迭，大部份的族人都在為生計煩惱，這兩個掌握著地方能通力的男人面對生命能的節點不斷轉換，卻自始至終保有成功。他們通曉取用生命能所需的手法，包括祖靈經濟中的儀式、知識與技術，然而他們也利用這些手法來汲取市場運作所積累的生命能。他們與村莊外的金流與勢力牽上線，致使他們與當地利益脫節，卻又同時將當地利益與外來的能通力型態連結起來。如此，這兩個人掌握著取得資源、社會地位與政治保障的管道，甚至他們論述世界的方式，也轉向為市場主導的能通力那邊。

三、人類行動者：歐先生，田先生與公司[2]

歐先生是一位軍人，在 1995 年促成當地與「永光木業公司」（Everbright Timber Company）的生意關係，使這間公司修築一條從湄公河經過他的村莊與輪耕地（swidden fallows）通達古白朗森林的道路。歐先生和前僧侶田先生合作，發揮各自的特質與技能，採伐高獲利的昂貴木材賣給企業財團。田先生長期採收橡膠與穿越森林的經驗讓他熟知白朗森林中各樣樹種與其分布範圍。歐先生憑藉過去在森林中作戰的經驗則讓他們能以與其他的伐林軍和間諜的眼線保持安全距離。對於他們與伐木業者的勾聯，

---

[2] 本文的第二及第三小節改寫自筆者最近發表在 *Anthropological Forum* 期刊上的一篇論文（Work, 2023）。

歐先生不以為意地說：「公司付的是現金。這裡根本沒有賺錢的管道，現在有公司願意付錢，我們沒道理不賺上一筆啊！更何況，我們有優勢。」田先生則認為他們從事的是「小小的」採伐，所用的只有手邊的工具和牛。「我們從來不會砍伐那種只有大公司用機器才能撂倒的大樹。我們一次一棵，只砍水牛拖得動的樹。雨季時，我們用 O'krak（溪流）把樹木運回村莊。」

兩人都提到，由於木業公司過分濫伐森林而促使他們加入「白朗社區網絡」（Prey Lang Community Network），這是由民間倡議發起的類民兵組織，他們在林中巡邏，對抗盜木者並焚毀他們的木材。白朗社區網絡致力於保護白朗森林，是由這片森林所橫跨的四個省份的男人聯合組成，他們展現出一種能通力來對抗市場的榨取暴力，這為他們帶來聲望。當白朗的林地特許權從無政府狀態到被工業化農業所取代，白朗社區網絡亦積極抗議這些活動，並號召村民共同對抗財團對土地的掠奪（Titthara, 2011）。歐先生和田先生這兩位「具能通力的男人」在他們自己的家鄉省分抵禦著 2012 年起在林中進行的山林復育計畫，林業公司打著「復育」之名行造經濟林之實，還越界於林地特許權範圍以外採伐昂貴的木材。然而，一段時間之後，歐先生與田先生兩人卻與林業公司合謀，共同汲取利益。

起初，歐先生和田先生汲取伐木業豐厚的潛能來獲取難以捉摸的現金貨幣並接近支配此潛能的有力人士。當他們看見隨之而來的破壞和村民的沮喪與憤恨，兩人都轉而加入白朗社區網絡。在此力量之流轉向的歷史時刻，當森林的原居社群聯合起來抵禦伐木業對森林的剝削，也集結了來自各地身懷能通力的人士，包括歐先生和田先生。

田先生自稱是這個地區社會運動的發起人，2017 年卻成為首位明確表態站在財團那一邊反對本地社會運動的人。田先生雖從未被公開譴責，但他卻在某次白朗社區網絡省代表選舉中敗選輸給了自己的姪子。之後他仍然是白朗社區網絡的成員，卻一直不斷找他姪子的麻煩，像是藏匿 NGO 組織捐贈的巡邏設備，並在成員中培植派系勢力。同一時間，歐先生則聲稱不滿派系鬥爭而退出了組織，此時永光木業公司也逐漸失去了勢力。

儘管永光木業衰敗的真正原因無從得知，但其特許權範圍內存在著已劃歸給社區的橡膠林與輪耕地、始終無法通過環境影響評估和公司在洗白木材採伐（timber laundering）與販售的非法性上所遭遇的困難，皆扮演某種角色（Scheidel and Work, 2018；Work et al., 2022）。區域內的勢力均衡改變之時，田先生的能通力也隨之轉向。當「美國國際開發署」（United States Agency International Development）以資金挹注於將白朗森林建立為「野地保護區」時，歐先生和田先生紛紛將兒子送入現在資金充沛的環境部（Ministry of Environment）森林巡邏隊受訓。儘管歐先生持續參與社會運動，卻僅只於提供行動者關於財團活動與非法伐木組織的資訊。行動者們推測，歐先生能一直獲得相關情報是因為他跟財團有所牽連，不過也正是他向來準確的情報讓他能在社會運動組織中保有一席之地。

第一間以復育山林為名的公司式微之際，另一間與柬埔寨伐木產業高層關係密切的公司接掌了白朗的林地特許權。特許權轉移的同時，「美國國際開發署」在野地保護區計畫中斷了一年之後，恰巧又推出另一個新的復育計畫，這時歐先生以一位身懷能通力的公司人士公開亮相。有了這個新的角色，歐先生憑著自己對森林與當地樹脂採集者的熟識，幫助公司掌握特許權範圍內高經濟價值樹種的分布狀況，而作出無法無天的暴行。高經濟價值樹種主要是能分泌樹脂的樹種，這些樹林關乎著當地原住民的生計，一直以來都被特別保護以遠離外界干擾。如今，新公司的手法不顧作為原住民命脈的林地資源，利用了林地特許權強行開採樹脂林，賺取龐大的收入。

歐先生的工作是掌握高經濟樹種的分佈位置與這些林地的桂族所有人，由於他長年參與社會運動，對這些林地所有人相當熟識，現在歐先生恐嚇脅迫他們賣掉林地。我們並沒有聽聞林地主人遭受肢體暴力，但樹木遭受的暴力則來得迅速猛烈。本文撰寫之際，公司已在野地保護區內將幾千株關乎當地住民生計的樹脂林採伐加工，無論這些林地位於特許權範圍之內或之外。

森林復育公司是在「農林漁業部」（the Ministry of Agriculture,

Forestry, and Fisheries）所屬之「林務局」（the Forest Administration）的管轄之下。儘管環境部管理著遼闊的白朗森林，並得到「美國國際開發署」的資金作為後盾，林務局卻控制著這間人脈良好的公司，並支配著毗連保護區的廣大社區林。這片社區林不僅蘊藏著豐富的森林資源，其中還有居民所珍視的前吳哥窟帝國古廟遺址。當田先生還是護林行動的活躍份子時，他曾擔任管理社區林的代表，直到 2016 年一場高度爭議性的祕密選舉中，田先生被支持採伐林木的人士所取代。公司轉手之後，由於五年計畫的實施而舉辦了一場社區林官員的選舉。田先生再次獲選管理社區林，現在他和歐先生兩人都成為森林復育公司的雇員，與林務局和柬埔寨伐木業財團合作（GI, 2021；GW, 2007；Milne, 2015；Work et al., 2022）。

一批批高價木材從林地被搬上卡車，卡車突兀地在公司所開闢通往保護林的道路上穿梭。無庸置疑，公司與高階企業家顯然正施展著強大的能通力，將所有可用的木材移出保護區。2022 年，保護居內增加了新的要角。兩間採礦公司進駐，他們持有開採此區兩處喀斯特石灰岩地其中一處的特許權，而一片大理石岩山則坐落在公司和社區林與這處喀斯特石灰岩地之間。開採之前，必須先清除礦場周圍的森林。本文撰寫之時，白朗森林的大理石正經歷被迫遷往全球市場，而喀斯特石灰岩地卻不受侵擾。隨著道路的開闢，木材同樣的捲入了全球市場的漩渦。所有這些實體，包括行動人士、當地合作者、伐木集團、採礦公司和保育計畫，都是全球市場的產物，唯有全球市場賦予這些實體一切行動相應的意義。

四、非人類行動者：火、微生物、樹木與喀斯特石灰岩地

與這個能通力的故事交織糾纏的是大地強大的能量。前一節顯示出森林的能量如何推動著木業公司、地方護林行動者、地方資源的榨取和國際保育計畫。這一節將說明，大地的能量，並非僅僅是承受市場暴力榨取的被動

接收者。這一節故事的主角,有火、兩種語域(registers)下的微生物、一棵拒絕遷移到市場的古老巨木,以及其中一處喀斯特石灰岩地化身而成的青龍王(neak ta sdech nag khiev),透過夢和當地人的身體進行溝通。自 2022 年中礦區開採以來,大理岩層和另一處喀斯特地的古祖之靈尚未發聲,而青龍王卻出語威脅。我們所將述說的這個故事,將感知世界放置於,我田野當地的原住民夥伴以他們的方式詮釋資本主義世界的那個故事中。

首先來談談「火」。當柬埔寨高層伐木集團於 2019 年接管了以山林復育為名義的企業,首位勢不可擋的訪客是一場大火。火勢燃盡了一大半企業所種的相思林,企業主則是將這場大火歸咎未能好好除草、適逢旱季,以及當地施行的「刀耕火種」(又稱為游墾或輪耕)(Dove, 2015;Dressler, Smith, and Montefrio, 2018)。當地反對企業的人士表示,這場火是個徵兆,意謂著古祖之靈(lok ta)不支持新的土地管理。這類「意外」是祖靈表示不贊同的常見記號,這樣的記號無論被放在機械世界故事的語域或是感知世界故事的語域來進行解釋皆行得通,本文大部份所描述的強大能量糾纏關係亦是如此(請參閱 Evans-Pritchard, 1976;Giraldo Herrera, 2018;McCann and Hsu, 2016)。

下一位阻擋企業「發展」其林地特許權的剽悍干預者以微生物的形式現身。企業老闆、老闆太太和歐先生接二連三地患了治不好的病。本文書寫的這個時候,他們各自仍被疾病所折磨,但筆者只詳述歐先生的部份。當歐先生脅迫當地樹脂林的「所有人」,只有少數人同意出售土地。在地居民奮力抵抗,但幾個月後企業主趁著村民農忙時盡其所能地砍伐森林(RFA, 2019)。歐先生在這之後隨即病倒,不到一週,已經躺在首都的大醫院裡。他在大醫院待了六週,出院後症狀持續,患上的是一種會攻擊神經系統的病,造成持續性疼痛並難以動彈。他總共跑了三家醫院、花費超過 4000 美元。當我半開玩笑地問歐先生有沒有去請教古祖之靈這神秘病症的來源,一旁的村民們開始笑鬧個不停,而歐先生卻只能乾瞪著眼。即使那些訕笑的村民們身處於資本主義的環境,並各自忙於資本累積,當有事發生時,非人

能動者與各物種運作間的「因果關係」，仍是大家「會想到的真實」（the reality that can be thought）（Bourdieu, 1999：55；Giraldo Herrera, 2018；Strathern, 1988）。

　　過了沒多久，更為來勢洶洶的病毒的能通力大規模爆發，引起極度的恐慌與種種猜測和舉措。正當新型冠狀病毒 Covid-19 蔓延全球，虎視眈眈的資源掠奪者做出了非同小可的能通力舉措。他們趁著政府下令全國封城、人們禁止外出時，派遣大批員工並雇用村民，進到白朗森林保護區內砍伐大樹，能砍多少就砍多少。當本文作者 2021 年四月再度返回森林時，發現上千棵樹木橫臥在地，他們被告知這些樹木正等著被卡車運走。上千棵樹木中，卻有一棵拒絕進入全球市場，仍然完整無缺的躺在林地上。

　　那年四月的田野調查中，當地流傳著兩張照片。其中一張照片裡頭是一群人站在那棵非常古老的巨木樹樁上，他們分別是公司經理、林務局職員、環境部森林巡守員、社區林的頭人、前護林運動人士以及田先生。儘管有了合適的設備，林木公司仍沒辦法把這棵樹抬上卡車。另一張照片有著各種祭品，包括雞隻、啤酒、菸草、檳榔、線香，儀式的目的是請求這棵樹移動到卡車上。樹木拒絕請求，聞風不動留在原處，取用著奉行資本主義並已劫掠周遭樹木的族人供上的香火與祭品。

　　照片中的行動者（以及任何一位在森林邊境進行資源榨取的桂族族資本主義人士），取決於發問者是誰和提問當下的處境，對於感知世界的故事講述出何種「真相」（truth），會有不同答覆。面對明顯的樹木能動性（tree agency），每個原住民資本主義者都不得不進入透過儀式與非人能動者（例如樹木）協商的社會形式中（Bell, 1992）。即使森林已成為資本主義掠奪的前沿地帶，這種與樹木協商的儀式仍然是在森林祖靈經濟中進行謀生的重要一環。村莊對古祖之靈們的年度祭典和為了特定事件（例如這棵桀驁不馴的樹）所舉行的祭儀延續至今。接下來所要談，在喀斯特石灰岩地上慶賀「能以提升森林生計」的環境部生態旅遊計畫，則是另一場因著特定事件所舉行的祭儀。

2021 年末，一場殺豬和敬酒儀式在森林中一處喀斯特石灰岩地舉行。此處喀斯特石灰岩地也就是曾透過夢境和附身與當地居民溝通那位強大的青龍王。就像其他的古祖之靈一樣，青龍王把老虎當坐騎。喀斯特岩洞最西邊的虎穴中有時會傳來沒人演奏的樂聲，不見野生老虎的蹤跡卻看得見老虎的腳印，尊尊佛像保護與聖化這個空間。就在此處，正當舉行祭儀以告知青龍王即將推動的生態觀光計畫並昭示人類行動者的立意良善，發生了兩件事。首先，當村民們一大早來到現場準備時，發現了老虎的腳印。再者，儀式舉行期間喀斯特石灰岩地附身於一位省當局官員的隨行女性身上，透過她的身體說話。青龍王說：「你們有三年可以經營生態觀光景點，也可以修築道路。若任何人敢碰這片岩地，麻煩就大了。」這並非 Kleinod 等人所說的「智勝於靈」（outwitting spirits），一種透過機械世界的敘事視角的來分析原住民行動的所得出的觀點（Kleinod et al., 2022）。這也並非溝通行動所形塑出來的存有（communicating something into being）（Sprenger, 2017）。這個案例中，溝通是由大地的能量所啟動，並發生在人們與各種強大的力量進行儀式性與策略性協商的處境中。

　　取用生命能的行動者場域與科技已逐步擴張，造成環境破壞，古祖之靈的溝通訊息透露出更多的不祥之兆。青龍王在後來的一場夢境暗示，那些近年來許多因為白朗土地開發而流離失所的古祖之靈們，將於喀斯特石灰岩地聚集他們的力量。這場夢意義不明，人們只能等待與觀望。

　　我們可以將上述兩場為了樹木與喀斯特石灰岩地舉行的祭儀理解為相互主體性關係的展演，也是萬物有靈論與世界交往的典型方式。如上述的民族誌所證實的，這種交往方式並不否認其與資本主義間的關連，然而資本主義在轉變地景的同時卻也無法完全遮沒土地的能量。地景的轉變是透過強大的多重行動者發揮能通力，而原始能量所具有的賦予生命的性質也跟著改變，並進而改變兩者之間的社會關係。原先人們在這片僻靜之地自給自足的謀生手段，現在轉變為幾乎完全仰賴市場，鄰近的森林已不復見河魚與獵物，樹木遭財團砍伐殆盡，實行輪耕的地貌完全被腰果與木薯生產所取代，

而未曾稍歇的非法盜木嚴重限縮了當地人的採集生活。

在充滿生命能的森林裡進行破壞榨取，也就是 de la Cadena（2018）所說的「非共同」（uncommons），其中各種歧異的實體（例如喀斯特石灰岩地和資本主義者）的利益有共同之處，卻是不同的利益。資本主義者要的是關心的是生態旅遊景點和採礦區，而喀斯特青龍王則是想留在該地區，萬物有靈論高度靈活與實用的特性符應兼容兩者（Sprenger, 2016），卻暴露出今日本體論上的確定性聲稱已普遍陷於不穩定的狀態。不受道德約束的幽暗力量和與之交涉所需的能通力仍然依循祖靈經濟的慣例，但追逐私利的能通力卻摧毀生命能賦與生機的力量。適逢這個歷史性的轉變時刻，地景持續以「原始人」所說的方式行事。感知世界透過大火、疫病、直接溝通，將極端的資源榨取與破壞村莊的暴力拒之門外（關於人類與非人類間之互動與溝通的討論，可參閱本書，劉璧榛）。儘管人們可以使用機械世界裡的語言來講述這些事件，說那些是病毒、刀耕火種造成的意外和迷信，但在白朗森林裡，生命能的消褪與環境危機始終是同一件事。

筆者自 2014 年以來每年重返此地，親眼見證曾經豐沛的河流如今乾涸；過去容易種植的土地如今因為過度生產並缺乏動物糞便與生物質能，需要使用化學肥料；人們曾經強健的身體如今體弱多病；薪資仍然微薄；乾旱—暴雨—洪患的惡性循環逐年加劇。外來財團繼續賺錢，開採著岩礦、鐵礦與金礦的新公司持續獲利，但生命能卻逸散消失。

五、結論

生命能的種類繁多，取用生命能的故事與方法在森林裡世代相傳。不同故事告訴人們如何駕馭這種能力。例如，在一個岩石、水和所有活物都具有意識與意向的感知世界中，駕馭森林深處的生命能需要透過像禁食、祈禱或某種溝通這類的苦修實踐。要在機械世界中駕馭生命能則涉及了法律程

序，像籌資、合約、土地法，和機械、薪資勞動、原物料（例如樹木）。無論人們所述說的故事是關於哪一種生命能，生命能回應的方式看似都能證實這些感知世界的故事。科學可以解釋，當森林被連根拔起，根部就再也留不住水，小河也不再有樹葉遮蔭。土壤乾涸，也就無法滋養生命。森林作為蘊藏生命的事物，轉變成了另一種缺乏生命的事物。也許，要深入了解我們共同環境危機的核心問題，需要以極清晰的思維來釐清缺乏生命的事物究竟為何，並明白當這種事物被賦與生氣之後所招致的是何種後果。

參考書目

Anderson, Benedict R. O'G
    1990   The Idea of Power in Javanese Culture. *In* Language and power: Exploring political cultures in Indonesia. Pp. 17-77. Ithaca: Cornell University Press.

Århem, Nikolas
    2022   The Katu Spirit Landscape: Forests, Ecology, and Cosmology in the Central Annamites. *In* Sacred Forests of Asia; Spiritual Ecology and the Politics of Nature Conservation. C. Coggins and B. Chen, eds. Pp. 217-30. Routledge.

Bell, Catherine
    1992   Ritual Theory, Ritual Practice. Oxford: Oxford University Press.

Baumann, Benjamin
    2022   Masters of the Underground: Termite Mound Worship and the Mutuality of Chthonic and Human Beings in Thailand's Lower Northeast. *In* Stone Masters: Power encounters in Mainland South-East Asia. H. High, ed. Pp. 132-66. Singapore: NUS Press.

Le Billon, Philippe
　2002　Logging in Muddy Waters: The Politics of Forest Exploitation in Cambodia. Critical Asian Studies 34(4):563-86.

Bourdieu, Pierre
　1999　Rethinking the State: Genesis and Structure of the Bureaucratic Field. *In* State/Culture: State-Formation ation after the Cultural Turn. G. Steinmetz. Ithaca, ed. Pp. 53-75 N.Y.: Cornell University Press.

Cock, Andrew
　2016　Governing Cambodia's Forests: The International Politics of Policy Reformation. Singapore: NIAS Press.

Davis, Erik W
　2014　A Buddhist Ascetic. J. Barker, E. Harms, and J. Lindquist, eds.

Day, Tony
　2002　Fluid Iron: State Formation in Southeast Asia. Honolulu: University of Hawai'i Press.

Dove, Michael R
　2015　Linnaeus 'Study of Swedish Swidden Cultivation: Pioneering Ethnographic Work on the Economy of Nature'. Ambio 44(3):239-48. doi: 10.1007/s13280-014-0543-6.

Dressler, Wolfram H., Will Smith, and Marvin J. F. Montefrio
　2018　Ungovernable? The Vital Natures of Swidden Assemblages in an Upland Frontier. Journal of Rural Studies 61(July):343-54. doi: 10.1016/j.jrurstud.2017.12.007.

Evans-Pritchard, E. E
　1976　Witchcraft, Oracles, and Magic among the Azande. Oxford: Clarendon Press.

GI, Global Initiative
- 2021 Forest crimes in Cambodia: Rings of illegality in Prey Lang Wildlife Sancturary (Issue March).

    https://globalinitiative.net/analysis/forest-crimes-cambodia/

Giraldo Herrera, César E
- 2018 Microbes and Other Shamanic Beings. Cham, Switzerland: Palgrave Macmillan.

Graeber, David, and Marshall Sahlins
- 2017 On Kings. Chicago: Hau Books.

GW, Global Witness
- 2007 Cambodia's Family Trees: Illegal Logging and the Stripping of Public Assets (Issue June).

    https://www.globalwitness.org/en/reports/cambodias-family-trees/

Hocart, Arthur Maurice
- 1936 Kings and Councillors: An Essay in the Comparative Anatomy of Human Society. Chicago: University of Chicago Press.

Johnson, Andrew Alan
- 2020 Mekong Dreaming: Life and Death along a Changing River. Durham and London: Duke University Press.

Keating, Neal B
- 2013 Kui Alterities: The Struggle to Conceptualise and Claim Indigenous Land Rights in Neoliberal Cambodia. Asia Pacific Viewpoint 54(3):309-22. doi: 10.1111/apv. 12026.

Kleinod, Michael, Duile, Timo, & Antweiler, Christoph.
- 2022 Outwitting the Spirits? Toward a Political Ecology of Animism. Berlin Journal of Critical Theory, 6(1)127-176. www.bjct.de

de la Cadena, Marisol

  2018　Uncommons. Theorizing the Contemporary, Fieldsites. Retrieved https://culanth.org/eldsights/uncommons

McCann, Gregory, and Yi-Chung Hsu

  2016　Animism and Traditional Knowledge Disappear in Virachey National Park, Cambodia. *In* Asian Sacred Natural Sites: Philosophy and practice in protected areas and conservation. B. Verschuuren and N. Furta, eds. Pp. 171-81 London and New York: Routledge.

Milne, Sarah

  2015　Cambodia's Unofficial Regime of Extraction: Illicit Logging in the Shadow of Transnational Governance and Investment. Critical Asian Studies, 47(2), 200-228.

    https://doi.org/10.1080/14672715.2015.1041275

Pryce, et al

  2014　The Iron Kuay of Cambodia: Tracing the Role of Peripheral Populations in Angkorian to Colonial Cambodia via a 1200 Year Old Industrial Landscape. Journal of Archaeological Science 47(1):142-63. doi: 10.1016/j.jas.2014.04.009.

RFA, Radio Free Asia

  2019　Prey Lang Resin Trees Cut by C-Biotech Company. Environment News, March 14.

Scheidel, Arnim, and Courtney Work

  2018　Forest Plantations and Climate Change Discourses: New Powers of 'green' Grabbing in Cambodia. Land Use Policy 77:9-18.

    doi: https://doi.org/10.1016 /j.landusepol.2018.04.057

Sprenger, Guido

 2016 Dimensions of Animism in Southeast Asia. In, Animism in Southeast Asia, Århem, Kaj and Guido Sprenger, eds. Pp. 31-51. London and New York: Routledge.

 2017 Communicated into Being: Systems theory and the shifting of ontological status. Anthropological Theory, 17(1): 108-132.

Strathern, Marilyn

 1988 The Gender of the Gift. Berkeley and Los Angeles: University of California Press.

Swift, Peter, and Andrew Cock

 2015 Traditional Khmer Systems of Forest Management. Journal of the Royal Asiatic Society 25(1):153-73.

    doi: 10.1017/S135618631400039X.

Titthara, May

 2011 Prey Lang Activists, Police Face Off. Phnom Penh Post, November 11.

Tsing, Anna Lowenhaupt

 1993 In the Realm of the Diamond Queen: Marginality in an out-of-the Way Place. Princeton, N.J.: Princeton University Press.

Work, Courtney

 2023 Prowess and Indigenous Capture: Hinges and Epistemic Propositions in the Prey Lang Forest. Anthropological Forum.

    doi: 10.1080/00664677.2023.2254009.

Work, Courtney, Ida Theilade, and Try Thuon

 2022 Under the Canopy of Development Aid: Illegal Logging and the Shadow State. Journal of Peasant Studies 0(0):1-23.

    doi: 10.1080/03066150.2022.2103794.

第二部份

宗教宇宙觀的本體論反思

第五章　非自然、非文化：中國佛教的素食主義、親屬關係與輪迴觀　楊美惠（Mayfair Yang）

第六章　護生在臺灣：「自然的權利」能否保護一切有情眾生？　倪杰（Jeffrey Nicolaisen）

第五章　非自然、非文化：中國佛教的素食主義、親屬關係與輪迴觀[*][**]

楊美惠（Mayfair Yang）
美國加州大學聖塔巴巴拉校區東亞語言文化暨宗教研究系教授

本章大意

多數對佛教環境主義的研究，立基於佛經與文本中的宣稱。本文對中國佛教在經歷了過去一個世紀激進地國家世俗化的社會研究，是根據中國東南沿海溫州農村進行的田野調查。為了遵守佛教的殺生戒律，當代佛教表現在對素食的偏向及趨勢的實踐與情感。人們對非人眾生苦痛的同情，體現在社群媒體上分享動物受苦的影片期以引起人們的關注、「放生儀式」的再興、佛教志工幫助被遺棄的寵物，以及地方上的反對販售和屠宰犬隻等。佛教的輪迴（轉世）教義仍然存在，並且將親屬概念跨越人類與非人物種之間，為「人類世」時代提供了另一種本體論。

---

[*]　本文原著為英文，題目為 No Nature, No Culture: Chinese Buddhist Vegetarianism, Kinship, and Transmigration。中文由蔣馥蓁翻譯，並經丁仁傑校訂。

[**]　本文題目 "No Nature, No Culture" 是致敬 Marilyn Strathern 指標性鉅作（1980），這篇文章質疑了 Sherry Ortner 將「自然對立於文化」，連結於「女性對立於男性」而延伸為「自然類比女性，文化類比男性」是具有文化普遍性的假設。

一、前言

　　隨著世界越來越多地遭受乾旱、野火、颶風和洪水等極端氣候，人們應當反思我們是如何走到了全球危機的關頭。Bruno Latour 在其大作《我們從未現代過》（*We Have Never Been Modern*（1993）中，將「自然」和「文化」這兩個現代範疇強硬劃開，描述為一個「淨化過程」（purification process），人類和非人類世界成為本體論上截然不同的領域，予人類主體能作用於惰性客體——自然——的特權，自然只被視為服務於人類利益。淨化導致了自然科學與人文科學在方法論上的學科分離，以及在情感、倫理、能動性和政治上與自然科學的徹底分離。下面，我將展示中國東南沿海城市溫州的當代佛教文化，如何可能在很大程度上避開這種自然—文化的二元對立，並展示出宗教環保主義的力量。

　　前現代社會把非人的世界化（enchanted），人、自然和超自然生物三者彼此作用，相互轉化，而情感和倫理則滲透於當中所有領域。然而，經歷歐洲的殖民化，世界上包括中國在內的眾多文化，被迫採取現代式激進的自然—文化分離以因應殖民主義，並跟上西方現代性的步伐。

　　Lynn Whyte 已指出早期基督教如何通過消滅「異教徒」的那些保護樹木、神聖動物和其他自然形態不被人類砍伐或掠奪的自然精靈，而鋪墊了當代的生態危機（1967）。Webb Keane（2007）追蹤了新教向 19 世紀印尼傳播過程中，此淨化過程的更迭。荷蘭喀爾文傳教士特別關注於土著「不恰當的賦與非人類主體能動性」，如祖先和精靈，包括自然精靈（Keane, 2007:179）。只有上帝和獨立的個人能動性才可能擁有內在和意志；而土著的「物崇拜」、圖像或雕刻神像，則沒有能動性可言。沒有了天主教聖徒和自然精靈的活躍，新教在人類和唯一真神之間劃出了更尖銳的分歧。隨著科學革命，這種分歧成為自然和文化之間的現代對立。當這種分歧被引入十九、二十世紀的中國，並受到國家世俗化推動，中國人也失去了成為神、女神和祖先的能力，而佛教僧人與居士失去了成菩薩、成佛的能力，也不能投

胎為動物或餓鬼。中國的薩滿不再變身作神靈或祖先，山川星辰不再為神。無畏的新世界將自然、文化和神性間徹底分離，且不允許「混雜」或越界。

隨著現代科學的崛起，自然—文化對立與新的機械牛頓宇宙一起被發明出來，此將時間和空間簡化為一個可被預測的自然法則的數學系統，這個系統還沒有與倫理或宗教思想分離。於此，一個無生命的，無知覺的，了無生氣的自然出現，伴隨著一種文化，即抬高人類意識和駕凌自然之上的文化（Merchant, 1992:46）。自然和文化的分歧對現代科學和技術的發展極為有益。人類不再是自然力的一部份，自然被除魅化（disenchantment）之後，意味著自然成為了人的知識、操縱和控制的對象。發達工業社會的中產階級在生活水準與壽命上得到益處。然而，這種分歧性的本體論造成在這個人類世時代，人類行為導致了全球氣候變化、物種滅絕以及土地、河流和海洋的枯竭和污染。

2015-2019年我最後一次造訪溫州時，我發現全球氣候變化仍然不是一般人談論的重要話題，儘管一些人已經注意到颱風的強度增加。正如一位當地朋友所說，「那些冰川融化和森林大火的報導離我們的日常生活非常遙遠。大多數人只想確保他們收入穩定，孩子們在學校拿到好成績。」讓人們認識到氣候變化並呼籲社會變革的問題，在美國與中國很不相同。在美國，媒體大肆報導氣候事件與焦慮，然而部份右派人士和政治家仍然否認氣候變化，抗拒生活方式被改變。在中國，官方媒體確實對國內和全球氣候事件進行報導，但注意避免危言聳聽，因為必須避免引發大規模集體焦慮和要求政府採取行動的社會運動。與美國不同，在中國，幾乎沒有人否認科學的權威性。然而，國家必須以追求其經濟發展為最優先，它領導人民，於是人民不應該自己做決定。因此，我接下來對佛教實踐的環境潛力的討論，並非基於當地人民自覺，或明確地將佛教教義、禮拜儀式或對改善氣候變化的實踐聯繫起來，而是一個局外人對這個社會的觀察。

接下來，我將集中於討論中國佛教經典與實踐所提供的一種能避免自然—文化對立的本體論。我要呈現三個面向來展示其如何方成就一種新的宗

教環保主義在中國和其他地方：（一）素食主義和佛教的不殺生；（二）佛教中眾生平等以及他們共有的「佛性」；（三）佛教關於輪迴（轉世）和親屬的觀念。在中國佛教，眾生（有情生物）泛指動物、昆蟲、爬蟲動物、人類、神靈與餓鬼，但不包括植物，所以人們可以食之而無疚。

二、素食主義：禁戒殺生

　　1993 年，當我在溫州的一個農村作田野時，在某個凌晨 4 點 30 分，被一陣可怕又痛苦的尖叫聲粗暴地吵醒。我把頭伸出窗外，看到樓下的農人鄰居，當著另一頭豬面前宰了一頭豬。令人毛骨悚然的嚎叫持續了 35 分鐘，當騷動終於停止後，農人在桶子裡清洗豬腸。豬的痛苦讓我感同身受，使我難以忍受再吃肉。霎時間，我再也無法忍受吃豬肉，這是中國最受歡迎的肉類。我到廚房跟廚師說我是素食者（吃素的人），只吃蔬菜和豆腐。他勉強同意為我準備素菜。接下來的幾週，肉或蛋仍不斷出現在我的餐盤中——蝦米、豬肉末——我不得不一再提醒他我是素食者。[1]直到快要離開，我忽地心裡一沉，原來我一直隱約覺得奇怪的口感，不是別的，而是他用豬油來炒蔬菜！回到上世紀 90 年代，廚師還不理解（或接受）素食主義。毛時代之後，人們對於佛教素食主義生出了一種文化性的遺忘。那些還記得 1959-1961 年可怕飢荒的人們遭遇過無肉可吃，他們無法理解為什麼到了繁榮之後居然有人只吃蔬菜。然而，進入新的千年，素食主義便突然在溫州和中國復興了。

　　1990 年代初，擺脫貧困的溫州人開始沉迷於肉類和海鮮。當時他們吃的肉仍然是當地的，家畜和家禽通常在個人家戶小院裡飼養及屠宰。這意味著溫州農村的肉品生產和消費還是小規模的，取決於當地的家庭資源和地方

---

[1] 完整說明：雖然我通常吃素，但我不是很嚴格遵守素食主義，仍然吃肉類和海鮮。不過，由於目睹溫州農村殺豬的慘痛經歷，我目前已很少吃豬肉。

市場的供應。如今，世界上大部份肉品都是在工廠化農場裡生產，在那裡，牛、豬和雞被密集地關在籠子裡，一生中幾乎沒有足夠的活動空間，餵食玉米（或其他牲畜的內臟）代替牧草或其他食物，這才是它們的自然飲食，並被注射激素和抗生素。2013 年，美國工廠化養殖的殘酷制度被引進了中國，當時中國企業雙匯國際（Shuanghui International）以 47 億美元的價格收購了全球最大的活豬生產商和豬肉包裝商：美國巨頭史密斯菲爾德（Smithfield）公司（Thomas, 2013）。而今，中國的肉品消費飆升。在 2013 年中國的肉品消費量在世界排名第 15 位，每年人均消費 107 磅（48 公斤）肉類（匿名，2017）。到了 2020 年，中國人均消費 60.6 公斤肉類，增幅巨大，但仍低於美國人的平均 124 公斤。[2]佛教在中國的復興為減少肉品消費和制止虐待動物帶來了一些希望。

隨著肉品生產與消費的增長，嚴重的環境問題浮現出來。這個星球上有 190 億隻雞、15 億頭牛、10 億頭豬和 10 億隻羊，消耗掉大片土地和大量的水；世界畜牧業產生的人類溫室氣體排放佔了總量的 15%，此約與交通運輸的排放量相當（Reubold, 2015）。牲畜打嗝會釋放甲烷和一氧化二氮，這些溫室氣體的作用是二氧化碳的 25 及 300 倍（匿名，2017b）。全世界日益增長的肉品消費導致了森林砍伐、水污染、氣候變化和生物多樣性減少。它還加劇了國際間的貧富差距，因為飼養牲畜的穀物可以直接紓解貧窮國家的飢餓問題。

2012 年 1 月在龍岡鎮，我的一位佛教朋友崔居士對於素食主義給了如下回答：

> 素食主義明顯增加了。有更多的佛教徒開始經營素食餐廳。媒體對食安問題肉品的報導對此有很大的推波助瀾。人們聽說了給豬使用生長激素、讓雞長出六隻翅膀，或使小雞幾天內就快速生長。人們擔心他

---

[2] https://en.wikipedia.org/wiki/List_of_countries_by_meat_consumption （擷取日期 2023/08/17）

們吃進去的肉可能是老鼠肉,那麼為什麼不就吃蔬菜還更安全呢?這對綠色環保也有好處。

崔接著説,像他這樣的佛教徒相信,所有的生命形式,無論是人與否,在佛陀面前都是平等的,都值得活下去。他和他的妻子只在特殊場合會吃一點肉或魚。當朋友們給他的家人餽贈海鮮,他們會將這些生物直接放生回大海。他們嚴格遵守的一個原則是,自己永遠不會親自宰殺生物。他聽説過極少數在深山裡隱居的僧人,他們對飲食非常嚴格,只願吃無生命的莖葉。

佛教的五戒,首先是禁止殺生。在古代的《大般涅槃經》（*Nirvana Sutra*）（2014:101）中,迦葉菩薩問佛陀:「為什麼如來不讓我們吃肉?」佛陀答曰:「食肉者會抹煞自己心中慈悲的種子」,[3]慈悲是一個關鍵的美德,所有佛教徒都被要求對所有有情眾生,包括昆蟲、動物和其他人類,感受且展現之。在公元前四世紀的大乘佛教經典《楞嚴經》中寫道:

> 若是……每個人無論出於任何原因不吃肉,就不會有生命的破壞者……在大多數情況下,網羅與陷阱是為那些為了對肉味的渴望而失去理智的人所準備的。也因此,許多無辜的受害者遭到毀滅——例如在空中、陸地和水中活動的鳥。甚至還有一些……鐵石心腸、習慣殘忍的人,如此缺乏慈悲心,時不時地把眾生視為食物和毀滅,心中沒有任何慈悲心。(《楞嚴經》,2014:217)

其他佛經裡,食肉也被描述為令人厭惡的,會讓食肉者散發出可怕的惡臭,嚇跑眾生,並且沒有任何基本的同情心。今日,在中國、日本、韓國的東亞佛教徒基本上都堅持純素飲食。而西藏、蒙古、斯里蘭卡、孟加拉等

---

[3] 譯案:此處應指「夫食肉者,斷大慈種。」出自《大般涅槃經‧卷第四‧如來性品》。

地的佛教徒則會吃肉。

（一）大紅棗素食餐廳

　　我 2016 年和 2019 年訪問溫州時，發現幾乎每個溫州城鎮或村莊都有至少一家自營的平價素食餐廳。我在 2018 年 12 月訪問江西省南昌市時，也發現到類似的平價素食餐廳趨勢。它們通常採取自助餐的形式，提供豐富多樣的家庭式素菜。我在溫州去過的大多數素食餐館都是由在家佛教徒經營的，並且還會免費發送佛經。

　　我造訪塘下鎮的大紅棗素食餐廳是在 2019 年 10 月。這家餐廳提供精緻的素食點心，薄薄的麵皮裡包著各式綠葉蔬菜，將南瓜、竹筍、黑白木耳以及海菜加以炒、炙、蒸或烤的菜餚。還有多種菇類和豆類的菜品，及各式各樣的炒飯麵條，還有用香蕉葉包起來蒸的糯米卷。店裡提供好幾種湯，其中甚至有南瓜濃湯。董家老闆說他們這麼多菜品的構思主要來自臺灣素食傳統。溫州鄰近臺灣，海峽兩岸的經濟、文化、宗教交流頻繁。他們的食物實在太好吃，我都想邀請老闆來聖塔巴巴拉開餐廳了！

　　老闆董氏夫妻是一對中年夫婦，他們第一次開餐廳是在 2011 年，與兩個家庭一起合作。最開始的五年他們經營慘澹，這讓另兩家退出了。董家堅持下來，靠著包辦所有烹調及清潔工作。在最後的三年，他們透過孩子的勞動開始有了微薄的利潤，拿回一些最初的投資。現在，他們現在雇用了 15 名員工，其中包括一位聘自上海的專業廚師，他拿最高薪每年 10 萬元（14,285 美元），在一個農村小鎮上這是很了不得的薪水。他們還有幾位佛教志工來幫忙。

　　董家夫婦都生長在佛教家庭，但直到他們參加了溫州市政府舉辦為期三天的中國傳統文化課程後，他們才開始理解佛教教義。該講座吸引了 7,000 人參加，由知名的前央視節目主持人陳大惠主講，他辭去工作在全國各地推行免費的中國傳統文化公益講座。他特別重視清代儒家的童蒙文本

《弟子規》。他講述了中國傳統文化如何告誡人們不要殺生、善待動物並保護環境。董太太說：「他的講座讓我想起了在家裡和寺廟裡零星接受到的佛教教義。我了解到佛教所說的不是外求，要向內求。」她便開始意識到，佛教真正教導的是要向內深深挖掘自己的心靈，找到並釋放出隱藏的平靜，和關懷眾生的慈悲。

大紅棗餐廳的經營方式其實更像是一家慈善機構，而非營利企業。這裡每人只需花費 20 元（3 美元）即可享用無限量素食自助餐，每天有多達 5～60 種不同的菜餚可選擇。如此低廉的價格僅僅才多於成本，在某些方面我們可以說這簡直就是慈善機構。餐廳還為出家人以及當地的窮人、有需要的人提供免費餐食。每天午晚餐後，工作人員會將餐盤中剩餘的食物收集起來，分別放進小餐盒中包好，放到前門戶外的冰箱中。需要食物的人，例如貧窮的三輪車司機、街道清潔工、保全人員和「懶惰的酒鬼」都可以來享用免費食物。還有一項創舉是生日特別活動，當日壽星可以特意選擇去招待客人的餐費。這些客人可以是親朋好友，也可以是當天剛好光顧的陌生人。生日活動有助於鼓勵更多人嘗試素食，如此拯救了更多在特殊日子被宰殺及食用的動物。還曾有人為擠入餐廳的多達 700 位客人買單，共支付了 14,000 元（2,000 美元）。

2011～2012 年他們首次經營餐廳時，很難吸引到客人。一般認為素食寡淡無味，只有虔誠信佛的老農婦才吃。直到一次，一位男客人問董太太：「我在這裡吃飯，別人會看不起我嗎？」她反應很快：「你難道不知道現在素食餐廳吸引開賓士、寶馬的有錢老闆和『有文化的人』來吃素嗎？」這似乎讓他既安心又困惑。他好奇明明有錢人可以吃進口牛肉、異國龍蝦和螃蟹等奢華料理，卻來吃素。「當然，」董太太向我承認，「我們只是小鎮上的小餐廳。不是那種大城市裡為了『高端人士』開的豪華餐館，端上那種碩大餐盤上精心妝點的一小搓食物！不行，在這裡人們可是要吃飽的。」令董家感到高興的是，近年來，更多年輕人開始喜歡他們的餐廳。2019 年該餐廳也受惠於非洲豬瘟，疫情在中國蔓延，此導致病豬被大量撲殺，生豬肉價格

翻倍至每斤 40 多元（約每磅 6 美元）。

三、憐憫動物的做法

（一）「放生」儀式

隨著佛教的復興，溫州見證了古代佛教「放生」儀式的復興。被捕獲的野生動物，如魚類和鳥類，在當地市場上被善心人士購買，然後在特殊的儀式中被釋放。Joanna Handlin Smith（1999）展示了中國佛教徒放生動物的做法，至少可以追溯到《梵網經》的西元前五世紀。到了帝國晚期（15-19 世紀），這種做法在士紳間相當流行，放生儀式的重點在建立對這些動物痛苦的認同和同情。到了今日，這種做法在毛澤東時代 30 年後又重新興起（楊，DR 2015）。

2009 年，溫州仙岩寺累計了 12 萬元捐款來舉行定期的「放生」活動。寺方丈弘光（Hongguang）告訴我，幾乎每隔一天就有信徒帶著活魚來到他的寺院，將它們放入寺院的大型「放生池」中。放生的人實在太多了，池塘裡經常魚滿為患，魚兒跳出水面，僧人便得經常給魚做向外放生的儀式，並清理池塘。每月 18 日，寺廟還會舉行誦經法會，以弘揚眾生福祉。

住持弘光還說到，他從 2006 年起帶領當地居民到鄉下放生野鳥。在鄉下，有許多白鷺被困在灌溉溝渠或柵欄裡。當地農民捕捉牠們賣到市場上去，商人把牠們賣給想要品嘗野味的食客。每年，方丈與信眾們能拯救 200-300 隻白鷺，讓牠們回歸山野。野外「放生」變得流行起來，甚至是許多非教徒也開始參加。一位三十多歲的女性與我分享，她並不是佛教徒，僅僅是喜歡來鄉下旅遊，並對能幫助動物感覺良好。

2019 年 10 月，我在仙岩寺參加了一場歷時半小時的「放生」儀式。在院外寺前的放生池，大約二十名來自附近尼庵的僧尼主持這場儀式，還有幾位居士志工幫忙。五個裝滿魚的金屬大盆和桶子被抬出來，放在一排排僧尼

中間的地上。其中有幾條魚看著快要不行了，浮上來開始翻白肚時，兩位僧人趕緊拿出小空氣幫浦給每個盆子打氣。這似乎喚醒了奄奄一息的魚。

領頭的法師帶領奉誦小冊頁《放生儀規》（2011）。儀式的第一個部份「灑淨壇域」，是其中最長的部份。僧眾們齊聲奉誦《淨水頌》。他們三稱觀世音菩薩以禮請祂降臨。主持僧人拿著水桶對魚祝福。然後很快地誦唸七遍大悲心陀羅尼咒，這是僧尼們都相當嫻熟的。接著念一段《心經》，再複述了三次「往生咒（Embracing a New Life）」。這是淨土宗流行的陀羅尼。第二步驟為「啟請」，即迎請佛陀。第三部份名為「奉請虛空遍法界十方常住寶（Buddhist Masters Amidst the Clouds）」，主持僧人囑咐大家要學習佛陀的榜樣，慈悲救度水、陸、空眾生，懺悔自己的罪。第四個部份則是「懺悔」，眾人在主持僧人帶領下奉誦懺文。

第五段「持陀羅尼」，即持誦譯成漢字的梵文。第六段稱為「皈依三寶 The Transmittal of "Seeking Refuge"（in the Three Treasures）」，講述如何成為虔誠的在家信眾。此處，參加者應在觀音像前想著所有家庭成員，讓她可以保護他們。第七部份為「發願」，大家發誓願要斷絕世間痛苦的糾葛，接受佛法，幫助一切眾生得到更美好的生活。第八部份是歌頌如來。第九部份「放生」是此儀式的核心。誦文號召大家幫助成千上萬的眾生脫離苦難，這樣他們就不再被其他生物吞噬。誦文告誡人們應將其他生物視為與自己同等。誦文還呼籲這些被釋放的生物在三寶中尋求庇護、遵守禁令，並善自修行，以獲得更好的生活。第十節名為「四生（胎、卵、濕、化四種生命形式）唱讚 Ode to the Four Forms of Life」，號召那些在海裡游、在天上飛、被籠網囚禁的眾生，跟隨佛陀進入西方極樂世界。第十一節稱喚諸佛名號，特別是阿彌陀佛、觀世音菩薩的聖號要各稱 108 遍。最後，第十二也是最後一個步驟，唱頌「放生」如何累積功德，使一切眾生走向無量光佛。最後，兩名和尚將每一盆魚抬起來倒入寺池中。隨後，寺院管理人員交給一位居士一疊 50 元鈔票，她轉而給每位參加儀式的僧尼各發一張。

然而，當地人在這一方面的行動頗有思慮不周之處。有時，被放生的魚或鳥無法存活，因為人們只是在方便的地方隨意放生，而不去了解當地的生態、地理和氣候，去確保被放生動物的生存。有時，海魚類被放到湖泊或河流中，或是山鳥被放生到平原上。一位報社記者兼攝影師說到，他所屬的地方報紙經常刊登報導，講述一群佛教徒如何不負責任地將具破壞性的外來物種引入當地的水庫和湖泊，導致在地物種的枯竭（Wei, 2021）。這些關於破壞性放生行為的報導使得媒體將這些佛教徒斥為「無知」或「迷信」。然而，我可以預見到未來佛教徒將與科學家和生態學家合作，促進生物多樣性、可持續性和物種保護。佛教認為動物有感情，會記得被囚禁帶來的痛苦；佛教教導我們必須同情動物的痛苦，這對人類行為的影響遠大於平鋪直敘的科學語言。

（二）動物影片

「放生」儀式一個有益的成果是，為人們提供了一個機會來近距離接觸他們所放生的動物或魚類，與它們進行交流，並展現出對非人物種的同情心。我曾問過一位農婦參加這個儀式時有什麼感受。她回答說：「魚也是有靈性的！我常看到被放生的魚轉過頭來看我們，扭動身體擺擺尾巴，然後才游向自由。」

事實上，在中國流行的社群媒體微信（WeChat）裡的一些溫州佛教居士小組，我就觀看了許多佛教對人與動物關係的宣傳影片。這些動物影片扣連著佛教倫理，通常是在「放生」儀式期間有關人與動物的互動。在一段影片中，人們聚集在水庫一隅，接著將魚放入水庫。突然，背景傳來一個旁觀者的聲音：「大家看！這些魚居然躍出水面。你看牠們多麼感激！」果然，鏡頭沿著水面拍，許多魚躍出水面，水簡直像被魚沸騰了。旁觀者將魚的這種行為解釋為對給予牠們自由者的感謝，接著，就聽到奉誦《大悲咒》的聲音，這是讚頌觀世音菩薩慈悲的經文。

一位當地婦女透過手機給我分享了一段微信短片，從口音聽起來這是在中國北方的「放生」儀式上。影片中人們將大約二十隻活海龜放進水庫。其中一隻烏龜頑強地抗拒被推入水中。他轉身面向眾人，後腿直挺脖子伸長，全身反覆擺動和鞠躬。群眾興奮地發出「哦」和「啊」的聲音。一名婦女喊道：「看看牠，牠在給我們磕頭！多麼奇妙！」大家也感動得跪在烏龜面前，恭敬合十，連聲叨念：「感恩大慈大悲救苦救難觀世音菩薩！」一位觀者斷言：「就是如此，佛陀教育我們一切眾生都有佛性！」眾人走向前，還有人摸摸烏龜輕聲地對牠說：「走吧，回家去吧！」

　　另有一段影片標題為「魚被烹煮前聽到了佛號，竟開口說話！」在微信頁面上，螢幕前的是一條側躺的魚，頭部和睜著的眼睛佔了全景，它的頭部在鏡頭前大大地扭曲。從魚側面的傷口可以看出，牠已經被清理乾淨，內臟也被切除，但牠仍然活著且在呼吸。牠正等待廚師把牠丟進熱油鍋裡煎。鏡頭外，可以聽到一名女性佛教徒正在進行佛教的最後儀式。她反覆念著阿彌陀佛，說：「魚兒啊，跟著我一起呼喊阿彌陀佛吧！告訴大家以後不要殺生，要減少殺魚。讓大家都感受你的痛苦吧！」畫面中，這隻令人觀而生懼的魚，嘴不斷地張合，眼睛睜得大大的。字幕將這種嘴部運動解釋為魚對人聲音的反應，當牠忍受並展現出在人類折磨者手中遭受痛苦時，嘴裡發出「阿彌陀佛」的聲音。螢幕上寫著：「願所有看到魚受苦的人，發誓永遠不再吃受苦眾生的肉，為過去所吃的肉懺悔！萬物皆有靈！」

　　另有一條給我的手機短片，街邊一張桌子上擺著新鮮屠宰的生肉，一頭黃牛站旁邊，被拴在電線桿上。那頭牛的行為很奇怪，面向著血淋淋的桌子，時而抬頭時而低頭。影片的標題是「牛是很有靈性的動物」。我的佛教徒微信群裡，他們都表示深深感受到了牛的痛苦和恐懼。其中一個人寫到：「多麼悲傷不幸的牛啊，祈求人類不要殺牠！我希望牠的主人不要殺牠，殺是罪孽。我希望世界上的人們愛護老牛、保護老牛。」另一位寫道：「各位親朋好友：請不要再吃羊肉及牛肉了！看看牠們，我們怎麼捨得吃牠們呢？{後接三個哭臉言文字}

放生儀式是在護生。讚頌大慈大悲觀世音菩薩！我寫這篇文章時滿懷著悲傷和憤怒的淚水。」另一位群組成員寫道：「沒有買賣，就沒有殺戮和傷害！如果人類能夠不吃肉，那麼就不會再有動物被虐待和傷害了！」還有一則評論呼應了這一點：「那頭老牛這一生就吃草、辛苦工作，結果被主人宰了。這實在是太殘忍太沒良心了。殺掉這頭悲傷的牛實在是非常糟糕。我不再吃牛肉或羊肉了。」

這些短片包含了越來越多的佛教倫理教育的珍貴片刻，藉由像微信這樣的新科技來實現。在毛澤東時代佛教教義沉寂之後，中國各地的人們現在越來越多地開始與其他眾生交流，並用佛教情感的術語來解釋動物的行為。

（三）動物保護與收容所

2009 年，弘光住持在仙岩寺成立了一個由當地居民志願者組成的環保團體。寺廟組織外出旅遊，在寺廟的後山新植樹木。寺廟下的僧尼開始參加諸如亞洲動物基金會和綠眼野生動物保護協會等非營利組織的會議。2010 年，仙岩寺為溫州市的流浪狗收容所捐款 2 萬元。他還幫助市政官員建立了一個狗籍登記系統，以控制街頭流浪狗的數量，並處罰遺棄狗的主人。2012 年 1 月我掛單在仙岩寺時，弘光住持向我介紹了他的二十多隻狗。牠們都是撿來的流浪狗，住持便在寺廟的院子裡開了一個犬隻收容所。不用說，這些狗都是吃素的，因為牠們吃的是寺裡素食廚房的廚餘。每年冬天，住持都要加強安全措施來保護他的狗。他說在寒冷的冬天裡，農民工很容易翻越寺廟的圍牆來偷狗吃。在中國的民間信仰中，狗肉是一種「熱」屬性的食物，冬天吃狗肉可溫暖身體，對健康有益。

弘光方丈還跟我說了他與浙江省的佛教徒和動物愛好者們，在微博上對金華市及附近城市發起的網路大戰。2011 年 11 月，金華市政府宣布該市

將籌辦大型狗肉節，預計將宰殺千隻的流浪狗。大家都知道，無良狗肉販子才不管是流浪狗或偷來的家犬，將牠們關牢在籠子裡並且傷害牠們。省內各地的愛狗人士和佛教徒用反狗肉節訊息轟炸該市官網，並揚言如果不取消狗肉節，將大規模抵制該市。在如此公眾壓力與負面宣傳下，金華市官員最終取消了這個活動。由此，反虐待動物獲得了重大勝利，其中佛教徒的努力非常重要。然而，全國更為聞名（並且還是名聞全球）的廣西玉林狗肉節仍未讓步。當然，中國人自古以來就吃狗肉，到頭來，宰殺狗或牛、豬作為食物沒有什麼差別。無論如何，停止虐待狗是宣揚善待動物的重要開始。

溫州城裡許多中產階級家庭都加入了首次養寵物的行列。許多城市居民原先就是來自農村的第一代移入者，他們的童年就有與作為馱獸或食物的農場動物互動的經驗。擁有寵物的新奇經驗給了他們一種新的與動物互動方式：和牠們一起玩、裝扮牠們、在街區散步時展示給其他人看。與此同時，作為第一代的寵物主人，一些人並不堅定地為他們的狗付出，以致當他們搬家或經濟困難時便容易遺棄牠們。使得被遺棄的貓狗在城鎮的街上遊盪。我發現許多救助動物的愛心志工有著佛教背景。

2018 年，我參觀了一家新開幕的動物收容所兼商業寵物醫院，名為「一粒米陽光寵物醫院」。一家佛寺默默捐贈了 25 萬元人民幣（34,295 美元）來幫助這家診所營運。由於開設非政府組織或宗教背景的機構很難獲得許可，這家慈善診所不得不偽裝成營利性的獸醫診所！他們在一面牆上留下如下宣言：

> 人與動物的關係，不僅關係到動物的生存和延續，也關係到人類社會的生存和延續。當珍貴的動物被捕獵並做成美味菜餚，當一張又一張照片揭露熊被生取膽汁時的痛苦，貓被殘酷虐待、狗被惡毒毆打，我們必須反省人與動物之間的關係，以及與人性和自然之間的關係。人對動物的態度和對待方式，本質上也是這個人對待弱者的態度。無論是暴力還是文明，都是不同的風氣，滲透和擴散到社會的每一個角落

和縫隙中,滲透到每一片草地或每一棵樹,甚至滲透到每一顆細胞。事實上,我們每一個生物都在同一條船上。善待其他動物也是善待我們人類。讓我們的心不追逐瘋狂的傲慢,而是取得平靜與穩定。

四、輪迴中的親屬倫理與因果報應

佛教禁止殺害動物的戒律,與它關於輪迴的說法和業力的教義有關,業力是宇宙中從一個世代延伸到未來世代的因果法則。人這一生的行為和道德操守決定了他所累積的業力,進而決定了他來世的生命形式。在佛教的觀念裡,眾生都在經歷出生、生活、苦痛、死亡和重生的反覆循環。死亡後,靈魂將轉世為另一種有情眾生。此根據業力的累積,一個人可能轉生為更高或低等之生命,進入「六道輪迴」之一:

天道、阿修羅道、人道、畜生道、餓鬼道、地獄道

佛教教義在理解此六道生命形式時,並沒有逃避等級的意識,神的道路被認為是最高和最為嚮往的重生形式,僅稍低於得到開悟的佛及菩薩,而至於地獄道則是最低下且最不為所欲的形式,是對惡業可怖又永恆的懲罰。人道高於畜生道,佛教徒害怕投胎為動物,成為人類主人殘忍對待的對象。

儘管有這個階序邏輯,在歷史上,公元前六世紀釋迦牟尼佛教教義的出現,代表了與印度教種姓制度或瓦爾納 varna 更嚴格的等級制度的尖銳決裂,在該制度下,不同職業種姓的人不能通婚,甚至不能相互接觸。與印度教相比,佛教是相對平等的,這種平等跨越了人和非人的界限。在《大般涅槃經》中,迦葉菩薩曾叩問佛陀:

爾時,迦葉菩薩復白佛言:「世尊!菩薩摩訶薩等視眾生同於子想,

是義深隱,我未能解。世尊!如來不應說言:『菩薩於諸眾生修平等心,同於子想。』所以者何?於佛法中有破戒者、作逆罪者、毀正法者,云何當於如是等人同子想耶?」佛告迦葉:「如是如是,我於眾生實作子想如羅睺羅。」(《大般涅槃經‧卷三‧長壽品第四》,《大般涅槃經》2014: 77)

此處,佛陀表達了一個佛教的基本戒律:一切眾生平等,對待一切眾生都應如對自己的獨子羅睺羅。如此,佛陀告訴迦葉,真正的佛教徒會慈悲地對待一切眾生,就如同對待自己的親人。

佛教輪迴和因果報應之說能夠同時增進 Arne Naess 在他的《深層生態學(deep ecology)》(1989)中所說(與非人世界之間)的「認同」,以及不同人生道路之間的相互聯繫和同情。2012 年 1 月,仙岩寺的兩位常住尼師向我展示了這一點,她向我講述了這個佛教故事:

一個男孩習慣無情地打他的驢子。某次一頓笞打之後,驢子晚上託夢給他,對他說:「我是你的母親。我死後投生成了一頭驢,以償還從你父親那裡偷走了 400 枚金幣的罪過。請不要打我,這讓我更痛苦。」醒來後,男孩為此深感羞愧。於是當場就悟道了!

大多數的溫州人都有根深蒂固的孝道意識,一個男孩無意中笞打自己母親的故事,能讓人們擺脫對待其他生命的習慣性冷漠。沒有人知道我們虐待的動物是否是我們死去的親人,因為我們都是相互聯繫的,可能在不同的生命中再次相遇。對於這些比丘尼來說,這個故事說明了「佛教教導我們:有情眾生都是平等的。」她們說,我們可能作為高貴的人類在世界上睥睨一切,我們今生可能是這些馱獸的主人和領主,但根據所作所為,我們卻可能在來世淪入低下的階序。

一位比丘尼也說了個類似的佛教地方故事,關於帶有上世記憶轉生為

另一物種間的親屬聯繫：

> 早在唐朝（或者是清朝？）一位老和尚回家省親。剛巧遇到他的親戚正在舉行熱鬧的婚禮。他在廚房的鍋子裡看到了正在燉煮的大塊羊肉和狗肉。他非難地哼唱著：「娑婆苦！娑婆苦！孫兒娶祖母，六親鍋裡煮！（哎呀，人生太苦了太苦了！孫子要娶祖母，還把親人投在鍋子裡煮！）」和尚為什麼這麼說呢？意思是說親人死後又再投胎，人們卻永遠不知道吃肉的時候，是不是正吃下了我們的「六親眷屬」！

這個故事傳達了兩種可怕的焦慮：1.代際亂倫的恐怖，孫子在不知情的情況下娶了自己的祖母；2.吃自己的親人的恐怖，轉世為羊和狗後，淪為盤中飧被同類相食。雖然這個故事顯然是對肉食的中傷，但它也宣揚了這樣一種觀點：其他動物實際上與我們有親緣關係，儘管跨越了生與死的界域。在這裡，亂倫禁忌的引用加強了我們與其他生物間的親緣關係。

在「放生」儀式的科本中，有一個段落舉出了施行此儀式的諸種理由。其中第十三項即稱「放生就是救親」，其文如下：

> 每一個眾生在生老病死的無始的輪迴中，都曾與我們互為父母、子女、手足、親眷，只因彼此業緣不同，今朝我幸而為人，彼不幸淪為畜生，放生就是救拔我們累世以來的親友眷屬，使其重拾生機，安享天年！（匿名，2011:27）

這段話提醒著讀者，雖然我們可能對周圍的動物感到遙遠和缺乏同理心，但我們應該停下來反思這種冷漠，畢竟我們在生活中遇到的任何動物，都可能是我們已離世的親人，現在轉世成了一隻在我們周遭的動物。故此，我們應把親屬倫理的觀念擴展到對其他生命。這本儀式手冊中表達的情感與一段來自古代佛教的文字產生了深刻的共鳴。《楞伽經》中一個重要段落清

楚地表明，我在當代中國溫州小鎮的底層收集到的這些不同轉世、不同生命的血緣故事，源於悠久的佛教歷史：

> 爾時佛告大慧菩薩摩訶薩言……菩薩於中當生悲愍，不應噉食，……一切眾生從無始來，在生死中輪迴不息，靡不曾作父母兄弟男女眷屬，乃至朋友親愛侍使，易生而受鳥獸等身，云何於中取之而食？大慧！菩薩摩訶薩觀諸眾生同於己身，念肉皆從有命中來，云何而食？大慧！諸羅剎等聞我此說尚應斷肉，況樂法人。大慧！菩薩摩訶薩在在生處，觀諸眾生皆是親屬，乃至慈念如一子想，是故不應食一切肉。（《大乘入楞伽經・斷食肉品・第八》，《楞伽經》，2014:212）

佛教對輪迴的看法相當於一種生死觀，生命跨越多個世代又進入另一個生命形式的巨大循環，直到這個人可以通過自我修養和開悟打破這個迴圈。

五、結論

Donna Haraway 在她的著作《與麻煩同在：在克蘇魯世建立親屬關係（*Staying with the Trouble: Making Kin in the Chthulucene*）》（2016）中呼籲我們身為人類當「建立親屬關係」，或者與自然界中不同「物種 species」或「分類 kinds」之間建立親屬關係及認同。早在人類世時代之前，當佛教教義在 2500 年前出現時，佛教就已經預見了 Haraway 關於將親屬倫理擴展到一切眾生的呼籲。然而，Haraway 似乎在縱向追溯上下代的線性血統和家譜方面，對親屬關係提出質疑，只想促進現時人口之間彼此的橫向親屬關係。用她的話來說，她只認為人類世跨物種的親緣關係是「不同

於／不僅僅是由血統或家譜聯繫在一起的實體」，並且更喜歡「援引沒有出生關係的親戚」（2016）。我在上面提出的佛教親屬倫理的例子表明，中國佛教很大程度上基於出生、家譜和血統的親屬倫理。在中國佛教中，跨物種的親屬關係被認為是世代連結的鎖鏈，也是由業力或功德累積來決定靈魂輪迴的一個面向。佛教對跨物種、連結不同形式與世代的有情眾生的親緣關係，是透過其輪迴本體論的實現而建構，其中，隨著每次死亡，靈魂重生作新生命，便又成為一個親屬。

人的生命能與其他生命形式互換，此一事實表明佛教教義如何能夠將人類在宇宙中的地位相對化，並使他們即使不能與其他生物平等，也是同等的。深層生態學的「生物平等主義」教訓認為，不僅僅是人命，所有生命形式都應該享有生存與繁衍的權利，這與佛教教義完全一致。出生、生存、死亡、再生的無盡的佛教輪迴，意味著在生命形式的無盡宇宙循環中，人命並不比動物、昆蟲的生命更有價值或更恆久。因此，我們作為人去主宰其他物種的時間不過暫時，僅此一生，只在我們再生為另一個物種之前。因此，我們應該尊重並同情地對待所有生命，它們可能就是我們曾經認識深愛過某人的化身。這種佛教跨越世代的邏輯打破了自然——文化的對立。希望我已充分展示當代在世的中國佛教中，我們擁有另一種自然政治的潛力，可以幫助我們解決人類世的一些問題。

參考書目

Abram, David
  2011   Becoming Animal: an Earthly Cosmology (New York : Vintage).
Anonymous
  2017a 'Top Meat Consuming Countries in the World' in World Atlas (online).

　　　　　　http://www.worldatlas.com/articles/top-meat-consuming-countries-in-the-world.html(accessed Aug. 3, 2017).

2017b　'Global Meat Production and Consumption Continue to Rise' in *Worldwatch Institute*(online).
　　　　　　http://www.worldwatch.org/global-meat-production-and-consumption-continue-rise(accessed Aug. 3, 2017).

2011　《放生儀規》Ritual Guide for Releasing Life. Dragon Phoenix Chan Temple. Jilong, Guangdong Province.

Descola, Philippe
　2013　Beyond Nature and Culture. Janet Lloyd, trans. Chicago: University of Chicago Press.

Haraway, Donna J.
　2016　Staying with the Trouble: Making Kin in the Chthulucene. Durham: Duke University Press.

Keane, Webb
　2007　Christian Moderns: Freedom and Fetish in the Mission Encounter. Berkeley : University of California Press.

Latour, Bruno
　1993　We have Never Been *Modern*. Catherine Porter, trans. Cambridge: Harvard University Press.

Merchant, Carolyn
　1992　Radical Ecology. New York: Routledge.

Naess, Arne
　1989　Ecology, Community, and Lifestyle. David Rothenberg, trans. and editor. Cambridge: Cambridge University Press.

Nirvana Sutra
　2016　《大般涅槃經》（Da Ban Niepan Jing）《中華電子佛典協會》

Chinese Buddhist Electronic Text Association T12.

Reubold, Todd

    2015 These Maps Show Changes in Global Meat Consumption by 2024' in Ensia (online). https://ensia.com/articles/these-maps-show-changes-in-global-meat-consumption-by-2024-heres-why-that-matters/(accessed Aug. 3, 2017).

Smith, Joanna Handlin

    1999 'Liberating Animals in Ming-Qing China: Buddhist Inspiration and Elite Imagination' in Journal of Asian Studies, vol. 58, no. 1, May, pp. 51-84.

Strathern, Marilyn

    1980 'No Nature, No Culture: the Hagen Case' in Nature, Culture and Gender. edited by Carol MacCormack and Marilyn Strathern. Cambridge: Cambridge University Press, 174-222.

Suzuki, Daisetz Teitaro trans

    2000 Lankavatara Sutra. The Kegan Paul Library of Religion and Mysticism, vol. 1. London: Kegan Paul International.

Thomas, Denny

    2013 'Chinese Packer to Buy U.S. Pork Giant Smithfield' in Alberta Farmer (online). https://www.albertafarmexpress.ca/daily/chinese-packer-to-buy-us-pork-giant-smithfield(accessed Aug. 3, 2017).

United Nations Environment Program

    2021 'Methane Emissions are Driving Climate Change' Aug. 20. https://www.unep.org/news-and-stories/story/methane-emissions-are-driving-climate-change-heres-how-reduce-them(accessed Oct 30,

2023).

Wei, Dedong

   2021 'A Syncretic Innovation in Chinese Buddhism: Animal Release Rituals in New York City' in Chinese Environmental Ethics: Religions, Ontologies, and Practices. Edited by Mayfair Yang. London: Rowman and Littlefield Publishing Co., pp. 169-196.

Weitzenfeld, Adam and Joy, Melanie

   2014 'An overview of Anthropocentrism, Humanism, and Speciesism in Critical Animal Theory' in A.J. Nocella III, J. Sorenson, K. Socha, & A. Matsuka(Eds.), Defining Critical Animal Studies: An Intersectional Social Justice Approach for Liberation. New York, NY: Peter Lang Publishing, pp. 3-27.

Whyte, Lynn Townsend

   1967 'The Historical Roots of Our Ecological Crisis' in Science, no. 155. pp. 1203-1207.

Yang, Mayfair

   2021 'Introduction' in Chinese Environmental Ethics: Religions, Ontologies, and Practices. New York: Rowman & Littlefield, pp. 1-32.

   2020 Re-enchanting Modernity: Ritual Economy and Society in Wenzhou, China. Durham: Duke University Press.

   1994 Gifts, Favors, and Banquets: The Art of Relationships in China. Ithaca: Cornell University Press.

第六章　護生在臺灣：「自然的權利」能否保護一切有情眾生？*、**

倪杰（Jeffrey Nicolaisen）
玄奘大學宗教與文化學系助理教授

本章大意

在現代的人權與平等體制中，約翰·洛克（1632-1704）的影響力遠大於任何其他哲學家。洛克認為，人人平等基於上帝賦予人類的理性能力，即人類可以用理性證明上帝的存在以及上帝創造了宇宙。即使人人平等的概

---

* 本章的簡短英文版首先發表為 Jeffrey Nicolaisen 2020. Protecting Life in Taiwan：Can the Rights of Nature Protect All Sentient Beings? ISLE：Interdisciplinary Studies in Literature and Environment 27(3)：613-32 (The Association for the Study of Literature and Environment and Oxford University Press)。完整英文版本發表於楊美惠編的論文集：Jeffrey Nicolaisen 2021. Rethinking Ontology with Equality of Life. In Chinese Environmental Ethics：Religions, Ontologies, and Practices. Mayfair Yang, ed, Pp. 35-68. London：Rowman & Littlefield（版權所有／All Rights Reserved）。此處刊登的中譯版由袁筱晴女士翻譯，並獲得兩家原出版社授權。
** 我要感謝夏洛特·W·紐康比（Charlotte W. Newcombe）基金會在我撰寫本章期間提供博士論文的獎學金，也要感謝杜克全球亞洲倡議（Duke Global Asia Initiative）贊助舉辦啟發這篇論文靈感的工作坊。謝謝杜贊奇（Prasenjit Duara）、哈爾·庫默（Hal Crimmel）、奎格·考夫曼（Craig Kauffman）和瓊妮·亞當森（Joni Adamson）不吝對我於工作坊後寫出的草稿提供回饋。此外，我也要表達對 Hwansoo Kim、理查·賈菲（Richard Jaffe）、安碧卡·愛亞杜萊（Ambika Aiyadurai）和尚·萊利（Sean Riley）的感謝之意，您們給予後續版本的建議相當有幫助。然後，我要感謝楊美惠（Mayfair Yang）她充滿耐心，仔細編輯，並為英文版本反覆斟酌細節。最後，謹向譯者袁筱晴女士致上最誠摯的謝意。她辛勤付出、一絲不苟的翻譯工作，讓整篇文章更加生動、流暢、易懂，令我倍感感謝。

念在文化上根深蒂固，以至於世俗的人權倡導者很少質疑人人平等的基礎是什麼，但是，當不可剝奪的權利和人人平等的邏輯脫離基督宗教本體論的基礎時，就站不住腳了。（Waldron, 2002）。這種賦予人類獨有的神聖火花將人類與「nature」（自然）區分開來。

然而，在臺灣，「眾生平等」的概念根植於漢傳佛教本體論。釋昭慧法師（1957-）是「眾生平等」最著名的倡導者之一。對於釋昭慧來說，平等不是源於理性或神聖火花，而是源於緣起——所有生命都由因緣而生。她認為苦難是道德判斷的標準，而非理性。她所謂的「生命」，是道德關懷的主體，包括所有有情眾生，無論人類還是非人類動物，但「眾生平等」的概念也超越了個體，因為緣起是基於依存而非獨立。在這相互依存的關係中，「自然」作為一個獨立於人類生命概念的範疇是沒有立足之地的。基於這種平等的本體論基礎，她和她的支持者發起了臺灣的動物保護運動。在本文中，我將探討釋昭慧的佛教本體論如何產生一種超越人類的、不同的權利體制。

一、前言

當代的人權制度於全球政治上廣受接納。然而，如同所有的法律制度及道德標準，人權的起源與邏輯因全球各區文化及歷史的差異，而有所不同。像聯合國人權理事會（United Nations Human Rights Council）這樣的國際組織，早已把人權當作國際常規及普世價值。人權的普遍性記載在《世界人權宣言》（Universal Declaration of Human Rights）中，也因此成為規範。雖然大眾普遍接受人權的可行性，但實際上，因為人權論源於基督宗教的宇宙觀，所以不可能代表所有民族的看法，尤其是某些宇宙觀與基督宗教一神論大異其趣的民族。談到人類平等性，多數人都會聯想到哲學家約翰・洛克（John Locke, 1632-1704）。洛克主張人類的平等性來自於理

性，理性是神賦予人類的能力，因為這份能力，我們才能證明神的存在。雖然多數英語系文化已經不再直接以基督宗教的語言來表達人權觀念，但是仔細探討，若缺乏神學基礎，人人平等的基礎也無法成立。但是，不同看法的平權觀念的確存在，在本章中，我將介紹「眾生平等」的概念——此觀念認為眾生，包括人類與非人動物皆為平等，而提出這個觀念的就是臺灣佛教比丘尼——釋昭慧法師（生於 1957-至今）。

釋昭慧是臺灣最著名的佛教社運人士。1993 年，她偕同自己的追隨者、社運界夥伴以及企業領袖共同創立了關懷生命協會（Life Conservationist Association，以下簡稱 LCA）。LCA 的核心任務就是透過立法推動及教育宣導來提倡眾生平等的理念。除了社會運動，LCA 與釋昭慧也創造機會，讓提倡眾生平等的傳統佛教思想與國際學者專家在動物福祉及動物權方面交流討論，此舉為臺灣創造動物保護學術研究及辯論的環境。其中，LCA 最早的一個專案就是為彼得‧辛格 1975 年的著作《動物解放》推出中譯本。孟祥森與錢永祥翻譯的中文版《動物解放》於 1996 年出版，讓學術界及普羅大眾能接觸到這本當代公認為動物保護運動奠定基礎的著作。1994 年，也就是釋昭慧共同創辦 LCA 不久之後，她在天主教輔仁大學展開學術生涯，後來又到玄奘大學，目前她擔任該校宗教與文化學系的教授。她的學術著作重心放在發展當代佛教應用倫理學，透過其論述，讓源於歐洲的傳統哲學思維與佛教觀念產生對話。不僅如此，她與英語系世界首屈一指的動物福祉與動物權理論專家彼得‧辛格（Peter Singer）和湯姆‧雷根（Tom Regan）保持良好關係。她與辛格合著的《心靈的交會——山間對話》一書涵蓋生命倫理諸多重要議題（釋昭慧、彼得辛格，2021）。因為眾生平等的對象包含人類與非人動物，釋昭慧的學術作品及社運活動所關注的影響層面不僅含括人類，更包含非人動物，例如性別平權、同性婚姻、動物保護、反賭場合法化及反核。釋昭慧也取得此方面的國際盟友，例如世界保護動物協會（WSPA）以及國際入世佛教網絡（INEB），該組織甚至邀請她與達賴喇嘛、一行禪師以及佛使尊者之弟子瑪哈‧松載‧庫沙拉奇多

（Maha Somchai Kusalacitto）比丘共同擔任精神導師。由於釋昭慧結合國際政治參與，並與歐洲傳統對話，因此眾生平等就成了洛克提倡的人人平等之外的另一個論述，兩者得以相提並論。

釋昭慧直接比較「眾生平等」與人權，為動物權及環境權發聲，希望透過這些權力合法化，進一步實踐眾生平等的原則。她根據基本佛教原則「緣起法」來發揚眾生平等的理念。緣起法主張一切事物依因緣而生，既然這是佛教觀念中平等的基礎，權利或自然法則的概念就無法建構於上。但是，面對以權利和常情表述為基礎的法律體制，釋昭慧仍設法推動立法，讓動物及環境不僅在理論中被平等看待，實際上也受到法律保護。

我想更充分表達人人平等與眾生平等之間的差別，因此仔細研究這些關於平等的論述源頭，以及國際法律制度所傳播的權力動態。在研究過程中，我檢視創造自然法則與宗教類別的基督宗教本體論，並且質疑這些分類是否適用於漢族傳統思想。我呈現了政教分離與宗教自由如何壓抑無神論思想，並提議運用比較政治生態學理論，作為討論不同思想的方法。透過分析釋昭慧的眾生平等論，我證明國際上以洛克人權論為基礎的政策如何迫使非信仰基督宗教的文化以他們的前提為根據立法，其目的就是為了鞏固洛克體系的觀點。此外，我並討論自然的權利一類嶄新的法律觀點如何為不同形式的平等論造就新的機會。

二、人人平等的起緣：基督宗教本體論

在《創世紀》第一章，神在七天內創造了世界。第一日，祂創造了天地，第三日造了植物，第五天為海中與空中的動物，第六天則是地上的動物。當神在第六天創造人類時，祂也創造其他動物，而人在受造物中擁有特殊地位：

神就照著自己的形象造人，
乃是照著他的形象造男造女。
神就賜福給他們，又對他們說：「要生養眾多，遍滿地面，治理這地，也要管理海裏的魚、空中的鳥和地上各樣行動的活物。」

（聖經資源中心，2019：2）

So God created humankind in his image,
in the image of God he created them;
male and female he created them.
God blessed them, and God said to them, "Be fruitful and multiply, and fill the earth and subdue it; and have dominion over the fish of the sea and over the birds of the air and over every living thing that moves upon the earth."（Coogan et al., 2010：12-13）.

　　第一章就此結束，神在第七日安息。
　　《創世紀》第二章，神賜與草木及人類生命，但是方法大異其趣，神以降雨的方式，使草木生長，「神用地上的塵土造人，將生氣吹在他鼻孔裏，他就成了有靈的**活人**」（*living being*）（粗體與斜體為作者所標示）（《創世紀》第二章 7，聖經資源中心，2019：2；英譯本引用 Coogan et al., 2010：13-14）。我所引用的版本為英文本新標準修訂版——這是英語系學者最常使用的學術譯本。文中，希伯來文「nephesh hayyah」原文被譯為「living being」（活的生命），但是當神創造伊甸園時，當同樣一個詞「nephesh hayyah」描述非人動物時，就被翻譯為「living creature」（活的造物）（《創世紀》第二章，18-20，聖經資源中心，2019：2；英譯本引用 Coogan et al., 2010：14）在英王欽定版（1611），翻譯的差異更顯著「nephesh hayyah」，指人類時被譯為「living soul」（有魂的生命），非人動物則為「living creature」（活的造物）（Genesis, 2：7, 2：19; *Holy*

Bible, 2004：1）。希伯來語強調人類由塵世物質所構成，而不將人劃分為塵世的肉體和神聖的靈魂。（Coogan et al., 2010：13，註腳 7）。「nephesh hayyah」意思為「活的生物」，可指人也可指動物，這點暗示著兩者都接收到神的生氣。（Clough, 2012：第二章）。此篇論文大量引用大衛‧克勞（David Clough）對於聖經的詮釋，像他們這樣的神學學者做出許多具建設性的研究，還原非人動物在基督宗教內的地位，即便如此，中世紀及啟蒙時代的學者所倡導的本體論看法，直至今日仍然影響深遠。

根據《創世紀》的內容，我們知道生命至少有三種。第一種是神，祂和自己的造物有所不同；第二種是神所有的造物，包括動物與植物。第三種是「人」，後來還加上「女人」。追本溯源，人與其他受造物起碼有兩種差別：首先，他能主宰其他受造物，其次人是以神的形象所造的。中世紀及啟蒙運動的歐洲學者為當代科學最普遍的形式建構出理性基礎，而基督宗教指出，相較於神、人、萬物這三種區別而言，「海裏的魚」、「空中的鳥」與「野地走獸」之間的差別，或動物與植物之間的差別，都是次要的。傳統上甚至將人與其他萬物做出區別，把「其他造物」簡化為「萬物」。

在聖經中，人與神的差別不斷重複，特別是在跟耶穌相關的故事中，他是降世為人的神子。耶穌打破了人神之間的藩籬，這件事本身就是種救贖。若不是因為耶穌基督打破了這道無法穿越的界線，救贖仍然只屬於神，不屬於人。相對的，在中世紀或歐洲早期，人與動物之間的差別一向受制於神學討論。縱然有多種不同證明兩者差別的方法，其源頭的差別很少被討論，甚至早有既定看法。偉大的天主教神學家，聖師多瑪斯‧阿奎那（Thomas Aquinas, 1225-1274）借用亞里斯多德的觀念，以理性界定人與其他生命的差別，在他的基督宗教本體論中，「理性」被稱為「理性靈魂」。對阿奎那來說，非人動物為不理性的「工具」或「奴隸」（Aquinas, 2004：7-12）。無獨有偶，笛卡兒（Descartes, 1569-1650）也認為動物與機器差不多，甚至形容動物為「自動系統」（automata）。他為自己的觀察下了精簡的結論，藉由描述兩種錯誤來暗地強調三元本體論的真確性。他說

道：「繼否認神的存在這個錯誤之後，另一個我費盡唇舌反駁的荒謬假設就是野獸與人擁有相同的靈魂，這樣的錯誤會讓意志不堅的心智偏離具有美德的正道。」（17）根據阿奎那與笛卡兒的觀念，「理性靈魂」正是人與動物不同之處。動物及其他造物一樣，都是人類理性靈魂可利用的工具。

17 世紀下半葉，歐洲的基督徒認為理性的能力正是人與動物的分野，也是人人平等這個新觀念的神學基礎。當時，人權缺乏平等，歐洲普遍認為皇室成員自然優於平民百姓。在這樣的情形下，約翰・洛克（John Locke, 1632-1704）提出一個激進的概念，以「人人平等」作為人權及現代民主自由的理性基礎。法律學者傑瑞米・沃卓倫（Jeremy Waldron）認為根據洛克的著作，正是理性讓人類有資格談論平等。對洛克而言，理性的能力正是神賜予的，因為理性，我們才有辦法推論上帝的存在。換句話說，要論平等，起碼要有能力推論上帝的存在，就算我們擁有其他超越理性的才智，也不會讓我們高人一等。對神的認識足以讓我們知道世界上有一股神聖的力量，掌管著神聖法則，並給予賞罰。光是這份認知就足以使一個人的表現合乎品德[1]。

沃卓倫透過他的論述指出，上述的平等性忽略了一個明顯的例外。無神論者並不受到寬容對待。理性是神賜給人的工具，好讓人推斷神的存在，但是只要有人還無法運用理性了解這份更大的力量，他們就還沒資格得到平等對待。或許，在洛克的理論中，判斷人類是否平等的真正標準是他們是否信仰神，而非他們是否擁有理性。不論如何，人類的特權是上帝給的，因為理性是上帝賜與人類認識祂的能力[2]。

沃卓倫主張，隨著時代變遷，如今人權已經是天經地義的事，鮮少有人會去思考人人平等的基礎。洛克對於平等的主張是最強烈的，但如果我們

---

[1] 關於沃卓倫（Waldron）闡述約翰・洛克平等觀的基礎的完整論述，請參見 Waldron（2002：第三章）。
[2] 關於沃卓倫對無神論的想法，請參見 Waldron（2002：第八章）。

進一步探討，他主張平等的基礎完全建立在對基督宗教的認識上。他認為「無神論者根本無法理解人權是與生俱來的」（Waldron, 2002：227）。因此，我們可以推測非基督宗教徒或無神論者的本體論會提出不一樣的平等觀。

雖然洛克創造了人人平等與人權理論的基礎，但此處涉及的不只是政治理論，因為源於啟蒙時期的宇宙觀也形成科學的基礎。笛卡兒認為動物不啻是自動系統，這在當時是很新穎的觀念，他相信宇宙的機械性，亦為後來的科學研究開了先河。與笛卡兒同時期的方丹（Nicolas Fontaine, 1625-1709）根據他提出的本體論描述了一些早期的研究：

> 這些人毫不留情地毆打犬隻，更消遣那些同情動物者，動物哪可能有痛覺？他們說，動物就像鐘錶，牠們被打時發出鳴咽，不過是被觸動了的小彈簧發出的一點聲響，其實牠全身上下都沒感覺。可憐的動物，四隻爪子都被這些人釘在木板上，只為了解剖來觀察牠們血液的循環，這種行為甚至成為茶餘飯後的最佳話題。（Rosenfield, 1968：54）

笛卡兒的觀點頗為激進，他認為非人動物沒有痛覺，但在當時的歐洲，他並非唯一擁有此觀點的人，當時的人普遍認為人與非人動物之間的距離天差地別。洛克並不認為非人動物缺乏痛覺，或基本思考能力，他只是不承認動物有心靈：

> 如果閣下承認野獸有感覺，那麼就會出現兩種可能性：要嘛神可以，也的確給予牠們知覺與思考的權力；要嘛所有的動物都和人一樣，如您所說，擁有精神性與不朽的心靈。若說跳蚤和蟎等動物也像人類一樣有不朽的靈魂，會不會因為要支持某個假設，而說得太過了點？（Lock, 1824：76）

克勞反駁此看法，他以為，早期現代歐洲出現的人類中心主義跟科技的發展關係密切，眾多帝國紛紛探索未知之地，為了征服自然，取得必要知識，因此人類中心主義並非受嚴謹的聖經詮釋所影響（第一章）。的確，洛克認為只有人類擁有心靈，這樣的看法符合英王欽定版當時《創世紀》的翻譯，但與希伯來文原文的意思不同。洛克以及當時的人民主要的動力來自殖民主義的刺激，正因為殖民行動，他們才有機會透過科學取得知識。

　　洛克為人人平等辯護，正好讓科學家免除對非人主體，甚至無神論者一類的人類主體的道德責任。舉例來說，保育生物學的基本原則就是要保護生物多樣性，這個原則提倡的永續發展是為了要讓人類存活，而不是照顧非人，如動物的生命。對克勞而言，是神學造成動物不受保護的問題：「若我們無法照顧這些神的造物，就代表我們認為動物與人不一樣，牠們不過是所屬生態系統的一部份，牠們的重要性不過如此，人類不認為牠們值得被當作個體、社群甚至種族來對待。」（Clough, 2012：電子版緒論）但是，目前支持人類平等及人權的論述普遍都不需要以洛克的基督宗教觀為基礎。洛克的政治理論使得笛卡兒的機械宇宙觀被廣泛運用在非人的生命上，今日的科學實驗仍然反映這樣的觀點。正因為這種法理學也是科學的基礎，因此，我將以這樣的脈絡為前提，檢視釋昭慧對眾生平等的看法。

三、眾生平等

　　釋昭慧知道生命三段論分法，也知道基督宗教三元本體論，於此她提出佛教不同的觀念。她說：「基督宗教認為神、人與動物地位不同，相較之下，佛教的眾生平等論為善待人類與動物提供了一個有力的理論基礎。」（2014a：vi）釋昭慧認為非人動物可以被囊括在「生命」或「眾生」的類別中。在臺灣，「眾生平等」這個佛教觀念人人皆知，普遍說法為「生命平等」。釋昭慧透過社會運動及學術著作大力提倡這個觀念。「眾生」一詞指

的是「所有活的生命」，但是在「眾生平等」或「護生」的脈絡中，「生」或「眾生」通常被稱為「有情」：

> 護生的「生」，主要還是指有感知能力的「有情」，即動物。至於植物與無生物，並非不須護惜它們，但是植物的感知能力未若動物如此強烈，且大都有「斷而復生」的機能，因此佛教戒律雖亦要求僧侶護惜植物，不得任意砍伐，但主要還是以有「感知能力」的動物，作為道德關懷的對象。（2019：314）

在上述這段文字中，「生命」包含一切有覺知能力的動物，當我提到「眾生平等」時，我也同意這個觀點。在釋昭慧的著作中，她認為在臺灣談到「眾生平等」時，幾乎不覺得「生命」與「眾生」有多大差別[3]。

釋昭慧對於平等的概念來自佛教原則，她把平等的形式分為三種：

1.生命均有感知能力，應平等尊重生命的苦樂感知，以及其離苦得樂的強烈意願，是即「眾生平等」之要義。

2.生命又都依因待緣而生滅變遷，是即緣生諸法在差別相中，無自性義平等無二，是為「法性平等」之要義。

3.不但凡夫依因待緣而承受苦樂、流轉生死，聖者也是依因待緣而證入涅槃、成就佛道。在此「緣起」法則之下，凡夫有解脫的可能性，也有成佛的可能性。後者即「佛性平等」之要義。（Shih, 2019：320-321）。

釋昭慧所提出這三點平等原則，每一點都對洛克的人權論做出鏗鏘有力的反駁。洛克的人人平等奠基於理性，相較之下，釋昭慧談到眾生平等或生命平等時，她的立論基礎在於覺知能力，有此能力，方為有情眾生。在此

---

[3] 釋昭慧一貫使用「眾生平等」一詞，但在下面引用的段落中，她頻繁使用「生命」作為「眾生平等」論的主體。臺灣其他佛教徒使用「生命平等」來表達「眾生平等」的概念。因為「equality of life」（生命平等）英語讀者更容易理解，因此英文版本原來使用這個說法。但在本文中，主要使用「眾生平等」的說法。

論述下，不論是人、動物或其他眾生，甚至連神在內，都是有情眾生，因此彼此之間沒有地位高下之別。釋昭慧的分類系統只包含兩種類別——有情或非有情。稍後我們也會讀到，根本上來說，這兩者的差別也不過是假設性的。

根據釋昭慧提出的第二種形式「法性平等」，既然眾生都是因緣起法而生，也就沒有任何生命擁有高人一等的特殊本體論地位，便不像基督宗教有神的觀念。釋昭慧的觀點與基督宗教《創世紀》中的本體論截然不同，她斷然否認任何生命的根本性質，也不認為萬物有源頭起因。事實上，任何形式的本體論都說服不了她。要了解她對本體論的看法，我們得先檢視中文字彙中對於本體論一詞的理解。根據中華民國教育部《重編國語辭典修訂本》，本體論的解釋如下：

> 哲學的一部門。西元前四世紀由亞里斯多德首創。主要研究所有事物的共同點及此共同點所擁有的特性。也稱為「形而上學」[4]。

中文詞「本體論」的意思是「研究（客觀事物存在的）本質之論述」，恰好符合亞里斯多德的定義。亞里斯多德對因果性的理論可追溯至「不動之動者」。阿奎那援引亞里斯多德的說法，重新詮釋「不動之動者」為「源頭因」，對他來說，這就是神。釋昭慧完全不認同尋找源頭因的前提：

> 如亞里斯多德的「第一因」（first cause）或「第一原理」（first principle）、儒家的「天命」、道家的「道」或「自然」、墨家的「天志」、新舊約的「上帝」（God）、伊斯蘭的阿拉（Allah）與婆羅門教的生主（梵 Prajāpati）、大梵（梵 Mahā-Brahman）。此

---

[4] 請參見中華民國教育部（2015），本體論。

中有的具足位格（Person），有的則是非位格的本體。這樣做，有的是出自於玄學上「溯源」的思維推想，有的則是出自於直覺的冥契經驗……

佛教在此諸宗教或哲學思想中顯得極為特殊，它不建立形上實體，也不樹立「天啟」權威，而但歸納諸法生滅的法則為「緣起」。這樣當然免除了一些本體論者必須面對的詰難。例如：為何萬法須由因生，「第一因」卻可無因而自存？[5]（釋昭慧，2003：47-49）

換句話說，正因為所有事物都缺乏人格或非人格化的本質，或者缺乏佛教所談的「自性」，所以萬物平等。

平等的第三個形式——佛性平等——不但提出平等的形式，也提出與護生義務相關所需的實際制度。成佛者，是為「覺者」，證得涅槃。涅槃指的就是滅盡自體性，如同吹滅蠟燭。一切眾生皆有佛性，因此他們才有覺醒及證得菩提的能力，當他們了悟萬法無自性，方能斷無明，得解脫。「護生的『生』，既然是指有感知能力的『有情』，因此人以外的動物，即便是蝸飛蠕行，蠢動含靈，也都悉數納入道德關懷的範圍，而不宜厚此薄彼」（Shih, 2019：313）。但是有時候，兩方或多方有情眾生的利益發生衝突，我們便必須以相對的角度，為不同生命做出孰輕孰重的判斷：

原來，就原則而言，「慈悲普覆」是遍及一切有情的，但是在因緣條件有所侷限的情況下，實務工作必須有其優位順序，……佛弟子依於動物與人、凡夫與聖人之間的「價值差異」，可訂出「近處小處做起，擴而充之」的中道原則。（Shih, 2019：325）

換句話說，因為眾生皆能成佛，所以他們的地位是平等的，然而，這

---

[5] 此文中引用段落為作者譯文。《佛教規範倫理學》的完整英文翻譯請見釋昭慧（2014a）。

不代表每位眾生距離成佛的境界相同。非人的動物屬於下三道，因此成佛前，牠們必須先轉世為人，修持佛法。人雖然有成佛的潛力，但成就者會比人類更早成佛。因此，說得實際點，若我們必須在兩個基礎上平等的生命之間權衡輕重時，可能得優先考量離佛道更近的生命。相對地，那些離佛道更近的生命也具有更強的道德推論能力與悲心。這些大成就者可能會「為了護念他者，而選擇放棄『正當防衛』」，正因人有慈悲心，即便非人動物無法報恩，人類還是覺得自己有義務要保護牠們。（Shih, 2019：323）[6]

釋昭慧提出的三種平等形式瓦解了基督宗教本體論的模式，這種有情及非有情的二分法迥異於後者的神、動物與人三類分法。但是，意識也是緣起法探討的主題。她闡述：「依緣起論，良知並非最極根源的原理，亦無法證明其來自外在的天啟，而是主體與客體交融互會的產物」（Shih, 2019：319）思考緣起法的另一個方式是認識到「任何一個有情，都是與無數因緣連結的『網絡』性存在體。」（Shih, 2019：319）因此一切「有情眾生」與自己一體相即。到了這個境界，護生已不只是憑感覺，或是利他的想法。護生提升了我們的意識。（Shih, 2014a：122）

洛克的人人平等與釋昭慧的眾生平等難以放在同一天秤上討論。前者的平等觀是當代人權理論的基礎，也是權利論述的原型。他所提出來的觀點不過代表了當時歐洲知識份子普遍提倡的自然神學與天賦權利。而自然神學又演變成現代學科分類，將人類（人文社會科學）與自然（自然科學）和神（神學）分開。隨著對自然界的研究興起，原本研究神的創造，現在轉為研究自然，但是即便關鍵字從「創造」轉變成「自然」或「環境」，三元論依舊存在[7]。人類與自然分離，也與創造分離。雖然洛克的政教分離讓神學擁有其領域，宗教仍屬於「超自然」或「超人」的範疇，不僅與人和自然之間

---

[6] 完整引文：「已經超越我見、我愛而達致『無我』境地的聖者，當然可以為了護念他者，而選擇放棄『正當防衛』。但凡夫受限於我見、我愛……並可依此三種特勝，擴充而淨化之，圓滿覺性，而具足佛陀的大智、大悲與大力。」

[7] 關於歐洲從創造觀到自然觀的轉變，請參見沃斯特（Worster, 1994：第一章）。

有隔閡，更給人一種凌駕於兩者之上的感覺。

無論在佛教或漢族古典宇宙觀中，都沒有與作為一個世俗的、非理性的非人類世界，與有靈魂或理性截然對立的「nature」相對應的概念。因此釋昭慧借用彼得・辛格的《動物解放》，並明確地否定了理性作為平等概念的準則：

> 倘若將動物歸為「生命」，吾人又有何理由要把這些動物，等同於植物與無生物，僅視作人類所處環境的「背景」與「資源」，而不作前述原則性之道德考量？道德原則的施用判準，倘若是基於人類「不共其他動物」的特質（如理性），那麼吾人又將如何面對動物解放者的銳利質疑——與猩猩或犬貓的智商不相上下（或更低）的胎兒、嬰兒、智障、精障之「人」，其處遇是否可以比照動物？（Shih, 2019：317）

1948 年的《世界人權宣言》宣布：「人人生而自由，在尊嚴和權利上一律平等。他們賦有理性和良心，並應以兄弟關係的精神互相對待。」[8]洛克的理性標準成為人類物種天賦的定義。洛克認為推導出上帝存在的這份理性，也正是人類具有良知這個天賦的美德。辛格則認為不是人類就比非人類動物更理性，此一論點挑戰了《世界人權宣言》中所有人類，也只有人類是平等的假設，特別是在理性標準上。

2001 年時，釋昭慧發表了一篇文章〈環境權與動物權〉[9]。文中，釋昭慧挑戰權利的基礎，為環境及動物的權利發聲。她首先探討「natural rights」一詞的定義，此詞在中文字典中翻譯為「天賦權利」。根據教育部

---

[8] 《世界人權宣言》第一條，http://www.un.org/en/universal-declaration-human-rights/。
[9] 釋昭慧（2001）。英文翻譯可參考釋昭慧（2014b）。這篇文章最初發表在 2001 年的《環藏人文學報》。

《重編國語辭典修訂本》中的解釋,「天賦」的意思就是上天賦予的,因此「天賦權利」指的就是上天賦予的權利[10]。換句話說,神——尤其是基督宗教裡的神——正是天賦權利的來源,這點在中文比英文更為明顯。我為什麼要強調中文說法,是因為這樣的表達方式恰恰呈現了以權利為基礎的思想體系是基督宗教的產物。循著這樣的脈絡,釋昭慧強調,環境權是在人類特殊主義的背景下形成的。人類發現環境議題會威脅到自己的健康與永續生存,既然他們強調人權,例如人類應享有健康的權利,那麼這份新的權利就該以環境權的方式表達出來。雖然釋昭慧支持環境保護運動,但她也質疑將權利歸屬於環境這個概念的可行性,因為環境不具備「理性與良知」,而這兩者正是享有天賦權利應有的條件。她更進一步叩問,環境權是否一定得採取「人與神立約」這樣的形式?(Shih, 2014a:316)而這種契約能說服無神論的宗教與世人嗎?為了回答這些問題,釋昭慧承認天賦權利的說法立意良善,但無法獲得實證。既然「天賦」的概念與創造論相關,因此,也只能透過信仰[11]來鞏固。重點是,釋昭慧認為佛教是無神論,並說明佛教的護生觀念並非基於權利,也非透過神給予,而是來自於緣起[12]。

釋昭慧關心的是,動保運動人士希望法律能視動物為生命主體,予其「法定人格」(personhood)但是,人類中心主義的倫理觀極有可能成為絆腳石。若動保人士相信提倡人類中心主義的哲學家,他們便會誤以為動物因為缺乏理性能力,因此不值得保護。雖然釋昭慧引用辛格的論點,承認不是所有人類都比非人動物聰明,但是她並不否認一般而言,人類的智力與道德能力優於動物。反之,她認為,如康德般的哲學家所犯之錯,就是把理性、

---

[10] 中華民國教育部(2015:天賦)。

[11] 釋昭慧在這段話中明確提到了《世界人權宣言》,而《世界人權宣言》官方中文版中「賦予」一詞以「賦有」表示。賦的意思是「給予」,和天賦權利〔上帝給予的權利〕中的賦是同一個字。因此,在中文裡,上帝給予、創造論和《世界人權宣言》三者所使用的語言相似處比英文更明顯。請參照《世界人權宣言》的中文版本 http://www.un.org/zh/universal-declaration-human-rights/。

[12] 關於釋昭慧在這一段中的論述,請參見釋昭慧(2003:308)。

良知或道德推論的能力作為倫理考量的標準。從她的觀點看來，對基督宗教從善如流的哲學家，混淆了行為能力與倫理考量的標準。對釋昭慧而言，有情眾生感知苦痛的能力是道德考量的正確標準。因為人類有道德推論的能力，所以保護有情眾生的義務落在人類身上。非人動物可能會導致其他眾生受苦，但因為它們缺乏道德推論的能力，所以我們不能期待它們的行為合乎道德。在這方面，佛教的護生觀念與人權理論和其他歐洲道德體系，如康德的義務論差距甚遠。釋昭慧認為動保人士不應該對推動護生感到氣餒，雖然她認為天賦權利與護生是兩回事，但她仍然支持動物的法律權利，例如賦予非人動物法律人格。

對釋昭慧來說，動物權與環境權並不一樣。環境權源於更深遠的緣起和無我觀念。「環境」對生命的支持，正是藉著一連串的因緣而生的。如此一來，要護生，就得保護環境。既然所有生命都依賴於多種因緣，那麼，我們必然得尊重生物多樣性，才能支持有情生命。她認為環境保護措施有其必要性，其中最具代表性的即為《生物多樣性公約》，即使此公約的立論基礎源於她難以認同的人類中心主義，她仍然支持其所提供的法律保護。然而，由於環境權只保護支持生命的因緣，但動物權直接保護有情眾生，因此，她認為動物權應優於環境權。

若要充分理解釋昭慧的立場，就得區分她歸類在「環境權」下的兩種權利。在英語法律文獻中，「環境權」一詞已逐漸與「人類擁有健康環境的人權」[13]畫上等號。釋昭慧指出，1960 年左右的德國，與「人類擁有健康環境的人權」相關的人類中心主義運動逐漸興起。這種人權形式對環境提供了一些保護，所以她也表示支持。但是，她真正的目標是為環境價值提供一個與人類無關的佛教理論基礎。她主張「環境權」一詞的內涵從持續發展的人類中心主義轉向 1970 年代激進環保份子提倡的生態中心主義。當她特別提到自己對植物早期的關注時，似乎在指克里斯多福・史東（Christopher

---

[13] 關於環境權利的回顧，請參見博伊德（Boyd, 2012）。

Stone）在 1972 年發表的論文〈樹木是否具有地位 —— 為自然物體賦予法律權〉。在該篇論文中，史東大膽主張，除了被人類使用之外，樹木等非人生命應擁有法律地位。在英語文獻中，承認非人價值的權利形式被稱為「自然的權利」（rights of nature），這個概念之所以開始盛行，全因天主教神學家托馬斯・貝瑞於 1999 年出版《偉大的事業》[14]。儘管釋昭慧在她 2001 年的論文中承認「環境權利」在憲法層面上鮮少成功，但自從她的論文發表以來，「自然的權利」運動已經取得了幾個重要勝利：2008 年與 2009 年，厄瓜多與玻利維亞分別通過承認「自然的權利」的憲法。其中，厄瓜多憲法的批准象徵國際「自然的權利」運動的重大里程碑，並成為全球各級政府在紐西蘭條約談判至印度法院判決[15]等一系列法律變革的風向指標。諷刺的是，「rights of nature」一詞在中文直接翻譯為「自然的權利」，其意義等同於神賦予人類的權利。相對地，釋昭慧提出「環境權利」一詞既可翻譯為環境權利（指人類擁有健康環境的權利），也可翻譯為環境所擁有的權利（指「自然的權利」）。儘管該術語含有雙重意義，釋昭慧清楚地區分了這兩類「環境權利」，並以佛教的論點建構了對環境主觀性和非使用價值的論證，與「自然的權利」核心概念 —— 賦予非人實體人格地位的權利 —— 相呼應。

為了讓動物和環境取得長遠的合法保護，釋昭慧暫且接受動物權和環境權的現況。翻譯造成的問題並不僅限於語言不便。綜觀中國哲學，無論儒、釋、道，都沒有提到創造萬物並獨立存在的全能之神。雖然釋昭慧非常明確地重新闡釋了權利的概念，卻沒有清楚提出重新闡釋環境的看法。首先，她將非人動物包含進人格的概念之內，使人格的範圍擴大，包含一切有情眾生。其次，她主張一切非有情之物都有主體性，因為它們也是因

---

[14] 這種自然的權利（rights of nature）的概念通常歸功於貝瑞。貝瑞的用語是「自然存在方式的權利」，而不是「自然權利」（natural rights）。他還將克里斯多福・史東和最高法院大法官威廉・道格拉斯（William Douglas）視為開創非人生命權利的先驅。

[15] 關於自然的權利的回顧，請參見博伊德（Boyd, 2017）。第十章討論了厄瓜多的憲法，第 11 章討論了玻利維亞的憲法。

緣合和的結果,並與萬物合為一體。因此,環境就是一切有情眾生的共業,這些層次更深的本體論差異之處,值得思考。

四、自然的本體論

在中國,「環境」一詞相當於英語中的「environment」。但是,這個詞所造成的本體論分歧,民國初期時並不存在。「環境」這個複合詞結合了「環」或「圈」與「領域」的字義。在古文中,它是指「領土外圍界限」的名詞,當它做動詞時,表示「包圍領土周圍的邊界」。歷史上,這個詞用來確定誰有某區域的統治權,並強烈暗示著對該領域的積極殖民。舉例來說,這個詞在《元史・余闕傳》中出現:

抵官十日而寇至,拒卻之。乃集有司與諸將議屯田戰守計,**環境**(粗體為作者所標示)築堡寨,選精甲外捍,而耕稼於中。[16]

這個詞並不代表人類與自然之間的隔閡,而是表示定居處與外在威脅之間的分界,這種威脅如此嚴重,需要建立屏障。到了 20 世紀上半葉,「環境」開始有新的定義,此時,這個名詞用來描述周圍的自然條件,這樣的定義也開始透過一些重要作品得到確立,例如蔡元培為魯迅先生全集(1938)所作的序言中就如此使用這個詞:

「行山陰道上,千岩競秀,萬壑爭流,令人應接不暇」,有這種**環境**,(粗體為作者所標示)……[17]

---

[16] 請參見漢語大詞典編輯委員會(2001:640)。
[17] 漢語大詞典編輯委員會(2001:640)。

當「環境」一詞這樣使用，它所代表的不再是居所內部阻隔外力威脅的軍事屏障，而是自然與人類之間的隔閡。這樣看來，「環境」既令人敬畏又令人備感威脅——因為人類與環境分隔，但又必須採取行動來控制它。換句話說，在 20 世紀上半葉，中國文化開始接受人與上帝其餘造物之間存在上的根本區別。儘管基督宗教將人與其餘萬物之間的區分重新詮釋為人與環境或人與自然之間的關係，但兩者有別的觀念已滲入了當代中文語言和共同的想像中。[18]

在中國，「環境」這個詞和它的近親「自然」一樣，都受到翻譯影響，產生舊詞新意的情況。這情形反映出從前，中國人並不覺得人與自然或人與神之間是分開的。影響力甚鉅的 16 世紀耶穌會傳教士利瑪竇把「天」這個詞解釋成唯一的神。但是，正如人類學家羅伯特・韋勒（Robert Weller）指出，直到最近幾十年，英語界翻譯中文文本時常把「天」這個詞譯成「自然」，現在這個詞通常被譯成「天堂」。（Weller, 2006：21）不過，在複合詞中，它仍然可以代表神和自然。比如說，《世界人權宣言》中的神是「上天」，而現代口語中，「天然」就表示自然，比如在自然食品店裡賣的產品。同理可證，現在最常用來表示「nature」一字的中文詞是「自然」。這個詞原來是「自發的」、「自由的」或「無拘無束的」的意思，是道家哲學其中一個核心概念。例如，《老子》（公元前五或六世紀）說：「人法地，地法天，天法道，道法**自然**。」（粗體為作者所標示）對老子來說，人類、地球和天堂一樣，都應當師法任運而生的「自然」。日本人在 19 世紀末引用「自然」這個新詞來翻譯英語裡的 nature（小學館，2014）。後來中國從日本引進了「自然」和「宗教」兩個新詞。也就是說，中國同時引進了人與自然和自然與超自然的區別，作為加強理解歐洲列強的回應方式。

魏樂博（Robert P. Weller）寫了一本關於中國自然觀的專著，文中他

---

[18] 這一段引用了張嘉如（2019）的內容。

問道：「在 20 世紀以前，中文是否找得到與英語詞彙『nature』相等的詞彙？」結果，他自答：「一言以蔽之，沒有。」（Weller, 2006：21）在中國古代經典著作中可以讀到，無論是道家、儒家，或是與他們同一時代的人，普遍認為人由魂魄構成，不管是「魂」或「魄」都由「氣」這個基本能量所構成。據儒家文獻《祭義》所記載，「氣也者，神之盛也；魄也者，鬼之盛也。」然而，「神」一詞通常被譯為「god」，而「鬼」則譯為「ghost」，但這些英文名詞無法充分表達其中的意涵。每個人都擁有一種名為「神」（即魂）的能量形態，且在死後仍然存續。[19]目前最普遍的魂魄論是每個人有三魂七魄。非人動物雖然與人相似，但少一魂。[20]在清朝的國家祀典中排名最高的神祇「關公」，原本是一位逝世的平凡人，死後成為神明；而同等地位的「文昌公」則原本是一條蛇。[21]中國的神祇通常是已故的人或非人動物的延續，與一神論的上帝完全不同，也迥異於希臘和羅馬眾神。儘管中國神靈可能也很強大，但他們是曾經擁有實體之人或動物的殘留能量，而不像希臘羅馬諸神，不但具有身體、永生，又威力無窮。早期漢代的宇宙觀認為一切事物都由相同的基本能量組成，與一神論的上帝、人類和自然之間的本體論之別有所不同。

人類、動物和神之間本體論的相似性可以從他們之間的關聯看出來。人類學家羅爾·史特斯（Roel Sterckx）在他對早期中國對待動物的文本研究中指出，非人動物既可以被視為美德的典範，被視為國家的代表物，也可以被妖魔化為無良的畜生。

古代中國的世界觀並不會堅持把動物、人類和其他生物（如鬼神）之

---

[19] 關於魂魄的討論我根據余英時（Yu, 1987）。《集異記》的引文出自 393-394 頁，包括註釋 80。

[20] 三魂七魄的理論在臺灣是眾所周知的。然而，關於非人動物魂魄論的討論卻不常見。臺灣的大眾網站上若有這個問題的解釋，大多認為非人動物少一魂。

[21] 關於文昌君的轉變，請參見克里曼（Kleeman, 1994）。

間明確劃上類別或本體論的分界。當時的人不認為人道與動物道之間的界線是永久或固定的，物種的固定性既沒那麼明顯，也不是人人嚮往的。反之，動物被視為整體不可或缺的一部份，物種之間的相互關係被描述為相關、連續和相互依賴的。若我們把對動物的理解與人類社會統治串在一起，就會發現早期中國人將動物世界描繪成建立社會政治權威，和賢君治理理想的規範模式。（Sterckx, 2002：5）

早期漢代文明不僅缺乏區分動物、人類和神祇的觀念，還將非人動物的行為作為人類社會結構的模範。正如孟子所說：「人之所以異於禽獸者幾希。」[22]實際上，他敦促追隨者「親親而仁民，仁民而愛物。」[23]在儒家的同心圓理論中，動物是有價值且值得關懷的，但對父母的孝順和對人類的關懷往往會超越動物。莊子對於人類與非人動物之間的關係，提出了一種更平等的理念：

> 命曰天放。……萬物羣生，連屬其鄉；禽獸成羣，草木遂長。……夫至德之世，同與禽獸居，族與萬物並，惡乎知君子小人哉！同乎無知，其德不離；同乎無欲，是謂素樸，素樸而民性得矣。[24]

莊子的「無知、無欲的居住」是指像動物一樣毫不費力地生活。此段中值得注意的是「天放」的翻譯也可以理解為「放任自然」，再次顯示了這些概念之間的模糊界限。人類的角色既不是支配大自然，也不是支配非人動物，多半是向動物學習並解放它們。

另一方面，人與非人動物之間缺乏本體論的區別可能導致兩者遭受相

---

[22] 孟子，《離婁》，下。
[23] 孟子，《盡心》，上。
[24] 莊子，《馬蹄》。

同的暴力程度。異國植物、動物和住家或社區外圍的物品具有特殊的力量，因此人會犧牲和食用動植物，受益於它們的力量。[25]在臺灣，漢族移民不僅要面對原住民出草，還遭受野豬攻擊。雖然漢族對原住民獵人頭這一習俗嗤之以鼻，但支持原住民的漢人告訴我，臺灣曾有漢人吃原住民的案例。某些狀況下，臺灣市場甚至可以看到有人在賣原住民的肉，因為19至20世紀初，大家認為吃原住民的肉和吃異國珍禽的肉一樣，都能產生特殊力量。19世紀下半葉，喬治‧馬偕（George Mackay）醫師觀察漢人會食用原住民男子的腦來提高智力和勇氣，並用另一名原住民男子製作骨膠原以治療瘧疾。[26]有時候，人也會假藉神的旨意，透過敬拜和獻上供品，滿足自身利益。臺灣當今最著名的動物獻祭儀式是每年的「神豬祭典」。[27]這個儀式在好幾個供奉清水祖師爺的寺廟舉行，儘管清水祖師生前為佛教高僧，廣行善事，這個祭典卻違反佛教戒律，犧牲有情眾生。[28]這個儀式在農曆新年的第六天，犧牲被稱為「神豬」的養肥豬，好慶祝清水祖師的生日。當地人相信這些餐餐飽食的豬隻受到清水祖師加持，而且，慶典前還舉行比賽，頒獎給養出最重豬隻者。2018年，獲勝的豬重達892公斤，比一般豬重七到八倍。這個儀式說明了早期魂魄論認為神與人一樣需要進食，而犧牲（包括以動物獻祭）是表達尊敬和得到神明照顧的方法。然而，神豬祭典的諷刺之處在於，清水祖師生前是佛教僧侶，理應吃素，並反對殺生。多種傳統之間錯縱複雜的交互影響，產生這種矛盾的儀式，也證明了這些傳統之間難以釐清的關係，此外，這樣的情形也說明要用某派（如佛教或道教）思想做出普遍推論，難免會落入以偏概全的陷阱。清水祖師不僅是神，是菩薩（放棄成佛來拯救眾生的佛教修行者），還是福建泉州地區的守護神。吃原住民的肉和祭祀神豬這兩種行為都表現了漢族移民對生活威脅的反應。而神豬祭典則是

---

[25] 請參見魏博樂（Weller, 2006：第二章）。
[26] 請參見馬偕（Mackay, 1895：276-277）。
[27] 關於神豬祭的歷史，請參見果澤（Kuo, 2018）的文章。
[28] 欲見更多清水祖師相關描述，請參照內政部全國宗教資訊網（2019）。

透過舉行反映漢民族宇宙觀的儀式，展現泉州移民征服野豬的勝利。

釋昭慧、LCA 及其盟友積極記錄、宣告並抗議供奉神豬和類似的動物祭典。有個著名的案例是臺灣 2000 年至 2008 年的總統陳水扁曾承諾，若客家神祇義民爺幫助他贏得 2000 年的選舉，並帶來臺灣的和平與繁榮，他將獻祭一頭神豬。他當選後，幾位農民養了幾隻神豬供總統獻祭，並稱之為「總統豬」。釋昭慧發起社運阻止這一儀式，主張暴力儀式無法為國家帶來和平，唯有像鼓勵大眾茹素這樣的和平手段，才能實現國家和平。[29]儘管陳水扁面對如此強烈的反對聲音，在 2003 年，他為了尊重客家儀式，仍參與總統豬祭祀。（《蘋果日報》，2003）。

臺灣和中國的血祭文化至今仍然十分興盛。人們食用異國珍禽，以獲得其力量，並犧牲其他動物取悅神靈。傳統的中國宇宙觀提供了人天和諧的理想願景，但是，為了人類利益，他們也想出操縱能量的方法。實際上，這些宇宙觀與中國佛教密切相關，但正如我們所見，即使將兩者分開來看，它們也無法重現基督宗教宇宙觀中造物、人類、主的三元論，或者其民間的說法——自然、人類、超自然。

佛教引入了新的思想，增加了中國文化宇宙觀的多樣性，但同樣缺乏歐洲人提出的三元宇宙觀。佛教研究學者伊恩‧哈里斯（Ian Harris）認為我們可以參考各種印度詞彙，作為「自然」一詞的說法，他提出輪迴（saṃsāra）、原質（prakṛti）、自性（svabhāva）、緣起（pratītya-samutpāda）、法界（dharmadhātu）、法性（dharmatā）和法性（dhammajāti），但後來發現都不合適。[30]哈里斯指出，首先，自然和超自然的區別出現在中世紀歐洲時期，湯馬斯‧阿奎那與其同代人的著作中。這些神學家認為，自然中所能觀察到的並不足以解釋宇宙的整體，因此他們加入超自然的存在。其次，哈里斯認為「輪迴」可做為「自然」一詞的候補

---

[29] 釋昭慧勸陳總統不要參與祭祀的文章最初刊登在《自由時報》。請參見釋昭慧（2013）。

[30] 哈里斯（Harris, 1997）提到或可成為「自然」同義詞的印度詞彙，請見第 380-381 頁。

詞。「輪迴」指的是宇宙現象，眾生在其中不斷投胎轉世。眾生持續投生於六道：地獄、餓鬼、畜生、人、阿修羅和天人。雖然天人可以被翻譯為天神，並且與「天」一詞詞根相同，但它與基督宗教內上帝的概念完全不同。天人也會在輪迴中死亡，並重新轉世。過去他們曾為畜生，有時是人類，未來還有機會再成為畜生和人類，六道輪迴的眾生就是不斷地在其中流轉。既然這種宇宙觀認為所有有情眾生皆處於輪迴，就等於否定自然與超自然之別的可能性。哈里斯檢視了其他印度詞彙，發現這些詞彙之中找不到「自然」的同義詞。

約莫公元一世紀，佛教傳入中國，影響甚鉅，從此，中國人接受了輪迴、業力以及對眾生慈悲的思想。業力思想指出，一個人的行為不僅影響自己的當世和來世，也會影響整個宇宙的走向。業力理論與中國的感應觀有相似之處。「感應」涉及宇宙對人類行為的回應，如「天人合一」一詞所傳達的。無論是佛教還是包含儒家、道家在內的中國思想，人天相互關連，藉由行為和動機，人天共同創造了宇宙，而非單純只是天神從外部介入。佛教傳入中國時，輪迴是個新穎的概念，而對一切眾生慈悲的教義，則提供了一種關注非人生命的新觀點。我與臺灣當代的漢人互動時，發現他們常以輪迴的觀念來理解生死，其中甚至夾雜著魂魄觀。「人在做，天在看」這樣的信念也十分普遍。我參加過一個「宗教與社會運動」培訓營，其中一位大學生將民間共同的宇宙觀總結為「惡有惡報，善有善報」，其他參加者也同意這種說法。上述宇宙觀恰巧解釋了臺灣地區宗教經驗調查（REST）的結果，該調查發現，教育程度較高者和較常接觸正統儒家教義者，比較容易以儒家思想甚至佛教的業力觀點看待自己的生命經驗。（Voas, 2013）

因果報應制度也關懷非人動物。從漢代開始，道家祖師開啟傳統，反對肆意吃肉和祭祀動物。從公元一世紀到五世紀，道家將這些規矩編成法典，朝廷認為戒除肉食，不以動物祭祀，與宇宙保持和諧共榮。一些儒家也致力於保護動物，包括六世紀的梁武帝（公元前 464-549 年或 502-549 年在位），他循儒家之法，在悼念期間吃素。佛教經典《梵網經》（據稱公元

前五世紀出現）也在此時傳入中國，其中包括一條禁止食肉的戒律。梁武帝自己受戒，並禁止佛教僧尼食肉。因此，中國許多宗教都視素食為累積福德或與天地合諧共處的方法，只是後來一談到吃素，大家主要聯想到佛教。正因為這段早期歷史，奠定了佛教與齋教的素食主義，後者於清朝時期開始在臺灣流行。在臺灣，人民普遍認為吃素可以累積福德。根據我的經驗，有一次我參加一場退休宴會，主角退休前擔任立法院代表，曾積極為身心障礙者立法。在這場宴會上，我認識了一位擔任自閉症協會理事成員的男士。他為了幫助患有嚴重自閉症的兒子而開始吃素。雖然他不是佛教徒，卻認為吃素能為兒子累積福德。這正是釋昭慧提給陳水扁的替代方案，她建議以吃素取代祭祀總統豬。雖然吃素積德是漢族開始的觀念，但是在這方面，佛教的轉世和業力理論卻成為對動物展現慈悲心最好的基礎，甚至透過實際行動，如禁殺和「放生」儀式保護牠們。[31]

我們可以看到，不論是道教、佛教或儒教，漢族宇宙觀裡沒有一個創造並獨立於造物之外的全能上帝。神和菩薩是天地的一部份，對道德行為和儀式做出回應，他們前世也當過非人動物或人類。同理可證，人類也無法和整個系統分開，成為非人自然的統治者，因為人天合一，彼此相互關聯，非人動物也是宇宙的一部份，因此值得納入道德考量。因此，漢族文化沒有與自然、人、超自然這種區分法相對應的「環境」或「自然」概念。釋昭慧使用「環境」這個詞時，她不著痕跡地將北大西洋的概念應用到佛教宇宙觀中，就像她用「權利」這個詞一樣。釋昭慧清楚地解釋了天賦權利的神學來源，並否認上帝授予權利的觀點。她明確詢問，若缺乏神學基礎，權利的概念是否還說得通？並根據佛教「眾生平等」的原則，捍衛兩種新的權利——動物權與環境權。雖然她對於重新定義權利的概念非常明確，但對於重新定義「環境」的概念卻不太明確。既然我已經說明漢族古代的宇宙觀無法解釋自然環境的概念，我們也可以看出釋昭慧如何重新定義當代的「環境」概

---

[31] 關於漢族素食主義發展更詳細的討論，請參見袞巴赫（Grumbach, 2005：57-70）。

念。首先，釋昭慧把動物與自然完全分開，然後再把「人人」的範圍擴展，包含所有的有情眾生。其次，她主張所有非有情眾生都具有主體性，它們是造就一切有情眾生的因緣，也是大我的一部份。因此，環境是一切有情眾生的共業。

五、宗教的本體論

　　三元本體論（自然／人類／超自然）無法描述漢族的宇宙觀，不僅如此，我們還需要考慮另一個重要的問題。正如 J. Z. 史密斯所提出，從以神學研究宗教轉化到以人類學研究宗教的過程中，「宗教」定義的演變也由神學定義轉變為人類學定義，前者的基礎是承認單一而至高無上的神，後者則提出「超自然」或「超人」的說法。他引用麥爾福・史拜羅（Spiro）於 1966 年提出的定義作為人類學的觀點：「宗教體制內化了一個文化對超人類存在的信念，並呈現受此文化模式影響的互動方式。」，他還認為「宗教之所以有別於其他源於相同文化的體制，全因為它探討此文化中超越人類的存在。」[32]。不管我們說「超人」還是「超自然」，都脫離不了三元本體論的層級結構，其中人類主宰並凌駕於自然之上，而上帝又主宰並凌駕於人類和自然之上。因此，「超人」（高於人類）和「超自然」（高於自然）都指涉到上帝在自然、人類、上帝之宇宙觀中的位置。

　　此外，亞倫・格羅斯（Aaron Gross）證明世俗宗教研究理論家甚至將宗教實現局限於人類。他研究了埃米爾・德凱姆（Emile Durkheim）、恩斯特・卡席爾（Ernst Cassirer）、默西亞・艾里亞德（Mircea Eliade）和強納森・Z・史密斯（Jonathon Z. Smith）等人的理論，並指出他們認為理性或象徵思想的出現與宗教的出現有關。亦即，他們的看法與洛克及其同時

---

[32] 史拜羅（Spiro, 1966：96 和 98），引自史密斯（Smith, 1998：281）。

代的人一樣，認為理性是區別人類與非人動物的標準。格羅斯寫道：「我們甚至可以說，不論是史密斯或在他之前有意朝這個理論方向邁進的人，都無法讓宗教脫離神學領域。畢竟，這太困難了！我認為既要爭論人類與其他生命之間的本體論區別，以便正當地將宗教研究限制在人類領域，卻又不能訴理性之外的領域，幾乎不太可能。」（Gross, 2014：85）。因此，宗教涉及超自然，但創造宗教的能力正是區分人類與自然的關鍵。

以漢族傳統思想為例，我們會發現，當這些思想本身缺乏自然、人類、超自然這樣的本體論時，上述的論點無法直接套用。若要形成宗教，就必須把基督宗教宇宙觀強加在非基督宗教的思想上。換句話說，因為其他文化的宇宙觀不包含相同的三元本體論，也缺乏相似的分類法，所以根本無法把它們歸類為世俗或宗教。

史密斯對宗教定義的彈性相當開放。他根據詹姆斯·H·勒巴（James H. Leuba）記載宗教的 50 多個定義下了結論，他認為所有定義都合理。他說：「『宗教』不是一個本土詞語；而是學者們為了知識的目的創造的，因此他們有資格下定義。」這個說法或許合理，但它並未完全解釋定義宗教所涉及的政治後果。宗教定義具有真正的政治意義，例如確定哪些組織能享有稅務優惠？該組織適用的會計規定應為嚴格或寬鬆？以及哪些教義可以成為必修課？學者如何定義宗教，會直接影響這些問題的答案。因此，臺灣內政部聘請國立政治大學宗教研究所專家，就如何定義宗教提供諮詢。根據參與內政部諮詢的政治學家郭承天的說法，政治大學宗教研究所引用約翰·洛克的哲學，建議政府不要定義宗教。[33] 回顧洛克的人類平等理論，我們可以看到，不僅宗教概念是基於基督宗教宇宙觀，而且，保護宗教自由的人權制度也建立在基督宗教的宇宙觀上。此外，正如沃卓倫所主張的，洛克創造的宗教自由是針對一神論者，他認為洛克所提出的基督宗教神學論，是唯一能保護人類平等的基礎，因此我們也必須認識到，人權制度在本體論上是基督宗

---

[33] 郭承天訪問，2017 年 9 月 13 日。

教制度。這個問題的政治意涵也許是宗教研究領域必須深究的主要問題。

例如，在臺灣，少數教育工作者主張，因為缺乏客觀標準來審核教學內容，所以學校不應教授法輪功（陳建榮、黃隆民，2004）。然而，如果我們拿這個理由來檢視人權與人類平等的課程，一樣找不到客觀標準來審核這些教義，而且，因為人權觀也源於宗教，所以學校不應該教授這個主題。事實上，我們知道它來自基督宗教的本體論，因此，比起法輪功，學校更不應該教授人權觀。天賦人權是基於造物主的授予，符合超自然和超人最初的定義，因此這些權利的基礎符合史密斯對宗教的神學定義和人類學定義；而法輪功源於一種當代氣功，所以它的基礎來自漢族的宇宙觀，缺乏自然與超自然的區別。無論是神學定義的宗教，或人類學定義的宗教，都無法定義法輪功。然而，像法輪功和佛教慈濟基金會這樣的組織，仍需透過間接方式，譬如成為教師進修學分課程，才能在臺灣生命教育學程中佔有一席之地，但是，人權課程與儒家思想早已列入學程必修課。[34]不僅如此，臺灣憲法高舉人權價值，此舉立人權課程於不敗之地。此外，大家對於討論這些主題是否能正式納入教育課程，比實際教學感興趣，因為若無法教學，課程內容再好都沒有意義。這個主題必須先成為一門課，才有資格被傳授。由於國際政治和殖民主義的貢獻，在臺灣，人權主題得以成為必修課，反觀佛家與道家思想，明明源於漢族文化，卻無法得到相同待遇。

釋昭慧本人也認為人類平等和人權邁進的方向正確，但是，她主張擴大平等的範圍，讓眾生的生命都得到重視。然而，若要公平考慮「眾生平等」這樣新的形式，我們必須先把它與現有的平等形式做比較。既然憲法已確立人人平等，並規定人權課程為世界各地的必修課，它已成為不容質疑的平等標竿。在這種情況下，若要與它分庭抗禮，必得先讓現有的權力關係透明化。當我們說明人類平等的根源來自基督宗教理論，便指出了它享有權力優勢的原因，卻又不至於貶低其價值。然而，之所以要跨出這一步，是因為

---

[34] 請參見中華民國教育部（2018：36-38）。

當我們這樣比較的時候，便能凸顯另一個選擇缺乏對等的優勢，因此，這種做法幫我們盡量把兩者放在同一個天秤上。

在過去 10 到 15 年中，替代本體論的研究是政治生態學領域持續發展的趨勢，其根源甚至能往前追溯[35]，然而，對於宗教研究而言，這種方法之所以受限，可能有其原因。其中，最有建樹的學術領域是亞馬遜盆地。人類學家如菲利普・德斯科拉（Phillippe Descola）、愛德華多・維韋羅斯・德・卡斯楚（Eduardo Viveiros de Castro）和阿圖羅・艾斯科巴（Arturo Escobar）在該地區開創了這一新方法，後來又加上愛德華多・孔（Eduardo Kohn）和瑪麗莎・德拉卡迪納（Marissa de la Cadena）等學者的貢獻。在其他地理區域的知名學者，如澳洲的伊麗莎白・波文奈利（Elizabeth Povinelli）和黛博拉・伯德・蘿絲（Deborah Bird Rose）等也有重要的貢獻。我的重點並非列舉該領域的所有重要學者，或回顧他們的學術研究，只是想指出這些學者專注於某些地理區域原住民社群的民族誌研究。正如史密斯所述，世界宗教「已經累積了足夠的力量與數量，有資格進入我們的歷史，並形塑歷史、與之互動或抗衡」，與所有「原始」文化相較之下，世界宗教與「少數宗教」一樣，都可自成一類，反正它們也不會對人類歷史造成直接衝擊。從權力的角度來看，它們無足輕重。（Smith, 1998：280）正因如此，縱然世界宗教可能會威脅現有的權力結構，人類學家仍然得以認真看待原住民的本體論。根據宗教自由的邏輯來說，但凡某種宗教受到認真研究，它就成為神學（此邏輯完全不適用於漢族思想），因此，此舉在公共領域完全不被允許。反觀中國，在 20 世紀上半葉，許多少數傳統因被視為「迷信」而被摧毀，所以佛、道等主要傳統為了生存，莫不提出各種充分的理由，向政府確立自己的宗教正當性。然而，正是宗教地位讓它們被權力和公領域拒於門外，並連帶在公領域禁止宗教理論承認的「神學」研究。

---

[35] 關於回顧，請參見艾斯科巴（Escobar, 2010）。

本體論學術研究在原住民研究領域中方興未艾之際,「宗教學派」一詞也在漢族宗教研究中獲得重視。在一段郭承天的訪談中,他用「宗教學派」這個詞來指那些漢族思想中不存在的二分法論,如俗世與神聖(即自然與超自然)這種觀念,目前,一些新興學者正以此主題為研究。這些觀念仍然屬於宗教類別,其學術限制也符合宗教的侷限性。有些人甚至重新確立這個類別,以表明漢族傳統思想不只限於民間信仰的層面。[36]這些方法為宗教與常民信仰的分類議題帶來一絲希望,但還不夠徹底,以至於無法擺脫這些類別的侷限。一般人,特別是西方人,早已接受佛、道屬於宗教,在此,我主張用「第二宗教」一詞來呼應這種廣泛的接納性,同時,透過「第二」,我想強調這些思想既不可能真正符合宗教的類別,也不屬於常民信仰。在很多方面,「宗教學派」一詞已經為新的分類法帶來轉變的契機。

根據羅伯特・奧爾西(Robert Orsi)的說法,新教改革者胡德里希・慈運理(Huldrych Zwingli)聲稱基督於聖餐中的存在只是象徵性,而非實際性的。若順著他的邏輯推導,最後,我們會得到「這個世界沒有上帝」的結論。新教徒「總愛討論存在或不存在、字面的或比喻的、真實或象徵、自然或超自然之間的分裂,正是這種慣性造成當代的取向」(Orsi, 2016:37)。然而,上述的取向並非從慈運理發聲後才開始式微,其過程可追溯到天主教的發展,當阿奎那和他同時代的人提出自然與超自然的分裂,轉變就開始發生了。由於天主教創造了「超自然」這個類別,當現代學術受新教影響,拒絕承認上帝實際存在於世俗世界時,天主教起碼還不為所動。不過,要求漢族思想承認「上帝的存在」,毫無意義,因為這些思想根本上完全缺乏代表基督宗教意涵的上帝。原本,這種自然與超自然的分裂根本不存

---

[36] 高萬桑(Goossaert)與宗樹人(Palmer)對漢族宗教的研究廣受尊重,他們雖然承認這種分類法造成問題,但還是決定使用「religion」(宗教)一詞。請參見 Goossaert and Palmer(2011:導言,特別是 9-11 頁)。另一方面,勞格文(Lagerwey, 2010)重新為政府儒家主義確立「宗教」這個類別,以此證明中國政府歷史上並不像儒家學者宣稱的那樣只侷限於世俗的層面。

在，是殖民者和當地的內應就把西方的分類法強加於當地思想之上，擅自為其做出自然與超自然的定義。當他們把儒、釋、道和其他思想都歸入宗教這個類別時，他們不但斷定這些哲學是超自然的，還連帶否定這些思想對理解自然的作用。一旦任何真理價值突破世俗的框架，真理的調解者就會出現，他們需要用世俗認可的方法「歸化」上述知識，如同正念和冥想需要藉由科學研究與實驗來證明其真確性。即便真確性已得到證實，這樣的知識若想進入公領域，也得抹去原始教義的痕跡，去除「佛教的」之類的用語。然而，調解這些過程的政治條件，如人類平等、人權、政教分離和宗教自由，卻都源於歐洲啟蒙時代的洛克派基督宗教本體論。

目前，不再把漢族思想歸類於「宗教」，讓它回歸自己的論述，只是第一步。苗建時（James Miller）於 2017 年出版的《中國的綠色宗教》頗具前瞻性。他承認我在本章中討論的三元本體論：「在這種現代想像中，超自然、自然和人類屬於完全不同的領域，而宗教、科學和哲學三門學科又分別對應這三個領域。」（同前書，頁 12）就這個基礎來討論，他主張，道教為對於迫在眉睫的永續性議題提供不同的理解方式，同時，他還強調道教的宇宙觀為此提出更好的永續策略。

> 從三個層面看來，道教的方式比較好：首先，它為我們理解自己居住的世界提供基本的思維型態，其理論也較符合演化科學、生態學與環境科學的觀察。其次，它鼓勵人類的生活貼近我們居住的世界，且它所提倡的精神性與世界觀兼具創造性以及生命永續性。第三，因為這個模式注重入世參與，所以，既然全球都在探討是否有一個倫理架構能支持我們打造世界繁榮、人類生活進步，以及關乎人類存亡的地球永續性，或許道教理論能在這方面產生深遠的影響。（同前書，18）

談到永續的目標，苗明確認為道教不僅擁有政治優勢，也有科學優勢。特別是，洛克及其同代人帶動的思維不僅獨尊人類主體性，還切斷了人

與自然的聯繫。這種思維模式不但不允許人類與活躍且具主體性的自然建立相互依存的關係,還強調人類的優位性,允許人主宰被動且只能當客體的自然。在這種主張下,人類不僅「與環境隔絕」,也與他人隔絕。人權主義不過是其中一個例子。由於造物主賦予我們不可剝奪的權利,因此個人的權利不假他人或非人。於是,權利的觀念不但使個體疏離人際互動,也拉開了個體與環境的距離。查爾斯・泰勒(Charles Taylor)稱這種人際模式為「與世隔絕的自我」。相對於啟蒙運動以降所盛行的「人與自然為主客分立,互不相連」觀點,苗提出道教觀念「自然的主體性」與「人體的多孔性」。我不採取苗的建構取向,而是採取人類學取向,讓受訪者自己說話。

在本章中,我寫出釋昭慧提出了「人與自然為主客分立,互不相連」思維之外的另類觀點。她捍衛了自然的主體性,她的論證不僅超越了人與自然隔絕,也超越了「人體的多孔性」。她提出佛教的無我概念,以此為爭取權利權的基礎。

六、結論

約翰・洛克的人類平等論隱含了創造、人類、造物者的三元本體論,不帶宗教色彩的說法就是自然、人類、超自然的本體論。儘管這種宇宙觀所創造的人與動物之別,似乎主要出於帝國和科學的目標,而非來自嚴謹的聖經詮釋,但洛克和他的歐洲同代人所創建的基督宗教思維為現代自由秩序做出貢獻。然而,在歐洲殖民強權出現之前,東亞地區並沒有劃分人與自然、人與超自然或自然與超自然之間的觀念。因此,將漢族傳統思想歸類為宗教,不僅不尊重漢族思想本身的知識分類,更使這些思想與權力隔絕,限制了它們在公共領域中提出真知灼見的能力。這些限制之所以產生,是因為它參照以歐洲基督宗教宇宙觀為模型的自由秩序。針對洛克的人類平等論,釋昭慧提出一種替代方案,試圖以佛教用語重新架構這些界限,恢復一切有情

眾生的平等和自然的主體性。然而，為了適應現行的法律結構，她以外來的自由概念「權利」和「環境」重新詮釋佛教教義。當我們理解她所謂的「環境權利」代表佛教的「自然的權利」時，就可以看出她主張用自然的權利來保護一切有情眾生。

　　1996 年，臺灣立法委員劉銘龍競選時曾提倡在「將環境權訴求入憲」，但是選後卻又不了了之。釋昭慧、LCA 和其他環保組織都致力於實施動物權和環境權。2001 年，她寫了一篇關於環境權和動物權的文章，文中，釋昭慧主張臺灣必須「凝聚社會更大的共識」，以便成功將環境權納入法律（2001：316）。如今，LCA 通過臺灣的 1998 年《動物保護法》和 1989 年《野生動物保育法》使用基本法來保護動物以及野生物種，而沒有把力氣放在修改憲法條款，加入自然的權利。為了擴大對非人動物的保護，LCA 及其盟友還繼續修訂相關法律，同時支持保護人類和非人動物的運動。雖然這些法律持續為非人動物和環境帶來正面改變，但若拿來與列入臺灣憲法保障的人權相比，仍然遠遠不夠。即使未來憲法保障動物權和環境權，只要憲法單獨列舉人權，這表示動物權和環境權仍需配合人權，畢竟雙方的平等基礎有別。例如，《中華民國憲法》第 15 條賦予人民財產權，在這個大前提之下，非人動物、其他物種或生態環境的重要性皆須以人為中心，重新考量。

　　地球法理學（Earth Jurisprudence）的概念包括自然的權利，這種法律哲學旨在讓人類法律符合生態原則[37]，這是釋昭慧所謂的生態中心主義方法。釋昭慧以務實的態度接受了法律中權益的概念，但否認產生賦予權利的宇宙觀。然而，還有不同版本的地球法律學。2012 年時，中國共產黨（CCP）在中華人民共和國（PRC）的憲法中納入生態文明（Wang, He, and Fan, 2014：37）。這種實施馬克思主義的地球法理學，旨在進入第三個文明階段，此階段超越了工業文明，就像工業文明超越了農業文明一樣。

---

[37] 更詳細的解釋，請參見考夫曼（Kauffman, 2020）。

其目標是超越歐洲啟蒙時期，創造二次啟蒙。中國共產黨對歐洲啟蒙時代的其一批判，就是其人類中心主義的思維模式，這種模式讓人類脫離自然，並支配自然。對此問題，中國共產黨的解決方案就是回歸傳統中國思想。前中華人民共和國環保部副部長、生態文明的主要倡導者潘岳經常引用佛教教義「一切有情皆為平等」作為生態文明討論的基礎。[38]中國大陸接受生態文明一事，使其在聯合國獲得全球關注。雖然中國大陸幾乎沒有保護動物的法律，但釋昭慧、LCA 與臺灣正在開拓一條新的道路，或可為蓬勃發展，重視生態文明的中國，以及受其影響的全球各國提供新方向。自然的權利和生態文明提供地球法理學新的參考形式，未來這門學問有機會納入與整合生命平等，這樣一來，從民主共和之島臺灣，到聯合國國際論壇，都為這方面的法律創新做出貢獻。

參考書目

小學館

2014　自然。日本國語大辭典。網路資源，https://japanknowledge.com/lib/display/?lid=200201e4120b4H4UG38C。3 月 30 日。

內政部全國宗教資訊網

2019　清水祖師。網路資源，https://religion.moi.gov.tw/Knowledge/Content?ci=2&cid=285，1 月 27 日。

中華民國教育部

2015　本體論。教育部重編國語辭典修訂本。http://dict.revised.moe.edu.tw/cgi-bin/cbdic/gsweb.cgi?o=dcbdic&searchid=Z00000017041。

2015　天賦。教育部重編國語辭典修訂本。2015。http://dict.revised.mo

---

[38] 請參見王治河、何慧麗、樊美筠（Wang, He, and Fan, 2014：54）。另請參見潘岳（Pan, 2008：30）。

e.edu.tw/cgi-bin/cbdic/gsweb.cgi?o=dcbdic&searchid=Z00000017041。

2018　十二年國民基本教育課程綱要：國民中小學暨普通型高級等校語文領域──國語文。

陳建榮、黃隆民

2004　〈我國國民教育階段「宗教與學校教育分際」現況的評析〉。《臺中師院學報》18（1）：41-60。

聖經資源中心

2019　《聖經和合本（第直排紅字神版）》。新北市：聖經資源中心出版。

漢語大詞典編輯委員會

2001　〈環境〉。《漢語大辭典》第四卷。上海市：漢語大辭典出版社。Pp. 640。

釋昭慧

2001　〈環境權與動物權──「人權」觀念的延展與「護生」信念的回應〉。《玄奘人文學報》4：17-34。

2003　《佛教規範倫理學》。臺北市：法界出版社。

2008　《佛教後設倫理學》。臺北市：法界出版社。

2013　〈刀下請留「總統豬」！〉。《弘誓雙月刊》（65）：4-6。doi: 10.29665/HS.200310.0002。

釋昭慧，彼得·辛格

2021　《心靈的交會：山間對話》。桃園市：法界出版社。

蘋果日報

2003　總統神豬秘密宰了。網路資源，https://tw.appledaily.com/headline/daily/20030818/281164/，8月18日。

Aquinas, Thomas

2004　Summa Contra Gentiles. *In* Animal Rights: A Historical

Anthology. Anton C. Pegis, trans. Andrew Linzey and Paul Barry Clarke, eds. Pp. 7-12. New York: Columbia University Press.

Berry, Thomas
  1999 The Great Work: Our Way into the Future. New York: Bell Tower.

Boyd, David R.
  2012 The Environmental Rights Revolution: A Global Study of Constitutions, Human Rights, and the Environment. Vancouver: University of British Columbia Press.

Boyd, David R.
  2017 The Rights of Nature: A Legal Revolution That Could Save the World. Toronto: ECW Press.

Chang, Chia-ju
  2019 Environing at the Margins: Huanjing as a Critical Practice. *In* Chinese Environmental Humanities: Practices of Environing at the Margins. Chia-ju Chang, eds. Pp. 1-32. Cham, Switzerland: Palgrave MacMillan.

Clough, David L.
  2012 On Animals: Systematic Theology, Vol. 1. London: Bloomsbury.

Coogan, Michael D., Marc Z. Brettler, Carol A. Newsom, and Pheme Perkins, eds.
  2010 The New Oxford Annotated Bible: New Revised Standard Version: With the Apocrypha: An Ecumenical Study Bible, Fully Revised Fourth Edition. Oxford: Oxford University Press.

Descartes, René
  1990 Animals as Automata. *In* Animal Rights: A Historical Anthology. Paul John Veitch, trans. A. B. Clarke and Andrew Linzey, eds. Pp.

14-17. New York: Columbia University Press.

Escobar, Arturo

 2010 Postconstructivist Political Ecologies. *In* International Handbook of Environmental Sociology. Michael Redclift and Graham Woodgate, eds. Pp. 91-105. Cheltenham, UK: Elgar.

Goossaert, Vincent, and David A. Palmer

 2011 The Religious Question in Modern China. Chicago: University of Chicago Press.

Gross, Aaron

 2014 The Question of the Animal and Religion: Theoretical Stakes, Practical Implications. New York: Columbia University Press.

Grumbach, Lisa

 2005 Sacrifice and Salvation in Medieval Japan: Hunting and Meat in Religious Practice at Suwa Jinja. Ph.D. Dissertation. Stanford University.

Harris, Ian

 1997 Buddhism and the Discourse of Environmental Concern: Some Methodological Problems Considered. *In* Buddhism and Ecology: The Interconnection of Dharma and Deeds. Mary Evelyn Tucker and Duncan Ryūken Williams, eds. Pp. 377-402. Cambridge: Harvard University Center for the Study of World Religions.

Holy Bible, King James Version

 2004 https://archive.org/details/KingJamesBibleKJVBiblePDF.

Kauffman, Craig M.

 2020 Managing People for the Benefit of the Land: Practicing Earth Jurisprudence in Te Urewera, New Zealand. ISLE: Interdisciplinary Studies in Literature and Environment 27(3):578-595.

doi: 10.1093/isle/isaa060.

Kleeman, Terry F.
  1994 A God's Own Tale: The Book of Transformations of Wenchang, the Divine Lord of Zitong. Albany: State University of New York Press.

Komjathy, Louis
  2017 Taming the Wild Horse: An Annotated Translation and Study of the Daoist Horse Taming Pictures. New York: Columbia University Press.

Kuo Tse 果澤
  2018 Nothing Divine about Pig-fattening. Taipei Times, Feb 27, 2018. Electronic document.
  http://www.taipeitimes.com/News/editorials/archives/2018/02/27/2003688324/1. Accessed January 27, 2019.

Lagerwey, John
  2010 China: A Religious State, Understanding China. Hong Kong: Hong Kong University Press.

Locke, John
  1824 An Essay Concerning Human Understanding, Vol. II. New York: Valentine Seaman.

Mackay, George Leslie
  1895 From Far Formosa: The Island, its People and Missions, Fourth ed. New York: Fleming H. Revell Company.

Miller, James
  2017 China's Green Religion: Daoism and the Quest for a Sustainable Future. New York: Columbia University Press.

Orsi, Robert A.

2016 History and Presence. Cambridge, MA: The Belknap Press of Harvard University Press.

Pan, Yue

2008 Looking Forward to an Ecological Civilization. China Today 57(11): 29-30.

Rosenfield, Leonora Cohen

1968 From Beast-Machine to Man-Machine: Animal Soul in French Letters from Descartes to La Mettrie. New York: Octagon Books.

Shih, Chao-hwei（釋昭慧）

2014a Buddhist Normative Ethics. Taoyuan: Dharma-Dhatu Publication.

2014b Environmental Rights and Animal Rights: An Extension of the Concept of Human Rights and a Response to the Conviction of Protecting Life. In Buddhist Normative Ethics. Chao-hwei Shih, ed Pp. 373-94. Chong Aik Lim, trans. Taoyuan: Dharma-Dhatu Publication.

2019 An Exposition of the Buddhist Philosophy of Protecting Life and Animal Protection. Chinese Environmental Humanities: Practices of Environing at the Margins. Chia-ju Chang ed. Jeffrey Nicolaisen, trans. Pp. 309-30. Cham: Palgrave Macmillan.

Singer, Peter

1975 Animal Liberation: A New Ethics for Our Treatment of Animals. New York: New York Review.

1996 《動物解放》。孟祥森、錢永祥譯。臺北市：關懷生命協會出版。

Smith, Jonathan Z.

1998 Religion, Religions, Religious. In Critical Terms for Religious Studies, edited by Mark C. Taylor, Pp. 269-284. Chicago: The University of Chicago Press.

Spiro, Melford E.

    1966   Religion: Problems of Definition and Explanation. *In* Anthropological Approaches to the Study of Religion. Michael Banton, ed. Pp. 85-126. London: Tavistock.

Sterckx, Roel

    2002   The Animal and the Daemon in Early China. Albany: State University of New York Press.

Stone, Christopher D.

    1972   Should Trees Have Standing-Toward Legal Rights for Natural Objects. Southern California Law Review 45: 450-501.

Voas, David

    2013   Religion, Religious Experience, and Education in Taiwan. *In* Religious Experience in Contemporary Taiwan and China. Yen-zen Tsai, ed. Pp. 187-212. Taipei: Chengchi University Press.

Waldron, Jeremy

    2002   God, Locke, and Equality: Christian Foundations of John Locke's Political Thought. Cambridge: Cambridge University Press.

Wang, Zhihe, Huili He, and Meijun Fan

    2014   The Ecological Civilization Debate in China: The Role of Ecological Marxism and Constructive Postmodernism-Beyond the Predicament of Legislation. Monthly Review 66(6): 37-59.

Weller, Robert P.

    2006   Discovering Nature: Globalization and Environmental Culture in China and Taiwan. Cambridge: Cambridge University Press.

Worster, Donald

    1994   Nature's Economy: A History of Ecological Ideas. Cambridge: Cambridge University Press.

Yu, Ying-Shih

   1987   'O Soul, Come Back!' A Study in The Changing Conceptions of The Soul and Afterlife in Pre-Buddhist China. Harvard Journal of Asiatic Studies 47(2):363-395. doi: 10.2307/2719187.

▪第三部份▪

宗教群體的生態實踐

第七章　從社會系統理論看「生態宗教」的可能性：以放生爭議為例　鄧元尉

第八章　佛教與森林：泰國生態僧山林保育的宗教意義與淵源　劉宇光

第九章　僧侶、候鳥與喜馬拉雅河川：印度東北達旺的爭議領土環境保育與宗教動員反水壩運動　林汝羽

第十章　環境保護與宗教實踐的交錯：臺灣民間信仰中金紙與香的符號意識形態與非人能動性分析　林敬智

第七章　從社會系統理論看「生態宗教」的可能性：以放生爭議為例*

鄧元尉

輔仁大學宗教學系副教授

本章大意

自古以來，人類社會一直在不同環境條件下尋求生存的契機，宗教經常是社會藉以與自然互動的媒介。直到現代社會的成形，人類發展出高度自主的社會系統，並在持續追求成長的過程中，反倒導致人類賴以維生的自然資源被快速消耗，對此一事態的覺察通常被表述為「生態危機」。儘管威脅迫在眉睫，人類社會卻因為某些系統性的因素，無法即時回應此一預期中的整體性危機。在這過程中，宗教扮演了什麼角色？某種有助於人類社會回應生態危機的生態宗教是可能的嗎？本文嘗試以德國社會學家魯曼的社會系統理論為基礎，以臺灣的宗教放生議題為例，闡述宗教與生態危機的關連，並追問生態宗教在現代社會中的可能性條件。

一、前言

當美國歷史學者林懷特（Lynn White, Jr.）（1976:1203-1207）在〈我

---

* 本文接受國科會專題研究計畫補助，計畫名稱：「宗教護生理念與生物多樣性的語意銜接：系統觀察、保育倫理與宗教交談」，計畫編號：MOST 108-2410-H-030-023-MY2，謹此致謝。本文發表時蒙中研院社會學研究所齊偉先老師講評指正，謹此致謝。

們生態危機的歷史根源〉（"The Historical Roots of Our Ecological Crisis"）一文將生態危機[1]訴諸於基督宗教的創世敘事後，宗教與生態的關係就成為學界爭論的課題，並外溢到宗教界與環保界。「林懷特命題」（Lynn White thesis）既引發環境倡議者對基督教的敵意，也促成「生態神學」這個學科的興起、致力於刻畫基督宗教如何可能是個友善環境的宗教（Whitney, 2008:1735-1737）。在臺灣，宗教與生態的兩歧關係也不時出現[2]，本文選擇多年前喧騰一時的放生議題進行討論[3]。「放生」是一個跨宗教的現象，具有淵遠流長的歷史，出於熱切的宗教動機與虔誠的教理信念，但也備受環境倡議者的關切，並已受到政府立法的規範，不同放生團體更展

---

[1] 本文沿用林懷特「生態危機」的用語，並區分「生態危機」與「環境危機」的差異。環境危機涉及的是生物所賴以生存的環境事態發生變化，當生物無法適應環境變化，就面臨環境危機。但生態危機是一個把生物與環境共同含括在內的整體事態。與地震、颱風、火山爆發這類單純的環境危機不同，生態危機是人類自己捲入其中並促發的危機，因此，對生態危機的診斷就是對文明危機的診斷。作為文明的一部份，宗教是無法置身事外的。面對環境危機，人類社會學習承受天災的衝擊、適應自然環境的變遷、或是遷徙到新的環境；但面對生態危機，人類逃無可逃，甚至負有對下一代與其他物種之福祉的義務。吾人需要以更具反思性的態度在自身中尋找原因，反思人類在此一整體危機事態中的角色，否則無論外在的自然環境如何不同，生態危機都會持續發生。因此，環境危機未必是宗教的危機，但作為文明危機的生態危機，則可視作宗教的危機，林懷特的論文，也即是在此一旨趣下，為大自然、人類文明、以及基督宗教尋找出路。

[2] 林懷特命題有可能以兩種截然不同的方式被投射到臺灣處境，第一種是延續其對宗教的批判，主張宗教是生態危機的根源，從而在華人宗教的歷史中尋找本地環境議題的起因，這是一種歸咎式的探問，本文所討論的放生爭議多少是在此一投射中產生的；另一種是延續林懷特在尋找西方生態危機的出路時所採取泛神論的做法，主張東方宗教（特別是佛教與道教、乃至於原住民宗教），可以作為本地環境議題的答案，這是一種尋找解方的探問。在筆者看來，這兩種投射式的理解都得太快，我們毋寧需要回到林懷特命題的理論脈絡，也就是環境思想中的互動論典範，在人類與自然的互動中去追究生態危機的由來與解方。不過，另一方面，筆者認為林懷特命題帶有歷史主義的謬誤，尤其是因為他省略了不同文明階段社會分化方式的差異性，導致以現代社會才有可能發展出的生態意識去追究前現代社會的宗教信念的效果歷史，其論述方式把生態危機的課題簡化到一個有所誤導的方向上。相對於此，筆者主張一種區域性的、議題導向的追問方式，不去追問在宗教與生態危機的關係上是否存在一種跨時代的統一理解，而是著眼於現代社會的特質來討論宗教與生態危機的關係。

[3] 內政部的「全國宗教資訊網」中有 103 年發起的「好人好神運動」，倡議宗教信仰者懷抱公德心並承擔社會責任。網站中有標題為「里仁為美」的網頁，提及 23 項容易引發社會爭議的宗教行為，其中約半數與生態環境相關（內政部，2014）。

現出或積極或消極的回應方式。對放生現象的觀察，可以幫助我們看到，在環境議題上，宗教團體如何與社會互動、呈現出哪些特質、以及某種「生態宗教」（eco-religion）的可能性何在。

一般說來，環保人士傾向於指責宗教僵化遁世、固守禮法、對進步價值充耳不聞，宗教團體則傾向於自我證成，以其來自經典、教理、傳統等豐沛語言資源來回應挑戰，證明宗教實為愛生護生，或是捍衛宗教價值高於環保價值。隨著不斷有新興的環境議題出現，宗教與生態的關係也持續展現出新的形式，並牽涉到政治、文化、經濟等層面，愈發複雜難解，也亟待學界重視。

我們該如何論述宗教與生態之間既衝突、又合作的兩歧關係呢？筆者認為，德國社會學家魯曼（Niklas Luhmann）的社會系統理論（social systems theory）很值得參考，其理論進路有個特質：這是差異取向的理論，而非統一取向的理論。這意思是：它著眼於差異來提問，但不強求差異的整合，而是追問差異如何被運用來製造新的差異，並在這探索的過程中避免過早地引入價值判斷。換言之，關於生態危機，系統理論並不預設人類與自然的終極統一，亦不預設對此一統一的破壞是惡、對其之修復是善，而是描述人類社會如何理解與面對生態危機。

對我們的討論來說，系統理論的進路至少有兩個優點：第一，它將宗教與生態危機的關係放在一個系統關連中來理解，幫助我們用更富動態性的方式來解釋宗教團體與環保團體各自的片面性，此一動態的解釋有助於釐清宗教與生態間的兩歧關係。第二，它不做價值判斷，不對宗教是友善環境抑或傷害環境預設立場，從而防止我們過早進入道德之域，對任何一方的行動輕率地做出價值判斷。系統理論並非迴避道德，而是要求謹慎觀察道德，不對放生爭議做出線性的「行為—後果」的歸罪判斷，避免把某種危害（環境破壞）僅僅理解為某個決定（宗教行為）的結果（Kneer and Nassehi, 1998:221）。基本上，系統理論不把任何標誌為「生態危機」的現象簡單地歸因為某些人或團體的心態、信念或行為，亦不歸因為某種生活方式、經

濟型態、或更為形而上的人性本質（把災害歸因於人性亦是宗教所習於使用的語意）。這兩個優點使我們在討論宗教與生態之兩歧關係時，可以避免來自宗教內部或外部的先入之見的影響，暫且擱置這些先入之見的有效性。

關於放生造成的環境衝擊，在學界已有相當多的研究，本文的著眼點是以放生為例，說明宗教與生態的複雜關係。放生現象典型地表現出魯曼所言「生態溝通」（ecological communication）的諸般面向，底下就讓我們藉由社會系統理論進行分析，並期待這些分析可以幫助我們探問「生態宗教」的可能性。

二、系統視野中的放生現象

（一）放生的宗教性與生態性

「生態宗教」的概念是建構性的、而非本質性的，畢竟對大部份宗教來說，「保護環境」並非其立宗開教的宗旨，宗教終歸是以人的解脫或救贖為目標。除了某些以環保為主要訴求的新興宗教、又或是某些帶有宗教性的環保團體之外，「生態」並不是一個宗教的本質要素。宗教與生態的關係更多是基於某種視角而在特定時空脈絡中顯現的現象，「生態宗教」亦是在此一特定視角與脈絡下被理解的，我們姑且把這樣一種宗教現象理解為：具有正向生態性、被賦予正面生態意義、並能進行積極生態溝通的宗教。

首先讓我們從宗教內部來理解「放生」的問題脈絡。因為我們的問題意識是追究宗教放生的生態意義，這需要一種生態性的視野，也就是把宗教視為一個「生態實體」（ecological entity）來看待。圖 7-1 是將宗教視為生態實體的概念圖，生態實體是以生態意向性來進行觀察時所顯現的事物（Pickett, etc., 2007:29）[4]。在圖 7-1 中，宗教的階層可以從最小單位的信

---

[4] 生態實體的基本要素是階層、尺度與面向。整體生態系統表現為一個從生物個體、族群、群落

徒個人開始，逐漸擴大為地方性的堂會或宮廟、教派或宗派、乃至於一整個宗教傳統。至於宗教之面向，筆者借用宗教現象學家斯馬特（Ninian Smart）的理論，將宗教分為七個維度：儀式與實踐、教義與哲學、神話與敘事、經驗與情感、倫理與律法、組織與社會、物質與藝術（Smart, 1996:8-14）[5]。圖 7-1 未標示「社會維度」，因為這個維度正是構成這個圖的視野本身，並讓其他維度成為可觀察的對象，使我們可以探討這些維度的社會含義。

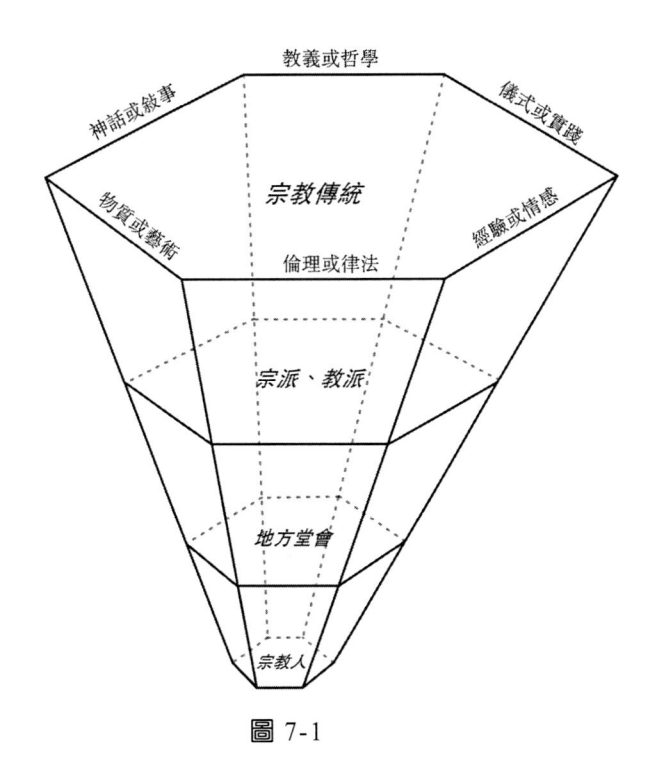

圖 7-1

依次擴大、最終抵達生物圈的巢狀階層，不同階層有相應的不同觀察尺度，呈現出不同的生態現象，這些生態現象有一些共同的面向（如型態、行為、演化等），在每個階層都有相對應的表現方式。

[5] 對不同的宗教理論來說，這些維度是可以有所增減的，但這並不影響本文的論述。

圖 7-1 各階層的尺度差異不僅是空間上的，也是時間上的。宗教傳統的層級具有最長遠的時間尺度，個人則最為短暫。在傳統尺度上，根據學者們的研究（林本炫與康素華，2008:119-121；陳家倫，2008:134；于君方，1990:139-140），放生現象主要是源於佛教在中國的發展，可追溯至梁元帝（508-555 CE）與智者大師（538-597 CE）所設置之放生池。放生行為擁有經典依據（如《金光明經》、《梵網經菩薩戒本》等），也有相關敘事（如流水長者故事），並有典範人物（如雲棲袾宏），諸般教理闡述不勝枚舉，更重要的是它被儀式化並形成相關行為規範（如《百丈清規證義記》中的〈生所規約〉）；就放生行動之具體實踐而言，則涉及信仰者對被放生動物（物質維度）的同情共感（情感維度）。因此，放生現象體現出宗教的諸般維度，其宗教性應無疑議。放生現象的爭議主要在於其生態性，這個爭議是在當代出現的，這裡有許多尚待澄清之處。

首先，所謂宗教的生態性，是從生態意向性觀察宗教並賦予宗教某種生態意義。只要是從生態意向性出發所領會的事物，都具有某種生態意義。某個事物的生態意義可以是純粹描述性的，這種生態描述是伴隨著十九世紀中葉生態學的發展才得以可能。當某個事物在存有學上的生態性再加上價值論上的判斷，才有可能產生或正面、或負面的生態意義，這件事則是直到二十世紀中葉之後、伴隨著環境倫理學的發展才得以可能。確切說來，唯有從 1960 年代起，生態意識逐漸普及，諸般環境倫理得到建立並獲得公眾的承認，才慢慢凝聚出「友善環境」與「破壞環境」的倫理判準，我們才可能對放生行為進行環境倫理上的道德考量。換言之，放生現象之生態意義要能夠成為爭議，是相當晚近的事，且是以特定的學科發展與社會條件作為背景。

那麼，「對某種行為進行環境倫理方面的判斷」這件事又意味了什麼呢？按照魯曼的說法，這是一種特定的問題提出法，它追究「社會系統／自然環境」這組差異的統一，也就是試圖針對「危機」這件事獲得一個「解方」。與此相對，系統理論的問題提出法則關切「社會系統／自然環境」的差異本身，追問「危機」是在怎樣的「系統／環境」差異關係中被溝通的

（Luhmann, 2001:7-12）。

　　這裡存在兩種問題提出法，放生是在「解決生態危機的問題提出法」所開展出的脈絡下成為爭議的，本文則要從「系統理論的問題提出法」出發，這並不是迴避爭議或對之視而不見，相反的，這是為了觀察爭議，觀察放生現象如何在前一種問題提出法中成為一個爭議。如果我們可以從此一更為後設的角度來理解爭議中的諸般要素，尤其是看到放生現象中的宗教性與生態性如何彼此糾結，也許就可以回到前一種問題提出法來提出更好的建言。為進行此一後設分析，我們不可避免的要花一點篇幅略述魯曼理論的基本概念。

（二）功能社會與生態溝通

　　社會系統理論是從「系統／環境」的差異出發，就其理論要旨而言，這裡的「環境」並不是一般談及生態危機時所預設的「自然環境」，當有需要做出區別時，本文稱其為「社會環境」。對魯曼而言，自然環境更像是一個充滿最終極複雜性的混沌「世界」，社會系統基於自身的運作把「世界」大幅簡化為「系統的環境」，與生態危機有關的訊息就是在這個「系統的環境」中現身的，這些訊息固然牽連到自然環境的特定事態，但社會系統只能在對社會環境的建構中以社會系統有限的運作方式來處理這些訊息。因此，對生態危機的辨識、指認與解釋，其實與社會系統的運作密不可分。

　　在魯曼看來，社會系統是一個自我組織的封閉系統，它自為地運作著，它的運作無法以因果線性的關係直接企及自然環境，即使其運作在物質方面依賴自然環境的條件並對自然環境造成影響。魯曼（2012:73-77）指出，關於生態危機，我們並沒有辦法從系統與環境的關係推論出「社會對自然環境的適應」這類觀念，相反的，我們應強調現代社會日益增強的「自我危害」與「自我修復」的能力。生態危機的問題意識，即是以覺察這種自我危害為出發點；而生態宗教的可能性，亦立足於對此一自我修復的期待。

因此，分析的焦點是人類社會的運作，是人類如何認知環境事態與面對危機。生態危機與其說是自然的危機，更是人類社會的危機。生態危機的訊息，乃是人類社會系統在進行運作時，關連起「作為有生態意義的自然」時的特定表述，是諸般社會系統在描述其環境亦描述其自身時對其之所以能夠進行描述的意義視域本身遭到威脅的訊息總和，此一威脅最終將消除所有「系統／環境」的差異，也消除由此而來的關於一個有意義世界的構成可能性，終致一種既無差異、也無統一的荒涼事態。自然所遭受的危害從來就不只是自然本身的事情，而是人類社會事態的一部份，是由人類所引發、詮釋和建構的。

差異取向的視野讓我們看到與自然有別的人類社會，而不是作為自然之一部份的社會。人類在最基本的層次上仰賴自然的供給（與任何物種一樣），但也努力建立起包括宗教在內的獨獨屬於人類自己的文化型態（與任何其他物種都不一樣）。但人類社會有其不同歷史階段，與前現代社會不同，乃是現代功能社會才使得「生態危機」作為某種模糊自然事態的表徵獲得指認與溝通[6]。現代社會不再是被動的在有限選項內選擇一個自然環境來生存其中，而是主動為自己劃定邊界並定義什麼是它的「環境」；這讓社會系統既可以封閉於自身，又可以決定系統與環境的差異是什麼，並根據這個差異來運作。這是人類社會在分化形式上的演化成就，這個成就使得「生態危機」進入我們的視野[7]。

---

[6] 魯曼指出（2013:12-13），人類社會在歷史上主要有四種分化形式。最早是片段分化，以社會次系統的相似性為原則來分化。其次是依據中央與邊陲分化，加入了不相似性的分化原則，圍繞著某個中心建立起多重片段。再來是層級分化，以次系統彼此間在階序上的不相似性為分化原則。最後是功能分化，同時以次系統的相似性與不相似性為原則，分化為諸般功能系統，這些功能系統在其「不相似性」上是相似的。

[7] 人類的社會往愈趨複雜的方向演化，也就是進行內在分化、建立次系統，如此才能提升自己處理環境複雜性的能力（Kneer and Nassehi, 1998:143-148）。在筆者看來，許多環境倡議者訴諸於回歸伊甸園式的片段社會，其實無法解決生態危機的問題，因為這樣的社會不夠複雜到去辨認和處理生態危機，而只是在大幅化約生態危機的相關訊息後，生活在一個極度簡化、並因此極易受到干擾的系統中。相反的，社會系統越複雜，就越能處理來自環境的訊息，在這過程中，人類漸漸領會到：的確存在著某些由人類自身行為所造成的對自然環境的大尺度破壞、以

魯曼將此一基於差異的運作稱作「溝通」（communication），這是社會系統的基本運作單元，以「意義」為形式，從前一個溝通銜接到下一個溝通，諸般溝通關連最終建立起自我組織的社會系統。這過程產生了一個意義網絡，所有被溝通的論題都可在這個意義網絡的語意儲備中被施加所挑選出來的意義。「賦予意義」這件事使得所溝通論題的複雜性得到處理，從而我們得以知道被選擇出來的可能性是什麼、我們認知了什麼、以及我們可以期待些什麼（Kneer and Nassehi, 1998:84-85, 154-157）。當社會系統以生態危機作為溝通的主題，就是所謂的「生態溝通」。隨著現代社會分化出各式各樣的次系統、也就是各個功能系統，生態溝通就在各功能系統間進行著。值得注意的是，全社會系統中並沒有專門針對生態危機發揮功能的特定部門，也就是說，諸般功能系統中並沒有一個特定的「生態系統」，有的是各個功能系統皆對「生態危機」進行溝通，選擇或創造相關語意，使得「生態危機」這件事被賦予諸般意義。這些生態意義是不同功能系統基於其自身的運作所分別提出的，它們並不指向某個最終極的生態意義或解決方案，而是不斷在各種差異間彼此銜接，各個功能系統皆在「賦予生態危機意義」這件事上提升自己的複雜性，全社會系統的複雜性提升使得人類可以更好地處理無限複雜的自然事態。

不同功能系統進行溝通需要兩個要件：符碼與綱要。各個功能系統皆依據自身特質來運作，並沒有一個外加的秩序，它們僅僅是彼此作為對方的社會環境而作用著。這種運作上的封閉性是功能系統的特質，它藉此形塑自身與維持自身。各個功能系統的獨特性反映在它所使用的二元符碼（binary code）上，符碼會提供正負兩個值，系統僅僅透過對可供選擇的值的持續銜接來運作。但針對某個環境事態要選擇哪個值來作回應，則需要一套規則，這規則被稱作綱要（program），綱要讓系統可以在某個程度上對其社

及由此反饋回來的對人類社會自身不可回復的危害，對生態危機的反應就是為了避免這個反饋回來的危害、並要求社會的自我修復，而此一自我修復的方向，只能是這個社會朝向一種更高的複雜性前進。

會環境保持開放。每個功能系統就是如此藉由符碼和綱要形成一個自我生成並自我組織的系統（Luhmann, 2013:89-92）。透過符碼，功能系統維持自己的獨特性與運作上的封閉性；透過綱要，功能系統保持對環境的開放性，讓系統可以在基於自身符碼的前提下回應來自環境的干擾並選擇這些干擾所代表的意義（Luhmann, 2001:75）。當不同功能系統透過綱要對作為社會環境的彼此所帶來的激擾進行反應時，就是系統間的共振（resonance）或結構耦合（structural coupling）。結構耦合有別於因果關連[8]，意指系統在結構上信任某些環境特質、並以此作為運作的前提，從而系統可以有限度地回應環境對系統的刺激。環境對系統造成某種激擾，但唯有當系統與環境間存在結構耦合，系統才可能做出回應，否則就只會將這些激擾視為噪音。因此，系統必須發展出可控制的感知形式，甚至透過內在分化來提高自己的複雜性，以期對環境激擾作出有效回應（Luhmann, 2019:379-383）。透過共振或結構耦合，各功能系統在彼此干擾、彼此依賴、彼此協調的過程中，使全社會系統的複雜度快速升高，因為每個系統都基於自身的符碼與綱要來處理其社會環境的複雜性，隨著每個系統提升自己的複雜性，各個系統也都面對更高的環境複雜性，並進一步帶動自身複雜性的提升，各個功能系統因此為彼此製造出更多的選擇壓力和不確定性（Luhmann, 2001:27-29, 80-82；2021:61-62, 229-232）。

每一個功能系統都是獨立自主的，因此，我們既無法控制其他系統如何就「放生」這件事對宗教系統進行激擾，也無法控制宗教系統如何反應這些激擾，一切都只會在不斷升高的複雜性態勢中向前推進。我們只能約略觀察生態溝通的共振路徑。一般說來，現代的生態溝通是由科學系統啟動的，只有科學系統能夠以最有說服力的方式、儘可能全面地去處理自然環境的複

---

[8] 因果關連以簡單的「輸入─輸出」線性關係來理解系統與環境的關連，此一理解並無法掌握社會系統的特質。倘若我們在分析放生現象時，以「輸入─輸出」的模式進行分析與做出期待，從而將「環境破壞」視為「放生」這項輸入的輸出，或是將「放生」視為一種錯誤的輸出，期望藉由輸入一套新的道德規範來修正它，都是系統理論要避免的分析方式。

雜事態並做出預測，關於生態危機的最早資訊就是來自科學系統。科學系統發出的訊號，需要透過媒體系統的傳播，當危機訊號夠強，就會引起經濟系統的恐慌與政治系統的壓力，開始出現友善環境的生活模式與對環保政策的倡議，這有可能進一步引發法律系統制定相關法規，又或敦促教育系統發展相關學制與課程。這一切都會關連到道德系統與倫理系統，為如何迴避危機設定行動規範。放生現象之所以成為爭議，是因為宗教系統的某些運作被全社會的生態溝通選擇出來，這些運作為其他功能系統造成激擾、升高其環境複雜性，其他功能系統就必須按照自己的符碼與綱要來處理宗教系統的訊息，這些訊息都共同運用了「放生破壞環境」這個語意，並以各系統自身的方式來處理與傳達這個語意，這就回頭對進行放生的宗教系統造成各種形式的激擾、並大幅升高其環境壓力，宗教系統若須回應這些激擾、把它們當一回事，就必須提升自己的複雜性來處理這些訊息，我們的分析也由此切入。

（三）放生的系統關連

放生現象是在現代功能社會的生態溝通中被指認為破壞環境的，我們該如何針對這件事進行分析呢？魯曼（2001:79-82）建議我們在分析生態溝通時注意到兩點：首先，不同功能系統間的共振受到「社會分化為諸般功能系統」這個事實的制約；其次，共振受到「各功能系統不同的符碼與綱要所結構化」的制約，並且各功能系統都是在「系統／環境」的典範下進行共振。於是，在一個功能社會中，與生態相關的課題就是：諸般功能系統是怎麼就生態危機進行溝通，系統間如何共振、如何相互激擾、如何彼此回應。

首先要看到，在宗教的放生實踐中，被論題化而進入社會溝通的，乃是此一現象的生態意義、而不是宗教意義，也就是說，放生是在社會的生態溝通中被論題化的，這裡存在著三種系統關係：第一是「功能關係」，意指某一功能系統與全社會系統的關係；第二是「演示關係」，意指各個功能系統彼此間的關係；第三是「反省關係」，意指每一功能系統與自身的關係。

就宗教與全社會系統的關係而言，宗教向來發揮著整合的功能，但當進入現代社會後，這個功能受到挑戰，因為社會分化出許多在運作上各自獨立的功能系統，每個系統皆有其自主性，宗教無法把它自身的準則強加於其他系統上，宗教性的社會結構也不再擁有支配權，這個一般被稱作「世俗化」的現象，意味了宗教與其他功能系統間的演示關係與宗教在整體社會中的功能關係產生了衝突。與此同時，宗教與其自身的反省關係也在快速變遷的現代社會中遭到質疑，並具體表現為宗教傳統難以在系統層次維繫其連續性與同一性，特別是宗教已無法單單根據它在傳統社會形式中發揮的整合功能來自我理解。凡此種種，皆使現代社會中的宗教面臨尷尬的處境（Beyer, 1998:29-33）。

　　放生爭議體現了宗教的現代處境。對宗教本身來說，放生僅僅是在實踐宗教的功能關係，是信徒信仰實踐的表達，是一個在宗教系統內部進行的宗教溝通。然而，放生爭議的特殊之處就在於：它以宗教系統所沒有預料到的形式引發了其他系統的反應，這便進入系統間的演示關係。這些反應也遞迴到宗教系統，引發對宗教的激擾，從而改變了宗教在放生實踐中的意義選項，並促使宗教自我觀察，進入與自身的反省關係。綜言之，「放生」不再是宗教自己的事情，它牽涉到社會其他部門的反應，這使得宗教頓然發現：原本具有高度宗教意義的放生實踐被賦予了新的意義、是宗教固有的語意儲備難以處理的。這種全新的複雜性要求宗教提升自己的複雜性，而這就有賴於它與其他功能系統的共振。經過共振後的宗教系統，若足以處理新的複雜性，就可望在與自身的反省關係中演化為一個友善環境的宗教系統，我們對「生態宗教」的期待就坐落於此。

三、放生在宗教系統中的運作方式：宗教放生的功能關係分析

　　讓我們用圖 7-2 來例示宗教系統在社會系統中的位置：

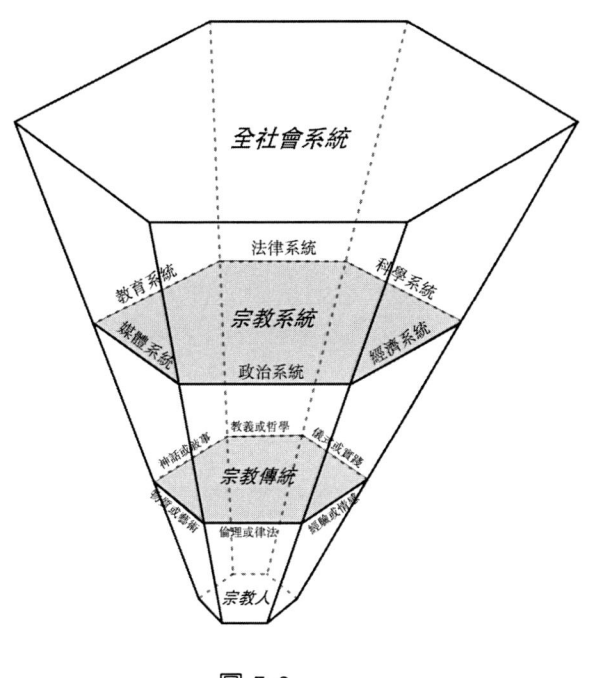

[圖示：全社會系統的漏斗狀概念圖，由上而下分為三層：
- 最上層：全社會系統
- 中層：宗教系統（周圍為法律系統、科學系統、教育系統、媒體系統、經濟系統、政治系統）
- 下層：宗教傳統（周圍為教義或哲學、儀式或實踐、神話或敘事、倫理或律法、經驗或藝術、組織或社會）
- 底端：宗教人]

圖 7-2

　　宗教的存在，首先仰賴「宗教傳統」透過諸般維度鞏固自身，但作為一個功能系統，「宗教系統」則在全社會系統中鄰接其他系統。「宗教系統」與「宗教傳統」並不是兩種分開的實體，我們只是在概念上加以分開，以反映視角的差異，這有點類似「圈外」與「圈內」的差異。我們在概念圖上區分二者，是要表達「宗教作為一種文化傳統的固有語意儲備」與「宗教作為一個功能系統與其他系統共振所需要的綱要」之間存在著語意落差，這是宗教之所以無法成功參與生態溝通的一個原因，也是我們在理解宗教之同一性時要意識到的兩個方面：宗教作為文化傳統的同一性，是由神聖的諸般維度共構而成；宗教作為功能系統的同一性，則由其功能運作上的符碼來維持。

　　宗教系統保持其同一性的符碼是「超越／內在」，以宗教學的用語就是「聖／俗」；若是佛教的話，也許是「開悟／無明」或「解脫／輪迴」；

若是民間宗教的話，也許是「有功德／無功德」。宗教性的溝通總是從超越的觀點觀察內在的事物，在此，內在性是正值、也就是指定值，它是可以提供連接能力的值，是系統可加以操作的；超越性則是負值、也就是反省值，它與內在性互相預設，並使內在性成為可觀察的（Luhmann, 2004:111-112）。宗教系統與其社會環境互動的綱要，可對應到斯馬特提出的諸般宗教維度。那麼，從符碼與綱要來看，「放生」意味了什麼呢？

首先要看到的是，放生現象雖然主要涉及佛教與民間宗教，但其實大部份佛教與民間宗教團體並未從事放生活動。依據臺灣動物社會研究會與高雄市教師會生態教育中心（2004:3）的報告，從事放生的宗教團體僅佔24%。因此，我們應該可以說：放生本身並不是這些宗教的符碼，而是一種特定的綱要，是化約環境複雜性的一種方案。此一綱要的作用在於：在複雜的大千世界中區別出具有宗教意義的特定事態，從而得以進行宗教性的回應。每當環境中發生某類事件，如動物之受困將死，宗教系統對其之觀察便賦予某種宗教意義，從而可在「放生／不放生」的意義選項中選擇「放生」來回應之。此一選擇可以對應到宗教的符碼：藉由一個可觀察的內在性的選擇（放生）來體現某種不可觀察的超越性（功德）。但宗教什麼時候啟動這組綱要呢？有哪些溝通運作的方式？有哪些前後相繼的意義選項？運用哪些語意來銜接符碼與綱要？

在與放生爭議相關的面向上，宗教看到的世界是一個充滿芸芸眾生的有情世界，也就是將它的環境理解為是「生命／非生命」此一基本差異的統一，並傾向於選擇出「生命」來進行意義的銜接。「護生」即是使此一選擇得以可能的主要語意，使宗教能把「有功德／無功德」之類的符碼關連起它的環境。護生語意若要能成功發揮綱要功能，一方面須建基在宗教的符碼上，另一方面則須幫助宗教化約環境複雜性、並獲得行動的指引。行動的選項必須簡化到足以輕易選擇的程度，以減輕選擇負荷。以淨土宗大師印光法師為例，他主張護生包括戒殺、素食、放生三者，並共同建基在眾生皆有佛性、三世因果與六道輪迴等佛教基本義理上。這三者以戒殺最為消極（禁止

做某事）而放生最為積極（主動做某事）。照印光法師的說法，放生「然欲一一如法，實難做到，是宜極力提倡戒殺吃素，以為根本解決之法。其于放生略為舉行，以期人各體會放生之意而已。」（施鑣湘，2013:116）換言之，在「護生」此一語意的後續銜接中，「放生」並非首選。當護生是一種與環境互動的指引語意時，戒殺與素食顯然較為可控（戒殺又比素食更為可控），放生則較不可控，因為「放生」總是仰賴高度隨機的環境事態，這也正是隨緣買放式的放生之意：正因環境條件的隨機性質使得放生的實踐需要「隨緣」。

　　於是，若要實現放生，有賴於宗教更加刻意地積極建立與環境的關連。放生實踐是在被標示為內在性的世俗世界中發生的，它是宗教可加以操作的，並由此啟動意義關連，在這過程中，某個放生行動被宗教從超越性加以觀察、賦予宗教意義。這裡存在一系列的意義選項：「生命／非生命」、「受困／非受困」、「放生／不放生」。最後要能獲得「放生」的選擇，有賴於選擇「生命」與「受困」，唯有「生命→受困→放生」此一意義關連才可能取得具有超越性的結果。在任何時候，選擇「非生命」就不可能帶出「受困」，選擇「非受困」就不可能帶出「放生」，選擇「不放生」就不可能帶出超越性的功德果報，也就失卻其宗教意義。在這個意義關連的過程中，筆者認為有兩個基本特質需要指出：第一是生命概念主要坐落在「動物個體」上；第二是此一意義關連的高度偶連性使其不容易隨時發生，以致需要轉化入一個可控的場景。

　　就第一點來說，不難發現，無論宗教對何謂「生命」發展出多少複雜的義理，在與放生有關的宗教敘事中，「生命」這個寬泛的概念直接被特殊化到「動物個體」身上，動物個體成為一個基本的指認點，用以標示生命的所在。當我們談到「放生」，往往不假思索地就關連起動物個體。於是，「受困的生命」通常是透過一個或多個「受困的動物生命個體」來表達。從世界標示出「受困的動物生命個體」，也就成了執行放生選擇的必要條件。將「受困／非受困」的選項運作在某些生命個體上，這原本是一個純屬偶然

的環境狀況,例如在山林中遇見誤入陷阱的動物,或是在市場上遇見待宰殺的動物,或是受傷的貓狗自發出現在家門口。然而,若從超越性的觀點來看,這些偶然的環境事態實則是因果業報等某種必然性法則的體現。宗教在此運作了一個弔詭:「生命受困的偶然性」實則要在某種「普遍法則的必然性」的框架下來理解,正是在此一無法操作的、具有超越性的普遍法則下,「生命受困的偶然性」此一條件才可望帶出進一步的選項:放或不放,並因此而為後續的放生選擇帶來具有宗教性的福報或功德。

　　這就帶往第二點:「與受困生物個體的偶然相遇」需要獲得更強的控制,並在非常明確的預期之中發生,這就使得相對於隨緣放生的另一種放生形式獲得了更多的偏好,那就是儀式放生。依據學者對放生類型的研究,放生基本上分為隨緣放生與集體放生。隨緣放生是相關宗教團體多所認同的,也較少引發爭議,有爭議的是大規模的集體放生,往往與大型法會活動有關。涉及放生的法會活動不一定是為了法會舉辦的,比方說,對妙法禪寺和靈鷲山而言,法會本身才是重點,放生活動則是附帶的,並是可以改變的;然而,另一方面,也有諸如海濤法師創辦的中華護生協會在實施專門化放生,這是最容易引發爭議的形式(林本炫與康素華,2008:122-125, 136-140;陳家倫,2008:141-143,2010:111-117)。隨緣放生對於「生命受困的偶然性」抱持著坦然的態度,但從事大規模集體放生的宗教團體似乎有一種把「放生/不放生」符碼化的傾向,這組差異不再只是與環境互動時諸般意義選項中的一個選項,而是成為特定宗教系統運作的基本原則。如果我們把「放生/不放生」當作符碼來分析的話,「放生」是可觀察的指定值,可由宗教加以操作,並可明確指定其後續銜接的意義選項,這在放生具有消業、還債、無上功德之類的語意中明顯呈現出來(陳家倫,2010:118-119);「不放生」則是不可觀察的反省值,它本身沒有後續的銜接選項。所以,儘管不支持集體放生的宗教團體提供了其他意義選項,如持戒、素食等(陳家倫,2010:123),但對運作「放生/不放生」這組符碼的宗教團體來說,「不放生」是沒有接下來的運作的,素食等修行法門僅是某些綱要

建議，讓「放生／不放生」的符碼可以透過這些綱要來決定其運作的正確性，並無法取代符碼。比方說，利用「素食」的綱要來銜接起某個市場環境，購買本應成為葷食素材的雞鴨加以放生，也就是說，「素食」的綱要不一定銜接起購買青菜蘿蔔的行動，系統的運作仍取決於「放生／不放生」這組符碼。

易言之，那些從事放生的宗教團體選擇讓「放生／不放生」這組差異發揮宗教之為宗教的基本功能，使之成為宗教系統的構成性動能。一旦放生行動符碼化了，它就愈加趨近發揮宗教系統本身的功能、而遠不只是宗教系統與環境的關連而已。對魯曼來說，宗教系統的一項重要社會功能就是幫助人們處理不可避免的偶然性（Beyer, 1998:26），特別是藉由「儀式」來抵制因著不可避免的偶然性所產生的內在分化。對那些從事大規模集體放生的宗教團體來說，「放生／不放生」正是在發揮轉化偶然性的功能。這裡的偶然性不再只是「與受困生物個體的偶然相遇」，還包括了信徒個人生命中所有苦痛挫折的偶然性，一旦「放生／不放生」與這種轉化偶然性功能連結起來，它就很難被動搖與取代了。

在宗教的諸般維度中，最能產生這種轉化偶然性功能的，乃是信念與儀式[9]。放生儀式舉行的所在，無論是在寺院內的放生池、水庫、還是海邊，任何地景都可以被重新組織為一個充滿宗教意義的神聖空間。儀式本身就為這樣的宗教功能背書，它甚至有可能並不需要傳統教義的支持，相反的，它可以創造新的教義，提供新的語意資源，讓信仰者藉以確認其儀式的正當性，這一切都在宗教系統內完成。比方說，根據林本炫與康素華（2008:141-143）的調查，中華護生協會透過兩位作者所謂之「機械式因果

---

[9] 神職人員可能較為偏重信念，信眾則偏向儀式，但這兩者基本上是相輔相成的。一般而言，信念會提供明確的語意來保護宗教系統的符碼，至於儀式，則如魯曼（1998:50-51）所言，一方面可以抵制系統的內在分化，另一方面則具有自行組織背景的功能，使宗教意義可以在不同的脈絡中獲得傳承。換言之，同一套儀式並不需要演化得越來越複雜才能適應現代社會，它自身可以不斷重新決定神聖的界限，從而無論環境如何變化，儀式都可以保證宗教系統的自主性與單純化。

業報觀」，讓「放生／不放生」的運作顯得非常明確，更增添其可操作性，藉由病痛種類與放生物種間某種類比式的對應，讓病痛成為一個透過放生來化解業障的契機。諸如這種明確的類比結構，生命的偶然性在「放生／不放生」的運作中直接獲得化解，並呈現出把「放生／不放生」符碼化的傾向。

儀式原本就是各個宗教把偶然性必然化、把超越性內在化、把不可控制者轉化為可控制者的機制，這裡面誠然存在著某種操控的企圖，但宗教之為宗教的特質就在於透過儀式來把此一弔詭隱藏起來，使得儀式成為了從內在通往超越、從可控的此世通往不可控的彼岸的途徑。無論人為操作的痕跡多麼明顯，信仰者都會「視而不見」。原本仰賴環境偶然條件的放生行動一旦被儀式化，「放生／不放生」的選項就成為宗教系統內部的可控環節，而且，放生的儀式化不僅可以消除「動物個體生命受困的偶然性」，也可以消除「人類生命苦痛的偶然性」，只要能夠在一個儀式進程中主動創造出使得「放生／不放生」的意義選項得以可能的背景，即可隨時隨地創造出放生實踐的場景，至於「藉由可控的內在性操作來獲得不可控的超越性成果」此一弔詭則因著儀式本身的去弔詭化功能而被隱藏起來。

綜言之，在面對受困之生命個體時，「放生」就是特定意義的實現，展現出宗教系統化約環境複雜性的能力，藉由生產宗教意義來進行溝通。相對的，「不放生」則不會帶來任何進一步的意義關連，而是將受困動物推回作為背景的環境中。集體放生則透過儀式化的過程來轉化隨緣放生的偶然性，主動創造實現此一宗教意義的背景。然而，放生的生態爭議就在於其儀式化，這種放生型態引發了其他功能系統的反應，這些反應原本並不在從事放生的宗教團體的期望中。何以致之？這就涉及放生帶來的功能系統間的演示關係。

四、放生在系統共振中的意義關連：宗教放生的演示關係分析

　　一旦某個宗教系統基於其自身的封閉運作而涉入某種自然事態時，它很有可能從未設想要與其他系統進行溝通，它只是在進行內部的宗教溝通，換言之，「放生」這件事情在宗教內部本來就不帶有生態意義。然而，放生的實踐總是在某個社會脈絡下進行的。如果一個人在草原上保護一隻被老鷹追逐的兔子，這個行為的脈絡或可說是純粹的自然，它只干涉到老鷹與兔子間的食物網關係；如果一個人在深山裡放走一隻被獸夾困住的山豬，這個行為的脈絡可能涉及的是相對單純的片段分化社會，干擾到一位久居山間、只為果腹的獵人的企圖；如果一個人是在漁市場買下一條魚放生，這個脈絡就複雜一些，但引發的激擾並不大；但如果是一群人刻意選擇在海邊進行大規模放生，這個行為所引發的激擾就可能上升到系統層級。

　　宗教團體的大規模集體放生在系統層級引發全社會生態溝通的反應，這些反應成為放生這件事的風險。其他功能系統究竟何以受到如此激擾，以致放生爭議是如此廣泛地滲透在生態溝通中？其中一種解釋，涉及放生造成的「環境風險」與「環境危害」。在系統理論中，所有的決定都有風險，這是系統在執行意義選擇時不可避免的，因為系統在化約環境複雜性時，不可能絕對確保其選擇的安全性，某種可能的傷害始終潛藏在環境背景中。如果此一可能的傷害被歸因於系統的決定，那它就是風險；但如果被歸因於環境，就會涉及危害（Kneer and Nassehi, 1998:223-227）。對於宗教系統來說，「與放生相關連的生態破壞」是個風險；但對於其他系統來說，宗教系統作為它們的環境，「與放生相關連的生態破壞」就成為一種危害，於是，這些功能系統之所以遭到激擾，因為它們拒絕一種「使其他人在其中成為風險的犧牲品的處境」（Kneer and Nassehi, 1998:231）。

　　在筆者看來，集體放生之所以牽扯到其他功能系統，依舊是把「放生／不放生」符碼化帶來的結果。如果放生只是一種觀察自然環境的綱要，面對同一種環境事態，產生此一綱要的符碼也可以產生其他的綱要取而代之。

比方說，依照釋昭慧（2001）的觀點，我們可將「緣起法」視為佛教護生信念之符碼，「戒殺、放生、素食」則為護生實踐之綱要，如此，那種為了功德的放生並未依據緣起法，根本就不在護生的意義關連選項之內。林朝成（1995:67-69）則訴諸「慈悲心」，若以此為符碼，其綱要實踐則須依據「方便救護」，放生就有了寬廣的意義關連，那種違背方便救護原則的放生，無法體現慈悲心的符碼，也就根本不具宗教意義了。

相較之下，一旦宗教系統把「放生／不放生」當成符碼，它本身就是系統運作的原則，用以維持系統的封閉性。當這樣的宗教系統要觀察環境時，它所發展出來的綱要自然會傾向於指認「受困的動物個體」。待指認的動物個體理論上是屬於自然環境中的客觀事態，但從事放生的宗教系統並沒有直接觀察自然環境，而是從一開始就透過其他功能系統來獲取動物個體，尤其是經濟系統（所以集體放生也經常被指認為「商業化放生」）。動物個體是被捕捉、養殖、買賣而來的，牠們的「受困」更像是被困在現代社會的經濟系統中。宗教系統乃是透過經濟系統從根本上克服了放生原本所依賴的環境偶然性條件，而且這是宗教系統所主動追求的方案，是宗教為了運作（也可說是不得不運作）它的符碼才主動選擇與經濟系統共振來獲取其放生對象。若沒有經濟系統，這種集體放生還會可能嗎？如果不可能，那麼我們甚至可以說：這是一個從一開始就把某個宗教系統與某個經濟系統耦合在一起的系統，這個「宗教—經濟」系統創造出了集體放生的事態。這一點並不難理解，經濟系統是全社會系統中直接處理物質事物的系統，是直接與自然接觸並干預自然的系統，因此，經濟系統的確是宗教系統藉以觀察自然的最佳媒介。如果宗教系統的符碼「放生／不放生」可以與經濟系統的符碼「獲利／不獲利」耦合起來，「放生—獲利」的循環就會在一種自我增強的迴路中不斷運作著，直到遇到它的瓶頸或極限（例如不再有動物可提供放生、或是不再獲利），或是引發其他功能系統的激擾、成為一個環境議題而進入生態溝通。

宗教系統嘗試與經濟系統共振，這件事情自古皆然。從經濟系統來

看，宗教成為可以交換的商品；從宗教系統來看，經濟活動具有了神聖性。宗教與經濟皆在進行交換，只要二者可以找到進行交換的媒介，彼此的共振決非難事。這種系統間的交換關係不會消失，即使它有可能被視作宗教「腐敗」的象徵（弔詭的是，此一道德判斷似乎不會被用在經濟系統上），但這種需求始終存在，當它不被容許明白表述，就會沉潛為隱微的形式繼續發揮作用。商業化放生有如現代的贖罪卷，它的存在滿足某種社會功能，問題在於：放生商業化這件事原本純粹屬於宗教系統與經濟系統的結構耦合，並無意引發對其他系統的激擾，但在放生爭議中，卻透過一種間接的形式激擾了其他系統，特別是全社會系統中無處不在的道德系統，於是，放生現象被論題化並進入全社會系統的生態溝通中，爭議於焉成形。

激擾的原因在於：所有溝通都會產生冗餘訊息，當系統選擇實現某個意義，其他未被實現的意義選項並沒有消失，而是潛入背景、成為具有可能性的意義。這些冗餘訊息雖然沒有被該系統選擇，但作為被選擇意義的背景，卻有可能被其他系統選擇，而且這一切都是偶然且不可預期的（Luhmann, 1998:48-49）。當運作「放生／不放生」之符碼的宗教系統必須積極創造出使「放生」成為選項的條件時，最終藉由與經濟系統的共振而重新組織了使得放生儀式得以可能的背景，這種被理解為「放生商業化」的共振形式，在使大規模集體放生得以可能的同時，也帶出來大量的冗餘訊息，當某些冗餘訊息散佈到宗教系統的環境中、並在其他系統的生態溝通中被挑選出來後，宗教放生的風險就成為了一種對全體社會的生態危害。

環保團體在這過程中扮演了重要角色，也許值得我們略作討論。環保團體本身稱不上是一個功能系統，但它的多元組成卻可以成為一個媒介，引發科學系統、道德系統、媒體系統、政治系統、教育系統、法律系統的共振。環保團體一直在觀察經濟系統，因為經濟系統向來被視為環境危害的主要來源，解決環境問題的方案也多從經濟系統著手，如我們一般習見的資源回收、綠色消費、節約能源、乃至於永續發展。此外，對環保團體來說，通常是運作「友善環境／破壞環境」來進行觀察，「破壞環境」的事態總是比

較容易被指認的，也能銜接起後續的意義選項，如選擇進行揭露、報導、檢舉、倡議等，「友善環境」的選項則缺乏後續銜接語意。簡言之，環保團體不斷觀察其社會環境、指認特定事態並賦予「破壞環境」的意義。

我們該如何理解環保團體的社會功能？魯曼（2021:538-539）指出，社會對自然環境造成的影響回頭影響了社會自身，尤其是科學系統和經濟系統對自然環境產生瓦解的作用，釋放出諸般生態後果，但這些後果是社會自身無法控制的，為此，社會的合理性要求會把社會與自然的界限複製進社會中，以重現這些生態後果並進行生態溝通。為達此目的，社會有可能試圖分化出一個次系統，來觀察社會如何與自然環境相互依賴，特別是觀察某個次系統造成其他次系統的負擔這件事。但魯曼也認為這種分化在本質上不可能達成原本的期望，因為一個試圖含括整個社會系統的次系統只會以極為簡化的方式複製出一個更小的次系統。

據此，環保團體之所以被分化出來，乃被賦予一個觀察社會與自然環境如何相互依賴、觀察特定次系統如何造成其他次系統的負擔、觀察生態問題並啟動生態溝通的任務。但環保團體不可能如實觀察整個社會系統與自然環境的關係，因為使它得以可能的社會條件並不容許此一觀察，沒有任何一種功能系統可以做到這件事。但環保團體與其他團體的不同在於，它高度仰賴科學的語意，並藉此進行觀察、產生道德判斷、進而加以報導。在這意義上，環保團體或可視為科學系統、道德系統與媒體系統的耦合。就放生議題而言，筆者要特別著眼於媒體方面的特質。環保團體在傳遞環境資訊上，其運作類似於媒體系統：它涉及雙重實在，一方面，媒體本身的存在是一階實在，發揮其觀察其他系統的功能；但另一方面，媒體製造出一個建構性的實在，這是二階實在。我們不能單單據此說媒體製造的二階實在是對一階實在的扭曲，因為並不存在「不扭曲」的報導方式，我們只能在諸般二階實在間進行一致性檢測。至於媒體系統運作的符碼則是「訊息／非訊息」，「非訊息」會被過濾掉，「訊息」會被挑戰出來，並銜接到下一個訊息（Berghaus, 2016:262-271）。作為一個報導者，環保團體被分化出來並進

行運作，這是屬於一階實在；環保團體的觀察則製造出二階實在，它試圖觀察社會與自然環境的關係，並在它所建構的二階實在中指認破壞環境的事態並進行報導，由此設定生態溝通的條件、決定環境倫理的合理性基礎、並對相關的功能系統造成激擾[10]。環保團體藉以運作觀察的符碼中，「破壞環境」這個值才會成為要加以報導的「訊息」。因此，我們誠然可以說：環保團體經常選擇性地報導宗教放生的現象、並誇大其危害的程度，反而對宗教團體友善環境的舉措視而不見；但是，無論這裡存在多少選擇與建構，都是環保團體在發揮媒體功能時必然出現的情況，這些現象事實上可見諸於所有媒體，並不限於環保團體。環保團體更像是社會在進行生態溝通時的一個指認點，許多訊息匯聚到它們身上，由此獲取論題的特定生態意義，再遞迴到各個系統中去處理這些論題。

在進行報導時，部份媒體習於採用「行為—後果」的歸咎式語意，因為這是生態溝通透過道德系統的中介最容易引發其他系統之反應的手段。「行為—後果」的語意傾向於把作為後果的風險視為危害，如此才能指責行為之不正當，並據此指認出行為者。為了持續的歸咎，媒體需要持續指認造成危害的行為者，此時，經濟系統中原本是需要控制的風險，往往被指認為必須除之而後快的危害。對經濟系統而言，作為一個在金錢流、物質流與能量流之間進行複雜交換的系統，不可能不產生期望之外的外部成本，這些外部性其實是需要控制的風險，但對環保團體來說，任何一種外部性都可以作為有所歸咎的危害，一旦以危害視之，就很容易運作「友善環境／破壞環境」的區別，但也容易造成二元對立的簡化，因為在這對符碼的運作下，所

---

[10] 就環保團體報導環境破壞的訊息而言，其作用類似媒體系統。值得我們注意的是，魯曼（2006:75-84）在論述媒體系統中的「新聞與深度報導」時，提到媒體的選擇判準：1.訊息是新的；2.偏愛衝突；3.較大的數量；4.與在地的關連；5.違反規範；6.與違反規範相關的道德判斷；7.將事情歸因於行動者；8.集中在個別事件上；9.讓人們表達意見；10.前述判準都會被進一步強化。我們幾乎可以在每一則批評放生現象的新聞報導中看到這些判準，也無怪乎放生爭議如此受到媒體青睞。

有事態都只剩下兩個選項[11]。

其實宗教系統也運作雙重實在，只是與媒體系統在其報導中建構二階實在有所不同，宗教系統乃是去建立一個「超越實在」，一個對宗教而言比現實更真實的實在。此一在宗教學上被標示為「神聖」的實在會成為宗教溝通的界限，從而保有其奧秘性，免於受到所謂「世俗」實在的影響。但神聖實在並未因此而「不可知覺」，相反的，它被保留在特定的知覺形式中，可看、可聽、甚至可觸，此即神聖臨在的諸般形式，它們同樣是在儀式當中成為可能的。神聖作為一個「可感知的奧秘」成為溝通的論題，並因其奧秘性而限縮了意義選項，且無論如何依舊是與世俗有別的神聖他者（Luhmann, 2004:92-98）。神聖實在的奧秘端和知覺端彼此相互加強，共同服務於對神聖的嚮往與對世俗的超離。我們可以在中華護生協會的放生實踐中看到這種內在邏輯的運作：放生語意銜接過程中的感知強度關連於不可見的功德之大小。比方說：用自己的錢來買動物，其功德大於用別人的錢；捐獻並參與放生儀式的人，功德大於只捐獻的人；對參與放生儀式的信眾來說，在接力放生的過程中，最後親手把動物放生的那個人功德最大；就算沒能親手放生，傳遞裝有動物的桶子的人，其功德又大於把空桶子傳回車上的人（林本炫與康素華，2008:143）。在放生儀式中，「被放生的動物」顯然是個核心象徵，親手放生可以帶來強烈的情感刺激，並因此讓因果業報等相關信念具有更強的規範作用。

綜言之，儘管戒殺與素食也是護生的手段，但「殺生」與「葷食」都很容易指認與實踐，放生則非如此。在放生議題上，「放」比「不放」容易指認，但它不只是不做什麼，更是要求做些什麼，因此必須藉由種種內部邏輯來強化對放生的主動追求。儀式化放生不僅呈現出宗教的主動性，還會形

---

[11] 舉個例子，2021 年的藻礁公投爭執三接的設置是否造成藻礁保育的問題，對經濟系統來說，藻礁保育問題是設置三接的風險，所以要做的事情是降低風險（即政府提出的外推方案）；但對藻礁保育團體來說，三接的設置是一種危害，只有排除的選項。二者的對立沒有轉圜的餘地，最終只能訴諸公投。

成不斷增強的正回饋迴路，從而追求越來越多的放生。也許對某些信徒來說，只怕沒有動物可供放生，放生實踐本身是沒有「放夠」的界限的（就好像利潤是沒有「賺夠」的界限的）。然而，此一迴路運作得愈強勁，它在系統層次帶來的「破壞環境」的指認就會愈清晰。宗教內部的迴路帶動了宗教外部的迴路，特別是媒體系統的訊息傳遞。無論是一般媒體還是環保團體，超越實在的奧秘端是無法報導的，也不會成為其報導的旨趣，它們只能被標誌為「非訊息」；但超越實在的知覺端卻牽涉到許多可報導的「訊息」、並被環保團體標誌為「破壞環境」。我們可以看到的事情是，在相關報導中，這些「破壞環境的訊息」很快的透過既有的環境倫理嵌合入社會的道德系統中，「放生之善」與「保育之惡」由此緊緊糾葛在一起，塑造出「放生即害生」之類的語意。最習於進行道德判斷的宗教系統與媒體系統在道德系統中相遇了。對於追求功德、消除惡業的放生團體而言，這種道德語意毋寧是極具殺傷力的。當放生現象進入道德領域後，就有可能導致宗教團體與環保團體間相互增強的衝突，形成系統理論所謂「衝突擴大」的關係，即兩個系統會選擇出對方語意中對己方的不利要素，藉以強化自己的迴路，最終讓彼此共構為一個相互增強的迴路關連（Meadows, 2008:loc.2255-2301）。當我們看到宗教團體對環保團體的「反生態論述」提出「反反生態論述」時，就陷入這種關連（林本炫與康素華，2008:145-146）。根據陳家倫（2010:136-137）的論文，圓因法師曾在其《放生問答》說道：「放生就是救命，直接又容易，人人可行，最容易消除業障。但累劫以來冤家債主，邪道魔眾環伺左右，不願意我們那麼輕易地消除罪業，因而百加阻撓，助長無明，使得放生一事顯得困難重重。」雖然這種透過強化外部環境之敵意來強化系統內部之動力的表述方式，對宗教來說從不陌生，但如果放生實踐需要運作這種語意，恐已遠遠超出護生之本意。無論如何，「宗教—道德—媒體」的系統耦合，顯然共同強化了放生現象的爭議性。

　　放生作為一種宗教行動，其宗教性是毋庸置疑的，難題在於如何使之具有正面的生態意義，但這正是宗教在參與生態溝通上既有的困境。魯曼指

出,在社會演化的過程中,其他功能系統的課題主要是符碼與綱要的分化,但宗教老早就將這兩者分化開來,宗教所面臨的課題是它的綱要受到其他系統之綱要的挑戰,比方說,教會用以解釋行星運動的目的論式的神學理論(宗教系統的綱要)面臨來自科學系統的機械論式的力學理論(科學系統的綱要)的競爭。雖然宗教依然保存了它的存在,但它已越來越無法基於「內在／超越」的符碼推論出可與其他功能系統共振的綱要,也缺乏將符碼與有效綱要銜接起來的語意,最終,宗教只能在面對其環境時決定何為正確事物的綱要規劃讓渡給其他系統(Luhmann, 2001:152-158)。在生態危機的課題上,宗教固然依然能從事資源回收、淨灘、反對核能等行動,但這些行動是否具有宗教意義、是否銜接起宗教的符碼,卻會使信徒感到困惑,懷疑這些行動是否具有宗教意義。反之,當宗教基於自身的符碼來賦予其行動之宗教性時,當其他功能系統看到的是這些宗教行動在生態方面的負面意義,宗教就會遭到來自其他系統的激擾,而宗教似乎不太容易發展出適當的語意來化解這些激擾。究竟宗教系統如何產生銜接語意來整合符碼與綱要、提出兼具宗教性與生態性的綱要規劃,使之能夠以具有宗教性的方式在生態溝通中與其他系統共振?此一共振的可能性須回到宗教系統與其自身的反省關係上來評估。

五、放生與保育倫理進行語意銜接的結構條件:宗教放生的反省關係分析

　　當我們追問放生如何兼顧宗教性與生態性,這已是在勾勒「生態宗教」的可能輪廓,並逐漸改變提問方式,從系統理論的問題提出法轉向為生態的問題提出法,也就是尋求整合的可能性,並開始涉及價值與規範。對生態宗教的展望,需要宗教回頭審視自身,但宗教不可能在觀察社會環境的同時觀察自身,它須先觀察其他系統對它的觀察,才能進行自我觀察。因為,

正是某種不被宗教系統預期的意義選項被其他系統選擇出來、將放生的風險變成一種危害的形式，導致對危害的抗議遞迴到宗教系統中而對宗教的運作產生了干擾，宗教才突然發現它原先選擇實現的意義並沒有順利銜接起預期的意義，反遭指責放生成了放死、護生成了害生。也可以說，正是極為成功的集體放生，為其他系統建立起新的環境複雜性，使得其他系統陸續受到擾動，它們彼此進行的生態溝通又回頭為宗教建立起新的環境複雜性，宗教系統面臨的爭議就誕生在此一急劇升高的複雜性中。

當系統既有的複雜性顯然不足以應付升高的環境複雜性時，系統就必須增加自身的複雜性，在它裡面複製系統與環境的界線，這就產生內部的系統分化。換言之，宗教必須在其內部份化出處理來自其他功能系統之擾動的次系統，就生態議題而言，宗教須自我分化出一個能夠處理生態意義的部門，其功能是產生足以參與全社會之生態溝通的綱要。對宗教系統而言，這裡涉及一個根本的弔詭：當系統在回應環境的激擾而提升自身複雜性的同時，必定也會增加自己的偶然性，從而牽動宗教系統內部固有處理偶然性的機制，畢竟宗教之為宗教就是一個專門處理偶然性的系統。這也就意味了，宗教將不得不隱藏自我分化的作為，拒絕此一自我指涉的弔詭妨礙宗教的內在分化，換言之，這裡必須再次運作儀式化的過程，於是，最終牽動的乃是儀式的演化。儀式的演化取決於宗教系統可以在多大程度上進行自我觀察。魯曼（2004:515-517）曾指出，儀式會阻斷反身性，具有不可質疑的理所當然性。但現代社會的演化需要發展出具有反身性的溝通，在西方由宗教改革推進的去儀式化，便使得宗教溝通具有了反身性；此外，如經濟系統中的交換式溝通也是一種反身性溝通，因為透過貨幣人們交換到「交換的可能性」。當系統可以運作反身性的溝通，就可以提升自己的複雜性，更好的處理環境複雜性。因此，要對放生進行反思，同樣需要讓相關宗教系統進行具有反身性的溝通，而對固有放生儀式的觀察、反思、調整、乃至於創造新的放生儀式，就成了必要的任務。在這裡，放生儀式的演化被期待要能產生具有生態意義的綱要，從而幫助宗教系統在此一自我調節的過程中逐步適應其

他功能系統對它的期望。

　　放生的儀式化一旦啟動，就很難阻止，我們只能期望讓放生儀式往一種具有正面生態意義的方向演化。儘管儀式化阻礙了宗教對放生這件事進行具有反身性的宗教溝通，但當引發其他系統的激擾時，媒體系統與環保團體也啟動了一種「關於溝通的溝通」，也就是對「放生儀式有何生態意義」進行溝通，而這如果可以引發宗教在其內部對「放生儀式的宗教意義」進行進一步的溝通，特別是洞察到：「護生」的反身性在於「保護『護生』本身」，就有可能帶出宗教的反身性，幫助宗教系統接受這樣的語意：如果既有的放生儀式實為害生，那就不是真正的護生。當宗教團體發現自己的放生對環保團體而言就是害生，宗教團體所欲從事的宗教溝通就具有了反身性。同樣的，當環保團體發現宗教的放生對宗教自身來說實為護生、而非害生，環保團體所欲啟動的生態溝通也才具有反身性。如此，二者間相互增強敵意的迴路才可望獲得調解。簡言之，環保團體若能進行具有反身性的生態溝通，宗教團體若能進行具有反身性的宗教溝通，同時雙方都暫且懸擱道德判斷，彼此就可能比較好地耦合起來。

　　宗教系統在放生行動上的反身性問題，應體現為宗教能基於自身符碼建立起合適的綱要，而這需要新的語意資源。在筆者看來，在諸多綱要形式當中，「儀式」作為一種綱要是不太可能被放棄的。信仰者的宗教意向性無論如何必須奠基在知覺上，而儀式向來是進行這種奠基的最佳方案，特別是要建立集體的宗教意向性。再說，無論是否懷抱宗教動機，「放生」這行動本身就帶有某種儀式意涵。若只是批評放生的儀式化，恐非明智的做法，關鍵的問題毋寧在於：放生儀式如何吸納新的語意來進行演化？

　　基本上，這是一個捍衛自身合理性的問題。在魯曼（2021:534-536）看來，合理性不能單憑系統透過自我指涉來自我證成，但也不能藉由融入一個更大的系統來取得，它必須作為「對差異之統一的反省」而獲得，也就是把系統與環境的差異內建到系統之中、而這個系統原本是基於這個差異來建立的。對放生現象而言，這意味了：宗教團體必須把它與社會環境的差異轉化

到它的內部。「放生」原本就意味了把宗教與自然環境的差異轉化到宗教內部，我們並不需要挑戰這個原始意涵，但宗教系統需要讓相關宗教溝通的複雜性獲得提升，因為我們今天對「自然環境」的理解已經遠遠比放生信念獲得建構的那個社會脈絡複雜得多。社會演化所帶來的內在分化與複雜性提升，使得今天的社會能夠處理更複雜的「自然環境」，宗教系統必須在某種程度上把與自然環境相關的社會分化成就複製到自己內部，它才有辦法以不致於引發其他功能系統之激擾的方式進行放生。事實上，宗教一直保有複製新的界限、提升自身複雜性、與其他系統共振的能力，只須找到恰當的銜接語意即可。

複製界限並進行分化這件事對宗教來說並不陌生，歷經千百年的宗教，一直在適應各種社會處境的過程中進行這種提升複雜性的努力。放生的商業化就是把宗教與現代經濟系統的差異轉化到宗教內部，在宗教內分化出一個具有經濟意義的次系統，只是此一分化產生了破壞環境的風險，把原本作為與自然環境互動的放生行為的相關成本外部化到其他功能系統中。依筆者之見，在現代社會，對生態風險進行觀察與溝通的，主要是科學系統；所以，如何將宗教與科學的差異轉化到宗教內部、在宗教系統內分化出一個可以接收科學訊息的放生綱要，才是首要之務。儘管宗教與科學的衝突歷史宛如陰影般籠罩著，但在放生現象上，宗教系統與科學系統的共振已有許多正面的例子，顯明這種共振不是不可能的。依據林本炫與康素華（2008:122-136）的報導，妙法禪寺的藥師法會原本是在水庫放生購買的魚類，受到批評後，便結束了舉行近二十年的放生活動。靈鷲山的水陸法會原本購買大量動物進行放生，受到批評後，改為在專家的指導下於東北角海域野放魚苗。這類放生因為原本就只是儀式的一部份，可以經由儀式自我組織的功能來加以調整，這裡也顯示出儀式的演化特性。另有一些宗教團體出於不同的動機從事特定的放生活動，屬於民間信仰鸞堂的重生堂，原本是以放生海龜來慶祝恩主公聖誕，後來隨著野生動物保育法的頒佈（來自法律系統的激擾），只好嘗試新的放生型態，最後在專家的建議下，選擇適當的地點與時間放生

魚苗。佛教的福智團體是另一個正面例子，他們認真檢討放生活動的缺點，縮小放生的規模，限定參與者的資格，充實生態知識，並選擇放生蚯蚓以減少生態衝擊。值得注意的是，福智團體建立起一套基於佛法但又合乎生態的放生論述與做法，先向學員以佛法解釋放生的意義，再選擇恰當的放生方式，重視放生的品質、而非數量，並強調並不單純只關注果相的層次，放生需要基於學員的發心救護來推動。

學者報導的上述案例激勵我們在放生現象的儀式演化中看到生態宗教的輪廓，如果我們想要進一步把這輪廓刻畫得更清晰，筆者認為至少有兩個課題需要探討：第一是關於「生命」概念的著落之處，第二是關於「心」的作用。

在放生爭議上，要與科學系統達成積極的共振，宗教系統需要在某種程度上擴展生命概念的範疇，不能再只著眼於有情的動物個體，還須及於生命的生態維度。陳家倫（2010:125-134）曾討論放生造成的動物風險與生態風險，以及放生團體對風險的控制策略與相關論述，並特別提到：放生團體對動物風險的控制遠高於生態風險，甚至混淆兩者，以為控制動物風險就是控制生態風險。在筆者看來，動物風險主要涉及道德系統（放生的動機造成了放死的結果），但生態風險則首先涉及科學系統（放生危害到生態保育）、再透過保育倫理而遞迴到道德系統，乃是放生的生態風險構成破壞自然環境的條件、並因此捲入生態危機的問題域。誠然，環保團體也經常根據動物風險來訴諸社會大眾，畢竟這是一般人較容易產生共鳴的；但放生的更大威脅卻在於生態風險，而這需要大眾擁有更充足的生態知識，這裡就有了科學系統的角色。

某個事態是否具有生態意義，這件事在當前是由科學系統來定義的，與放生相關的主要是保育生物學。當前的保育倫理並不以生物個體為中心，而是以生物多樣性為指標，所以重點不是生物個體的「生／死」，而是物種的「演化／滅絕」。在諸般滅絕因子中，又以人口過剩的影響最大，它會連帶強化其他滅絕因子，如棲地破壞、侵入性物種、污染與過度採收

（Wilson, 2002:94-96）。所以保育學者傾向於把保育之善定位在「減少人為干擾」：重點不是我們做了什麼，更是我們不做什麼。相對於此，宗教對動物個體的放生實踐在保育上的惡就變得很容易指認，因為無論怎麼做，放生行動本身就已帶來「人為干擾自然」的生態意義；因此，如果可以從放生動物個體轉化為棲地保育，便是更具生態意義的行動，只是這個理想要如何銜接起宗教傳統的諸般維度，就有賴宗教自身的語意革新了。

綜言之，若要尋求積極的共振，放生團體的宗教溝通應納入「保育」與「生物多樣性」等科學語意，賦予其宗教意義。科學系統運作的符碼是「真實／不真實」，不過，在放生議題上，科學的角色是提供綱要來協助媒體系統對放生的環境危害進行道德判斷。換言之，科學並不就放生的宗教意義進行真假判斷（比方說，科學並不會、也無法對「放生帶來功德」這個宣稱進行真假判斷），而是提供生態保育方面的知識條件，再由宗教自行將科學知識組織為其儀式的背景。因此，宗教與科學在放生上的共振既不會危及科學的符碼、也不致損害宗教的符碼，這將提高此一共振的可能性。

至於如何進行這種共振呢？科學方面的語意已經有了，所以重點是宗教這一端是否可以建立起相應的銜接語意。林朝成（1995:72-80）曾建議一種「積極放生」，主張以森林保育作為放生的形式，並在佛教經典中找出相關語意資源，建立起森林保育的環境倫理。這就將放生的生態意義從動物個體的階層上升到生態系統的階層，此一提議的確更具生態性，但它作為一種新的放生形式，也許不太容易得到放生團體的接受。筆者提議一個中間選項：依舊讓動物個體作為放生的「焦點」，但不是一個固定不變的「中心」。這意思是：我們仍舊著眼於動物個體，但把牠們放在一個更大的整體中來把握，經由整體與部份的諸般關連，逐漸擴大視域，從而納入越來越多的生命型態。生物個體並未在這過程中消失，只是對牠們的「放生」有了更多的行動選項。伴隨此一過程的是儘可能避免把動物個體固著為放生的中心，否則有可能排斥非中心的其他生命型態，從而限縮了行動的選項。宗教儀式既然具有重新組織背景的功能，我們應該可以期待，透過儀式的演化，

讓諸般更具生態意義的場景可以被組織為放生動物個體的儀式脈絡，並漸次納入動物個體之外的生命型態。

但無論如何，我們都需要尊重宗教系統自身的能動性，這就涉及「心」的問題。許多宗教團體強調「放生」與「發心」的關係，這是一個很重要的線索，值得再多一點思考。社會系統理論對於社會系統與心理系統的關係有一套獨特的論述，這兩者是不同的系統，彼此間是不能直接作用的，只能互為對方的環境。但二者可以彼此共振，因為都是以意義為形式來運作：社會系統的運作單元是溝通，藉由意義以溝通關連來運作；心理系統的運作單元則是意識，藉由意義以意識關連來運作。社會溝通與心理意識之間沒有機械式的因果連結，但會彼此激擾、相互干涉，而且社會系統必須基於心理系統，因為若沒有至少兩個心理系統，就不會產生溝通。但溝通並不是由兩個心理系統直接製造的，是社會溝通再製造它自身，心理系統彼此間則像是兩個黑盒子，無法彼此透視（G. Kneer & A. Nassehi, 1998:86-95）。據此，我們就不能直接說：護生即護心、心淨即國土淨。有時候，放生者僅僅在意放生行動有利於培養自己的慈悲心，至於放生的結果則是被放生動物的業報，這種重心輕境的信念，多少也促成了破壞環境的放生。林朝成（1996:182-190）就曾評論道，「心淨則國土淨」並不意味了只要追求心淨即可，他提出一種「心境並建」的觀點，更具生態意涵。可以說，一種生態宗教的展望，既不能只是一種社會系統的表現，但也不能只在心理系統中實現，它需要體現為社會系統與心理系統間的積極共振，我們該如何創造此一共振的條件呢？我們該如何理解信仰者的心理系統與其社會行動的關連呢？

按照魯曼的觀點，這層關連亦是隨著不同的社會分化形式而有差異的。在片段分化與層級分化的社會，個人在家族、宗教、工作、社會階層、政治地位等方面的身分較為固定，也彼此透明；但在功能社會，個人身分是相對隱藏的，而且，因為社會區分為許多功能系統，每個人都在每個功能系統裡有一個對應的身分，一個人因此具有多重身分，這些身分彼此間是高度偶連的，但每個人的心理系統需要把這些身分整合起來，如此，就有一種獨

特的個體性被創造出來。現代社會把這個整合工作交付給每個人自己，從而每個人只有他自己才會知道他的複合認同包括哪些內涵、以及由此形成的個體性意味了什麼。面對這種高度自主化的個體性，現代哲學發展出諸般語意，尤其是「主體性」這個概念，並透過「自我實現」要求每個人擔負起打造自己存在意義的責任。這一切都是非功能分化的前現代社會所難以想像的（G. Kneer & A. Nassehi, 1998:204-215）。

可以說，在現代社會，沒有任何一種身分認同是固定的，也沒有什麼社會機制可以保證一個人的複合認同可以得到整合，這個「複合身分認同重構」的過程，是由每個人自己為自己負責。不過，大部份的宗教都尋求發揮整合身分的功能，幫助信仰者面對認同危機、維繫複合身分的整全性，因此，宗教系統對於複合認同重構這件事，已然發展出許多語意資源，這就提供一個契機，讓我們可以期待藉由認同重構的過程把生態性建構到個人的複合認同中。筆者在此提議兩個語意資源：天主教的「生態皈依」（ecological conversion）與環境教育領域中的「生態認同」（ecological identity）。

環境教育學者湯瑪紹（Mitchell Thomashow）（1996:3-18）提出了一個生態認同重構的方案，從四個方面來建立生態世界觀：學習生態科學、覺察自身與生態系統的關係、透過生態知識改變自我認知、反思生態世界觀如何促成人格的發展。尤其是第四方面，湯瑪紹提議吾人應回顧三種經驗：小時候對特定地方的回憶、成長過程中對遭破壞地方的覺察、以及對荒野的沈思。此一回顧的最終目標是達到生態認同增幅（ecological identity amplified），也就是以一種生態性的視角重新建構自己的人格，把那些失落了的自然記憶與自然經驗拿回來，無論是美好的還是負面的經驗。美好的經驗可以成為此刻建構生態意識的養分，負面的經驗則需要得到講述、理解、接納與醫治，如此即可望萌生一種具有生態性的自我意識，再將此一自我意識反映到生活中的各個面向。

對信徒來說，此一生態認同重構的過程可以由宗教來啟動，這就是生

態皈依的功能。「生態皈依」最早是由教宗聖若望保祿二世（Pope Saint John Paul II）（2001）提出，歷經多年的發展，由教宗方濟各（Pope Francis）（2016:sec.217, 228-232）在通諭《願祢受讚頌：論愛惜我們共同的家園》（*Laudato si': On Care for Our Common Home*）中給出更為正式、也更具指導性的闡述。生態皈依的召喚主要是針對天主教教友的，是那些已經皈依但漠視自然環境的信徒需要進行的第二次皈依，這次皈依伴隨著對自身缺乏生態意識的懺悔，致力於讓信仰的果實可以顯現在他們與自然環境的關係中，而且這果實最終應反映為社會行動，以建立一個「愛的文明」為目標。我們用圖 7-3 來表達此一進行認同重構的心理系統：

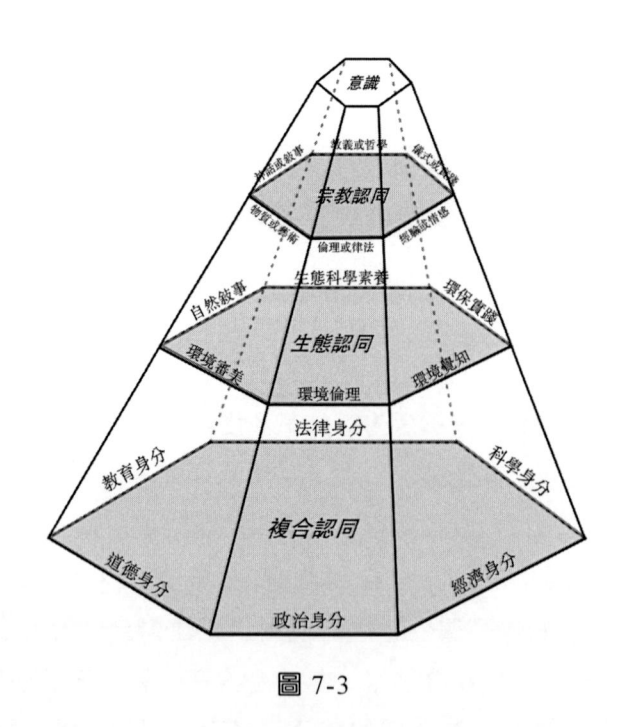

圖 7-3

圖 7-3 是信徒之心理系統作為一種生態實體的概念圖。心理系統即吾人之意識系統，一個信徒依據宗教之諸般維度建立其宗教認同，「生態皈依」即意味了在宗教認同的基礎上建立起生態認同，在這過程中，也逐步建立起

生態認同的相關維度。最後，作為現代社會中的個人，信徒若能將其具有宗教性的生態認同與他在其他功能系統中的身分關連起來、並達到某種程度的人格整合，如此所形成的複合認同，或可視為「生態信徒」之生發處。這樣一位透過認同重構而整合宗教認同與生態認同的信仰者，若能在其所屬諸般社會脈絡中實踐其身分所蘊含之生態性，那麼，一個兼具宗教性與生態性的個人，或可成為回應生態危機所需要之社會革新的變異起點。

大致說來，宗教作為宗教，在心理方面的語意儲備多於社會方面，甚至一個宗教系統的符碼與主要綱要往往皆有其心理系統方面的對應語意，反之則不然，因此，我們並不需要排斥放生團體對「發心」這件事情的強調。相反的，筆者甚至認為，一個「生態宗教」的宗教性，必須是扎根於心理系統的，其次才可能反映在社會系統中；與其就宗教作為一個社會系統而在生態溝通中獲取其生態性，毋寧從一開始就在信徒之心理系統中進行宗教性與生態性的整合。

無論如何，關於「發心」與「發願」這類促成行動的宗教語意，是具有高度心理意義的，不同宗教也皆有相關語意儲備。只不過，在現代社會，「發心」的語意也高度個人化了，恐怕即使是在同一個宗教團體內部，各個信徒的複合認同狀態在彼此間也都是相對隱密的。宗教系統的任務是盡可能以具有彈性的、有調整空間的、向未來可能性開放的方式提供多樣銜接語意，讓信徒得以有充足的語意資源去實踐出友善環境的放生行動。

六、結論

讓我們用圖 7-4 來概括前述討論：

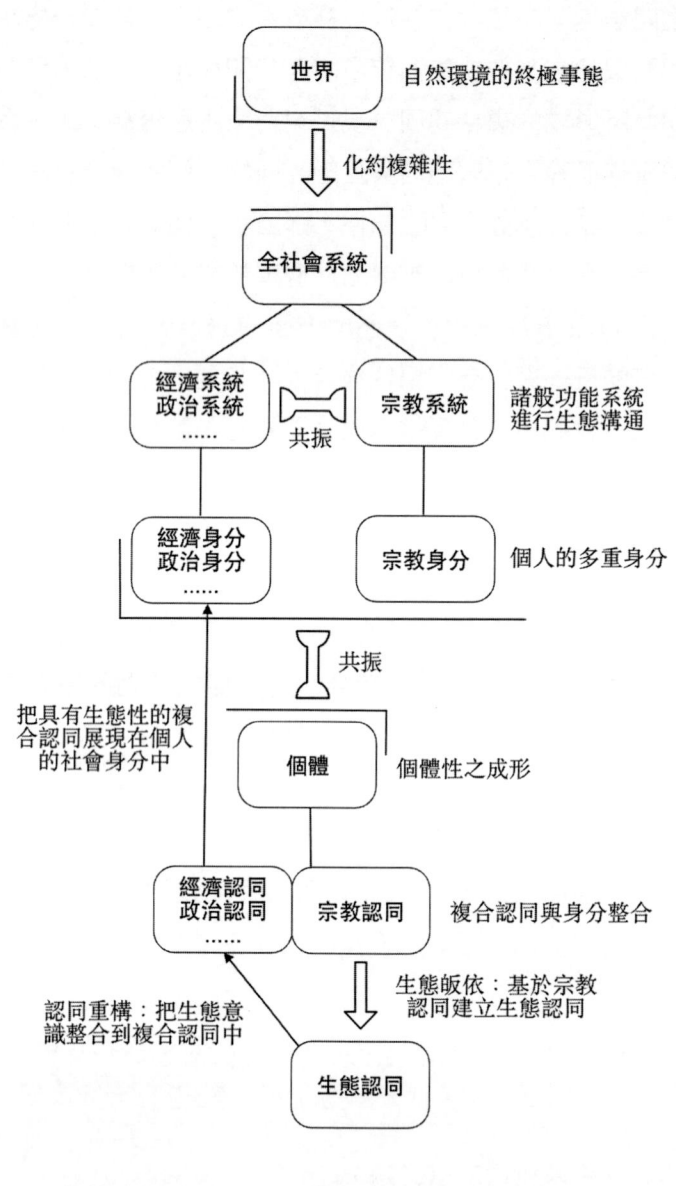

```
                    ┌─────┐
                    │ 世界 │  自然環境的終極事態
                    └──┬──┘
                       │ 化約複雜性
                       ▼
                  ┌─────────┐
                  │ 全社會系統 │
                  └────┬────┘
              ┌────────┴────────┐
        ┌─────────┐         ┌─────────┐
        │經濟系統   │         │         │  諸般功能系統
        │政治系統   │   共振  │ 宗教系統 │  進行生態溝通
        │……       │         │         │
        └─────────┘         └─────────┘
        ┌─────────┐         ┌─────────┐
        │經濟身分   │         │         │
        │政治身分   │         │ 宗教身分 │  個人的多重身分
        │……       │         │         │
        └─────────┘         └─────────┘
                       共振
                        │
                    ┌───┴───┐
                    │ 個體  │  個體性之成形
  把具有生態性的複    └───┬───┘
  合認同展現在個人       │
  的社會身分中      ┌────┴────┐
              ┌─────────┐  ┌─────────┐
              │經濟認同   │  │         │
              │政治認同   │  │ 宗教認同 │ 複合認同與身分整合
              │……       │  │         │
              └─────────┘  └────┬────┘
                                │  生態皈依：基於宗教
                                ▼  認同建立生態認同
  認同重構：把生態意           ┌─────────┐
  識整合到複合認同中           │ 生態認同 │
                            └─────────┘
```

圖 7-4

　　上圖表達出的是：吾人總須以「社會」為中介來面對自然，純粹的自然是一個具有終極複雜性的「世界」，人類的社會系統必須進行複雜性化

約，之後才能在各個功能系統間就生態危機進行溝通，宗教系統也捲入其間。那麼，我們可以如何期待「生態宗教」之成形呢？依筆者之見，其中一個條件是「生態信徒」的培育。系統革新的起點往往是有遠見、有願景的個人，我們可以把這些試圖引發系統變革的個人視為宗教系統的變異，他們有可能引發系統變革，儘管這是無從保證的，但只要變異越多，演化的可能性就越高。如果一個宗教系統不容許任何變異，就不可能持續演化。

生態信徒會出現在何處，無法事先預期，但有比較大的機率出現在神聖與世俗的交界之處，就像某種兩棲類一般。生物多樣性之父威爾森（E. O. Wilson, 2002:102）曾提到他格外重視蛙類的保育，因為蛙類對環境惡化極為敏感，牠們是生態危機的警報器。蛙類既生活在陸上、也生活在水中，更確切說是生活在陸域與水域的交界處。兼具宗教性與生態性的「生態信徒」很有可能就是如此，生活在宗教作為宗教傳統與宗教作為社會系統的中間地帶，也就是經常得切換出入於宗教內外，這是宗教的「潮間帶」，經常面臨劇烈的環境變化，生存於其中者需要演化出適應環境的生存策略，是完全生活在宗教中或完全世俗化的人所無從想像與理解的。如果我們能夠在宗教系統中形成某種機制，放大（而非壓制）居住在潮間帶的信徒的聲音，視為傳遞某種信號的警報聲、而不是無意義的噪音，即可期待某種生態宗教的萌生。

此一萌生生態宗教的過程，在圖 7-4 表達為：透過生態皈依把生態意識建立在個體的複合認同中，如此而成為一位生態信徒，再藉由個人在社會中的多元身分，來展現此一兼具宗教性與生態性的複合認同的成果。這整個過程並不存在某個「宗教傳統」意義上的生態宗教，也就是說，生態宗教並不是「一種宗教」，不是各種宗教之外另行出現的一個新宗教，而是各宗教自身的生態性。我們期待的是：各宗教傳統可以在既有的諸般神聖維度中以其擅長的方式建立生態性，但此一生態性的內涵與判準不是全然由宗教自身決定的，而是在全社會的生態溝通中經由與其他功能系統的共振所產生的，所以它不可能單從一個宗教的經典或教理演繹出來，它仰賴一個宗教的對話能

力。一個越有能力進行對話的宗教，就越有可能成為一個生態宗教。

不過，就算生態宗教萌生而出，就足以面對生態危機了嗎？依照宗教在現代社會的功能，這是難以承諾的重擔。筆者曾經論述，宗教在現代社會發揮功能的方式，正會造成環境極限信號在傳遞上的遲滯，並耽延人們做出即時的反應（鄧元尉，2022:106-114）。但我們也不應據此歸咎於宗教，相反的，我們應有意識地讓宗教處於有益生態溝通的位置，並發展出足以與其他系統共振的綱要。有兩個方面可以進行後續思考：第一是儀式的作用，第二是環境倫理的實踐。就第一個方面來說，儀式與象徵始終是宗教最擅長、最容易發揮作用、也擁有豐富語意資源的所在，誠如伊利亞德（Mircea Eliade, 2001:181）所言，象徵可以在保持其既有意義的同時向新的意義開放。任何宗教都可以藉由儀式與象徵重新組織背景並傳達嶄新的意義，發展出友善環境的宗教語意。就第二個方面來說，「道德」一直是宗教與社會互動的重要中介（Luhmann, 2004:130-135），其他功能系統會透過道德系統責求於宗教，宗教也習於透過道德系統與其他功能系統共振。在諸般環境議題上，我們需要科學系統告訴我們相關的知識背景與環境倫理的客觀指標，但道德實踐的情感動機則需借助於宗教（Dyke, 2008:29-55）。作為一個整體性的危機，生態危機不可能透過人類社會的任何單一部門來解決，社會的每一個部門都必須做出貢獻，向來追求濟世救人的宗教對此是責無旁貸的。

參考書目

于君方

1990　〈戒殺與放生：中國佛教對於生態問題的貢獻〉。刊於《從傳統到現代：佛教倫理與現代社會》，傅偉勳編，頁 139-140。臺北：東大。

內政部

2014 「好人好神運動：里仁為美」。網路資源，https://religion.moi.gov.tw/Goods/Index?ci=3&cid=1，2023 年 12 月 28 日。

臺灣動物社會研究會與高雄市教師會生態教育中心

2004 《放下殘酷的慈悲、拒絕商業化放生：臺灣宗教團體放生現象調查報告》。臺北：臺灣動物社會研究會。

林本炫、康素華

2008 〈臺灣宗教放生之類型與變遷〉。《臺灣宗教研究》7（1）：113-151。

林朝成

1995 〈佛教放生與生態保育〉。《般若季刊》試刊號：66-83。

1996 〈心淨則國土淨：關於佛教生態觀的思考與挑戰〉。刊於《佛教與社會關懷學術研討會論文集》，頁 179-192。臺南：中華佛教百科文獻基金會。

施鐳湘

2013 《印光法師的護生觀研究》。佛光大學樂活生命文化學系碩士論文。

陳家倫

2008 〈臺灣佛教信眾的放生態度與行為：宗教信念與生態認知的影響〉。《思與言》46（3）：133-170。

2010 〈臺灣佛教的放生與不放生：宗教信念、動物風險與生態風險的考量〉。《臺灣社會學》20：101-143。

鄧元尉

2022 〈宗教與生態危機的系統關連：以永續發展為例〉。《思與言》60（1）：92-139。

釋昭慧

2001 〈救狗一命，勝造七級浮屠！──「放生」習俗之省思，另類「放

生」之實踐！〉，https://www.lca.org.tw/news/node/7898。2023. 8.14引用。

Berghaus, Margot
    2016　《魯曼一點通：系統理論導引》。張錦惠譯。臺北：暖暖書屋。

Beyer, Peter
    1998　〈論盧曼的宗教社會學〉。刊於《宗教教義與社會演化》，頁 1-41。劉鋒、李秋零譯。香港：漢語基督教文化研究所。

Dyke, Fred Van
    2008　*Conservation Biology Foundations, Concepts, Applications*. 2nd ed. Dordrecht: Springer.

Eliade, Mircea
    2001　《聖與俗：宗教的本質》。楊素娥譯。臺北：桂冠。

Francis, Pope
    2016　《願祢受讚頌：論愛惜我們共同的家園》。天主教會臺灣地區主教團秘書處編。臺北：天主教會臺灣地區主教團。

John Paul II, Pope
    2001　General Audience, "God Made Man the Steward of Creation". Electronic Document. http://www.vatican.va/content/john-paul-ii/en/audiences/2001/documents/hf_jp-ii_aud_20010117.html. Accessed January 10, 2024.

Kneer, Georg and Armin Nassehi
    1998　《盧曼社會系統理論導引》。魯貴顯譯。臺北：巨流。

Luhmann, Niklas
    1998　《宗教教義與社會演化》。劉鋒、李秋零譯。香港：漢語基督教文化研究所。
    2001　《生態溝通：現代社會能夠應付生態危害嗎？》。湯志傑、魯貴顯譯。臺北：桂冠。

2004 《社會的宗教》。周怡君等譯。臺北：城邦。

2006 《大眾媒體的實在》。胡育祥、陳逸淳譯。新北：左岸。

2012 *Theory of Society*, vol. 1. Rhodes Barrett, trans. Stanford: Stanford University Press.

2013 *Theory of Society*, vol. 2. Rhodes Barrett, trans. Stanford: Stanford University Press.

2019 《社會中的法》。三版。李君韜譯。臺北：五南。

2021 《社會系統：一個一般性理論的概要說明》。魯貴顯、湯志傑譯。臺北：暖暖書屋。

Meadows, Donella H.
  2008 Thinking in Systems: A Primer. Kindle Edition. White River Junction: Chelsea Green Publishing.

Pickett, Steward T. A., Jurek Kolasa and Clive G. Jones
  2007 Ecological Understanding: The Nature of Theory and the Theory of Nature. 2nd ed. Elsevier.

Smart, Ninian
  1996 Dimensions of the Sacred: An Anatomy of the World's Beliefs. Berkeley: University of California Press.

Thomashow, Mitchell
  1996 Ecological Identity: Becoming a Reflective Environmentalist. Cambridge: The MIT Press.

White, Lynn, Jr.
  1976 "The Historical Roots of Our Ecological Crisis". Science 155(3767):1203-1207.

Whitney, Elspeth
  2008 "White, Lynn(1907-1987)-Thesis of." In The Encyclopedia of Religion and Nature. Born R. Taylor & Jeffrey Kaplan, eds. Pp.

1735-1737. New York: Continuum.

Wilson, E. O.

2002 《生物圈的未來》。楊玉齡譯。臺北:天下遠見。

第八章　佛教與森林：泰國生態僧山林保育的宗教意義與淵源

劉宇光

政治大學宗教研究所教授

本章大意

1990 年代以來，泰國僧團部份成員投身樹木出家（泰：buat ton mai）之森林保育運動而稱為生態僧（泰：phra nak anuraksa），其淵源上溯 1960-1990 年代發展僧和左翼僧侶參與農民維權。除了直接涉及農村民生的公眾側面，在泰國佛教和森林之間的密切宗教關係，本來就特別體現在從事林間禪修的僧侶之生活形態中。本文試圖回答的問題是：林居僧侶的踐行體驗，是如何由個體層面的宗教體驗與意義，轉化為投身護林此一涉及農村社群土地權政治抗爭之願力？本文由七節組成，分別是：（一）1960-1976：從官派弘法僧到左翼政治僧；（二）1980-2000：從農村發展僧到山林保育僧；（三）最後一代泰北森林頭陀的時代背景；（四）泰北森林頭陀的生活常態；（五）泰北森林頭陀山林宗教體驗的組合；（六）跨越隱密與世代的宗教體驗：語言與詮釋；（七）介入公共的宗教體驗：佛使「法的社會主義」，及最後是「結論：國家發展、山林生態及佛教動力」。

一、前言

　　戰後迄今的不同階段，亞洲雖然是全球經濟發展最迅速的地區之一，但一體二面的也是環境危機最嚴苛的地區之一，另一方面，亞洲又是全球宗教或信仰最多元的地區，從佛教、伊斯蘭教、基督宗教、印度教、錫克教等制度宗教或經典宗教，到形態多樣而帶有更明顯在地元素的泛靈論（animism）信仰等不一而足。不同宗教均在同一片土地上生活從而均在面對共同的環境危機，環境破壞對社群造成的社會危機亦一併威脅宗教，所以宗教亦不可能缺席於環境保育與修復，由此引伸而值得追問的是不同宗教之間在面對環境危機這類共通處境時，他們之間是否會形成更緊密甚至合作的關係。

　　本文借泰國佛教為例，試圖回答上述從更綜合的視野所提出，東南亞社會的多元宗教傳統與環境的危機和修復之間關係之問題。1990 年代以來，泰國僧團部份成員投身以樹木出家（泰：buat ton mai）為標題的森林保育運動，他們因而被稱為生態僧（泰：phra nak anuraksa），西方有以英文譯作 ecological monk（生態僧侶）或 environmentalist monk（環境保育立場的僧侶），其涉及戰後發展過程中部份佛教僧侶參與維護農村農地和社區林地產權抗衡國家政權，抗爭之淵源最早可上溯 1960 年代泰國當局多個官方弘法計劃的官委弘法僧（見下）、1970 年代左翼政治僧侶（left-winged political monk）的公開參與或支持農民的維權抗爭，及 1980 年代農村社區的發展僧（泰：phra nak patthana）。這說明僧侶投身護林與生態保育，有其戰後泰國僧侶參與農民維權之公共實踐的數代淵源。

　　筆者年前在其他文字中，曾探討戰後泰國自 1960 年代始，僧團內關注農民權利、農村生計及林地保育的左翼僧侶群體的行事、成因及政教沿革（劉宇光，2023：31-198）。本文嘗試採取另一個角度，探討二十世紀初泰北原始森林頭陀傳統的宗教形態和實踐經驗，是如何形成山林對這類僧侶的宗教意義。大部份前現代文明皆不會以現代西方文明對自然世界所持的單

純世俗和工具態度，來看待山林和樹木，從而主要視之為沒有生命與感受，只是有待開發的潛在經濟資源。無論是人類文明史上數個主要的普世性經典宗教，或更為紛紜的諸色本土與族群的民間信仰來看，均各有由其宇宙誌或自然觀所派生對山林的宗教意義之論述，甚少持純世俗觀點視山林為只供支配的物質資源。

所以本文將分析泰北頭陀僧傳統在泰國佛教的成因與角色、頭陀森林實踐的宗教含義，及這些經驗是透過什麼方式與渠道，被隔代轉化為二十世紀中葉之後泰國僧團數代左翼成員從事農民維權與山林保護等公共實踐時的價值動力和源頭。換言之，本文試圖說明森林頭陀的宗教踐行在個體層面，是如何與森林發生宗教意義上的關連；而此一原屬僧侶中少眾的內在宗教體驗，後來是如何被轉化為投身護林與生態保育此一涉及農村社群土地權政治抗爭之願力。

二、1960-1976：從官派弘法僧到左翼政治僧

泰國自 1980 年代中期以降，泰國僧團中有由地方僧侶，尤其在泰北和東北地區的僧侶所組織，以樹木出家（泰：buat ton mai）為名的山林地保育運動，進入 1990 年代，運動更形普及。目前學界對戰後在亞洲、拉丁美洲第所謂第三世界地區普遍出現的此類美式現代農業「發展（Development）」計劃的討論，多沿以下兩個問題線索展開。首先，戰後的第三世界國家發展過程，以城鄉差距為線索形成的貧富差距加劇，以國家首都為政策和權力中心官商合作下，對農民社區土地擁有權造成的「合法」剝奪，造成農村破產和農民赤貧化之情況。其次，西方農業公司推動以出口全球市場為導向的營利性現代農業之經濟發展過程中，對森林和自然環境的破壞所造成之生態危機（Escobar, 1995：127-167；Bodley, 2008：156-172；Scott, 1985：64-71, 1976：209-210, 1999：321-370）。泰國亦不例

外，在發展過程的早期階段，農業地區長期受這兩類問題困擾。雖然表面上這是兩個性質各異之議題，前者關乎現代國家政權以現代產權之法律概念為工具，無視傳統社區習慣法，造成嚴重貧富差距引發的民生災難；後者則是森林與自然環境的被破壞。但是二者之間仍然有其內在連繫，即國家無視林地作為傳統社區公共財產，而任意強行奪取並破壞之。

泰國戰前的經濟政策嚴禁外資投資，但戰後因泰國屬冷戰中的西方陣營，美國迫泰國開放西方進場投資，首當其衝的是泰北與東北原始森林被高速而系統地伐毀以開展現代營利農業，全泰森林覆蓋率由 1930 年代的近 70%到 1980 年代約 15%（Isager and Søren, 2002：398）。不單象徵泰北佛教特性的森林頭陀僧傳統所賴以維持的世界被徹底毀滅，更嚴重的是作為泰國佛教文明社會與經濟基礎的傳統農業，乃至人口近 80%的農民生計在 1960-1970 年代亦受嚴重破壞（Samudavanija and Morell, 1988：205-233）。此所以森林僧傳統的部份宗教傳承與元素，亦被 1960 年代以來泰國僧團內關注弱勢農民的左翼群體吸納與重塑為宗教社運抗爭的淵源之一。

現有的研究試圖討論泰國佛教與上述議題之間的關係時，通常著眼於僧侶如何參與農村的維權、重建及教育等工作。而對於僧侶投身有關運動的原因之探討，主要還是循類似社會學的角度，著眼於專職僧侶的階級背景，即他們絕大多數都是農民子弟此一基本上屬世俗性的「階級情感」出發，而尚欠缺對投身林地保護的僧侶的宗教理解。

這無論是在英國赫爾大學（University of Hull）完成學術訓練的泰籍政治學者松布・蘇克沙南（Somboon Suksamran）討論 1960-1970 年代泰國僧團左翼政治僧侶（left-winged political monk）的專著（Suksamran, 1982：84-90, 100-112, 1988：26-48，櫻井秀義，2008：145-259），還是蘇克沙南的學生，同樣在赫爾大學完成學術訓練取得博士學位之泰籍社會學者平尼・拉坦納諾（Phinit Lāpthanānon）對 1980-1990 年代泰國發展僧侶（泰：phra nak patthana）的農村重建之研究（Lāpthanānon, 2012：43-179），乃至美國人類學者蘇珊・達林頓（Susan Darlington）對 1990 年代

以降迄今以樹木出家之名投身山林保育運動的生態僧侶（泰：phra nak anuraksa）之研究（Darlington, 2012：93-228），每多皆著眼於社會科學關注的社會結構與背景的分析。

此一角度的思路是 1950 年代西方與蘇聯兩大集團之間全球冷戰的對峙局面形成。東南亞是美、蘇雙方冷戰所爆發的代理人戰爭的熱戰前線，越南戰爭除了讓越南分裂為南、北越，展開大規模而猛烈的全面軍事對抗外，亦直接波及鄰近的寮國、柬埔寨及泰國，尤其泰國是美軍進攻越南時的前進基地。由於泰國的北部和東北與已陷共產黨支配的寮國有地緣連結，所以無論美、泰在政治上皆非常顧慮寮共跨境滲透的影響，當局除了在政治與軍事領域上建立聯防體系外，亦試圖在社會上建立提升經濟水平以抗共的民生防線。簡單來說，其邏輯是只有貧窮的社會才受共產主義迷惑，所以愈提高社會的經濟水平，就愈能夠免於共產主義的迷惑（Escobar, 1995：30-31, 70）。

美國認為，對戰後 1950-1960 年代泰國這類以農業為主的國家而言，最直接提升經濟的方法就是引入已開發國家的農業公司，透過現代知識與生產技術，將泰國自給自足的傳統農業，改造為以出口市場為導向的現代營利性農業。這種新型農業的有效實現與否，有賴於農業機械化、化學肥料與除蟲劑，及其他農業技術的廣泛支援，在成功取得回報之前的大規模投資與高成本付出，其實預設了以大型農場為前提。大型現代農場背後又預設了國家政權層面在土地上配合外資進行政策和法律開路（Escobar, 1995：125-126, 143-144, 158-160），這實際上涉及 1950-1960 年代泰國軍事獨裁當局利用現代法律的土地產權概念進行大面積的土地整合。

官方從農民手中巧取豪奪地，剝奪在傳統農業社區中作為公共財產與資源的林地，並強行驅逐原有住民社群，先透過《國家公園法》變相強行將充公的大量山林地變成國有官地，以廣泛設立國家公園之名稍作過渡後，轉售予外資農業公司開發為現代的大型農場（Isager, 2002：402-410）。過程中首先是「清理」荒野林地，即大規模全面伐林，甚至是聘請林地被官方充

公前的原居此地，但今已失去土地和生計的無產農民任職農場工人。讓他們在祖先世代定居，本屬他們社群的土地上，親手砍倒歷代維護的林木以糊口。然而這種飲鴆止渴的謀生方式不單未能使失地或無產農民擺脫困境，甚至是百上加斤，生計更形惡化。泰國農村因官方主導的國家農業「發展」計劃所導致的困境，早在 1960 年代後期已清楚浮現，而受過大學教育的青年僧侶是最早察覺到問題之嚴重的群體之一。

1962 年在美國的亞洲基金會（Asia Foundation）直接與間接推動下（Ford, 2017：116-120, 141-142, 229, 290；Sivaraksa, 1998：61-62, 104），泰國教育部對單純以巴利文經教為主的僧團傳統高等教育進行全面課程改革，加入相當數量的社會科學和社區服務所需技能之科目後，改組為摩訶朱拉隆功佛教大學（Mahachulalongkornrajavidyalaya University）和摩訶蒙固佛教大學（Maha Makutta Ratcha Witthayalai University）（Suksamran, 1977：77-90；Ishii, 1986：135-140；Ford, 2017：113-120, 123, 139-144, 148, 196-198）。完成學業的學僧在正式畢業前，被分配到法使（泰：Phra Thammathut）（Harmon, 1978：1-41, 160-327；Suksamran, 1977：93-121；Ishii, 1986：135-138；Ford, 2017：196-199, 203-204, 220, 230, 255, 293）、法行（泰：Phra Thammajarik）（Suksamran, 1986：103-121；Ishii, 1986：140-141；Ford, 2017：196-197, 200, 231, 255, 326-327）等三個官派的僧侶偏鄉服務暨弘法團，遠赴泰北、泰南及東北，以兩年時間為期，展開帶有官方色彩的政教宣導行動。1960 年代中期，最早數批完成偏鄉弘法的學僧紛紛回到曼谷母校，在與濶別兩年同被派赴各地鄉村服務的前後期同學聚舊之外，更交換了對農村經驗的觀察與心得，檢討的深度層層遞進，從最表面的農業技術支援不足、官方農業政策的偏頗不公，到軍政局的政治獨裁等，從非正式的私下交流、正式論壇、文字草稿，到最終正式付梓出版，竟以農村問題專輯，刊於摩訶朱拉隆功佛教大學原先只收錄巴利語言經教研究的學報《佛輪》（*Buddhachak*）（Suksamran, 1982：65-66）。

繼此而來是 1973 年 10 月曼谷由大學生為骨幹，爆發迄今仍是泰國最大規模的政治民主運動，最終推翻時執政者陸軍元帥他儂·吉滴卡宗（Thanom Kittikachorn, 1911-2004），在隨後三年，泰國進入自推行現代改革超過七十年以來，首次獲得對民主與自由的充份體驗之三年民主實驗期。由於一時突破了政治專制的封禁，包括農民及其土地財產權之保障等各類社會議題，也因應這政治破口而湧出來。本來大部份都是農民子弟的年青僧侶因 1960 年代中旬開始的社會科學新課程，乃至課程完畢後經由官方機制和渠道下鄉實習開始關注農村狀態，從而才有 1973 年 10 月曼谷首次全泰農民抗議曼谷農業政策時，一批年青僧侶走在農民抗議遊行隊伍的第一排，以示對農民的支持與保護（Suksamran, 1982：106-107）。

1970 年代中期因越南、寮國及柬埔寨等相繼淪陷於共產黨政權，泰國軍方恐懼於 1973-1976 年民主實驗期「十月世代」（Octobrists）所滋長的左翼力量（Lertchoosakul, 2016：42-86），當時民主運動中以素叻·司瓦拉（Sulak Sivaraksa, 1933- ）為代表的溫和派甚為擔憂運動激進派的舉措最終會招致軍方反撲，但其憂慮為運動主流所忽視。果不其然這間接導致泰國軍方在 1976 年 10 月不惜一切發動軍事政變，以武裝手段推翻民選的文人政府，並在進攻曼谷的國立法政大學（Thammasat University）時在校園屠殺大批學生。軍隊奪取政權後，大量曼谷學生急赴鄉間與山林逃避軍警追捕，並加入以武裝鬥爭為手段的泰國共產黨游擊隊。在全泰一片肅殺的情況下，民主運動溫和派領袖如素叻等氏仍選擇留在曼谷，一方面與基督宗教等其他民間團體定期探望被拘捕監禁的大批青年，另一方面開始為下一階段的變化及早作出預備與鋪排（Sivaraksa, 1988：160-163）。

這是開始從西方國家引入並鋪設非政府組織（NGO）的網絡（萬悅容，2013：32-63），此一舉措乃源於對三年民主實驗期終歸失敗的檢討，認為失敗的原因在於民主的力量與條件只見於當時只佔泰國人口少數的都會區。在當年農民佔泰國人口超過八成的農業國度，如果廣大農村地區在經濟、教育、組織及價值意識均未具備現代民主社會所需條件時，城市公民的

訴求欠缺全國性的社會基礎作奧援,則局限甚見明顯。所以應該首先透過廣泛引入並鋪設非政府組織網絡,來加強公民社會的基礎。在 1976 年底軍方武力反撲後的持續數年,這類初成的非政府組織一時人力有限,其工作只能先以城市及週邊地帶進行實驗性運作,尚未深入廣大農村地區(Ip, 2007:20-64)。

進入 1980 年代初,軍方考慮到泰國國內、外(杜潔,2017:29, 68-69, 78, 86-87, 102, 108)[1] 環境的變化,官民僵持無助解決困境,遂推出和解政策。和解的前提是只要學生宣布脫離泰共、走出森林及放下武器,政府保證其人身安全並既住不咎,結束對立。大批一度加入泰共游擊隊,但最終既不適應叢林,亦不認同共產黨殘暴行徑的學生返回曼谷。帶著他們從事民主運動和加入泰共的經歷與省思,他們找到另一條重新參與政治和公共事務的途徑。那就是大規模加入不同主題的非政府組織,人力資源一時獲得極大充實的非政府組織從而可以開展在前一階段力有未逮的領域,把非政府組織的網絡伸展進仍佔全泰人口主流的廣大農村地區(Ito, 2012:204-205),從事農村社區重建,以修補外資農業公司進行投資發展時,為當地社區帶來的嚴重創傷,並試圖逐漸重建其多項自主能力。

三、1980-2000:從農村發展僧到山林保育僧

同一階段,僧團大學先前在 1960 年代畢業,曾分批參與法使、法行等計劃在偏遠國境宣導官方意識形態和政策的官派弘法僧,他們亦基於其田野經驗而持續關注農民問題。當中不少人在 1980 年代初回到農村基層社區,

---

[1] 1978 年中共宣布持續十餘年的文化大革命結束,並公開承認是錯誤,同時宣布開始經濟上的改革開放,並在外交上推動國際關係正常化,首先終止所有對週邊國家的所謂「輸出革命」,不再支援東南亞諸國共產黨游擊隊的武裝叛亂活動,當中即包括泰共在 1980 年代初即失去中共的資助而逐漸枯竭。

與地方僧侶、學校教師及村里長合作，在官方體制之外，在基層社會從事自主或「獨立的」農村重建，這類僧人被稱作發展僧侶（泰：phra nak patthana，英譯：Developmental monks）或開發僧。他們的工作包括多個層面：（一）社區經濟基本建設，如設立稻米銀行、水牛銀行、農業合作社、農會及現代農業技術的傳授等；（二）農村教育，建立或加強農村小學到初中階段的教育條件，並試圖提供適合農民子弟的職業技術教育；（三）農村社區基本建設，最起碼是水電供應、馬路鋪設、對外通訊、基本醫療與社區衛生設施；及（四）重建價值觀，不同程度以佛教教理教育婦孺保護自己，預防人口販賣，並重視自我價值，尤其重建社區歸屬感與身份認同，並在這基礎上推動大眾復甦其對社區公共事務的關注。發展僧侶某義上是1970年代初投身農民抗議事件作公開大聲抗爭的左翼政治僧侶的「進化版」。其「進化」在於在抗議過後有其落實改變現狀的方法與實踐，而使原先的政治性抗議化作具體的社區建設行動，以彌補與修復官方推動的經濟發展為地方農業社區所做成從經濟、社會、文化到價值的傷害（Payulpitack, 1992：182-190）。

然而經過約十餘年的奮鬥，發展僧侶即意識到他們投身的農村重建計劃實有其局限，若無法突破此一局限，農村重建實難以徹底，此即傳統農村的林地所有權何屬之難題。戰後曼谷政府出於回應美國在冷戰佈局下對東南亞等「發展中地區」以發展經濟作為抗共規劃之一的策略，而一改自1900年代始拉瑪五世王朱拉隆功（Rama V, Chulalongkorn, 1853-1910）所制定禁止外國投資泰國之禁令，從國家經濟政策層面作國策的大幅修訂，鼓勵並配合外資進場投資（Wyatt, 2003：272-274；周方冶，2011：88-92, 125-128, 132-133；任一雄，2002：104-119）。當時泰國主要仍是個農業國家，而共產黨的威脅地緣上亦首先出現在泰北和東北與寮國等接壤的偏遠地帶，在經濟與生產上皆屬農業地區，所以對美國的佈局而言，在這些地帶推動的現代農業改革，其預期中的政治性經濟作用甚至比在城市推動工業發展更具戰略意義。

問題是投資現代農業的營利前提是需要建立劃一的大型生產規模，否則成本付出無從獲得相應利潤。為落實此前題，曼谷當局在 1950-1960 年代之間，先運用科技進行精準的網格化地貌測量和地質勘探，並標示於有法律效力的現代專業地圖內，然後再以法律條例規定符合不同土地用途類別與科學標準的地理區域，國家政權有權依之規定土地的法定持有權，並制定其法定使用範圍。政權此一結合現代科技知識與法律權力的國土支配手段與程序稱為疆域化（territorialization），旨在從土地支配的競爭中獲得控制權以掌握資源（Isager, 2002：395-400, 414）。

　　官方的疆域化操作遂藉助自然生態保育之名，在 1970 年代急遽大幅擴充泰國「國家公園」或「國家自然保護區」的數量與總面積，將大幅連綿的林地列作官地。曼谷將林地國有化後再以法律條例要求農村社區提出符合現代法律標準的文件，來證明社區對林地的合法持有權，否則皆需遷出，違者以非法佔用公地論罪（Isager, 2002：398-399）。不同族群與這些林地之間的關係，其實早在曼谷成為現代泰國中央政府身份，並運用法律工具進行控制的百數十年乃至數百年之前，已長期據不同社區之間約定俗成，不必然事事鉅細靡遺地形之於文字的習慣法來進行規範與運作，所以大部份情況下皆難以提出符合官方要求的現代法律證明。國家政權對地方基層社區林地的巧取豪奪，地方社區難以抵擋，偶爆發強烈抗爭與衝突，即調動軍警鎮壓，平民時有傷亡（Isager, 2002：399-400, 404）。

　　在這種情況下，1980 年代發展僧的農村社區重建實踐作出一定推進後，遇到的根本局限是無法取回或保護林地所有權。現代的環境破壞的主要類別之一，正是伐木毀林通常與原住民問題相連，而且伐林是病徵，原住民土地被國家政權以現代法律工具剝奪之才是病灶。在 1970 年代之後，毀林及其環境破壞尚會引發主流人口中多少受西方教育與觀念影響的城市中產階層某種共鳴。但原住民問題在發展的階段通常卻更難被認真對待，所以或策略性地以生態或森林保育為論述的關鍵詞，但背後其實是在現代國家政權之下，如何維持在現代之前就久已存在的傳統社區公有林地的產權合法性，避

免被現代國家政權借故剝奪，乃至涉及國家與地方族裔之間文化及身份認同的競爭張力（Isager, 2002：401-402, 406）。

所以性質上土地產權和身份認同是問題的真正底蘊，但呈現為生態環境尤其森林被破壞。這個角度呈現出從 1970 左翼政治僧侶、1980-1990 農村發展僧，到 1990 之後生態保育僧之間的邏輯關係，即農村發展如果不以重新取回或擁有林地為前提，發展僧始終面臨「巧婦難為無米炊」的重建局限，從而才會在發展僧之後出現生態僧。因為如果沒有可自主支配的社區林地，農村重建難有堅實的基礎與廣闊的著力點。所以森林生態保護背後，實涉及國家政權和基層農村社會之間，就社區林地產權進行奪取與維護之角力。

正因如是，生態僧的山林環境保育角色負責召集與協調各類專家，讓他們發揮技術與知識層面的作用，例如如何測試土地、空氣及水源的污染類型、原因及程度，乃至如何進行淨化處理和林地物種多樣性的保存與復育，有時亦涉及林地執法。但除此之外，部份保育僧也參與更具有源頭意義和策略層次的實踐，這包括在議會立法、司法程序及運用能產生法定效果的專業能力（同樣是地貌測量、地質研究、地圖製作及地方史，尤其地方社區及其土地產權史之研究），分頭進行：（一）結合其他關注土地正義的非政府組織，展開議會立法或修法的遊說工作，希望從源頭上就能正確處理在現代法律框架內，可以如何維持農村社區林地產權的合法私產權利。（二）在官方剝奪民間土地產權的諸多案例中，選出有指標作用者狀告法院，其目的並不首在特定個案本身獲得翻案或勝訴，卻是對現在與未來的類似案例起著阻嚇作用，增加其可能的成本與不確定性風險。（三）透過研究地方史，重新梳理地方社區土地產權史，並借助專業測量與地圖製作，製作出反映地方社區土地產權而又符合法定地圖標準（Isager, 2002：397），從而可應用於法律程序以支持訴訟。（四）在地方上透過僧團本身正式或如僧團大學校友群組等非正式的聯繫，成為生態運動得以逐漸擴充其網絡的重要渠道之一。泰北和東北地區有過伐林遭遇的眾多府縣的跨境橫向串連和沿著官方地方行政級

別上移，最終構成類似全泰東北群體一類跨區網絡，有助結合全泰多區的類似聲音，向曼谷傳遞基層的聲音與壓力，而這些連繫最早並沒有專設組織與網絡，皆依附在保育僧侶跨區群體的非正式連繫網內。

以上均為迄今學界研究的主要角度與線索，基本上以發展理論和左翼理論交錯的觀點，所進行的社會學、政治學及人類學分析。然而社會學或政治學式的解讀，雖然可以從佛教生態運動所坐落的政治、社會及經濟脈絡的變化來理解運動本身在跨代傳承中的常數與變數，但其觀察與思考的重點是在可見的政治、社會及經濟因素。從 1960 年代官派弘法僧的政治覺醒、1970 年代左翼政治僧侶公開參與農民抗議、1980-1990 年代發展僧侶的投身農村重建，到 1990-2010 年代生態僧的「樹木出家」保育運動無可否認皆明顯涉及這些因素。但是在一個佛教國家由數代佛教僧侶這樣的宗教身份來發起運動，這恐非偶然。

所以除了循政治、社會及經濟因素，甚至僧侶多為農民子弟的「階級情感」尋求解釋外，亦應循相對狹義的「宗教」因素，來考察上座部佛教從思想教理、戒律及慈悲的實踐等某義上的「宗教經驗」在數代僧侶所獻身的農民土地維權到環境保育運動中之角色與意義。畢竟對一個長期由宗教職人員來推動的弱勢者運動，其宗教成份雖然不會是唯一的動力，但卻也是不可或缺的重要因素。宗教層面不見得與既有的研究所強調的政治、社會及經濟等「世俗的」角度是非此即彼的相斥關係，毋寧是相輔相成。雖然如是，但在此不同因素交錯的情境下，所謂「宗教成份」到底是什麼？這當中的線索籠統地講，是指對這些泰國僧人而言，具體以山林為主之自然環境的宗教含意，是如何在他們投身從農民維權到山林保護的公共實踐中所產生運動的價值動力。

四、最後一代泰北森林頭陀的時代背景

　　人類文明可以因審美、情感直觀或符號隱喻，而讓山林或自然界與人類豐富多樣的情感形成複雜的意義，這些意義可以透過儀軌演示、藝術、禁忌、民間傳說、歷史傳奇敘事，甚或複雜的經院教理論述等載體的沉澱，而逐漸累積成傳統，並以不同渠道傳遞予其受眾。這些山林隱喻所涉及的情感類別光譜極闊，包括崇高、宏濶、幽遠、恒久不變、歷史見證、情愛、神秘、恐懼、崇敬、神聖感、德性特質、痛苦共感等不同心緒與經驗，不一而足（阿蘭‧柯爾本，2022）。山林所繫的種種意象，皆不同程度源於泛靈信仰、巫術、民間宗教、民間傳說或宗教的宇宙暨自然觀，幾乎沒有只視自然為純屬資源之世俗觀點。

　　其中與宗教相關的各種體驗和情感與山林意象之間的密切關係亦由來甚久，且也是跨文化與跨宗教的普遍現象。這又尤以未歷解魅與世俗化之前現代文明為甚，即使在當代仍有不少例子以不同方式繼承與延續，所以某種意義上仍然是活傳統。本文主角即為一例，故此宗教與自然尤其與山林之間在意義上的「神聖」關連並非佛教獨有的特殊現象。然而，即使宗教與森林之間的這種情感連繫在人類文明之間是如此的普遍，但連繫的情感內涵的多樣與差異之大，幾乎難以形成可以完全共通的元素。單是呈現連結的情感就多種多樣，背後各自指向彼此不見得可以相融，甚至是競爭與衝突的存有論或宇宙觀。所以其實難以模擬出所謂可通用於解釋多數宗教或文明傳統的「宗教—山林」模式。

　　也許較謹慎的方式，還是先回到既有的相關傳統或體系，以其實踐方式、經驗、語言及觀點為主要依據進行解釋。泰國山林的宗教意義也許應該首先回到泰國上座部佛教，特別是以其踐行者的實踐來理解山林與佛教之間，從意義、體驗到感情的連繫。所以對於 1960-2000 年代的半個世紀數代泰國僧侶投身從農民維權到山林保育，他們自道其宗教心理動力，透過著名的改革派佛教思想家佛使比丘法的社會主義（見下文）對人與自然環境之

間應有的理想關係之陳述，而溯源於二十世紀初泰北「最後一代」浪跡於泰北原始森林的佛教苦行頭陀之宗教踐行經驗。中文所謂「頭陀」，其實是巴利文 dhutaṅga 一詞的中文音譯，或亦有義譯作苦行僧。「頭陀」有其所謂頭陀行，指過著極簡樸的物質生活、家無恆產、雲遊四方的僧人，不少擅苦行與禪修，部份聲稱因具異能而受信仰，下文頭陀、林僧或苦行僧等詞會作交替使用，但基本上指相同的僧侶類別。以下連續數節分別探討二十世紀泰北原始森林的頭陀群體的背景、生活方式及他們的宗教體驗之內涵，乃至它如何被戰後的泰國僧人所吸納、加工及繼承。

在泰國北部山林地帶所的頭陀或遊方的苦行僧是泰國僧團的特殊群體。尤其在二十世紀初，曼谷政權出於建立中央集權的現代民族國家之需要，開始對泰國不同地域、社會界別及族裔皆進行軟硬兼施的統一。由官方推動全泰僧團制度的統一和僧團教育的標準化，借宗教、語文、價值及身份認同等層面推進國家意識形態的統一，其手段是透過僧團教育課程的統一與應考化來達成目標，旨在使國家政權能在政治層面有效收編、控制及調遣全泰僧團，而《僧團法》（Samgha Acts）和僧團的教育與考試制度遂成為對僧團的重要控制手段（Dhammasami, 2006：265-291）。這首先見於有現代泰國國父之稱的拉瑪五世王朱拉隆功，他於在位期間的 1902 年推出的首版《僧團法》和五世王的出家弟弟金剛智（Vajirañāṇavarorasa, 1859-1920）擔任法宗派（Thammayuttika Nikaya）宗長兼全泰僧王（samgharāja）時所建立與展開，從僧團教科書的內容、所採用的書面文字，到考試形式等關乎僧團教育的多項現代改革（Ishii, 1986：81-99）。

泰國在 1900 年代推動首輪現代國家工程，重點之一是建立以曼谷政權為中心的「統一」國民身份認同，泰國近乎全民信仰上座部佛教，但不同版本的佛教敘事、文字及傳承，卻同時是泰國國內不同族裔、方言及地方籍貫的本土身份認同所在，地方上的寺院、僧團及其僧團教育正是其主要的載體與繼承者。從曼谷角度，這諸多版本的泰國佛教，無論從內容到組織，都是建立統一國家之障礙。所以要統一泰國就要統一泰語佛教，要統一泰語佛

教，就要建立全泰統一的僧團組織、權力、教育課程、教材及考試，並進一步以此作為統一全泰的重要工具之一。不讀指定教科書則難以考試合格，考試不合格就無法擔任僧團管理幹部，也無法在僧團官僚架構中獲得升遷，沒有官位就沒有制定政策的權力，從而地方族群與社區的佛教在面對曼谷佛教的「統一」壓力時，在制度內沒有政策權力可資抵擋。這表面上只關乎宗教，但在泰國這種佛教社會，就是折射國家政權對地方的擠壓。所以1900年代僧團教育「改革」是曼谷在文化上統一全泰的手段，僧團教育與考試是曼谷以全泰佛教的標準化、僧團教育的應試化，及僧團制度的官僚體制化來試圖規訓東北寮族和泰北的佛教，將其逐漸納入曼谷控制（劉宇光，2023：69-139）。

隨著泰國僧團教育的應試化、職能化及標準化而來的是僧團主流群體逐漸被國家政權吸納與控制，但仍然有好幾類拒絕當局收編的僧侶群體，其中一者就是泰北的林僧群體。在現代泰國的脈絡，此所謂林僧或林棲的頭陀是據其生活形態，而與棲身城鎮寺院的僧侶彼此對揚。一般視林僧與寺僧之間有以下數點基本差異：（一）寺僧有自己的寺院，在固定地點生活；林僧一般並沒有自己的寺院，亦不會長期居住在固定地點，而是持續遷徙。（二）由於寺僧長期居留在特定寺院，從而更便於被官方納入統一的僧團教育暨考試體系中；林僧因居無定所，故此當局難以運用教育體系充份而有效地控制他們。（三）一般認為無論是出於制度或其他原因，受制式僧團教育的寺僧總會不同程度熟悉上座部阿毘達磨的正統經教，但林僧每多以遠為隨意的方式解讀經教。（四）在現代泰國僧團制度與推崇理性的教育趨向下，無論是禪觀及其聲稱隨之而產生的宗教密契體驗或特殊能力皆受到嚴苛的疑慮，所以寺僧難以過度渲染這類體驗。但林僧地處偏鄉，其影響力被認為源於禪觀、宗教密契體驗及由此而起的特殊能力，而農村社會對此的信仰程度是超過城鎮。此外，在這背後還涉及地域性的本土信仰、方言和族群身份認同，及以清邁為中心的泰北蘭納（Lanna）佛教傳承等與以曼谷為中心的國家體系之間，彼此從政治到文化上皆格格不入。

然而，與其說這「兩類」僧人或僧侶生活形態之間的差異甚至分歧是歷來如是，倒不如說這種二元對立其實正是泰國在推動國家現代化進程中，為著徹底掌控僧團建立統一的標準而造成僧團內部的對立與反彈。在受現代國家政權規制之前，僧侶的這二類宗教生活形態並非涇渭分明的楚河漢界，更多是實踐方式之間的交替、重疊，及彼此支持，卻不是後來的二元對立。

這些林僧雖以遊方、苦行及禪修為正務，但不見得真的都完全不用讀書，只是他們的確拒絕為應試當僧官而讀官訂教科書，他們還是會用數年時間應考最基本級別的官定教理試，讓自己取得可以長期以合法僧人身份留在僧團。他們的讀法亦的確不一定如經院學僧般，作高度系統化的閱讀，但並非完全不讀，卻是按需要半粗放地作閱讀，但仍偶有林僧之前就是正規學僧。但無如何，林僧並非泰北獨有，亦見於如斯里蘭卡等其他上座部傳統，而且本在印度佛教就有其淵源。

所以泰北林僧在早期現代泰國僧團是一群有相當後勁的異類，雖然他們常強調自己是「真正的古老」傳統，但實質上其部份元素恐怕是現代的產物。二十世紀初泰國首度推動現代國家改造工程之脈絡下，這些有其明確族裔、籍貫及社會階層背景的遊方林僧，其實是處在政經弱勢處境的泰北和東北寮族農民子弟，是地方上的宗教暨文化菁英面對新興的現代國家政體時，試圖維護本土與文化身份之某種抵制。

泰北林僧在二十世紀初形成的傳統，其實就是對上述國家佛教統一政策的抵制，雖然不是直接的反抗。拒絕依循官定的僧團課程和教科書、拒絕參加僧團考試、拒絕擔任僧團幹部，不進入國家宗教體制，但同時亦拒絕離開地方，以維持對地方社區的影響力，抵消曼谷在當地的政策執行。曼谷對這群林僧非常頭痛，最極端曾以軍警追捕他們送上法庭再送進監獄。但由於地方僧團載負族裔與省籍的文化身份認同，就地擁有廣泛社區支持，曼谷難以對他們長期採取強硬鎮壓。

而在近代泰國，則特別以泰北山野的林僧傳統而著名，一方面固然如前文指出，多少是因為成了建立國家僧團過程中格格不入的它者而聞名；但

另一方面由於諸多原因，當泰國社會意識到他們的存在時，他們已經是其傳統的末代傳人，並隨之而徹底消失，雖然表面上很弔詭地，他們傳統的某種版本的繼承似乎讓這傳統在現代世界大為普及。而導致其傳統最終沒落的諸多重要原因之一，是他們賴以從事其獨特的宗教實踐的自然環境，即存在千百年計的荒山林地，在戰後由國家政權籌謀的現代發展中，於短短數十年間被消除殆盡，從而亦連根拔起林僧的宗教生活形態和實踐的基礎。現代泰國自然環境的劇變為傳統社會、民生、文化、生活方式、價值觀及宗教所帶來的衝擊，是全面而多層次，遍及從最基礎的經濟生活和生產結構，到宗教的核心意義；亦貫穿從社群公共生活的共同要素，到宗教專職群體內特定圈子成員表面上僅屬個體內在的精神與靈性世界。

五、泰北森林頭陀的生活常態

對泰北林僧或頭陀傳統山林宗教踐行的探討，可以依林僧的僧傳為依據。相關的文獻粗略可分為兩個主要範疇。首先是泰北林僧或頭陀傳記或自傳，包括傳主口述再由弟子記錄或傳主親身筆述的自傳，由於目前為現代泰國社會所知且甚具代表性的泰北林僧傳統，大體上是來自相同或法脈互涉的傳承，所以為一目瞭然起見，以下依據泰北遊方頭陀的出生年序列出這系一脈三代共十餘位 1870-1930 年代間的名單。

十一位林僧依歲次分別是阿姜曼（Ācariya Mun Bhūridatta Thera, 1870-1949）、阿姜考（Ajaan Khao Analayo, 1888-2004）、戒女喬（Mae Chee Kaew, 1901-1991）、阿姜帖（Ajahn Thate, 1902-1994）、阿姜李（Phra Ajaan Lee Dhammadharo, 1907-1961）、阿姜布瓦（Ācariya Mahā Boowa Ñāṇasampanno, 1913-2011）、阿姜查（Ajahn Chah, 1918-1992）、阿折羅蘇哇諾比丘（acara suvano, 1920-2007）、阿姜智（Ajaan Paññāvaddho Thera, 1925-2004）、阿姜連（Luang Por Liem

Thitadhammo, 1941-），及阿姜旦（Ajahn Dtun，1955-），他們略屬相近的傳承。

除了林僧自傳，其次是現代學界對林僧個體、群體及間接受其影響形成的現代禪修普及運動等多個相關議題的研究，這類論著基本上傾向取局外者（outsider）角度，多由專研泰國林僧傳統的佛教文化人類學家執筆，有代表性的學者與專著如斯里蘭卡裔學者史坦利・坦比亞（Stanley Tambiah）的《御世者與棄世者》（World Conqueror and World Renouncer, 1976）、《山林聖僧與護身符信仰》（The Buddhist Saints of the Forest and the Cult of Amulets, 1984）[2]，及《佛教與泰國東北的精靈信仰》（Buddhism and the Spirit Cults in Northeast Thailand, 1970）；泰裔學者卡瑪拉・提雅瓦妮琦（Kamala Tiyavanich）撰有系列關乎林僧的口述史《森林回憶錄：二十世紀泰國的雲遊僧》（Forest Recollection-Wandering Monks in Twentieth Century Thailand, 1997）、《叢林中的佛陀》（The Buddha in the Jungle, 2003）、《瑯泰齊的生平》（The Life Story of Luang Ta Chi, 2005），及《佛陀之子：三位泰國大師的早期生活》（Sons of the Buddha: the Early Lives of Three Extraordinary Thai Masters, 2007）。其他尚包括占・泰勒（Jim Taylor）《林僧與民族國家》（Forest Monks and the Nation-State, 1993）、艾倫・洛佩茲（Alan R. Lopez）《佛教復興運動》（Buddhist Revivalist Movements, 2016）等。

下文限於篇幅，為便於闡明前述頭陀在泰北森林中苦行生活特質，乃至剖析當中的宗教踐行及其體驗，不採取如僧傳般的逐一介紹，而是據上述多種傳記，著重於頭陀們共通的生活形態與宗教踐行作綜合說明。這些頭陀傳記提供的資料有助解答以下疑問：（一）「森林」或「山林」對頭陀苦行生活的宗教意義與關連是什麼？（二）以如此個體、內在及「出世」的宗教生活形態，後來是如何「成為」左翼僧侶投身農民維權這類充滿公共抗爭之

---

[2] 該書主題之一是寮族頭陀阿姜曼。

宗教動力？這批僧人都有一些相近的基本特質。

首先，其籍貫基本都是泰國東北人，在泰文稱作依善（Isan）地區和在歷史上以清邁為中心的蘭納傳統的泰北佛教，這地區代表了系列族群與階級性質。經濟上都是農業地帶，皆以稻米種植為主。所以這批林僧大多是東北寮人和泰北貧窮米農的子弟。依善區靠近寮國（Lao，中國譯「老撾」），所以東北泰人實以寮族為主。從曼谷的角度，這都是落後、愚昧、貧窮、迷信、土包子、刁民、對曼谷離心離德，甚至連其佛教都是「混雜不純」的代名詞。

而泰北傳統以清邁（Chiang Mei）為中心，在泰國佛教文明史上甚具地位，其宗教重要性遠超現代首都曼谷，「清邁」字面義是「新城」，與舊城清萊（Chiang Rei）對照。清邁是公元 12-17 世紀間蘭納（Lanna）王國的政權首府暨宗教首府。蘭納王國五個多世紀的國祚，前半段二百餘年是政治、宗教及文明的最輝煌時期，後半段的二百餘年被緬甸侵佔，失去政治自主，但仍然堅持文化自主。17 世紀蘭納在曼谷城邦的支援下趕走緬甸軍隊重獲自主。戰後蘭納亦在鬆散意義下成為曼谷的藩屬國，但國政基本完全自主迄 1930 年代，曼谷初步完成全泰的統一行政體制，形成現代泰國之民族國家的「統一」政治版圖後，原蘭納王國的泰北區域才正式建府，納入中央政府直接管轄，並派員正式接掌藩屬階段遺留的本地政權和組織。但以清邁為中心的泰北仍維持強烈的文化認同，其歷史與文明重要性實非曼谷可忽視。

泰北原先甚至有成熟而自成體系的書面語蘭納文，用於佛教文明、歷史及宮庭記錄，其佛教自成一格，單是它的文化外表就與曼谷不同。曼谷是在 19 世紀面臨西方殖民壓力，才以政治和經濟能力興起，她所建立的特定佛教傳統法宗派（Thammayuttika Nikaya）是為了外制西方文化，內抑泰國民間文化，帶有明顯政權考慮與皇家色彩，這成立不過百餘年的僧侶傳承與清邁的蘭納傳統頗有差距。

其次，在林僧的僧團歸屬或僧籍上，出人意表的是部份林僧隸屬源於

近代曼谷政治菁英階層建立的法宗派，以法宗派的特質而言甚為格格不入。法宗派是由泰王拉瑪四世還在家時的 1840 年代創立，成員多屬曼谷皇室、貴族及權貴子弟組成，所以從成立的第一天開始，它就不是平民佛教或農村佛教，卻是皇家和貴族的佛教。法宗派僧員只是全泰僧人總量的 10%或以下，所以是量上的少數派，但法宗派是曼谷當局在 1900 年代推動泰國首輪國家現代化改革的重要政權工具之一，所以是權力上的主流派，在 1940 年代前完全控制僧團的教科書、課程、考試、學位及在僧團管理系統的官僚升遷。法宗派強調巴利文正典的語言、教理及戒律，強調佛教是「不依賴信仰的理性宗教」。法宗派是泰國遇上現代西方文明衝擊後，傳統主流文明的第一輪反應下之時代產物。法宗派以其「理性」區別於，甚至抵制僧團大眾的莫視巴利文、教理混雜泛靈信仰與巫術操作／世界觀，及疏於戒律，但東北寮族佛教正是以上述特點而聞名。泰北林僧傳統部份成員的法宗派身份，是源於曼谷政府試圖透過僧團攏絡東北寮族，以避免雙方本就脆弱的關係進一步惡化。所以林僧雖與由曼谷菁英組成的法宗派有一定連繫，但同時林僧的俗家籍貫與身份及其省籍文化，卻是曼谷與法宗派的眼中釘。

　　前述泰東北苦行僧與曼谷法宗派宗教權貴之間，其實是各據不同理由與對方形成好惡交織的關係。曼谷法宗派與林僧之間共享部份改革理念，但除此之外，法宗派菁英猜疑林僧頑固抵制被納入 1900 年代全泰統一僧制，但曼谷卻又不敢過度壓制，畢竟泰國僧團的專職僧人近 2／3 來自東北，所以每多訴諸籠絡，但又提防之。林僧中的個別菁英雖與曼谷法宗派權僧常有個人深交，但地方林僧的本土領袖每在收到曼谷的府縣級僧團行政官僚委任狀，令其限時報到履新的次日，受委任者即帶同弟子潛入深山密林，以故意失去縱影遊方半年神隱不見來拒受命，令曼谷攏絡不成，頭痛萬分。

　　此外部份東北林僧透過僧團教育與學歷取得而晉身管理階層，這類僧人雖然熟悉官方版的「理性」教理並身兼官職，但對曼谷試圖假他們之手，整頓實質上充滿本土與族群文化歷史符碼，教理上「混雜不純」之地方佛教的命令常虛與委蛇。雙方的暗戰關係正是曼谷泰人與東北寮人難以協調之狀

況直接反映在僧團內部政治上。

最後，苦行頭陀的「遊方」。百年前國界概念含糊，頭陀是最典型的常態跨境者之一。他們通常或單人、或數人，偶爾十餘人，不斷來回遊行於東南亞半島的北部，東起越南北部向左移入寮國北境，泰東北依森、泰北清邁、緬北撣邦，到印度東北靠近阿薩姆邦（Assam），再回頭。常徒步穿越原始山林，數日不見人村。東南亞是亞熱帶地區，沒有四季，只有旱、雨兩季。泰北林僧的生活方式是旱季時居無定所，身無長物，以傘帳（內罩蚊帳的大傘）和大缽長期遊方各地，穿山越林，偶經農村。雨季三個月期間除非在深山密林覓得乾燥（而又還沒住有老虎）的洞窟渡過，否則在村社附近安頓，以竹木搭建簡寮渡季。不過實情常是寮棚過於簡陋，雨季竟日通盤大雨，林僧只成了全天濕透落湯雞。偶爾有鄉民願為他們搭高腳寮棚，避開蛇虫毒物。

部份遊方各鄉的苦行林僧被視作神異僧，此事在地方佛教上是件複雜而敏感的事，所謂「神異僧」，套句韋伯（Max Weber）的話，就是有卡里斯瑪人格特質的宗教領袖。林僧以其傳聞的神異而知名者，多有堅實信眾群體的支持，不單曼谷僧團總部的僧官不喜歡他們，即使在鄉鎮地方上亦不見得都會歡迎他們。神異僧的信眾通常特別熱情，所以遊方路過一地而有其信眾群體者，或力邀來訪本鄉，甚至「駐錫」本鄉，即在本鄉社區建立寺院落腳，以便他們多來訪與多停留，甚至就此落地生根，逐漸安頓。

但這若不妥善處理，常會是事端之所在，窮鄉僻壤資源有限，對規律單調的偏鄉而言，遊方林僧而兼有神異傳聞者就是個暫擱沉悶日常的新鮮事，希望新鮮多幾天，但掛單留三日後開始不受歡迎，因為窮鄉的本地小寺院會開始不滿，有時不儘只是心狹眼紅，卻也是資源受到擠壓，影響生存狀態。偶有惡劣者，即使同為佛教徒之間，也會開始造謠生事，所以謹慎的遊方林僧會路過的鄉社村鎮，其實是多少有既定途徑或相熟社群，很少會像探險家那樣全程都是完全未有預備的陌生社區，即使居留一地，除非事先安排好，否則不會居留超過二三日，避免為雙方帶來不便。

林僧自傳中有述及其宗教「威力」之來源。部份林中禪僧與苦行僧被鄉民視作神異僧，理由是他們往來穿越於虎群如牛毛的山林而仍毫髮無損。尤其在泰北與東北一類傳統農業社會，農民對鬼神之說深信不疑，「神異僧」對民間的「威力」遠不只是宗教性的，卻是文化與社會，偶爾甚至是政治性的，所以曼谷僧團總部對此類刻意不受控的東北林僧可謂既忌憚又厭惡。以本文所涉林僧群體為例，當中僅有低於十分之一兼以神異聞名，但後者一類通常也是具爭議性的人物，畢竟以神異聞名，亦非僧侶正業。

此外，部份林僧則直述投身林間修行的另一原因是避開村社，原因是要避開受到自己對女人生起情欲所帶來的誘惑（Thate, 1996：116-119；Boowa, 2003：80, 82, 92）[3]。在南亞，僧團每於晨時列隊進村社接受食物供養，這種宗教場景仍然免不了人間情愫的突然進場，有青年僧人對每晨供養食物的青春少艾生起思念，雖經師長屢加指導，但仍然無法捨卻情愫，最終還是有還俗成家，養妻活兒去了，多部林僧傳記皆有記述同行僧人的類似案例。

我們應如何理解僧傳對頭陀的遊方、苦行、禪修，偶爾加上神異等能耐所表達僧人的宗教意義與角色？這也許涉及宗教體系內的角色與職能分工，只要一個宗教傳統有角色完整的體系作為載體，苦行與禪修者的角色會受到適當平衡。如果一個宗教傳統夠得上形成體系完整的文明，它不會只有隱修，但更不會完全沒有隱修，所以對特定宗教內隱修傳統意義的理解，仍然脫離不了該傳統的基本教理。

---

[3] 泰文原著出自阿姜摩訶布瓦（Ācariya Mahā Boowa）之手；此書有三個泰-英的選譯或全譯本，首個英譯是斯里布達蘇克比丘（Siri Buddhasukh, 1986），第二個英譯是出自戒寶尊者（Bhikkhu Dick Sīlaratano, 2003）。此外尚有很少人注意到的第三英譯 Ahjan Bua Compiled, translated by Ruth-Inge Heinze from Thai, *The Biography of Ahjan Man 1871-1949*（*Asian Folklore and Social Life Monographs*, Chinese Association for Folklore, 1976）。

六、泰北森林頭陀山林宗教體驗的組合

　　苦行頭陀的長期在山林間托缽遊方，此一特定的宗教踐行和生活方式的宗教意義何在？在前文述及的泰北例子，不同宗教或信仰的山林觀在同一個社群的生活領域內，形成長期並存並近乎默契之意義分層（甚至是信仰與意義分工）之結構，而不同宗教與山林之間的關係各不相同，對山林之宗教體驗的形成，部份因素端賴於不同宗教的宇宙誌或宇宙論，乃至更核心的哲學性教理論述所塑造的視野與認知。當中也存在近乎難以擺脫的文化差異，即使同屬佛教內的不同傳統也以作跨傳統的直接引用。例如日本佛教也會以某些佛教理念，對其身處的東北亞森林的可能宗教意義提出論述（梅原猛，2022：41-44, 214-275），但其觀點也不見得只因同屬佛教一脈，即可無障礙援引並挪用於解釋其他佛教傳統，這即使不必然發生矛盾，彼此之間也可以是毫不相干（irrelevant）而無助說明，甚至是發生混淆主題或脈絡之情況，泰國上座部林僧對自然環境的的宗教經驗亦然。

　　據林僧自述，在森林的宗教實踐，其意義有從表層到深層，或外圍深入核心的不同層次。首先進入視野的，其實不一定直接就是佛教的山林觀，畢竟在泰北和泰國東北區域，有其本土的地方信仰，每多帶有泛靈論。從教理層面說，只要沒有出現與佛教核心思想如無常、無我等基本立場相矛盾的觀點，佛教對此類信仰及其論述一般其實不會有太強烈的排斥，尤其佛教從南亞大陸傳遍整個亞洲時，皆需要經歷在地化，不同地方的本土文化、歷史、淵源及風土等各異，其相關敘事、風俗及象徵每多凝聚在本土的民間信仰上。此類信仰反而在農村民間最日常生活的層面，補充了佛教不一定會詳加論述，對自然環境或山林之敘事。

　　本土泛靈信仰在泰國本土神譜當中，涉及山林的神靈起碼有好幾位，例如山林主（泰：chao pa chao khao）、獸主、守墳兩老（泰：ta kali yai kala）、鬼魂（泰：phi pu som）、樹靈或植物靈（Rajadhon, 1988：332-338），及林鬼等。顧名思義，「山林主」就是森林和山野之主，是山林中

最主要和最高的神靈或超自然力量，責任在維持森林裡的規律。獵人、嚮導等外來者若要進入山林均需得到他許可，並應完成因地域而異的特定儀式，且進入後為其安全計，來訪者必須嚴格遵守森林規則。泰北的儀式是山林來訪者需以刀具插進地面翻動泥土和落葉，奏告山林主謂定當遵守山林規則，並在離開山林時恢復進山前翻起的泥土和落葉原狀。山林主一般不會直接「告訴」來訪者祂允許與否，唯在相信要禁制進林時才會從山林傳出災難聲音，來象徵山林主對於有人要進林打獵的不悅。在泰國不同區域山林的准入儀式各不相同，如南部需備妥香蕉和熟雞肉等五項供品，以占卜儀式請准山林主，進林者需要備香插入熟肉，如果無法插入就代表山主不允進林。山林主還負責維護山林族群的社會規範，包括性禁忌、動物狩獵的規矩等，外來者必需遵守，否則會受到懲罰。

　　山林主所知悉與監督山林族群的活動，其認知渠道除了親身認知外，還能派遣鬼差代行監督進林者的林中行為的遵守規矩與否，當中甚至包括監督請准進入山林修行的頭陀僧有否精進修行，不然或會受到山林主的恐怖嘯聲嚇壞作懲戒，促使頭陀調整自己的行為，回到原先承諾謂進林旨在修行。這說明山林主是山林中具有最強威力的神靈，無人能及，即使佛教僧侶的行為與心態皆歸他管。山林的威力使所有依它而生者皆只能調整自己去適應山林環境，但雖然如此山林主亦為進林者提供保護。獸主則是山林中野獸的主保，其責任是管理野獸的行為，並將不遵守獸群規則的野獸變為獵人的獵物，因此獵人要進林打獵時皆會在心中告訴獸主，請獸主安排一些不聽話的野獸作為獵物。

　　對守墳兩老（泰：ta kali yai kala, kali 是爺爺，kala 是奶奶）之信仰本來與山林沒有直接關係，但因在泰國文化，墓地的山林環境及其遠離塵囂的安靜之性質，亦與山林相通，加上上座部頭陀有在墳地修不淨觀的傳統，所以當佛教頭陀向山林主誓言離開人煙之處，請准進入山林安靜之地作認真修行時，山林主即令部屬老夫妻遂代他監督僧人有否認真修行，並負責教訓懈怠的行者，此外墓園兩老有時也應邀臨場擔任頭陀在墳地進行禪觀修行時的

護持者,以避免行者禪修期間受鬼魂騷擾。鬼魂(Phi Pu Som)在其勢力範圍,包括藏寶地內出現作祟甚或死亡恐嚇(Rajadhon, 1986:99-124),旨在將僧人趕離他的地盤。也有來歷不明的林鬼是山林主的下屬,負責監督修行者,他的出現代表某位頭陀有在認真修行。

以上關乎山林的本土泛靈信仰有特點如下:一,它仿若一個小型官僚部門,山林主是主官,其餘員吏或差役受其差遣從事監督工作,以確保獲許可進入山林的人行為上遵守規矩,並認真從事他們原要求在林內從事的踐行。二,即使在本土山林信仰的內容上,已經清楚看到佛教成份,那就是居於山林中的頭陀。雖然佛教在當地文化與社會中擔當比山林信仰更深厚的角色,但頭陀個人進入山林後的行為,仍然受山林主的權責所督導,這一點清楚說明在例如泰北,佛教和本土信仰不單是並存,更是有結構地分工合作與共生,尤其在山林觀上近乎融為一體,無分彼此。

但另一方面在學理與目的上,佛教與本土山林信仰之間的差異則更需要正視。即便如是對頭陀而言,佛教與山林之間在宗教意義上的關係亦不是層次單一的。據林僧自傳所述,山林對佛教的宗教意義是林僧在雨季結束夏安居時,透過每天觀察植物在雨後的生長迅速,摧毀林僧搭建棚寮,從自然實物的成住壞空,來體會世間萬物的無常、無我兼緣起,而這種觀察與體會均源於行者對佛教核心教理的掌握,亦有林僧擅於冒險以生命為實驗室累積「醫方明」。

這些雲遊於山林間的頭陀,最核心的宗教實踐以禪觀為主,禪觀需要行者熟悉經教,以作為禪修之預備和引導。而且所謂禪修本身亦非簡單的事,既有按不同目的與活動模式所作的類型劃分,亦有據進階差異而分的次地。前者有實踐上止(samatha)與觀(vipassana)之別,從而有能力上的定(samādhi)與慧(prajñā)之分。後者則有諸如三十七道品和四禪八定,及四果等之別。

下文以語聲和非語聲之辨為例說明其中一類禪修的操作。這些頭陀僧傳中多有據其禪修經驗,討論上座部教理,部份屬普及宣講,部份屬類似證

道文字，但卻有部份是探討複雜的阿毘達磨（Abhidhamma）經院佛學專題。部派佛教阿毘達磨述及佛教對人類認知機能與組合的分析，在此以對由耳根（śrotrendriya）與耳識（śrotravijñāna）合組而成的聽覺能力的對應場域「聲」（śabda）為例作說明，「聲」是耳根與耳識的認知對象。佛教討論聲音是從作為認知者的感官認知一環之角度來開展，於是對「聲」提出層層分類，但開始提出的最基本劃分是「語聲」與「非語聲」，此一區分甚獨特。

　　林僧傳記討論到特別在諸如「念」（smrti）這類較基礎的禪觀過程當中，發現人對「語聲」的心緒反應遠多於，並亦高於對「非語聲」之反應，所以需要首先勾出「語聲」來當進一步關注的重點。所謂「語聲」是指已經聽懂的語言的語聲。嚴格言之，未學過所以不通的語言之聲並非「語聲」，原因在對於已懂的語言，在聽覺的流程上，依耳根與耳識清楚收納聲音後，在幾乎沒有時間差的情況下，第六意識（manovijñāna）近乎同步進場，即時將由語聲作為語符或聲符所載負的語義直接呈現為意識的理解對象。關鍵是只要聽懂某特定語言，他是幾乎不能把已成結構的語符暨語義，還原或逆轉為完全刪除語義的純粹人聲。據林僧中的禪觀行者認為，這種由第六意識迅間主導的語聲認知，才是人類心緒活動中涉及聽覺時最主要的介入環節，因為唯有人的諸多欲求和心緒是依語義而成形。而語義呈現的關鍵是第六意識，因為它幾乎半自動地負責了語聲的解碼，從而對作為「耳根」所緣「聲」的解剖，需要開始就直接把「語聲」列作重點予以關注，這正是林僧以禪觀解讀阿毘達磨時，所提出的類似現象學式的分析。

　　還有另一個值得注意之事例，是關乎山林的佛教宗教經驗。多部僧傳中出現最多的，除了是頭陀本人外，竟然是山林中的老虎，自傳的記述不斷閃過老虎的身影、群虎[4]在山林之間隔空往復咆哮的餘音迴盪、泥地上的巨

---

[4] 林僧對老虎的記述，有一點頗異於現代的西方動物學家，卻與中國地方誌所記虎群情況類似，西方科學研究更傾向認為老虎是單純的獨居動物，但若據不同的亞洲經驗，老虎的群棲可能比現代科學所認為更常發生，迄民國時期的湖南省與四川省省誌，有與泰北林僧類似的記述。

大的老虎掌印、樹幹上觸目驚心的爪痕，及林僧在密林掛單過夜週邊的老虎新鮮遺便。對泰北苦行頭陀而言，山林中的老虎之宗教意義極為重要，是其森林修行的核心所在，但這當中仍然有不同層面的意義。雖然鄉民見林棲頭陀出入山林而似乎罕受虎害而相信林僧多有「神異」，但林棲頭陀而言，對老虎的理解與共處其實沒有那麼多「神異」。早年泰北森林尚未有破壞性極大的商業狩獵，地方社群仍有其相對多作節制的自用狩獵，雖然宏觀上二者之間性質差距甚巨，但對落到個體層面的野生動物而言仍然是威脅生命之事，所以動物們非常謹慎於避開人類。有趣的是鄉民們畢竟信仰佛教，總得「儘量」守戒，所以要狩獵亦會避開寺院或僧團，野生動物也逐漸發現只要見到這些光頭黃袍的人，他們附近都會是安全的，不單這些光頭黃袍人不會危及牠們，連平時追殺牠們的鄉民見到光頭黃袍人時都會停止獵殺，所以會相對放鬆而多有現身（Thate, 2003：91-92,123-124,133,145,152,158,18；Boowa, 1996：196-208, 334-352）。

　　首先現身的是諸多草食與雜食野獸，林僧自傳常列有非常長的獸類名單仿若森林生態學教科書，然後老虎也出現在此較便獵食。老虎的食物消耗無論如何都少於鄉民，而且老虎目的在獵食而不是刻意恣虐，既然飽食就不會作無謂的額外勞動去作非食用而旨在恣虐的獵殺。老虎起碼發現光頭黃袍人不會危害他們，甚至附近就是聚集大量老虎的食物。只要冷靜觀察與謹慎掌握老虎生活節奏，再加上禪修，真實的危險程度沒有驚惶終日所擔心的來得更高。僧傳甚至述及特定範圍內，其實來來去去就固定的幾隻老虎，牠們本身在這地區的存在就預防了其他老虎進來，而老虎亦不會廿四小時都無端濫殺，只要知悉牠們的飲食與生活節奏，一般情況下還是可以共處。從認知上講，此亦無非是僧人據佛教教理的「緣起」之說，依之在經常層面觀察老虎與週邊環境之間的互動關係與節奏所得的理解，似亦未必皆需解作「神異」。

　　除此之外，最關鍵的宗教意義是熱帶原始森林晚上伸手不見五指，充滿恐懼，從恐懼老虎到不知名的恐懼本身，乃至背後總的是對死亡的極深恐

懼。在林僧們的自述，這些恐懼常轉喻為居於山林洞窟的諸多「非人」，乃至毒蟲、疾病等，尤其瘧疾等非常普遍，林僧們幾乎都得過此病。所以林間遊方之修行目的是學習身、心上克服恐懼。但這所謂「克服」對死亡的恐懼，不是直接訴諸一般世俗意義的「勇敢」，不是要當外在的打虎英雄，老虎只是折射出內心恐懼的鏡子而已，打碎外在的鏡子只屬誤置位置，甚至只是某種「逃避緣起現實」的自欺欺人。林僧將對老虎所造成的死亡威脅那無處無時不在之恐懼，理解為佛教「無常、無我」之基本世界觀的實例展示。老虎帶來的死亡其實是必然會發生的「無常」，差別只在於它以最迅猛明確的方式展現。而視死亡為「威脅」並深感恐懼，其實只是反映了一般人對生命的錯誤預設，即追求「自主恆存」。

所以當這「自主恆存」之預設與實情不符時，才會被恐懼淹沒。造成恐懼的不是「無常」，卻是否認「無常」乃實情之錯誤預設，稱作「無明」（avidyā）。在佛教，無明不是無知（ajñāna），因為「無知」起碼尚自知「自所不知」，但「無明」卻是對實情的相反認知「以謬為真」之「顛倒」。

問題是恐懼並非說要沒有就沒有，「無常」之實情是一回事，人能否真正徹底正視之卻完全是另一回事。林僧們認為，若欠缺修持，是無從有能力正視「無常」之真實，亦無從擺脫「無明」之謬見。所以林僧認為，需要被害怕與被克服的不是老虎，卻是人的內在自我認知與預設。恐懼只是反映預設與事實差異有多大，亦反映人對錯謬認知的堅持有多頑固而已。老虎的存在反而成了面「照妖鏡」，殺虎無非只是在逃避自己的愚昧。據這些林僧，對老虎無時不有的恐懼，只是人無時不有的「無明」之投射。

這類遊方的苦行頭陀多為佛教禪修行者，他們面對老虎的方法，不是上山獵虎或修建欄柵此類「外在」對策，卻是以禪修觀察來正視，並修改自己的恐懼與背後對存在的錯謬認知和期待。上述乃林僧從事出世苦行、遊方及密集禪修背後的佛教理據，世間宗教好苦行者古來皆有，但雖然表面行為類似，背後世界觀差異仍然甚大而不能當作是同一回事。所以對泰北林僧傳

統而言，山林的重要意義在於它與老虎、死亡的貼近、對死亡的恐懼，乃至與無常和無明對自我存在的錯誤預設等佛教核心教理概念之間的密切關係。

七、跨越隱密與世代的宗教體驗：語言與詮釋

頭陀對無常的禪觀或其他踐行之宗教體驗與生態僧的護林實踐之間有諸多明顯差異或距離，最直接是二者之間有年代距離和活動性質上的差異，從而二者之間要如何相連結？首先是年代的距離，被稱為泰國「最後一代的森林頭陀」，擅長於禪觀並長期雲遊的頭陀，活躍於二十世紀初的泰北山林，最晚在 1950 年代已告一段落。但投身於林地維權與山林保育等公共實踐，甚至抗爭的生態僧卻是下及 1980 年代才出現，期間隔了整整 40 年，近乎兩個世代，二者如何相連？

其次，泰北的森林頭陀以禪觀的踐行、知識及傳授而聞名，某種意義上是傳統上座部佛教僧侶的宗教人格與生活形態之一。生態僧卻是長期投身農村週邊的社區林地的產權維權，乃至奮不顧身地從事山林保護，避免林木落入背後政、商、軍等複雜地方勢力包庇的森林盜伐者的鋸齒鋒下。所以後者不單深涉社會，甚至需要面對直接衝突、暴力、不義及人身威脅，事實上亦確有案例是僧侶為此得罪權勢者而被殺害，故此其威脅是現實而具體的。從表面上看，兩類僧侶的實踐、關注及僧格似皆差異頗大，則二者之間如何發生關連？禪觀實踐與山林苦行之體驗，如何能成為山林保護之抗爭的動力源頭之一？

沒有一個現成的答案，可以一舉多得和一勞永逸地解答以上兩個問題。下文分為兩個相連但性質不同之議題作說明，本節探討的是上述第一個問題，即宗教體驗與感情如何可以跨越個體，甚或隔代傳遞？如果宗教體驗屬於個體內在的心靈隱密經驗，則它如何可在眾人間流通，因而也有其公開的側面？本節先探索第一個問題，屬於個體內在隱密的宗教體驗有否可在眾

人之間流通的公開性？如果不解決這個疑問，則難以理解宗教體驗如何能作為佛教社群內的價值動力。上述第二個疑問這留待下一節再處理。

要討論宗教在泰國的佛教保育運動中的意義與角色，首先要問的是「宗教」在此具體是指什麼？這不僅指宗教作為可見的社會組織部份，更也是指價值和情感等屬宗教內涵上抽象但不可或缺的層面。這落在個體層面，其意義常會彰顯為「宗教體驗」與「宗教情感」。尤其在本文的脈絡，這些泰北僧侶的「宗教體驗」是特別與當地的原始森林相連，則泰僧的宗教體驗、佛教教理及森林，三者之間是如何相關連？時下宗教研究當中的心理式理解有視此為神秘體驗或密契體驗，從而預設純屬私域與個體內在的經驗，甚至是宗教生活的「首出」元素來理解，無關社群的公共生活。

現代早期階段對宗教經驗的心理學式解釋最為明顯，這類觀點認為，唯有超越智性並以獨特的情感狀態呈現的宗教體驗（religious experience）才是宗教的真正核心（黎志添，2003：13-24, 91-96；King, 1999：21-23）。尤其宗教心理學聲稱「宗教體驗」是以個體經驗為基礎的唯一「一手」宗教經驗，這類解釋進路一直強調宗教經驗當中密契體驗是以個體、內在、心理及超越言詮等作為宗教的首出特質，而教理、教制、經典、儀軌、踐行法等非個體成份皆視作派生事物，屬次生的宗教「二手」貨（威廉・詹姆斯，2001：34-36）。

這種宗教心理學的進路試圖將宗教經驗放在超越歷史脈絡的獨特位置上來作理解，視「宗教經驗」是非關智性的純粹個體層面的情感體驗。這種觀點其實是源於心理學家威廉・詹姆斯（William James），他認為宗教體驗為宗教唯一的「一手」經驗之心理學式解釋，恐怕已經是不自覺地預設以宗教乃純屬個人內心私域經驗為前題，卻沒有察覺到這正是現代人的宗教觀為宗教的傳統樣態設下的解讀陷阱。這種對宗教的經驗論式理解之偏狹在於擱置教義在宗教經驗中的角色不談，問題是即使「宗教感」也不見得就只能是沒有智思或釋義可言的純粹個體內在感受（關子尹，2003：52-53）。

理查德・瓊（Richard King）討論宗教時指現代性（modernity）的主

要特質之一的世俗化（secularization）最早是用作標示政治和法律等公權力與宗教之間的體制性分離，其效應進一步伸延為宗教與教育、知識、學術等所有公共功能的制度分離。現代性的誕生大幅削除宗教的傳統公共功能，一度使宗教徹底私域化（privatization）甚至瀕臨徹底消失，宗教在現代社會之意義一度日益單薄與貧瘠，這反過來造成宗教的個體層次之踐行孤立在智性領域外，有時甚至切斷了經典宗教在傳統狀態下，據教理知識和智思探索對宗教實踐及其體驗之內涵和意義，起著結構性的支撐與節制作用。在世俗化的影響下，知識等經典宗教傳統體制環節對個體層面宗教經驗的牽制一度逐漸脫鉤。宗教實踐及其經驗與在傳統上由宗教經院體制所承擔的智性土壤之間的深厚連繫亦受到影響（King, 1999：12-14, 21-23）。

宗教體制在生活世界的這種深刻角色轉變，使宗教一度被迫退出公共領域，並萎縮為純私人領域。專研印度宗教哲學的馬提拉（B.K. Matilal）指，由此進一步引發的誤解是把世俗化之後現代以個體為基本單位的宗教經驗，視作等同傳統狀態與體制下的宗教經驗，從而據此理解宗教的傳統狀態（Matilal, 2002：319；Dreyfus 1995：30-31），其關鍵特徵之一是無視宗教知識群體的智性實踐在塑造宗教經驗中之角色。把宗教經驗視作徹底屬個體內心的私域（privatization）的現代解讀遺忘了宗教體驗的公開性與個體內在難以分享的隱密之間，不單並非相斥，結構上更是彼此相連。視二者為相違這更多是現代的觀點，不是宗教在傳統狀態下的自我理解，後者對個體與群體、隱密與公開、內在與外在之間關係與界線的安排，不見得會同意現代處理上述議題時曾強調的二元式黑白相斥。

絕對意義下的宗教體驗，或云宗教體驗「本身」（in itself）如果不外是個邏輯的預設，就是個邏輯的矛盾，又或沒有任何解釋功能的不可知事物。因為絕對意義的宗教體驗被強調為不可說與超越言語表達和思維分析時，它首先面對的邏輯矛盾是：以「不可說／超越語言」稱宗教體驗的特質，這本身就正在以語言描述其體驗的屬性，這已經是以語言行為（speech act）本身確認宗教經驗的語言可描述性，否則他連否定句「不可說」都不

必講。

　　而更關鍵的是：經典宗教的宗教經驗，不單其內涵是由形之於文字或口語的文本透過敘事和概念所確立，而且在宗教經驗（包括密契體驗）過後，當事者對此的理解、界定、再表述，及甚至對其內涵真理宣稱的檢證，其實主要都是依賴文本、典籍、語言及概念，即經院知識。所以無論是宗教經驗內涵的形成及對內涵的檢證，無不兼而依賴傳統經教和概念剖析，從而使宗教體驗是在與傳統經教的持續對話和檢討的循環過程中被塑造，語言詮釋成為宗教體驗的必要條件。宗教菁英為其後輩帶來的意義啟迪，其實不可能是直接以他們本人赤裸裸的體驗「本身」為載體，而是以對體驗的詮釋，以至已被詮釋過的體驗為實質載體。在此意義下，表面上屬所謂個體的，甚至內在或私密的體驗如果要在宗教知識社群的修學中起作用，其實都是透過語言和概念，而此一可言說從而無可避免皆與他人或群體相連。

　　上述的說明雖然似乎是宗教局外者的觀點，但事實上佛教本身對這問題的局內者觀點與前說之間，並沒有很本質的分歧。佛教僧團對典籍與教理的解讀所形成的釋義傳統，固然是僧人塑造其宗教體驗的觀念內涵時之依據，佛教對此的傳統術語是聞所成（śruta-mayī）、思所成（cintā-mayī）、修所成（bhāvanā-mayī）的三慧（tri vidhā prajñā），但教理知識也是僧人在過後理解與表述個體層面的所謂「一手」宗教體驗時必須憑藉的觀念座標。用佛教思想的術語來說，基本上屬「無分別根本智」（nir-vikalpa-jñāna）到「有分別後得智」（vikalpa-prstha-labdha-jñāna）的切換。無論是在獲得宗教密契體驗之前，促成修所成慧的聞、思二慧，或體驗過後的「有分別後得智」，其實都非常緊密而深切地依賴由名言所載負之概念和智思。

　　這尤以佛教一類經典宗教為甚，因為已經歷過經院學（scholasticism）模式洗禮的經典宗教，很大程度是借助高度專業化與系統化的知識體，例如阿毘達磨的人工語言（artificial language），來界定乃至塑造其宗教經驗的內涵，這對於宗教行者的信願踐行而言至關重要，卻又是可遇不可求的所謂

密契體驗其實最終仍然建基在由語言所編織的意義與價值的知識體系上。然而無論是部派阿毘達磨或大乘的論書（śastra）等，在不同的經院佛學之間仍然有由概念所編織成更為細密與嚴格的歧異，即使同屬佛教，亦不見得可以完全無障礙地通用。

而且「名言」在佛教教理亦有其嚴謹界說和定義，首先專指通行於整個部派佛教各部，到早期大乘瑜伽行派，皆一貫列屬不相應行法（citta-vippayutta-dhamma）一員之三身（trikāya），指文身（vyañjanakāya）、名身（nāmakāya）及句身（padakāya）[5]，即有發音規則和組織結構之口語聲符或書面字符、概念及有完整意義的篇章段落，所以語或文的系統是由語符、語法及語義三個部份共同構成的論書（śastra）或如阿毘達磨一類印度知識或學術文類，其目標是系統地記錄並論述內明（adhyātuma-vidyā）、因明（hetu-vidyā）、聲明（śabda-vidyā），或醫方明（cikitsā-vidyā）等佛教文明系統知識的累積，後來在早期大乘這些皆被統攝在五明處（pañca-vidyā-sthāna）之知識系統名下，因而無論它們的主題或內容是宗教教理、踐行或體驗，還是其他知識，皆是以由名言所承載之慧（prajñā）或思擇為憑據。

所以佛教僧侶的宗教體驗內涵的形成與論述，其實皆與佛教的既有經教息息相關，而不完全是個別僧人從無到有地「發明」出來。雖然林僧個人的禪修體驗，一如其他經驗一樣總有其屬第一人稱而無從與他人共享之層面，但除此之外，由於禪修或其他宗教經驗的內涵及事後對其真理性之確認皆源於並歸旨於行者所屬，由經典、教理及共同參與踐行的師友所形成的釋義傳統，所以舉凡需要將體驗不再停在個體層面，而謀求與他人分享時，皆需經過語言加工，所以禪觀的僧侶能傳遞和其他人能從他手上接收的，都不是僧侶的所謂「一手」經驗，卻是他們對經驗的詮釋，從而某義上仍然是

---

[5] 文身、名身及句身不管在部派或大乘佛教，均屬心不相應行法（梵：citta-vippayutta-dhamma）。有關心不相應行法的沿革，見水野弘元著，釋惠敏譯《佛教教理研究：水野弘元著作選集（二）》（臺北：法鼓文化 2000 年），頁 508-509。

「二手」的。但正因為是「二手」並依賴語言而融合進釋義群體的傳承，越過個體而傳遞予他人和後世。所以禪僧能傳遞的，其實是對其體驗的詮釋。無論印度的部派、大乘及藏傳等經院佛教的不同案例皆顯示，以僧團為基礎所形成的佛教智性體系和傳統，與落到個體層面的宗教學習、實踐及體驗乃是一互相支撐的動態關係與歷程，不能單據一方作解釋。

這誠如安妮・克萊因（Anne C. Klein）在探討佛教知識論在塑造佛教宗教經驗之內涵上所擔當之角色時直言，若學界誤把密契體驗與慎思明辯視作相互排斥，這其實是破壞宗教內部的解行之間的連繫，導致忽視在經典宗澤的傳承內，哲學或思想其實是在塑造其行者的密契體驗之內涵，從而使名言概念與密契體驗之間的密切關係被遮蔽。藏傳等佛教經院學的書面和口傳釋義傳統兼從學理與操作塑造特定體驗之內涵，以哲學思辯的「致知」來統合與協調實踐，從對內涵的論證來塑造體驗。這當中的關鍵是要區分不單相關且驟眼看上去一時似難以清楚區別的兩件事：一，密契體驗呈現的當下，行者第一人稱之經驗也許越過或不再依仗名言之藩籬；和二，名言概念是構成宗教密契體驗的必要前題與條件（Klein, 1986：13-17）。

所以帶著上述的通則回到本文的主角們身上。相同的道理，泰北頭陀與森林之間的宗教體驗關係，乃至僧人對此的論述如何啓迪著隔代，甚至從未謀面的生態僧運動成員晚輩的心思與弘願，皆不會完全是個別泰北禪僧的個人任意發揮。當行者透過禪觀或其他實踐而產生密契體驗時，儘管體驗本身乃至其對象或內涵（在佛教，例如無我、無自性或空性）之「真理」或「真實」被聲稱為超越或放開名言分別，但在體驗過後，宗教行者需要對所體驗的內涵進行自我理解和對他人作闡述，當中包括對真理的確認與論述時，體驗內涵由於在時間序列中已經成為過去，並且作為被理解與詮釋的對象，所以不再是「原初」非語言之體驗，卻成為半製成品，行者需要再度透過既有教理的闡釋，讓它借助語言的二度加工變為可被他人理解的語文意義，在相關社群與傳統內的成員之間作傳遞，而這樣的傳遞既包括概念與理解，但亦間接指向對概念內涵的體驗與感觸。

所以經典宗教密契體驗的兩個關鍵步驟，言語皆為必要條件之一，即密契體驗之內涵的形成和對其真理性所作的理解，皆需要透過語言來完成，而只要涉及語言，它就不可能純屬個體和私域，卻在相關的意義社群和傳統內有其淵源。換言之，儘管主要由行者形成的宗教傳統採第一人稱或局內者（insider）角度，從經驗發生之主觀視野，來強調宗教密契體驗的內涵是「不落」或「超越」言詮，但實際上早在當下所謂「跨越語言」之密契體驗發生前，語言早已透過概念、知識及釋義之實踐，參與了對密契體驗內涵之製作。其實亦正因如是，佛教內部學派思想與傳統之間在釋義上的歧異，也會帶來宗教經驗內涵上的相應差異，因為早在宗教密契體驗發生之前，歧異早已存在。

八、介入公共的宗教體驗：佛使《法的社會主義》

前節提出的第二個問題是：頭陀在原始森林裡對無常之體驗屬個人的實存（existential）議題，如果還不算是私域議題，起碼也是以個體為基礎之課題，則它如何能夠成為生態僧從事諸如抗爭與對峙等，涉及公共領域實踐時的價值觀動力？泰北頭陀的苦行能力與禪觀體驗，在觀念與價值上，是如何能連繫上從事公共事務與抗爭的生態僧，並為後者所繼承與開展？這從偏個體心性修持到強調入世與抗爭之轉折，在觀念上是如何發生連結？

很多從事農村與山林工作的泰北僧侶一直會提及二十世紀泰國佛教思想家佛使比丘（Buddhadāsa Bhikkhu, 1906-1993）的觀念啟迪，尤其是他《法的社會主義》（泰：*dhammika sangkhom niyom*，英譯作 *Dhammic Socialism*, 1986）。此書表達了他對現代文明的壓力下，泰國佛教社會何去何從的基本看法，在農村社會與佛教倫理的議題下，佛使也討論了對自然和土地的觀念。佛使比丘是現代泰國上座部佛教的思想家，他的觀點以與官方的正統說相阻、開放而駁雜聞名。佛使有受過經院佛學的正統訓練，但他最

關心的不是經院佛學嚴密而靜態的概念研究，概念體系的邏輯一致之美並非他在思想探索上的首選。他思想來源以龐雜不純而聞名，遍及大小乘、中西方、僧俗及冷戰兩陣的政治觀點，但這都是為了尋找應對現實世界的疑問之答案（Sirikanchana, 1985：256-258），其觀點因而仿如拼貼的雜燴，無論保守和改革、傳統和激進等皆在其中找到共鳴。

佛使《法的社會主義》的初衷是要回應戰後泰國國內、外的政治劇變，指出以農業人口為主的傳統社會所帶來從民生到價值觀的沒頂之災，批評共產和資本主義二陣營之間的意識形態極端對立和社群的政治撕裂，影響社會和僧團的既有和諧（Suksamran, 1982：52-99）。佛使希望透過《法的社會主義》對兩種對立的現代政治觀念同作公開批判，指其皆不如法（adhammic），泰國社會應該回到此前的和諧以結束對立（Jackson, 2003：242），避免在政治冷戰的熱戰前線的劍拔弩張，伸延為現代科技與工業化對自然生態的踐踏，使全體眾生受難（Buddhadāsa, 1986：101）。所以「法的社會主義」固然是有關法王（Dhammarāja）王政、農業社會及農業道義經濟與奉行佛法之間關係的論述，但佛使在討論傳統泰國農業社會依賴山林的生計與倫理時，也一併觸及人與自然之間的關係。

佛使的「社會」（sangkhom）並非人本或人類中心概念，雖然它包括人類，「社會」的內容並沒有偏離傳統佛教，指廣義緣起範圍內無論人類與否的所有眾生，及其身處環境，即眾生和器二世間，生命體及其環境共同形成的生態體系和生命共同體，對照的反差是人類中心和國家政權觀點的政治共同體（political community）。現已有研究分別指《法的社會主義》並不是政體論（劉宇光，2019：195-230）[6]，也有研究借助政治人類學家詹姆士‧斯科特（James Scott）的農民道義經濟學（moral economy of peasant）之觀念，來論證它實質上是對農村的社區論述（劉宇光，2019：231-276）。

---

[6] 作者在第五章對時下英文和部份泰國學界的政治或政體式解讀作出綜合回顧、分析及質詢。

佛使「社會」一詞是指緣起範圍內的生命共同體及其賴以生存的整個環境，乃至自然界的所有動、植物，及其與身處山河大地之間的關係，乃至背後的和諧秩序，當中亦涉及宇宙演化、微觀及物質原子的組成等。佛使視自然世界或宇宙連同其預定和諧秩序均屬「法的社會主義」的一環，而這宏觀世界的秩序才是人類社會的根源，只要回歸到自然世界的社會主義，即能消除人類社會的失調（Puntarigvivat, 2017）。可知佛使的「社會」（sangkhom）觀念首先是指在宗教視野與願景下的整個自然世界的眾生共同體，不是國家政權視野的政治共同體。雖以人類社會的問題為切入點運用「社會主義」（sangkhom niyom）一詞，但其有關自然的宏遠背景與聚焦於人及社會之議題一直同步呈現，強調人以自然為根源之意涵。所以佛使所謂法的「社會主義」（sangkhom niyom）首先是關乎全體眾生存在實相的存有論（ontology）觀念，其中部份才是有關人的群體存在樣態之構思（具體其實是佛教社會，甚至是泰國社會），但仍需以前者為基礎。

佛使沿用傳統「緣起」概念，但卻賦予「緣起」說傳統所沒有的特殊意思。佛使認為，緣起範圍內無論眾生與否的所有存有之間共同組成有機的生態和諧系統，將緣起視作涵蓋從天象到原子、眾生到山河大地、個體到群體等皆在其內的原生和諧體系，這帶有由審美傾所向引導出來的世界秩序「預定和諧」（pre-established harmony）設想所具備的目的論（teleology）特質，卻是傳統上座部佛教緣起論所沒有的主張。佛使法的社會主義提出眾生共同體的預定和諧之理想，旨不在提供靜態抽象的純理論，卻是要對應當時具體社會情境的動態實踐。佛使《法的社會主義》作為存有論概念，是指緣起範圍內整個世界的眾生與環境之間原有互相依賴與支持而有的共存共榮之和諧關係，不會其中一部份為了攫取所需而導致整體失衡。因此人類社會既是直接依賴自然世界生存，屬於自然的一部份，其理想的營生方式和社會型態，是自足而知足的生計農業和農村社群，其營利程度亦不應對自然體系的和諧造成失衡（Puntarigvivat, 2017）。

在此意義下，體現在自然緣起體系身上的和諧不僅是生計所依，亦是

揭示價值與宗教意義的神聖場所。佛使認為，戰後泰國在冷戰時期外資引入的營利性農業，使自然、眾生及人類社群從民生生計到社會價值和個人心靈皆受嚴重傷害，使整個緣起體系的原有和諧被破壞。因於這現實上的破碎與悲哀，佛使《法的社會主義》才反過來以目的論的角色，承擔修復人與自然環境和其他眾生之間受損和諧之實踐預設。

從事林地和農村維權的僧侶與國家和城市階層的利益多有衝突，聲音不易被當局及城市所聆聽與體諒，城市對農村發展早期過程中嚴重受損一事共鳴不大。佛使對自然環境的觀點極深遠地影響農村僧侶對毀林與貧窮等農村困境之理解，視自然環境、維持生計及倫理實踐為一體，所以毀林、水源枯萎與污染、水土流失與土地貧瘠，及精神沉淪也是一體多面，從而護林、農村維權及重建也是修心（Payulpitack, 1992：201-202）。佛使門下有頗多投身護林與農村重建的僧侶學眾，農村維權、社區重建及護林皆依修心而起，並非完全無關的數事，卻是一體多面。

佛使對農村裡外山林河川自然世界的重視，並不僅是現代城市文明的自然主義山林想像，對農村社群而言，山林在審美、維持地方傳統及宗教上皆有重要文化意義，但它也是農村生計的具體物質基礎。尤為關鍵是像泰北等地方農村社區與現代國家政權之間的張力，亦表現在對待自然環境之態度上，甚至從尖銳的價值對立演變為實質的政治衝突，所以農村僧侶認為，佛使「法的社會主義」對宇宙、自然及生態環境的強調是反映了泰國在「發展」過程中，城與鄉、中央與地方，乃至官與民之間，因權力日益懸殊而產生的政治張力。

因此「法的社會主義」並非單憑浪漫主義的田園審美想像，卻也源於現代化進程對傳統農村生產關係的破壞與重建，從生計、價值到文化上依自然環境之修復。農村僧侶的護林保育、農村社區重建，及農民社區權利意識的維護與自覺等皆深受《法的社會主義》的鼓勵與啟迪。可知《法的社會主義》主要並非著眼於國家政權的政制或政體觀念，否則他對自然世界之意義論述所為何事恐怕難以理解，因為後者其實暗含對國家發展政策造成對農村

傷害之質疑（劉宇光，2019：231-276）。

　　從正統上座部的觀點來看，佛使對佛教「緣起」說的詮釋帶有「異端」特質。在上座部佛教，「緣起」觀念用於指世上包括眾生在內一切現象的成住壞空或生住異滅，這樣的存在狀態對佛教而言，只是「法如法爾，若佛出世，若未出世，皆是如是」之客觀實況。這實況本身並不涉及價值觀的高下優劣差異，本身亦沒有目的論（teleology）之意義，遑論烏托邦式的美好理想之想像。佛教作為宗教在價值論上所講的妄與實，或迷與悟，均是就眾生對此實情之認知和在心態上體認與否來講，卻不是就諸法緣起之實況本身來說。但佛使卻賦予了緣起某種世界秩序上的和諧，它既涉及個體倫理暨靈性生活，更表現在人類社群生活規範而成為法的社會主義。

　　兩極化的現代意識形態彼此衝突為世界造成的禍害，使生活與社會秩序嚴重受損，失卻緣起原有和諧，所以實踐佛教社會主義是重修挫敗社區及其倫理的方向，以修復原先和諧的緣起，因此佛使詮釋的「緣起」帶有預定和諧說的目的論色彩，亦正因如是他才偶爾語出驚人地認為「緣起」與基督宗教的上帝創造天地相若，這一點是正統上座部所絕對不會同意的。但是因為這目的論所承擔的理想，帶有批評並抗衡醜陋現實的特質，所以雖然稍有偏離正統教理而多少帶有異說色彩，但卻對希望透過公共實踐抵擋發展的侵蝕，並幫助泰國農村走出困境的農村僧侶帶來甚大動力與鼓舞。

　　故此無論佛使《法的社會主義》的論述有多偏異於上座部正統教理，他在思想上的貢獻，實際上是將最後一代泰北頭陀僧以佛教教理所闡釋的森林經驗，從個體層面的禪觀踐行脈絡，轉換並連結上雖然同屬佛教價值視野，卻是關乎更廣泛社會基礎，在現代政治經濟政策的衝擊下，佛教社群所面臨從經濟民生到價值倫理迫在眉睫之沒頂危機。透過佛使的論述，森林大幅受破壞造成的危機，其威脅直接遍及佛教社群僧、俗，或宗教與世俗兩大基礎的所有生活領域和環節，從而使原先只局限在宗教菁英的少眾問題，即泰北林僧失去據稱可讓他們在巨大死亡壓力下加速覺悟的原始森林，切換成具有重大公共意義，涉及全體農村社區之議題。

但這一切換並不是將僧侶的宗教踐行取代或替換以農村民生議題，卻是把僧侶代表之佛教文明所賴以生存的社會基礎，即泰國農村民生與生計議題連根一併帶出來。佛教社群的生計和生活世界端賴山林地的妥善維持與運作，如果山林受損，佛教失去的遠不只是據說在森林中得覺悟的僧侶，而是失去佛教無分僧俗的整個社群之生存基礎。

所以綜合上述兩節的討論來說，戰後泰國僧團內關切農民處境的三或四代成員在從事公共實踐時，其信靠的價值符號與意義由幾個層次疊成，包括：（一）本土泛靈信仰，指向被以曼谷為中心的國家政權所忌憚的地方族群身份認同之敘事、觀念信仰、巫術操作及道德威嚇力；（二）上座部核心教理如無常和無我，由對老虎象徵死亡之恐懼；及（三）佛使比丘《法的社會主義》之自然觀的社區林地、農村生活及佛教倫理，三者的融合使僧侶參與護林運動的宗教動機與體驗得以形成其公共性。

九、結論：國家發展、山林生態及佛教動力

本文的分析試圖說明戰後泰國僧團部份群體長期投身農民維權、農村重建及山林和生態保育，這固然有其屬政治、經濟及社會等不同因素。但一個持續近半個世紀，連貫好幾代專職僧侶，而且既能延續也能對不同階段的社會變化作相應回應，以不斷調整重心的佛教社會運動，宗教的因素是不可能缺席的。價值觀理念和信願雖然是宗教最具動力的成份之一，但它落在個體行者的層面常呈現為不同的宗教經驗，其中部份也許深刻到能帶來巨大行動力和動員力，並足以在其他條件的支持下，轉化為宗教社會運動的精神支柱和動力根源，讓宗教體驗借助智性和倫理兩個側面的公開實踐，共同彰顯出構成宗教體驗所不可或缺，但卻常被無視的公共性。部份僧侶的宗教實踐和體驗藉著語言的詮釋和再製，擱置體驗的隱密特性而跨越個體，甚至跨越世代，並與其他觀念滙流而轉化為更具公共宏願的社會性宗教動力。

帶著對泰國案例上述的理解，回到本文一開始時提出的問題。亞洲是二十世紀全球經濟發展最快速的地區之一，其成因複雜。冷戰時期全球和區域地緣政治的全方位反共佈局，推動泰國當局以政策配合，強行將泰國傳統自足農業區改造為以國際市場為導向的現代營利性農業。發達國家農業公司在泰國官方的支持下進行的大型農業發展，既導致本地農民失去土地而破產，更因出於成本利益的考慮，不容許農地休耕自然恢復，改施以大量農藥、化肥等，加上大規模的商業伐林，造成水土流失、水源與土地污染等。冷戰背景下的政治經濟措施，成為環環相扣之連串結構性環境危機的原初動力，過程中更不乏曼谷當局搭便車式地上下其手，借勢發揮現代民族國家政權的標準化欲望，進一步抑壓泰國自百年前開始現代化以來，一直企圖「解決」的國內省籍、族裔、地方語文及不同佛教傳統等在歷史過程中所沉澱的地方認同。

尤其在宗教上，一方面固然是地方僧團對社區的認同成為一股重要的民間力量去緩衝和補救官方政策對地方造成的傷害。但另一方面，地方僧團在文化上常常與地方民間的諸多泛靈信仰並存，這亦是曼谷官方及僧團總部長期不滿與忌諱的文化異元素。然而，正因為這種不同傳統共容並生的在地性，才能在地方社區上取得最大認同，亦在社群動員上構成地方社會上最廣泛的群眾基礎，來在日常社區的生計與生活方面，制衡、調整及修補官方政策在地方上執行時，對包括當地生態環境乃至民生等造成的衝擊。

而在這過程中，佛教文化與泛靈信仰之間的關係，無論從地方與族裔認同，到樹木出家為旗幟的森林保育運動等，其在觀念上分工而合作的形態是愈見緊密而不是相反，在共同面對外來壓力對本地造成破壞的情況下，地方上不同世界觀的傳統之間的緊密並肩，就已經表示它們已經不只是兩套可並存的文化，卻是兩股可並肩的社會能量，應對包括山林或生態保育的事態，乃至造成嚴重民生事故，背後當局的政治經濟政策。

參考書目

水野弘元

2000　釋惠敏譯《佛教教理研究：水野弘元著作選集（二）》。臺北：法鼓文化。

任一雄

2002　《東亞模式中的威權政治：泰國個案研究》。第1版，北京：北京大學出版社。

杜潔

2017　《馬克思主義在泰國的傳播與影響研究》。北京：中國社會科學文獻出版社。

周方治

2011　《王權・威權・金權：泰國政治現代化進程》。北京：社會科學文獻出版社。

威廉・詹姆斯（William James）

2001　蔡怡佳、劉宏信譯《宗教經驗之種種》（The Varieties of Religious Experience: A Study in Human Nature）。臺北：立緒文化。

梅原猛

2022　徐雪蓉譯《日本的森林哲學》。原日文版《森の思想が人類を救う》，二版，臺北：立緒出版社。

萬悅容

2013　《泰國非政府組織》。北京：知識產權出版社。

劉宇光

2019　《左翼佛教和公民社會：泰國和馬來西亞的佛教公共介入之研究》，《法界叢書》33。臺灣桃園：法界出版社。

2023　《僧侶與公僕：泰系上座部佛教僧團教育的現代曲折》陳劍鍠編《人間佛教東亞、東南亞研究叢書》。香港：香港中文大學佛教研

究中心。

黎志添

2003 《宗教研究與詮釋學：宗教學建立的思考》。香港：中文大學出版社。

關子尹

2003 〈意向性與宗教感：從現象學的觀點看宗教問題〉，《現象學在中國：胡塞爾〈邏輯研究〉發表一百周年國際會議》。上海譯文出版社。

櫻井義秀

2008 《東北タイの開発僧 宗教と社会貢献》。千葉：梓出版社。

Bhūridatta, Ācariya Mun

   2003 Thera: A Spiritual Biography. Thailand: Forest Dhamma of Wat Pa Baan Taad.

Bodley, John

   2008 Victims of Progress. Lanham: Alta Mira Press.

Boowa, Ācariya Mahā

   2003 Ācariya Mun Bhūridatta Thera: A Spiritual Biography. Thailand: Forest Dhamma of Wat Pa Baan Taad.

Buddhadāsa, Swearer

   1986 Dhammic Socialism by Bhikkhu Buddhadāsa. Donald K. trans. and ed. Bangkok: Thai Inter-Religious Commission for Development.

Changkhwanyuen, Preecha

   2003 "Dhammic Socilaism: Political Thought of Buddhadāsa Bhikkhu" The Chulalongkorn Journal of Buddhist Studies. Bruce Evans Trans., 2(1): 115-137.

Choompolpaisal, Phibul

   2015 "Political Buddhism and the Modernisation of Thai Monastic Education: From Wachirayan to Phimonlatham (1880s-1960s)", Contemporary Buddhism An Interdisciplinary Journal 16(2)428-450.

Darlington, Susan
  2012 The Ordination of a Tree: The Thai Buddhist Environmental Movement. New York:SUNY Press.

Dhammasami, Khammai
  2006 Idealism and Pragmatism: A Study of Monastic Education in Burma and Thailand from the 17th Century to the Present. Ph.D. Dissertation, Oxford University.

Dreyfus, Georges B.J.
  1995 "Meditation as Ethical Activity", Journal of Buddhist Ethics 2:28-54.

Escobar, Arturo
  1995 Encountering Development: The Making and Unmaking of the Third World. New Jersey :Princeton University Press.

Ford, Eugene
  2017 Cold War Monks: Buddhism and America's Secret Strategy in Southeast Asia. London :Yale University Press.

Harmon, Roger E.
  1978 Buddhism and Action: the Thammathuut (Ambassador of Dharma) Program in Thailand. Ph.D. Dissertation, University of Washington.

Ip, Hung-yok（葉紅玉）
  2007 "Sulak Sivaraksa and Buddhist Activism: Translating Nativist Resistance in the Age of Transnational Capital", Journal of Global Buddhism.8: 20-64.

Isager, Lotte and Søren, Ivarsson
  2002 "Contesting Landscapes in Thailand: Tree Ordination as Counter-territorialization." Critical Asian Studies. 34(3)395-417.

Ishii, Yoneo（石井 米雄）
  1986 translated by Peter Hawkes, Sangha, State and Society: Thai

Buddhism in History. Honolulu: University of Hawaii Press.

Ito Tomomi（伊藤 友美）

  2012 Modern Thai Buddhism and Buddhadāsa Bhikkhu: A Social History. Singapore: NUS Press.

Jackson, Peter A.

  2003 Buddhadāsa: Theravāda Buddhism and Modernist Reform in Thailand. (2nd ed.). Chiang Mai: Silkworm Books Press.

King, Richard

  1999 Orientalism and Religion: Postcolonial Theory, India and "the Mystic East". London: Routledge Press.

Klein, Anne C.

  1986 Knowledge and Liberation: Tibetan Buddhist Epistemology in Support of Transformative Religious Experience. New York: Snow Lion Publication

Lāpthanānon, Phinit.

  2012 Development Monks in Northeast Thailand. Kyoto: Kyoto University Press.

Lertchoosakul, Kanokrat

  2016 The Rise of the Octobrists in Contemporary Thailand .Yale Southeast Asia Studies Monograph Book 65, London: Yale University Press.

Lopez , Alan Robert

  2016 Buddhist Revivalist Movements: Comparing Zen Buddhism and the Thai Forest Movement. London: Palgrave Macmillan Press.

Matilal, Bimal K.

  2002 "Yoga, Meditation and Mantras: The Oceanic Feeling", in J. Ganeri (ed.), The Collected Essays of B.K. Matilal: Ethics and

Epics. Oxford:Oxford University Press.

Morell, David and Chai-Anan Samudavanija
   1988 Political Conflict in Thailand: Reform, Reaction, Revolution. Cambridge: Oelgeschlager Gunn & Hain Press.

Payulpitack, Suchira
   1992 Buddhadāsa's Movement: An Analysis of Its Origins, Development, and Social Impact. Ph.D. Dissertation, Fakultät für Soziologie, Universität Bielefeld.

Puntarigvivat, Tavivat
   2013 Thai Buddhist Social Theory. Institute of Research and Development, Bangkok:The World Buddhist University.
   2017 "Bhikkhu Buddhadāsa on Nature and Ecology", Bhikkhu Buddhadasa on Nature and Ecology by Tavivat Puntarigvivat-Suan Mokkh

Rajadhon, Phya Anuman
   1986 Popular Buddhism in Siam and Other Essays on Thai Studies. Bangkok: Thai Inter-Religious Commission for Development & Sathirakoses Nagapradipa Foundation.
   1988 Essays on Thai Folklore. Bangkok: Thai Inter-Religious Commission for Development & Sathirakoses Nagapradipa Foundation.

Scott, James C.
   1976 The Moral Economy of the Peasant: Rebellion and Subsistence in Southeast Asia. London: Yale University.
   1985 Weapons of The Weak: Everyday Forms of Peasant Resistance. London:Yale University Press.
   1999 Seeing Like a State: How Certain Schemes to Improve the Human

Condition Have Failed. London:Yale University Press.

Sirikanchana, Pataraporn

  1985 The Concept of Dhamma in Thai Buddhism: a Study in the Thought of Vajiranana and Buddhadasa. Ph.D. Thesis, University of Pennsylvania.

Sivaraksa, Sulak,

  1998 Foreword by His Holiness the Dalai Lama, Loyalty Demands Dissent: Autobiography of an Engaged Buddhist (1st edition, When Loyalty Demands Dissent: Sulak Sivaraksa and the Charge of Lese Majeste in Siam, 1991-1993, Bangkok: Santi Pracha Dhamma Institute, Ashram Wongsanit, Sathirakoses-Nagapradipa Foundation 1993; 2nd edition, Berkeley: Parallax Press.

Suksamran, Somboon

  1977 edited with an introduction by Trevor O. Ling, Political Buddhism in Southeast Asia: the Role of the Sangha in the Modernization of Thailand. London: C. Hurst.

  1982 Buddhism and Politics in Thailand: A Study of Socio-Political Change and Political Activism of the Thai Sangha. Singapore: Institute of Southeast Asian Studies.

  1988 "A Buddhist Approach to Development: The Case of Development Monks in Thailand", in Lim Teck Ghee (ed.), Reflections on Development in Southeast Asia. Singapore: ASEAN Economic Research Unit, Institute of Southeast Asian Studies), pp. 26-48.

Tambiah, Stanley J.

  1970 Buddhism and the Spirit Cults in Northeast Thailand. Cambridge: Cambridge University Press.

  1976 World Conqueror and World Renouncer: A Study of Buddhism and Polity in Thailand Against a Historical Background. Cambridge: Cambridge University Press.

    1984 The Buddhist Saints of the Forest and the Cult of Amulets: A Study in Charisma, Hagiography, Sectarianism and Millennial Buddhism. Cambridge: Cambridge University Press.

Taylor, Jim L.

    1993 Forest Monks and the Nation State: An Anthropological and Historical Study in Northeastern Thailand. Singapore: Institute of Southeast Asian Studies.

Thate, Venerable Ajahn (Phra Rajanirodharangsee),

    1996 translated from the Thai by Bhikkhu Ariyesako, Venerable Ajahn Thate of The Autobiography of a Forest Monk. Thailand:Wat Hin Mark Peng, Nongkhai Province.

Tiyavanich, Kamala

    1997 Forest Recollection-Wandering Monks in Twentieth-Century Thailand. Honolulu: University of Hawai'i Press.

    2005 The Life Story of Luang Ta Chi . Silver Spring :The Council of Thai Bhikkus in U.S.A

    2007 Sons of the Buddha: The Early Lives of Three Extraordinary Thai Masters Massachusetts:Wisdom Publications.

    2018 The Buddha in the Jungle (University of Washington Press February 2004)= In the Cool Shade of Compassion: The Enchanted World of the Buddha in the Jungle. Boulder:Shambhala Publications.

Wyatt, David K.

    2003 Thailand: A Short History. 2nd Revised ed. London: Yale University Press.

第九章　僧侶、候鳥與喜馬拉雅河川：印度東北達旺的爭議領土環境保育與宗教動員反水壩運動[*]

林汝羽

英國薩賽克斯大學發展研究學系博士候選人

本章大意

喜馬拉雅山系的自然環境與地方社會面臨脆弱生態系受到氣候暖化和水利開發的雙重挑戰，所引發的環境問題不僅會影響到當地原住民社會已然經歷過戰爭、國家劃界與隔離、成為二戰後獨立新國家的邊陲等挑戰的不穩定狀態，這些山系作為亞洲糧倉的大河源頭，上游發生的汙染與水土問題更有可能跨國影響下游的眾多人口。在這片區域，人們有共享與不同的宗教信仰，他們的宗教信仰與他們的政治和社會角色相互交叉，構成他們成為獨特的行動者與網絡文化。這篇文章透過一個地方小社會成功停止國家主導的水壩動工的案例切入，討論宗教之於人類行動者處理環境問題有哪些影響；我也用了相當篇幅介紹這片喜馬拉雅山系，期望能讓讀者更加進入這些錯綜複雜跨越百年的戰爭與傷痛歷史脈絡，理解這些當地學子組織聯盟投入反水壩運動，甚至犧牲生命背後的情感與理由。同時，這篇文章

---

[*] 這篇文章寫於這場青年抗議行動結束約八年後，感謝每一位在我田野過程中主動跟我分享他們的生命經驗，這些對於宗教與環境的情感與行動的當地青年，特別是我田野寄宿家庭的家人 Rinchen Sangye。紀念那些在抗爭行動中喪生與負傷前行的門巴。

也描述了包括黑頸鶴和山地地景兩個非人存有在這串相互連接的人為災難中的經歷與回應。

一、前言

　　位於印度東北的阿魯納洽爾邦（Arunachal Pradesh）是中國與印度雙方爭議的國土，兩國都認為該地區以及位於拉達克（Ladakh）以東的阿克賽欽（Aksai Chin）屬於己方的領土。這項爭議始於二十世紀初針對中國、西藏、英屬印度三者邊界劃分的爭議。隨著二十世紀初的殖民政府撤退、中國內戰更迭、人民解放軍控制西藏至印度獨立後與美國蘇俄保持中立的關係等等複雜因素，在 1913 年各方代表於西姆拉（Shimla）粗糙討論出的麥克馬洪線至今被中印兩國的實際控制線（Line of Actual Control）取代。1962 年中印針對爭議國界進行了為期四個多月的直接戰爭，戰爭並未解決問題，邊境備武與超越實際控制線的行為被視為是挑釁行為，兩邊衝突隨著雙方都逐漸目指世界強權，從 90 年代至今與其國內的政治情勢密切相關。直至 2020 與 2022，這兩個地區依舊因為邊界對峙的情況紛擾不安，地區發展情況也跟這個雙邊長期對峙和國境管控有著密不可分的關係。

　　相對於分割的國家領土，藏傳佛教在這些地區的傳播與發展已有千餘年歷史，並不受到國界與國境戰爭的限制。可以說，除卻邊境兩地布置的中印國軍，以地方上的原住民來說，藏傳佛教與喜馬拉雅山區的自然崇拜文化習慣是他們尚存的最大共通點。佛教歷史記載約在八世紀中期，印度佛僧便開始自印度半島往北通過喜瑪拉雅山口進入青藏高原傳播佛教，當中最有名的就是蓮花生大士（Padmasambhava）。以劃歸至印度境內的阿魯納洽爾邦為例，在靠近西藏與不丹邊界的邦西側地區，至今藏傳佛教徒在地方人口仍佔多數，若再加上來自尼泊爾的移工和來自不丹的商販，藏傳佛教寺院在人們的社會生活當中佔有重要影響力。這些影響力不限於以宗教祭儀提醒人

們一年節氣與信仰生活的運行，寺廟建築院落往往是村裡人們朝聖、社交與許願修行的重心，僧侶則是信徒們遇到無解的生活難題或者人生挫折、病痛、絕望時首先求助的對象。藏傳佛教對於轉世、業報的哲學信仰和關於聖者的傳說也和周圍的自然環境息息相關。業報轉世決定了人可能「遁入」或者「來自」非人生物，聖者曾經存在的場所需要受到保護不做更動，生命的承襲流轉和不變的傳統在充滿不確定性的山區氣候環境中構成喜馬拉雅山系中藏傳佛教文化帶內獨特的韻律。

　　喜馬拉雅山區的水力發電開發是周圍發展中國家重要的國家建設政策，對於發展中國家來說，價格與產量穩定的能源供應生產是經濟成長的基礎。南亞地區發展中國家的技術與經濟體規模差距很大，能源交易亦可視作是地緣政治競爭的一環。同時，喜馬拉雅山脈受到全球暖化影響，冰河融化以及降雨時間脫離規律為當地維生經濟以及交通安全造成負面影響，水源和水資源問題在這個地區是廣受政府與民間社會重視的議題。現今的築壩工法讓山區大規模開發水資源必然會造成自然地景的變化，甚至居民聚落被迫遷移、耕地被水壩淹沒。這種國家開發 v.s.地方社會的水利發展計畫，地方社會往往是被迫接受讓地遷移的一方，為了國家利益及國內其他多數人的需求而犧牲。在以上諸多複雜因素的影響下，宗教面向之於水電開發與環境保育運動具有什麼樣的影響，在喜馬拉雅山區成為一個有意義並且現實的課題。隨著氣候變遷與各種大型甚至跨境的地震、洪水等災難影響，佛教團體關注與投身環境保護運動並非新現象，然而在喜馬拉雅山區這樣一個人口分散居住並且稀少的地方，僅憑幾千人的串連抗爭就擋下數億預算的水力發電廠與水壩建設，實數難得。本文就以這個達旺水壩的抗爭成功案例為探討對象，逐步解析宗教在其中所扮演的角色。

二、牽動世代人心的候鳥與宗教領袖

　　筆者在 2019 年首次進入博士論文田野，作為前期調查，我從中海拔河谷往上訪問到中高海拔牧民聚落，不管是務農或牧民，單一聚落人口很少超過兩千人，並且有大量人口外出就學工作。在古老小鎮迪讓（Dirang）和坵格（Chug）村落，當地人告知我黑頸鶴（Grus nigricollis）的存在。黑頸鶴是一種生存在亞洲高原高山的鳥類，主要棲息地在湖泊、河川與濕地。根據科學家的研究，牠們每年九月到十月會從中國雲貴高原（也是喜馬拉雅山脈的一部份）南下到中印邊境例如迪讓和坵格過冬、春季北返繁殖育幼。牠們的數量本身就不多，被《瀕危野生動植物種國際貿易公約》列為急需保護的鳥類。對於當地居民來說這些是深秋近冬時會造訪村落的稀客，在迪讓和坵格，實際見過牠的人們並不多。在我抵達前幾天，有一隻黑頸鶴剛好被村民目擊，因此成為當時村里間的熱門話題。

　　這種候鳥相對於其他豐富的生態多樣性，獨獨對於當地居民來說具有重大的意義，主要是因為牠們被視為是和活佛轉世有關的高貴寶藏。人們告訴我因為牠被視為是在藏傳佛教格魯派六世達賴喇嘛（生於 1683 – 失蹤並推斷死亡於 1706）倉央嘉措的化身，在他當年在達旺（Tawang）出生被認定為轉世靈童時，黑頸鶴靠近的存在被當作是前世留下的認定條件訊息之一。

　　達旺之於佛教在印度和西藏的中心發展區域都算是一個邊陲地區，六世達賴喇嘛出生於達旺地區、父母都屬於薩迦派藏傳佛教的家庭，在認定身分後被接回藏傳佛教與西藏政治中心拉薩的布達拉宮受教育與坐床。儘管六世達賴喇嘛並未在位很長時間，但他是現今十四位格魯派最高地位的轉世活佛中，唯一一位出生在達旺這個邊境小區的，因此達旺鎮上也有以他為名的紀念道路，當地周圍的藏傳佛教徒多半稱呼自己來自達旺，並以自己來自達賴喇嘛的故鄉其中之一這種關聯性而自豪。

圖 9-1　黑頸鶴紀念碑上寫道：「你好，我是來自中國青海省的黑頸鶴，在此歡迎你進入桑提（Santi）地區。」碑文上的第二行文字表示：「保護黑頸鶴，桑提是牠們的棲地。」這個水泥紀念碑是由迪讓鎮當地的民意代表設立的。

然而在我造訪期間，所聽到並不是關於黑頸鶴造訪的驚喜，而更多是憤怒的情緒。村民們口耳相傳今年唯一造訪坵格的黑頸鶴被人殺了。捕殺這種保育類候鳥的人士並非來自本地，而是來自平地的觀光客。

觀光是這個邊陲小山區除了自給農牧業之外最重要的現金收入之一，因此長久以來對於觀光客亂扔垃圾、不尊重地方文化規則與領域範圍的行為多數選擇容忍。然而黑頸鶴的死去可能造成鳥群不再將迪讓與坵格視作安全

棲地，儘管黑頸鶴可能還是會造訪達旺的其他地方。坵格的民眾相當憤怒而選擇要將這次的外來者行為訴諸法律，要求執法單位介入。

黑頸鶴在這片中印邊境的棲地除了迪讓和坵格、還有往北溯至中國西藏邊境的澤米塘（Zemitang）區域。過去曾經年年造訪的黑頸鶴如今數量越漸稀少，特別是與人類聚落重合的處所除了這些為了保育呼籲所設的水泥雕塑之外幾乎已經看不見候鳥真身。然而這些盜獵的軼聞卻挑起鄉里居民的記憶，而對我這個新到來的訪客提起數年前圍繞著保護棲地而掀起的反對水壩運動。結合越來越多當地民眾能在日常生活中感覺到的氣候暖化狀態，神聖動物的絕跡和冰河融化降雨不定兩者構成當地在當代面臨的最重要環境問題。

三、邊境與國家的基礎建設整合

從北到中印國界、往南到西卡門（West Kameng）邊境的帶狀行政區達旺以達旺寺（Tawang monastery）這座規模僅次於布達拉宮的藏傳佛教寺院而知名，自中古時期以來該寺院是藏南地區的政治宗教統治中心。對於此地的居民來說，雖然他們或多或少聽過一些關於古代國王的傳說，但普遍認為自從藏傳佛教傳入此地後，達旺地區就成為西藏帝國的東南方邊陲。當地人自稱此地為門隅（Monyul），自己為門巴（Monpa），門隅意思是南方蠻荒之地。這種安居於政治宗教核心遠方的自我意識是門巴文化當中一個突出的特色。西藏帝國對於達旺（或者門隅）的管控也是鬆散的，稅吏將行政據點設在迪讓，一年一度派遣貴族官員與軍隊前來收繳納貢。在十九世紀末、二十世紀初，這些區域武力的邊界就是英國殖民政府位於阿薩姆平原的阿薩姆長槍（Assam Rifles）部隊，還有中國西南的軍事勢力。

位在這些難以輕易抵達（與征服）的山區，主持終年不同節氣的宗教儀式、以宗教力量強制經濟與勞役交換，和扮演了領導日常生活道德常規的

第九章　僧侶、候鳥與喜馬拉雅河川：印度東北達旺的爭議領土環境保育與宗教動員反水壩運動

僧眾才是主要的政治力量統御者[1]。阿魯那洽爾邦西部的達旺與迪讓，和這個有兩百多個不同民族的山地邦在 1970 年代末期迅速地一步步被整合進印度聯邦體系，成為印度這個國家第一個看見太陽升起並與大陸相連的東部邊陲。國家在此地的面孔是散落在山間的軍營和五年一輪的大部隊，軍用大貨卡日日行駛在邊境高速公路上，軍醫院和基地福利社也對一般民眾開放。長期以來，以阿薩姆長槍軍團為主的印度軍隊也為門巴年輕人提供許多工作機會。可以說，門巴人居住在這個中印邊界上，建築邊界所需的軍事與運輸建設為門巴人帶來了可賺取現金的工作。建造與營運微型川流式水力發電廠亦是如此，供電不僅對於邊境防禦至關重要，從微型發電進展到大壩建立預期除了供應該地區需求外，多餘的電力還可以供應周圍的鄰邦與外銷至鄰國。特別的是，區政府內目前負責電力設施的辦公室幾乎都由當地出身的青年人擔任工程師與行政官僚，各個地方發電站也雇用當地村民從事規律維護與清潔工作。然而大壩的設計、建造和後續的營運必定需要來自邦外的專業人員甚至雇用移工，目前的人力配置無法獨力完成。

　　達旺地區在中國與印度相繼獨立之前是一塊與今天不丹境內的門巴族居住地區、中國西藏自治區藏南的錯那地區相連的區域，地區被劃分成三個國家的國土之後藏傳佛教依然在此地十分興盛。早期三地人口可以自由遷徙，因為國界的管控十分寬鬆。門隅也是 1962 年中印邊境戰爭（Sino-Indian War）的戰場，門巴人被捲進中印雙方的激烈爭鬥中。中印戰爭之後過去寬鬆的穿越彈性被緊縮，如今僅有不丹與達旺地區仍然對當地人保持穿越國界的彈性，這種「穿越」的地方特質一直是邊境地區重要的特色。相對於人的移動的靈活性，對於領域的劃分和土地的執著相對固著。對於開發水資源的觀點與經濟發展評估，也和這種基於土地的領域劃分概念以及穿越邊

---

[1] 達旺地區僧侶參政已有許多先例，其中最著名地方上領導人便是措那仁波切（the 13th Tsona Gontse Rinpoche），自 2003 年起他領導門巴倡議門隅自治，並且於 2009 年投入競選地方民意代表並順利當選。措那仁波切至今依然被視為門巴人重要的精神領袖，他已於 2014 年逝世於新德里。

界需求的經驗相關，由於土地並非國有，而是屬於當地原住民的私有財產，建設大壩需要簽訂土地轉讓協議，當地原住民並非處於完全被動的狀態被迫承接政府的發展計劃。

四、資源開發之於當地的文化意義

2000 年代初期，印度政府預計在該行政區內兩條河流的流域興建大壩──難將河（Nyamjang Chhu）與達旺河（Tawang Chhu）水力發電廠預計興建 600MW 與 800MW 的水力發電廠。在阿魯納洽爾邦政府與國家簽訂一系列水資源開發計畫之後，承包難將河與達旺水力發電專案計畫的國營公司 NHPC（National Hydroelectric Power Corporation）在 2007 年完成並交付政府開採計畫的環境評估報告，並發標與民間營建商組織工程小組準備著手進行。2011 年，計畫所在地政府，阿魯納洽爾邦的達旺行政區政府開始與地方社群協商徵收土地用作水力發電廠建設，以村為單位開始與村議會、村民代表與村長進行接觸與協商談判。在根據水文與季節降雨的評估影響下，大壩建築的選址包括了部份黑頸鶴避冬的棲地，建築過程與結果將會造成其大部份的棲地遭到淹沒，對於當地民眾的意識而言，活佛化身的神聖珍貴候鳥將不再停駐，因此在社群內引起非議。

大壩建築造成土地淹沒也引非議，傳說藏傳佛教開山祖師蓮花生大師是從印度經此地前往西藏拉薩傳法，因此此地山脈經常被認為藏有許多上師的埋藏的佛教珍寶（經書、法器或意念）稱之為「伏藏（drema）」。現今的當地人指認伏藏時多半指的是帶有特殊宗教文化意涵的自然地景，根據人們的記憶被圈認，而非是具有法器等物件的遺跡被保存。伏藏具有吉祥的地位，對於當地民眾來說這像是上師曾經遺留的祝福，人們在適合的季節前往探訪與觸摸以求好運，伏藏被好好保存對於穩定周圍環境的平安有著信仰上的意義。門隅這個小地方跟達賴喇嘛世系的傳承有牢不可破的關係，除了是

第六世達賴喇嘛倉央嘉措的出生地，也是第十四世達賴喇嘛自西藏拉薩流亡後抵達印度的首站。當時印度總理尼赫魯便是在這個英國殖民時期的軍事前線（Northeast Frontier）與後來成為政治難民的第十四世達賴喇嘛丹增嘉措進行歷史性的會面。藏傳佛教徒標記蓮花生大士與其弟子千百年前所經之路線與山口，以及其他佛教僧侶於山間閉關靈修的洞穴為聖地[2]，僧侶亦被邀請在周圍建築寺廟或者靈塔，每年舉行祈禱儀式。除了喜馬拉雅山系當中幾座山峰[3]被印度教與西藏苯教信徒單獨視為神祇之外，山區各地的泛靈信仰以及這些佛教高僧曾經存在的神聖地景，使得喜馬拉雅山區在開發時除了世俗性的經濟資源面相，宗教意義與宗教團體也在詮釋地景意義與參與討論發展願景時扮演了重要的角色。換言之，經濟利益與宗教神聖性必須得到兩全才能獲得民眾，也就是土地實際持有者的支持。

五、喜馬拉雅山區水資源的資源政治

長期以來，喜馬拉雅山區豐沛的水資源是該區域資源開採與發展的重點，其中，分屬中國與印度的喜馬拉雅山區被該國政府視為建造水壩發電的熱門區域。這種發展趨勢賦予了過往神聖孤立的喜馬拉雅山系世俗性的價值，同時也對山區脆弱的生態環境帶來負擔。開採超過當地山區發展所需的可再生能源，可以用來支援稍遠周圍城鎮地區（甚至更遠省分）的工業與民生用電，也可售予鄰國增加地緣政治籌碼。因此，發電用的水壩規模從一開始小規模地區限定的微型、簡易式、發電量十分有限的規劃，隨著印度全國經濟發展對於用電量的需要，逐步走向對環境影響更大的中大型水壩。不須或只需小型儲水設施的川流式水力發電（Run-of-the-river hydroelectricity，

---

[2] 這些靠著人們記憶與口傳的神聖地景也具有觀光價值。
[3] 最著名的例如岡底斯山脈的岡仁波齊峰（Kailash）除了是苯教與印度教的聖山，與前兩者發展有關的藏傳佛教與者那教也將其視為聖山。

ROR）能保守河流流動的正常狀態，是最利於環境永續的發電方式。在不易建造輸電設備的山區，定點發電是當地人習慣且同意的發展方式，卻不利於處於發展中狀態的地區進行較大規模的工業化。大壩的建造會淹沒大量的土地，包括人居、牧場、聖地與各種生物的生態棲息地，並有使用壽命期限，其建造與摧毀退役都會給環境生態帶來極大壓力。這一點，當地門巴社會亦有專業的能源與水利工程師，他們非常清楚知道這種發展方向將對家園帶來極大的環境壓力。如同前述，全球暖化已使得喜馬拉雅山區，包括達旺地區的降雪量逐年銳減，山頂終年冰層與冰川融化，增加堰塞湖爆裂與急性山洪爆發等災難事件的發生機率，一般民眾更是可以從日常供水情況中感覺到氣溫上升已然使得用於飲用的山區地下的泉水枯竭，用於農耕與畜牧的山澗流水水源減少、水質下降，使得牧民與農業家戶遭受環境變化帶來的壓力[4]。

　　放在更大的範疇來看，阿魯那治爾邦介在印度與中國的邊界，自西藏往南流的雅魯藏布江水系經過它之後分成幾支大水系貫穿中南半島。雅魯藏布江──錫安（Siang）水系在此面臨中印兩國邊界紛爭、長期駐軍屯守邊界、開發戰備資源（包含水力發電）等狀況，這些河流流域的水資源開發，因其作為亞洲糧倉的河川上游，任何不當作為都會為下游水量與水質帶來負擔與隱憂，影響全球近半的人口。對於當地門巴人來說，他們有意識到空氣、水、土壤這些自然環境因素都是流動的，不管是處於世俗政治邊陲的他們或是他們所熟悉的環境條件以外的人都無法避免，因此在傳統文化當中河流、冰川、高山湖泊與地下水屬於神靈的領域而非部族或者寺院團體可以統轄的範疇，即便是達旺地方與阿魯那治爾邦變成了印度聯邦的一部份，國家治理在山區可施為的能力也相當有限。對於當地人現存的生活方式來說，這些跟引水供應、降雨季節變化、氣溫上升和動植物季節性變化等有關的環境問題，並不是國家能夠介入解決的。因此傳統泛靈信仰崇拜、遵循傳統習慣利用牧場與水源依然被廣為認可。

---

[4] 這也是許多家戶轉向與政府的公共衛生水利處訂購水供給的主要原因之一。

阿魯納治爾邦這塊印藏之間的長條型區域，內部居住了超過 25 個主要大部落與數以千計的小部落，各自有不同的語言與生活習慣，人口分布稀疏。阿魯那治爾邦成立變成現代印度國家的一部份之後，關於生態多樣性的調查已經發現此地是許多特有種生物包括紅浣熊、老虎與眾多鳥類的棲息區域，國家亦在境內建立了不少符合 IUCN（International Union for Conservation of Nature）規範的自然保護區，在邦西部就有國家公園型態經營的鷹巢野生動物保護區（Eaglenest Wildlife Sanctuary 鳥類保護公園），還有以社群投入經營模式為主的天榜巴布社群保育區域（Thembang Bapu Community Conserved Area）。國際野生動物保育組織印度分部 WWF India 位於阿薩姆邦古哈提市（Guwahati）的地區總部因為成立的早，在整個印度東北環境保護特別是野生動物保育方面扮演了先驅者的角色。在環境保育上，印度國家扮演了給予受保護標籤與禁獵的法源，但在實際帶領當地民眾認識生態保育的重要性以及偕同發展出共生策略的行動者方面，國際組織代表、來自印度大城市有著國際背景的跨國菁英才是主要的活動者。

六、以青年為主體的反水壩抗爭運動

　　根據我在田野前調以及後來訪談中和居民的閒聊，2011 年，阿魯納治爾邦政府開始與地方社群協商徵收土地用作難將河與達旺河水力發電廠建設之後，相關的意識推動與討論開始拓展開來。水壩建設與徵地在當地是個相當政治敏感的話題，也不是我的田野工作主軸，因此我只將這些談話分享當作是當地人對於環境變遷所持的態度轉變過程當中的一環。關於反水壩運動相關的論述，除了我能夠在新聞報導、國家法庭公開判決文件以及一些網站公開資料當中能夠認識的資訊，主要便是來自不同村落二十至三十多歲的青年主動提起跟我分享的內容。我必須先說明的是，這些樣本並非通過有意

之的調查，也並沒有經過性別、地區、政治派系等重要變項的平衡蒐集，因此可能會較偏頗支持廢除水壩的群眾。然而據我所知，並非所有的村莊都一致決議不願出售土地給政府進行公共建設，相反的，有些建案因為包含了超過一個以上村落所擁有的公有地，因為當中有一到兩個村落不放行而必須叫停取消。在當地居民當中，亦存在願意出售擁有土地換成金錢，整個家戶搬遷到山下的民眾。但大筆土地的協商購置需要完整性，政府不會願意購入零碎不足以建造大型水壩的土地。相反的，面對不願放行的村議會，政府官員或者政府官員授意的土地掮客亦會以賄賂的方式意圖強行讓村落公有地被收購。那麼為何這些手段在難將─達旺河水壩的例子沒有收到成效呢？

　　對於門巴來說，土地在他們的傳統信仰中具有靈力，豐饒的土壤象徵好運與財富，值得母親一樣的祭祀與崇拜。出於保護傳統聖地的動機，一群當時留在南印度的學生和僧侶發起了反水壩運動，當我遇見他們當中一些目前仍居住在達旺的核心成員時，他們多半已經離開僧侶或佛學校學生的身分回到家鄉成為主要的農牧業生產者，或者從事社區服務。我聆聽這個運動在將近七年之後被轉述時，覺得很有趣的地方是這項運動的開始不是始於達旺當地，而是在外地就讀或者研修佛法的達旺青年。我並沒有直接詢問，但我想身為異鄉遊子與故鄉分別的懷鄉心情或許助長了發起行動的情緒動力。此外，一開始發起行動的成員也都是年紀在二十歲上下的青年，全都跟佛教寺院附設的佛法學院有關聯，因此這個反水壩行動或許也可以被視為是帶有宗教色彩的學生運動。

七、反對水壩運動背後的思想基礎

　　反水壩運動開始於 2011 年底，初始號召人物為兩位當時在色拉杰（Sera Jhey）寺院修行的僧侶。色拉杰寺院位於南印度卡納塔克（Karnataka）邦，是西藏社群及遍及全球的藏傳佛教信徒流亡後建立的主

要佛學機構之一，延續原本在西藏境內的佛法傳統重心之一——哲蚌寺社群。本身包括一座頗具規模的圖書館、一所中學和一個提供順勢療法（homeopathy）與針灸療法的健康中心。藏人家庭有次男或者幼子出家學佛的傳統，流亡後亦然。色拉傑寺院的圖書館設研究機構，配合教育體系建置，可提供上至格西（佛學博士）資格的完整培育訓練。機構本身以知識的保存、傳播和辯證為主，第十四世達賴喇嘛本人關注環境問題，曾經發表言論呼籲停止捕殺野生動物與保護喜馬拉雅地區的河流，這對藏傳佛教的僧侶們也造成了一些影響，當這些年輕佛學學生與僧侶在吸收宗教知識時，也會親近扎倉內前輩與領袖的政治傾向，這當然也包括環境的部份。

　　藏傳佛教徒一般的環境觀奠基於他們認為世界上存在的所有有情共感物（sentient beings）都是靈魂循環轉世的一部份，珍惜這些非人的有情物，主要包括各種動植物（有些少數人的觀念中也包含昆蟲）也就是珍惜一種包含己身在內的整體生命存有。因為人類在整個業力報償的循環觀念當中也遵循著既有的宇宙法則變化存在的形式，因此物種之間的界線並非如競爭進化等科學的生物觀一樣認為生命來自於不斷的演化分支。生命存有的形式例如人類的生活方式可以透過發展來獲得更好的存有型態，透過遵循佛教思想的倫理觀改善自己在業報輪迴轉輪上獲得更舒適更有能力的來世生命存在型態，但萬物彼此之間是息息相關的，以及沒有一種生命是能夠獨自生存或者能夠獲得完全的控制權宰制其他生命。生存於世，特別是在頻繁發生地震山崩災難等不確定性高的山區生活，或許可視為是一種與周圍處境的鬥爭，人和其他非人存有共同構成也共同對抗環境中的種種壓力和危機。

　　在這種類型的認識論基礎上，我們也必須考慮政治機構和組織使用與強化這些概念，繼而能夠對於民眾選擇生活方式與政治維權行動的影響，也就是較為社會與文化建構的部份。自古而來因為地貌的原因，距離帝國、殖民政權、中央政府都很遙遠的門隅，傳統社會系統的主導權主要掌握在寺院行政階層，寺院和官府的收租機構合作並行，民間社會除了交稅跟供應人力，也服從於地方寺院的知識權威與價值領導。在這樣的地域社會風氣當

中，具有宗教地位的出家人參與世俗政治並不少見，因為藏傳佛教西藏帝國過去本身就是由格魯派的達賴喇嘛在內閣（Kashag）的輔佐下擔任政教合一的領導人，地方上的政治領導亦可以遵循此模式。因此，地方上的寺院例如達旺寺的住持與其輔佐團隊自其建立以來一直在地方上擁有相當高的權力地位。相對於達旺寺地方派系的性質，流亡後重建於南方的傳統藏傳佛教於西藏的三大寺院，特別是經營教育機構的色拉杰寺院，住持任期三年一任，階層與內部官僚體系定期流動，權力集中與運作的情形與達旺寺有很大的不同。

　　因此，帶領反對運動的佛學院僧侶與學生本身就來自一個跟達旺寺院不同的寺院政治環境，校園裡辯經、探詢與詰問佛法理論與不同詮釋的氣氛活躍，當反對家鄉建設水壩淹沒黑頸鶴棲地的思潮開始蔓延，要成立為一個能夠說服門隅民眾、達旺本地複雜深厚的地方政治派系加入，甚至從邊陲反對中央政府對於這個邊境地區的開發計劃，這個過程勢必經歷一些天翻地覆。

八、運動世代青年訴說的抗爭回憶

　　僧侶以保護聖地為理由提出的宗教環境主義，這種宗教環境主義如何得到群眾的支持的呢？發起反水壩運動的僧侶與學生很快地決定要成立一個專門為此目的而工作的民間組織，救援門區聯盟（Save Mon Region Federation，以下簡稱 SMRF）成立於 2012 年，設定自身為代表門巴族支持者進行反水壩運動的主力組織。在組織正式進行註冊的文書資料期間，SMRF 的核心成員被叫進達旺區的副區長辦公室，並因世俗原因而受到勸阻。SMRF 報導人回憶說，副區長告訴他們，「你們（長期都在南方）不了解達旺，你們最好回到南方去。」SMRF 的核心成員大多是 20 歲左右的男學生和 30 歲左右僧人。當地政府最高官員對他們的參與提出了強烈警告，

包括一些不明說的對於其未來發展的威脅。一名 SMRF 成員事後回憶參與註冊程序並與政府第一次交手的經驗：「我得到的印象是，如果我們提出反水壩計劃，那就是如同反對政府。」對於這些尚未累積許多個人社會經驗與政治運作經驗的年輕人來說，這種警告的威力很大，然而並沒有達到其希望嚇阻的效果。

SMRF 的僧侶與世俗成員想要提高人們對聖地背景、環境保護意識和人民民主權利的認識。青年們自費發起了走遍達旺行政區的旅行，並在社區禮堂或田間組織了多次非正式聚會，與當地人談論環境、民主、水力發電項目和水壩。聯合會會員在達旺區距離鎮中心約 60 公里的常（Jang）地方和其他數個達旺區南部村里地方積極開展工作，和民眾接觸談論水壩建設可能會為地方上帶來的問題，吸引了更多當地民眾加入協會。新的會員又將理念與討論帶回自己所屬的村里與家族社群，使得環境保護與反對水壩淹沒土地成為熱門話題。

九、從單純草根運動到將宗教理念帶入法律程序

SMRF 在區行政辦公室不受待見的舉動也引發了組織內的反思期，SMRF 的成員們一邊宣揚理念，倡議運動組織本身的活動則進入了 2-3 個月的休會期。2012 年春天，門巴族社群內部面臨關於是否支持建造水壩的意見分歧。另一方面，考量到參與運動可能會帶來的阻力，由於僧侶成員已經發願並放棄了世俗生活，這將使得他們最終所承擔的代價預期比其他成員要少。最終，僧侶們因此成為了這場運動的領導者。SMRF 於 2012 年授權德里的門巴族律師馬陵貢布律師（Maling Gombu）擔任法律顧問並按照其建議的法律程序開始採取行動，一些 SMRF 成員因此前往德里準備文書工作。反水壩運動也發展成在達旺與德里兩地同時進行的活動。

在德里，SMRF 向所有當地民意代表、達旺區立法議會的三名成員

（Members of the Legislative Assembly, MLA）發出了正式信件。該聯合會也向達旺副區長發出了正式請求，表達了對水力發電計畫環境影響的疑慮，並呼籲進行更多討論。他們在德里焦急等了 10 天，沒有收到任何回覆。就這樣，他們完成了民間團體尋求透過正式管道解決爭端但未果的步驟，隨後準備將案件轉入法律程序訴訟。

同時，一些 SMRF 成員繼續提高人們對在門隅建造大型水壩對黑頸鶴造成的潛在損害的認識。於是，副區長召見了 SMRF 的兩名僧侶。兩名僧侶被迫在政府辦公室簽署同意水利開發計畫的保證書，但僧侶根本不會說英語，無法理解保證書的內容。該保證書條文是由政府準備並翻譯並向他們宣讀，兩位僧侶拒絕為水利開發計畫背書。

十、政府嘗試利用宗教權威讓抗議民眾妥協

這項安排是為了阻止僧侶接近公眾並談論大壩問題，從而給政府帶來混亂。儘管如此，它還是激起了人們對該政策的更多不滿。來自阿魯納恰爾邦政府的壓力促使年輕的 SMRF 成員向當時頗受歡迎的阿薩姆邦環保主義者和反大壩活動人士阿基爾‧果戈伊（Akhil Gogoi）求救。阿薩姆邦位於阿努納恰爾邦的南部低地，作為殖民時期就開始發展市鎮化和大型農耕產業的相對經濟發達省，兩個邦的民眾之間有著緊密往來。果戈伊告訴阿魯納恰爾邦抗議者，也就是接觸他的 SMRF 成員們，根據他的消息來源，整個達旺區的大壩工程遠不只已核定的 1,400 兆瓦，總計約為 3,000 兆瓦。

這項訊息挑起了反水壩運動組織內部的警覺，他們面對的環境破壞程度可能不止於現今所反對的兩個大壩規模，並預期到抗議行動會面對更強大的政府干預，這又讓青年成員們回到了更保守的策略，「如果我們直接走向公眾，被認為會製造更多混亂」青年們回憶說著。因此，聯合會決定採取最初開始的走鄉與民眾直接接觸倡議，這也是從一開始就收到正面效果的做

法，於是他們又更進一步深入一個又一個村莊，徵集簽名，呼籲暫停該水利開發項目，或者就環境影響重啟公聽會與環境評估進行更深入的討論。黑頸鶴的神聖意義和牠與達賴喇嘛的關聯成為吸引人們注意和爭取認同的重要因素。為了不與地方的土地交易利益衝突，SMRF 並未直接要求開發叫停，而是主張整個開發過程忽略了水壩建設會對環境造成不可逆轉的影響，他們越來越廣獲民心。相反的，政府試圖讓達旺寺的住持出面聲明支持水利開發計畫，期望民眾一如既往遵循這位宗教領袖的意見。

十一、從倡議與收編兩方對峙轉變成遊行抗議

草根階層發生的討論逐漸超出了最初對入侵宗教神聖棲息地的擔憂，人們擔心土地徵用可能會損害平等的部落社會與導致土地淹沒無法挽回，破壞當地原住民社會的生活狀態和社會秩序。支持他們的人們期望 SMRF 領導社會運動並參與正式程序來動搖既定政策。SMRF 於是決定在 3 月發起集會，代表群眾向地方政府施壓，要求重新啟動談判。根據參與決策的 SMRF 成員所述，這次反水壩集會是達旺地區所發生的第一次針對社會問題回應的政治社會運動，SMRF 由熟悉民權與民主程序的青年人領導，又有民族菁英律師協同重視所有合法程序，因此一切手續沒有瑕疵。大型集會並提前通知了當地政府，達旺副區長辦公室很快回應，建議延後，理由是警力不足；時間太短，政府無法準備預算維安和進行公共安全審查。儘管如此，SMRF 在 3 月發出的第二封信中表示，集會將按計畫於 4 月 4 日舉行，而成員們則繼續呼籲民眾參加集會。

4 月 4 日上午，抗議者聚集在達旺鎮，開始從達旺寺向達旺舊市集遊行。這次集會有數千人參加，被標記為「大型集會」，並得到地方和全國媒體與電視臺披露。根據 2011 年人口普查，考慮到達旺行政區的總人口不到 50,000 人，這一規模的描述是正確的。邦政府迅速回應。阿魯納洽爾邦首

長貝瑪坎杜（Pema Khandu）和達旺寺方丈蓮師祖古仁波切（Guru Tulku Rinpoche）前來勸說取消，但都未成功。SMRF 必須決定是繼續動員公眾抗議還是繼續進行閉門談判。儘管邦最高行政長官與地方上最高宗教領袖都出面邀請 SMRF 和地方代表開會，但抗議活動仍在繼續。一位核心青年成員解釋了這個艱難的決定，「我們願意參加會議，但如果我們按照政府的要求推遲會議後舉行集會，那麼公眾就會對我們失去信任。」當地代表與政府的會面並沒有觸及神聖地景可能被破壞的主題，而是更關注基礎設施發展如何改變偏遠地區的經濟景觀。

最後雙方沒有達成任何協議，並且雙方鬧翻。據報導人稱，SMRF 成員在邦議員、特警（屬於邊境地區）面前受到羞辱，然後離開了會議。權力人士的勸說失敗，集會繼續進行，SMRF 也趁機在集會期間向公眾報告了這次破裂的談判，「我們在穆克托（Mukto）鄉里倡議時正在使用擴音器，參與集會的當地民眾也因此得知副區長對 SMRF，也就是人民，在此議題上的代表大吼大叫出言不遜。」所有政府以為是閉門發生的恫嚇與威脅都被轉述到外界，在水壩開發議題上傳統政府的領導權威被嚴重挑戰。

十二、第二波抗爭的死傷與消音

在法律方面，SMRF 提出難將河是瀕危黑頸鶴的越冬地，黑頸鶴對佛教徒來說是神聖的，因為它幫助達旺出生的六世達賴喇嘛確定了他在西藏的繼任者，這個說法獲得法律性的落實。2012 年，承包 NHPC 該項工程的民間公司，總部位於新德里衛星城市諾伊達（NOIDA）的・比瓦拉（Bhilwara）集團收到國家綠色法庭（National Green Tribunal，NGT）的法院命令，印度環境森林與氣候變遷部（The Ministry of Environment, Forest and Climate Change, MoEFCC）忽視了森林影響評估逕自發給施工執照違法，暫停選址於澤米塘（Zemitang）的 780 兆瓦項目。此後，國家

水力發電公司（NHPC）位於達旺河的 600 和 800 兆瓦的兩個水力發電項目都被阿魯納恰爾邦政府暫停。2012 年大型集會的一般門巴參與者引述：「（從媒體上得知工程被暫停無限期復工時）我感到我參與了一次意義重大的成功集會，集會是有用的，此後就沒有在聽說大壩要復工的相關消息。」這一觀點也在門巴族人中得到了普遍認同。2012 年至 2016 年，每年規模較小的集會繼續進行，由 SMRF 領導，達旺寺的僧侶洛桑嘉措（Lobsang Gyatso）成為 SMRF 的負責人。

下表以簡單的時間線說明達旺區的兩個水壩建設作業與相關的抗爭事件發生順序：

2007	2011	2012	2016	2019
難江河與達旺河完成環評作業	反對建水壩的聲音開始從印度南方色拉杰寺院集結；地方政府開始土地徵收	Save Mon Region Federation (SMRF)正式成立；於新德里發起行政訴訟；四月於達旺鎮進行第一次反水庫大型集會遊行	國家綠色法庭（National Green Tribunal）裁定叫停兩項水壩建設計劃	包括Lobsang Gyatso在內的三名僧人投入地方議員選舉

除卻色拉杰僧侶至達旺地區活動，原居地方上生活修行的僧侶們參與反水壩運動和反水壩遊說活動也使得達旺寺的僧侶群體兩極化。從世俗的角度來看，達旺寺住持蓮師祖古仁波切因與阿魯納恰爾邦最有權勢的政治家族（恰好是門巴家族）走得太近而陷入醜聞。這場對立的焦點是仁波切本人長達九年的住持任期及其國籍問題。當時的區議會（Zilla Parishad）成員、也是前任邦首長多吉康珠（Dorjee Khandu）的兒子、現任邦首長的兄弟蔣培慈林（Jambey Tsering）提交了一份起訴書舉報領導 SMRF 的僧侶破壞

社會秩序。2016 年 4 月 28 日，一般被認為是反水壩運動中堅領導的喇嘛洛桑嘉措（Lobsang Gyatso）被捕入獄。

隨著僧侶領導人被判刑，聲援他的街頭抗議活動開始召開。「他的支持者開始聚集，5 月 2 日，抗議活動變得暴力，」報導人說，他現在已經快 30 歲了，臉上的憤怒和悲傷顯而易見，「有幾個人被子彈打中了」。消息稱，一些支持大壩的警察向平民開槍。兩名僧侶在槍擊事件中喪生。在 SMRF 的 Facebook 頁面上，網頁橫幅上顯示了他們的頭像和佛教祈禱文。警察開槍射殺抗議者在印度並不罕見，然而，這在達旺卻是第一起事件。

十三、在環境問題背景下信仰牽起衝突也牽起解方

從人們參與的經驗和結果來看，反水壩運動一開始的目的是基於宗教因素反對聖地與聖鳥被水力發電計畫所影響，但其政治過程中最重要的環節並不是宗教環境的神聖性被破壞，而是土地被淹沒以及賠償等相關的問題觸及到社會敏感，而且地方（區）政府在處理民意的方式上採取打壓的態度。僧侶之所以被選舉成為主要領導人並非是因為其傳統具有權威的僧侶身分的號召力，儘管該宗教號召力特質可能在初期召集興趣人士共同組織 SMRF 時發揮作用，但僧侶成為領導組織的主要面孔其實是因為他們已出家的身分將不至於連累其他人。當受到政治勢力威嚇時，僧侶兩袖清風離開家族依靠佛法的態度為他的立場帶來中立與高尚的地位。這項運動不但沒有得到同屬藏傳佛教的達旺寺寺方的支持，寺院住持反而加入地方政府勸說青年人放棄舉辦民主集會，這也顯示出藏傳佛教組織派系發展過程中，崇尚法理與權力輪替的風氣和顧著傳統統御形式的風氣，兩股思潮的競爭。最有意思的是，非人有情物黑頸鶴雖然位於這些紛爭與辯論的風暴中心，卻幾乎沒有人再次見過牠們。牠們所代表的神聖意義和背後的神靈指向，在這些法律與政治過程中並沒有過正式的發聲，但牠們又絕非只是一種純然客體的象徵，因為牠

們和人一樣都是這個佛教生命觀整體的一部份。

　　SMRF 核心成員說這次兩人亡故的集會是「SMRF 召集的最後一次抗議」。雖然該聯合會仍在積極監督該州的水力發電計畫，聯盟是否有持續在運作則不清楚。我在社區收集到的評論中，當地政府被認為不須對警察槍擊和傷亡負責[5]。喇嘛洛桑嘉措因與達蘭薩拉寺院關係密切，在出獄後兩年便出國，目前在美國繼續佛法相關的志業。總結這場跨越多年的參與經驗，SMRF 的前任核心成員稱，他們的努力主要是鼓舞人心的，「在公眾沒有意識到這一點之前，人們不知道自己的民主權利——表達不同意見的權利。現在，人們更加成熟，對社會問題也更加了解。政府也是如此，即使現在就做，也會謹慎做，不會著急。」

　　政治人類學者 Swargajyoti Gohain 從博士論文時期在阿魯那洽爾邦西部的達旺與迪讓地區研究當地僧侶如何參與地方政治與社會發展，欲了解這個中印都宣稱為其國土的地區公民社會欲推動自治背後的原因與目的。她將這個地區稱作是中國與印度之間的緩衝帶（buffer），這一片其實與喜馬拉雅山系相連的地區被刻意畫出範圍，乘載著想像建構出的邊界，用來吸收中印競逐統治正當性與後殖民論述所造成的多重張力（Gohain, 2020）。然而正是在這個經歷過戰爭且仍以多重建構的想像邊境存在的山區土地上，多吉康珠在擔任邦首長期間簽署了計畫建造 133 座大型水壩的公部門與民間合作備忘錄，這些備忘錄已經吸引了許多企業進行前期投資。

　　經過達旺水壩一事，人們確實明白這些建造大壩的計畫可能隨時恢復，隨著印中邊境衝突加劇，達旺一側的計畫又重新回到談判桌上。「政府也收到了警報，」聽到抗議活動的年輕人說，許多參與當年 SMRF 動員的年輕人如今持續在家鄉從事社區工作並且關心政治。水力發電計畫如同其他基礎建設，仍然是阿魯納洽爾邦地方選舉期間的熱門議題。宗教除了影響人們對土地和水源區的觀感和行動，也在野生動物保育上具有號召力。門巴族

---

[5] 雖然這也有可能是因為懼於政府反擊而刻意做出的宣稱，我只是寫出我所聽聞的內容。

人過去獵捕野生動物主要是為了得到生活物資如毛皮衣著提供冬季保暖與食物來源，只取自己所需；在外來買家介入後才開始轉向為地下經濟市場獵捕特定種類的野生動物取得麝香、毛皮等部位賺取現金。

現今，野生動物盜獵在印度東北情況相當嚴重，WWF India 多年來投入資源試圖影響地方社群將野生動物保育視為發展長期豐碩觀光資源的儲蓄，而不求售予地下經濟能求得的現時微小利益，然而成效有限。藏傳佛教領袖如達賴喇嘛從未公開禁止佛教徒進行狩獵，但自 2005 年起便呼籲佛教徒不穿野生動物毛皮以彰顯自身的獵人勇氣，且廣為被接受。近年來，佛教徒社群越來越重視能與人有情共感之物的福祉，因此茹素者也越來越多[6]。

十四、結論：宗教象徵的世俗化演變與環境的關係

喜馬拉雅山地區的資源衝突，著眼於流動的共享資源，包括河川的水與消失的冰川，這些現象在當地生活的人都十分有感。然而流動的共享資源依靠能夠劃分領域的土地來區界物權，而在反水壩運動的案例中，它呈現出當地居民寧可捨棄獲取現代化能源的機會，而選擇拒絕發展。當地人在意的是，是否會因為外來投資而失去對領域及經濟發展的自主，且面臨原有社會狀態失序，而不是更在意是否能夠被成功整合進印度社會。宗教信仰所稱的活佛出生地、伏藏與神聖生物，作為達旺地方認同的一部份被守護，然而這些依附在自然地景上的象徵也隨著越來越劇烈的山崩和冰川地貌變遷而改變，或者在世代改變認識環境的過程當中逐漸被集體記憶淡忘。部份人類學者則認為，這種聖地開發面臨的人與環境張力催生出受到佛教影響深刻的喜馬拉雅環境主義（Himalayan Environmentalism）（Gohain, 2021; Yü, 2023），這些都是值得深刻思考並且做實證追蹤研究的課題。

---

[6] 然而，這些對於野生動物的關注與喜馬拉雅山地區最主要面對的環境問題例如水資源和融冰的情況並沒有直接的指涉關聯。

宗教動員力量除了神聖符號系統，更依靠僧侶在社會中的地位和這個地區文化如何定位僧侶的世俗行動。僧侶是宗教系統當中具有權威的詮釋者因而具備領導說服力，但僧侶本身的政治信仰與行動選擇卻不一定會因為統一教派或者血緣地緣關係統合。在開發環境資源與保護脆弱生態系的背景之下，分裂不僅存在一個國家發展居上的政府與地方安全為重的邊陲社會之間，也存在在這些倡議、領導、深深影響當地倫理道德價值觀的宗教行動者群體當中。宗教組織與動員的慣例在反水壩運動當中並未發揮作用，行動的主體主要是青年人，他們除了身為藏傳佛教徒與佛學學生的身分，行動的意念還包括對民主的信仰[7]。他們動員鄉里的方式也結合了他們對故鄉社會結構的了解，在與區政府的對抗中，僧侶做為領導人出線的原因反而是功能性的。在達旺地區，宗教人士可以是世俗政客與公民運動領袖的其中一個身分，兩者是並行的，在特定環境議題上所展示的立場，顯示出佛僧政客在信仰上所做的選擇，往往變成了對於自然環境問題的選擇。在人語紛擾的政治論述中，信仰和自然環境彷彿不動如山，萬分尊嚴卻無聲崩落，又疊際重生。

圖 9-2

---

[7] 儘管這也是受了流亡後民主化的西藏社會，特別是第十四世達賴喇嘛的影響。

這張照片說出我在田調過程當中對於喜馬拉雅整體環境面臨人口增長、原始森林覆蓋率劇烈下降、雜亂的建築覆蓋和無效的廢棄物處理措施的情緒。在這片越來越禿和危險的山林中，政客豎立的水泥鳥兒兀自矗立，牠不像本尊的候鳥能夠移步選擇更安全和自在的住所——這或許也像那些剛開始在民主政治系統中開始投票的人們，或者也像棲居在地球上的人類。

參考書目

Arora V, Jayaram N.
  2017a Democratisation in the Himalayas: Interests, Conflicts, and Negotiations. London : Routledge.

Baruah M.
  2022 Slow Disaster: Political Ecology of Hazards and Everyday Life in the Brahmaputra Valley, Assam. London : Taylor & Francis.

Bhattacharya R, Sharma GA.
  2023 Capital and Ecology: Developmentalism, Subjectivity and the Alternative Life-Worlds. London :Taylor & Francis.

Chakravartty, Anupam
  2016 "Environment ministry not to challenge green tribunal verdict on hydro project in Tawang".www.downtoearth.org.in.

Choudhury T.
  2017 Birds don't give a Dam: The politics of Hydropower Development and Wildlife Conservation in Arunachal Pradesh. ERA. https://era.library.ualberta.ca.

Datta, Aparajita.
  2015 "A Critique of the Nyamjang Chuu Hydro-electric power project

Environmental Impact Assessment(EIA) and EMP (Environmental Management Plan) reports".NCF working paper2. August 2012.

Delhi News - Times of India.
   2014 "Monk found hanging in south Delhi apartment". https://timesofindia.indiatimes.com. May 19.

Duarah CK.
   2017 "Anti-dam protests continue in Arunachal Pradesh EJOLT". Nyamjang Chhu dam and hydropower expansion in Tawang, Arunachal Pradesh, India | EJAtlas. Environmental Justice Atlas. https://ejatlas.org.

Erlewein A.
   2013 "Disappearing rivers-The limits of environmental assessment for hydropower in India". Environmental Impact Assessment Review. 43:135-43.

Environmental Law Alliance Worldwide
   2016 "Save Mon Region Federation v. Union of India." www.elaw.org. Save Mon Region Federation(SMRF).May 9.

Gohain S.
   2020 Imagined Geographies in the Indo-Tibetan Borderlands: Culture, Politics, Place. Amsterdam : Amsterdam University Press.
   2021 "HIMALAYAN ENVIRONMENTALISM: BUDDHISM AND BEYOND". New Zealand Journal of Asian Studies. 23(2):69-90.

Goswami, Roopak
   2020 "Community conservation model in Western Arunachal Pradesh protects wildlife habitats." Mongabay-India. https://india.mongabay.com. September 14.

Grumbine RE, Pandit MK.

    2013　"Threats from India's Himalaya Dams." Science. 339 (6115):36-37 In fact: Behind the firing and deaths in Tawang, anti-dam protests and abbot-lama tussle | Explained News-The Indian Express.https://indianexpress.com.

HuffPost

    2013　"Monks Protest Proposed Dams In Ancient Seat of Buddhism". www.huffpost.com.

Kashyap, Samudra Gupta

    2017　"Arunachal tribals oppose 10,000-MW hydro-electric dam on Siang River".

    https://indianexpress.com/article/india/arunachal-tribals-oppose-10000-mw-hydro-electric-dam-on-siang-4895418/.

Lenin J.

    2015　"Indigenous tribe opposes hydropower projects in Tawang" | Janaki Lenin. The Guardian, Aug. 22,.

    http://www.theguardian.com/environment/india-untamed/2015/aug/22/indigenous-tribe-opposes-hydropower-projects-tawang.

Pisharoty SB, Agarwal K.

    2022　"Black-Necked Cranes, Development Clash in Arunachal as a Passive State Looks On" – The Wire Science.

    https://science.thewire.in/culture/black-necked-cranes-arunachal-monpa-community-religious-beliefs-conservation/. January 29.

Rajshekhar M.

    2016　"The mess in Arunachal Pradesh that no one is talking about". https://scroll.in January 30.

Save Tawang

    2017　"Two shot dead by Police in Tawang, Arunachal CM Pema Khando playing a dangerous game." https://www.youtube.com/watch?v=MXPnEWCp1nI&rco=1. September 19.

Wouters JJP, Subba TB.

    2022　The Routledge Companion to Northeast India. London :Taylor & Francis.

Yü, Smyer D.

    2023　Freeing Animals: Sino-Tibetan Buddhist Environmentalism and Ecological Challenges. Religions. 14(1):110.

第十章　環境保護與宗教實踐的交錯：臺灣民間信仰中金紙與香的符號意識形態與非人能動性分析*

林敬智

政治大學宗教研究所助理教授

本章大意

本文旨在探討臺灣民間信仰中燒香與金紙的符號意識形態與非人能動性，並分析其在環境保護與宗教實踐之間的交錯點。作者以 2017 年 7 月 23 日「眾神上凱道」事件為切入點，詳細描述了民間宮廟與政府環保政策之間的衝突，並將其解釋為符號意識形態的對抗。文章透過行動者網絡理論和非人能動性概念，深入剖析金紙與香在宗教儀式中的物質性意涵，以及其在信徒與神靈之間溝通中的媒介角色，具有象徵意義與非人能動性，而環保部門則僅強調其對環境的污染。此研究不僅揭示了金紙與香在臺灣民間信仰中的文化重要性，還指出了現行環保政策與傳統信仰之間的矛盾。

本文首先回顧了 2017 年宮廟信徒集會抗議政府環保政策的事件，並引述相關文獻，指出該事件不僅是宗教與環保的簡單對立，而是一場深層次的符號意識形態之爭。環保部門推動的減少燒香燒金紙政策，從信徒的角度看，實質上是對其宗教實踐和信仰的干涉。文章引用 Bruno Latour 的行

---

* 本文曾刊登於《華人宗教研究》第 24 期（2024），經略微調整後收錄於本書。

動者網絡理論，探討了燒香與燒金紙的行為，指出這些行動涉及的不僅是信徒和儀式專家，還包括金紙和香作為物質媒介，以及神靈等非人的行動者。這種多層次的互動網絡，突顯了金紙與香在宗教信仰中的非人能動性，並解釋了信徒對這些物質媒介的依賴和重視。

文章進一步探討金香的物質性和文化意涵，並引述 Anna Tsing 的「超越人類的社會性」概念，指出神靈、鬼、祖先等在華人宗教中的重要地位，以及他們在信仰實踐中的能動性。這些非人行動者不僅是信仰的一部份，還通過儀式與人類互動，共同形塑了宗教實踐的社會網絡。此外，文章也引述了 Philippe Descola 的四種世界觀本體論，將環保專家與信徒之間的理解差異定位於不同的世界觀衝突。Webb Keane 的符號意識形態理論進一步強調了符號的物質性基礎，並探討其在宗教與政治、倫理價值聯繫中的作用。

作者分析政府提出的「以米代金」、「集中焚燒」、「網路祭拜」等替代方案，因未能考慮信徒的宗教需求與文化脈絡，遭到廣泛反對。本文建議，政府在制定環保政策時應尊重並理解民間信仰，與宮廟和信徒進行充分對話，以尋求更符合信仰需求的環保措施。

此研究揭示了金紙與香在臺灣民間信仰中的文化重要性，並指出現行環保政策與傳統信仰之間的矛盾，呼籲環保政策需考量文化與宗教因素，避免單純以科學主義本位思維制定政策，應傾聽與同理金香使用的信徒、宮廟之心聲，以在環保與信仰之間取得平衡，達成永續發展的目標。

一、前言

2017 年 7 月 23 日為數眾多的民間宮廟會師於總統府前的凱達格蘭大道前，成立「捍衛信仰‧守護香火大聯盟」，發起「史上最大科 眾神上凱道」的活動，向民主進步黨執政下的中央政府表達訴求，反對環保部門過度

干涉民間宮廟燒香、燒金紙，主張宮廟自主決定，為環保盡力，但仍應維持最低底線「一爐一香」。李淑如（2019a、2019b）對於事件始末有第一手的參與和觀察報導，並紀錄媒體輿論的回應，可以參照活動主要推手北港武德宮主委林安樂（2021：224-257）個人的事件始末回溯紀錄，將檯面上下的過程公諸於世，也能觀察了解宮廟與信徒的觀點和感受；鍾秀雋（2022）則將分析的視角放在官方「金香政策」[1]層面，探討黨政運作如何在事件的始末中介入與善後。劉名峰（2017）以「情感模式」和對事件過程前中後所出現的各種謠言分析 723 眾神上凱道的活動，認為政府在推行環保政策時，也應顧及民間的宗教文化情感。鍾秀雋、劉名峰也就參與 723 活動的宮廟被貼上政治標籤的緣由與事實進行梳理。[2]筆者在前述的基礎上，進一步探討眾神上凱道活動背後所涉及的圍繞著「金香」的不同符號意識形態（semiotic ideology）之爭，在這表面上繫於宗教與環保之間拉扯的請願活動背後，其實是民間宮廟的香火論述與執政者所持的環保論述之間的符號意識形態衝突，在本體論層次可以解讀為更深層的兩種世界觀本體論的差異所帶來的折衝，本文將以此事件前後的發展作為主要分析範圍，即使至今兩種符號意識形態之間仍然持續緊張，2020 年 3 月 13 日臺北艋舺龍山寺決議停止提供信徒香枝，也不准信徒自行攜香參拜，引來許多信徒與其他宮廟的非議，背後亦是不同符號意識形態上的辯證。

環保署所屬機關環境資源研究發展基金會四處在宮廟界推廣「廟宇宗教領袖推動減燒會議」（參見圖 10-1），從短、中、長程計畫目標中，陸續推動集中焚燒、金香減燒、「以米代金」、「網路祭拜」等，冀望十年達到「全面替代拜香及金紙，落實不燒作為」（《龍山寺季刊》編輯部，

---

[1] 為行文方便，以下將「金紙與香」簡稱「金香」，金紙與香在長遠的歷史發展過程中，曾有合為一體的歷程，下文將進一步析論。
[2] 關於 723 眾神上凱道活動所涉及的黨政介入貼政治標籤「抹紅」、「第五縱隊」等操作議題，屬於政治意識形態之爭，值得另文分析，鍾秀雋、劉名峰也已進行論述分析，相關始末與媒體輿論報導，也見於李淑如、林安樂文章中，因非本文關注的核心重點，茲不贅述。

2017：44-45）。此一官方文件所反映的以科學理性為中心的環保思維，將傳統宗教信仰與環保作為二元對立起來，正是此一文宣資料及其建議的幾種替代方案，成為後來眾神上凱道的主要導火線之一，作為質疑環保署計畫「滅香」的依據之一。

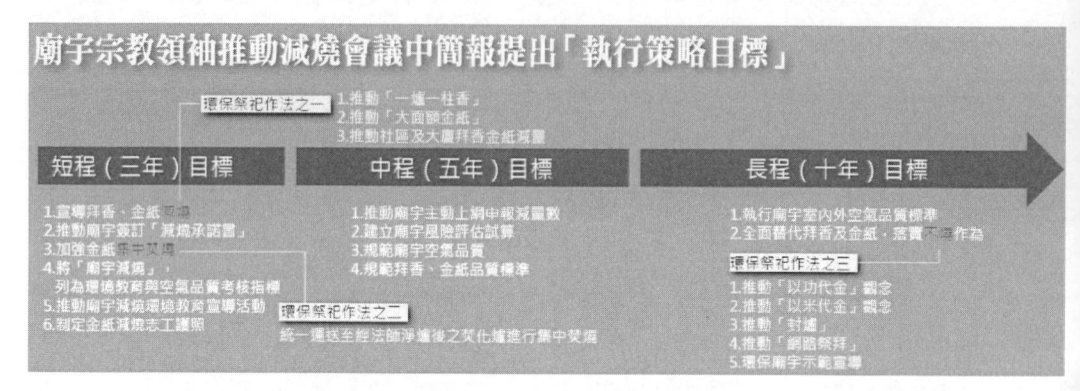

圖 10-1　環境資源研究發展基金會廟宇宗教領袖推動減燒會議「執行策略目標」簡報

資料來源：〈減量燃燒環境更好：廟宇宗教領袖推動減燒會議暨記者會〉，《龍山寺季刊》35 期（2017 年 3 月 22 日）：45。

　　時任環保署長李應元雖然公開受訪澄清是某家網路媒體誤將「減香」寫成「滅香」所造成的誤解，然而宮廟界所舉出的各種環保機關的文宣多標舉出未來朝向「不燒」、「零燃燒」的目標願景，並非單純將「減」與「滅」誤植可以解譯（張德厚，2017）。李應元因其環保署長身分首當其衝，其遭受的責難最重，在其 2021 年以 68 歲之齡英年早逝時，民間也有耳語認為是減燒金香造成神、鬼、祖先不滿所受的「報應」，此一說法固然並不符合臺灣百姓厚道的民風，但卻反映出從香火思維對 723 事件的看法。同樣也首當其衝的地方縣市長臺南市長賴清德也親上火線澄清「沒有要滅香」，駁斥僅是謠言（曹婷婷，2017）。臺南市政府對於推動「移風易俗」環保低碳政策相當積極，2015 年第 203 次市政會議上賴清德市長即重

申清明掃墓的移風易俗與環保低碳政策，朝「零燃燒」紙錢目標再精進，實現低碳城市的願景（臺南市政府 104 年市政大事紀，2015）。臺南獨創的「吐司金紙」、牛奶棒替代線香，出自民政局長陳宗彥的宣傳（洪瑞琴，2017），其任內也積極推動廟會施放鞭炮的減量（洪瑞琴，2018）。環保局長張皇珍也推動一系列的環保政策，包括「以功代金」、「以米代金減燒金」、電子輓聯與環保素幛、紙錢集中燒、網路普渡 e 化等（臺南市政府新聞及國際關係處，2011）。臺南市公部門的諸多政策作為也影響其他縣市，甚至也隨著中央政府的政黨輪替而開始在全國推廣諸項臺南經驗，但其中一些環保政策的做法，卻是引發 723 眾神上凱道的導火線之一，除了對

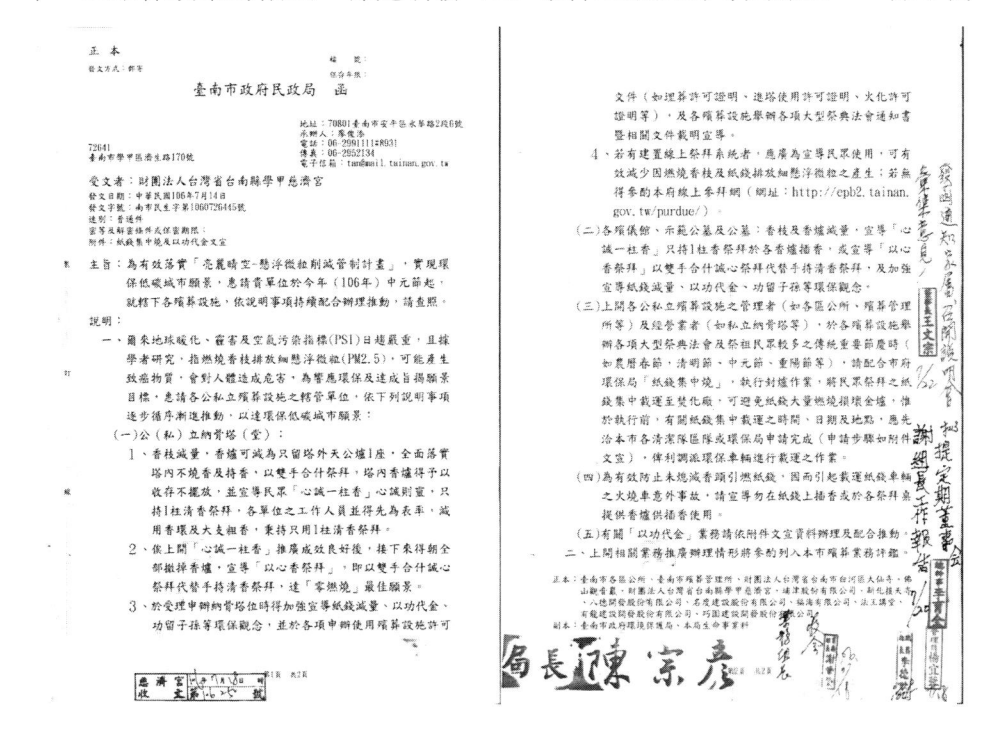

圖 10-2　臺南市政府民政局南市民生字第 1060726445 號公文

資料來源：學甲慈濟宮臉書，2017 年 7 月 14 日，網址：https://www.facebook.com/ciji8888/photos/a.1423050894605932.1073741828.1422929294618092/1980975435480139/?type=3&theater

燒化金紙開立罰單的事件外（鍾秀雋，2021：190），還有民政局函文（圖10-2）公私立納骨塔與殯葬設施管轄單位的要求紙錢集中、以功代金、鼓勵「心誠一炷香」往「以心香祭拜」達「零燃燒」願景的公文（臺南市政府民政局，2017），引爆也兼具納骨塔與殯葬設施的宮廟之不滿情緒，進而呼應由武德宮發起的眾神上凱道，組成「捍衛信仰守護香火大聯盟」。

必須強調的是此次事件的主因並非為了罰金或是販售金紙與香的經濟收入議題，在諸多訴求與聲明中，皆非訴求經濟收入受到影響，而是強調信仰者燒金香並非空氣污染的主要來源，未來若有制訂相關規範應納入民間宗教參與者的充分討論與理解、接受，始得執行，宮廟已自主改善的環保燒化設備，政府環保政策不應過度介入，而應給予輔導各地建置專用焚燒爐（捍衛信仰守護香火大聯盟，2017a），主張以提升金香品質代替鼓吹金香減量，環保機關不應違反比例原則蓄意凸顯明顯對空污影響微乎其微的信仰活動，以環保之名挑起民眾對立（捍衛信仰守護香火大聯盟，2017b）。此場723眾神上凱道的活動，是圍繞著金紙與香的物質媒介所形構的宗教信仰，進而連結了全臺各地宮廟與信仰組織，見證了金香所具有非人能動性。

二、神靈與金香的「非人」能動性

當代人文社會科學的「物質轉向」（material turn）提醒研究者注意到人與物的互動對於形塑文化和群體社會的重要性，並打破對於主體與客體、人與物的二元對立，人與物的持續互動會形塑與再形塑文化與社會關係。（Miller 1987; Meyer and Morgan et al., 2010；Bräunlein 2016）Alfred Gell（1998）強調必須將物置於社會關係的脈絡中探討物的能動性（agency）之來源；Bruno Latour（2005）也強調非人的物質在能動意義上，與人一樣具有能動性，共同形塑行動的網絡。林瑋嬪（2003、2015）即應用物質文化研究的視角檢視漢人神像（物）與乩童（人）的協作如何展

現漢人民間信仰中神明的靈力內涵,並分析神像的內在能動性與外在能動性所形塑的機制。上述學者的研究啟發我們關注金紙與香作為物質所具有的能動性,也必須關注儀式與信仰中的神靈所扮演的非人角色。現代環保政策試圖減少焚燒金紙和香的使用,此一舉措無疑對環境保護有積極意義,但也須考慮到這些非人能動性的文化意涵。忽視這些非人的金香物質和神靈的角色及其背後的符號意識形態,可能是導致政策推行遭遇阻力和文化摩擦的主因。

從民間信仰的思維邏輯而言,信徒與儀式專家燒化金紙與香以與神、鬼、祖先等神靈進行溝通,金紙與香是為物質性的媒介物,借用 Bruno Latour(2005)的「行動者網絡理論」(actor-network theory),燒香與金紙的行動涉及的行動者網絡包括了信徒、儀式專家、宮廟主事者等身為人的行動者、以及燒化的金紙與香之物質性媒介,筆者認為在非人的物質之外,尚有冀欲溝通的神、鬼、祖先等這類無形的非人神靈。Anna Tsing(2013)觀察松茸產業的發展後所得到的啟發,提醒應留意「非人」所具有的能動性與社會性,提出「越超人類的社會性」(more-than-human sociality),[3] 雖然 Tsing 所討論的以真菌與森林等生物體為主,鼓勵研究應跳脫出人類中心主義,而代之以「多物種觀點」,然而筆者受其啟發後的反思,在宗教信仰的行動者網絡或整體互動共生中,非人的層面不僅是物質性的金紙與香等儀式物,尚包括信徒與儀式專家所嘗試要溝通的神、鬼、祖先等神靈。筆者曾與 Tsing 的學生蔡晏霖教授討論,將神、鬼、祖先等神靈也

---

[3] Anna Tsing, "More-than-Human Sociality: A Call for Critical Description," in Kirsten Hastrup ed., *Anthropology and Nature* (New York: Routledge, 2013), pp. 27-42. 筆者曾與 Tsing 在臺灣的高足蔡晏霖討論,將神、鬼、祖先等神靈也視為非人的行動者、並肯認其與人類和物質、動植物間的互動與社會性,獲得其贊同,並分享在其與 Tsing 合作的多物種實驗影像民族誌 Golden Snail Opera: The More-Than-Human Performance of Friendly Farming on Taiwan's Lanyang Plain《金寶螺胡撒仔:臺灣蘭陽平原上的多物種友善率作展演》中即融入一個臆想的角色「孤魂野鬼老大公」,即是視神靈為不可忽視的非人行動者。參見:蔡晏霖,〈金寶螺胡撒仔:一個多物種實驗影像民族誌〉,《中外文學》49 卷 1 期:頁 61-94。蔡晏霖,〈一些福壽螺教我的事〉,《亞太研究論壇》第 68 期(2020.12):頁 75-78。

視為非人的行動者、並肯認其與人類和物質、動植物間的互動與社會性，獲得其贊同，並分享在其與 Tsing 合作的多物種實驗影像民族誌 Golden Snail Opera: The More-Than-Human Performance of Friendly Farming on Taiwan's Lanyang Plain《金寶螺胡撒仔：臺灣蘭陽平原上的多物種友善耕作展演》中即融入一個臆想的角色「孤魂野鬼老大公」，即是視神靈為不可忽視的非人行動者。借用 Tsing 式的提問「怎麼會有人覺得非人的神靈沒有社會性？」[4]葉春榮也對於「非物」的鬼、煞、魔神仔、太歲、疫鬼、風水、因果等，思考「非物的物質性」及其社會生活與「作用力」（agency），於 2024 年 1 月 9 日在中研院民族所以「非物的物質性：民間宗教的多元本體論」為題發表演講，與筆者近年觀察民間信仰所得到的心得相近，也對筆者頗多啟發。許倬雲分析華人的精神生活認為神祇與祖靈與現世生活仍然息息相關，對於祭祀仍抱持著祭祖如神在、祭親如在、事死如生的態度，宗教儀式的實踐與理念是融合於日常生活之中，所互動的神靈包括祖、鬼、祖先、魂魄、以及天、地、水和各種動植物的萬物有靈（許倬雲，2017：153-203）。

　　過去漢人宗教民間信仰的研究者即已關注神、鬼、祖先等神靈，亦有學者從香火、神像等物質的角度探討，但除了漢人宗教研究的人類學者外，多數研究在本體論的層次上，往往不將神靈視為具有動能性的主體，或未從宗教教義及信徒的神祕經驗層次探究人與神靈如何互動，而是從結構功能、象徵或隱喻的角度加以詮釋，對於神靈透過乩童或扶鸞所給予信徒的指示、或香火在無形之中所具有的靈力效應、或燒化金香在因果輪迴轉世中的作用

---

[4] Anna Tsing 的原文為"How could it have ever occurred to anyone that living things other than human are not social?"葉春榮也對於「非物」的鬼、煞、魔神仔、太歲、疫鬼、風水、因果等，思考「非物的物質性」及其社會生活與「作用力」（agency），於 2024 年 1 月 9 日在中研院民族所以「非物的物質性：民間宗教的多元本體論」為題發表演講，與筆者近年觀察民間信仰所得到的心得相近，也對筆者頗多啟發，更有信心將神靈也納入 more-than-human 的分析架構中。

等，因無法給予實證主義式的驗證而多略而不談。[5] 在認識論與方法論的層次上，筆者呼應臺灣宗教學研究的開創者之一——蔡彥仁所主張的作為具有學科主體性的宗教研究應探究宗教信仰中的「不可化約性」（irreducibility）與宗教性（religiosity），以「感同身受」（empathize）甚至「神入」的態度去詮釋與理解信徒者的主觀宗教感受與神秘經驗，而不去將宗教的現象、儀式或信仰過度化約為社會功能、心理圖騰、或階級鬥爭等非宗教因素，將宗教過度「物化」（reification），亦即僅站在宗教之外觀察其表面可觀察的人、物品、符號、組織或制度，忽視信徒者的心靈體驗及宗教中「超越」（transcendence）層面（蔡彥仁，2012）。

　　筆者試圖跳脫出上述的侷限，從信徒的視角去移情式理解他們相信神靈所具有的影響禍福的能力、以及相信金香的燒化能轉換為無形的功德和靈力效應，因此筆者視無形的神靈及有形物質的金香為具有能動性的主體，可以與信徒進行互動，如下文中所述 723 眾神上凱道的活動即是由北港武德宮的主神以扶鸞方式指示發起、並指引各種進行方式的細節，並由此動員成千上萬的信徒發起實際行動走上凱道。唯有將神靈納入討論，並將這些神靈視為具有自主性與能動性的行動者，才能將 723 眾神上凱道整體的意義與行動網絡完整地描述出來，並理解金紙與香作為儀式物的意義與實踐，下文中會再進一步深入分析與討論。就非人行動者的概念而言，筆者雖受 Latour 與 Tsing 的啟發，但並不侷限於其所討論的物質性範疇，如金紙與香；筆者還進一步納入非物質的非人，諸如神、鬼、祖先及萬物有靈的「神靈」，兩類皆為非人的行動者，與人類行動者交織形成行動者網絡，但兩者仍有不同的特性，但也非截然二分。例如神靈透過扶鸞書寫文字傳遞其神

---

[5] 感謝匿名審查人的提醒，過去臺灣漢人民間信仰研究前輩並非完全未關注神、鬼、祖先等「非人能動性」，西方人類學者也已有將神靈置入非人能動性的討論之中。筆者當然並非否定既有的漢人宗教研究完全漠視神靈或金香等神聖物質所具有能動性，但過去受限於以實證主義為主流的氛圍，往往站在宗教的外圍，未深入宗教的深層教義思想及信徒的主觀感受及神秘經驗，因此多僅聚焦於神靈與金香的象徵或隱喻層次的討論。

意，可以編纂為具有神聖性的鸞書；乩童透過在金紙上書符加持，使得物質性的金紙也帶有無形的靈力；反之物質性的金紙與香在經過燒化之後，轉化為無形保護靈力，或將金紙的價值誠敬供奉給神靈在無形界中接收。Webb Keane（2013）觀察到跨宗教之間存在著靈性書寫文字可以透過操作物質屬性，從而實現在有形與無形之間的「轉導」（transduction），藉此引發宗教性的力量，除了猶太教與伊斯蘭中將文字溶解於液體後加以飲用，如用華人民間信仰的喝符水一般的例子外，Keane 也觀察到甲骨文占卜、符咒及燒紙錢等華人宗教中的有無與無形物質之間的轉化案例，以此說明文字所具有的物質性如何在靈性世界與感官世界之間搭起橋樑，透過轉導而具有生成宗教力量的潛力，此與其符號意識形態密切相關。

三、Webb Keane 符號意識形態的啟發

Webb Keane（2018）論述宗教符號的物質性基礎（the material quality of sign），並探討「符號意識形態」（semiotic ideology）對符號載體（sign vehicle）與物件（object）之間關係的影響。這種符號意識形態使符號載體與物件之間的關係從普遍性轉變為特殊性，進而將信仰實踐與政治、倫理價值聯繫起來。Keane 反思了政治經濟脈絡中的信仰實踐形式與內容，以及信仰主體的能動性。符號意識形態指人們對於符號的預設前提、符號所具有的功能及其可能產生的影響或後果，這是一種符號（或語言）形式與實踐的理性化結果（rationalization of semiotic or linguistic forms and practices）。符號的形式可以跨越不同的語言與感官系統而產生力量，誠如前述的將書寫的符紙燒化後溶解於水，服用飲入身體之中，從語言文字轉化為紙張、再經過燒化轉導為無形的效力，讓具體的物質實踐與無形的靈性世界彼此交纏互動（Keane, 2013），此一轉導亦可解釋燒化金紙與香在華人宗教中的儀式實踐背後所指涉的符號意識形態，燒化的動作是將有形的金香

轉化給無形的神靈，信徒相信這是他們向神靈傳遞訊息的途徑，透過光、熱、及香煙裊裊的視覺化與感官體驗，從有形轉導為無形、從信眾手中焚燒後飄上天空，展示了信徒與靈性世界的連結。這些實踐中的符號並非僅僅是象徵性或隱喻性的，信仰者相信是實際參與到靈性力量的轉化和流通之中。透過這些物質符號，信徒能夠與靈界進行溝通，並具體化他們對神靈和超自然力量的信仰。在此一符號意識形態之中的信徒不但服從其儀式實踐的規則，對於不遵從者還會產生負面的後果，形成一種具有倫理與價值判斷的文化和政治意涵，例如敬拜神明而不燒金香，則不僅會被認為無法達到與神靈溝通的效果，還會被視為是對神靈的不敬，遭受眾人異樣的眼光看待。

對於相同的符號或物質，持有不同的宗教信仰或世界觀，則可能會產生迥然不同的儀式實踐規則及歧異的倫理與價值判斷，進而造成不同的社會文化與政治的後果。無神論者眼中的金紙與香，不過是紙張與香料的物質，不具有與神靈溝通的效果。而當代環境科學則可能將燒化金香視為造成空氣污染，形成另一套倫理與價值判斷，因此制定限制燒化金香的環保政策，下文中還會進一步分析與闡述從民間信仰的香火觀點所形成的整套符號意識形態和環保觀點的符號意識形態之間的歧異與衝突。研究者觀察金香在臺灣社會的宗教場域中被如何使用於儀式實踐中，必須進入到不同觀點的符號意識形態之中去理解其整套的思想邏輯、實踐方式，所形塑的倫理與價值判斷標準，和其衍生的社會文化和政治上的後果，進而去比較不同的符號意識形態之間如何在觀念上與實踐上造成衝突與扞格矛盾。

四、香火傳承的符號意識形態：物質、神靈與人共織的行動網絡

回到臺灣社會與文化的脈絡下，華人宗教傳統上燒化金紙與香的習俗，形成了香火傳承作為核心觀念的符號意識形態，金紙與香不僅作為人與

神靈溝通的重要物質媒介，神、鬼、祖先等神靈亦是傳統民間信仰中關鍵性的非人行動者。民間信仰中歷來發展出一整套針對不同祭祀對象而有對應不同的金紙、銀紙、紙錢，以及燒化的儀式、時間、數量；對於燒給神靈的香也形成各式不同形式的線香、臥香、香環、香碓、素柴、香末等，並形塑出香火（香灰）是神明靈力載體的觀念，亦是神明或其宮廟的代表，信徒可以藉由承載香灰的香火袋或香爐維繫其與神明之間的密切連帶，香火雖然是物質性的物件，卻衍生出香火的符號意識形態，燒化金香有特定的規矩、時間與空間，信徒相信透過燒化金紙與香才能傳遞其祈願給神明，藉由香煙裊裊上升來達成神人之間的溝通、或是以火將金紙與香燒化從有形的物質轉換到無形的空間傳遞給神、鬼、祖先等神靈。而對於不按照燒化金香規矩則具有負面的倫理意涵，而被視為是對神靈不敬，可能帶來不好的後果，包括有形事物和無形的因果輪迴。與金香相關的社會文化與政治政策面向，也形成相應的民俗諺語、商業活動及祭祀對象地位高低的體系，亦形成與燒化金香相關的法規政策以控管品質、約束造成空氣污染等後果，違反相關規範還會受到罰單的懲罰，這一整套的金香符號意識形態是由信徒、儀式專家、宗教精英的人類行動者，與各式各樣的金香物品、以及祭祀對象的神、鬼、祖先等神靈所共同形塑。

對於 723 眾神上凱道事件的分析，除了關注前述的物質性轉向外，從 Anna Tsing 安清的「超越人類的社會性」"more-than-human sociality"角度得到的啟發，也應該把華人宗教的神、鬼、祖先納入分析的視角與範疇，因為在華人宗教的世界觀與本體論中，人類與神、鬼、祖先不時會發生交錯互動的情況，因此「非人」的網絡行動者尚不僅物質性媒介，也包括了神、鬼、祖先等神靈，以此全新的視角來觀察 723 眾神上凱道，將能幫助分析更具全面性地關照人與非人的不同行動者及其網絡關係。神、鬼、祖先等神靈雖然在一般情況下是看不見的（invisible），但卻經常可以透過不同的形式予以呈現或再現：乩童的表述（verbal or nonverbal representation）、扶鸞的符號與文字、托夢後的夢中內容之回憶、抑或是代表神靈的雕像、香

爐、令旗、香灰、符令、畫像、牌位等等，透過這些不同形式的可視覺化的物質或能認知的言語，神、鬼、祖先也能與人類及非人互動，完成「超越人類的社會性」（"more-than-human sociality"）。在傳統民間信仰的世界觀本體論中，人、生物、無生命的物質、以及神靈是共生（live together）且密切互動與合作的（collaborations）。誠如 723 發起人林安樂所言：「有的人早就在生活中習以為常的與神靈相處、溝通、領受教導，甚至接收命令辦理事務」（林安樂，2021：202）。

　　燒化金紙與香在早期的發展歷程中，是燒化實體的香料、木柴、金銀與衣帛等實物，是將現世實體的貴重物質透過燒化的煙上升到天上，或是透過燒化後將有形物質奉獻給無形的神靈，其後隨著香與金紙各自的演變，而逐漸分流，然後其背後的世界觀及符號意識形態是相互交融的（Blake, 2011；林敬智，2018：11-15）。殷商時期甲骨文中「柴」字，依《說文解字》解釋：「燒柴燓燎以祭天神」之意，意指以手執燃木祭祀。《周禮‧春官‧大宗伯》：「以禋祀祀昊天上帝，以實柴祀日月星辰，以槱燎祀司中司命、飌師雨師，以血祭祭社稷五祀五嶽。……」[6]其後將氣味視為是上通神靈的媒介，例如《詩經‧大雅生民》：「卬盛于豆，于豆于登。其香始升，上帝居歆。」[7]在周代，焚燒所產生的煙味被廣泛用於祭神活動。煙祀指的是將牲禮與幣帛放在薪柴上焚燒所產生的煙味；實柴則是指將牛犧放在薪柴上焚燒所產生的煙味；槱燎則是指聚積乾柴焚燒所產生的氣味。這種焚燒產生燎煙的自然現象，通過感官經驗的幫助，使信仰者確認了神仙世界的存在。在早期漢人社會文化中，這種現象被視為人與神靈之間的連接。隨著時間的推移，這種焚燒祭祀的形式逐漸多元化發展，隨著佛教的香文化傳入，

---

[6] 《周禮‧大宗伯》，收入於「中國哲學書電子化計劃」：http://ctext.org/zh，2018/7/8 擷取。中研院漢籍全文資料庫：http://hanchi.ihp.sinica.edu.tw/ihpc/hanji?@34^931366123^802^^^5010101400040144@@475351443。

[7] 《詩經‧大雅生民》，收入於「中國哲學書電子化計劃」：http://ctext.org/zh，2018/7/8 擷取。

燒香與燒化金銀紙逐漸分化為兩種不同的體系，但背後透過燒化物質媒介進行人神溝通的宇宙觀是共享的天人感應觀，已普遍為華人社會所實踐，是一種在日常生活中的無形文化資產「傳統知識與實踐」。

從香火的符號意識形態進一步演繹出各種與香火相關的信仰形式與實踐，包括進香、刈香的活動（張珣，2006、2011），神像入神儀式中將香灰置入塑像之中（林瑋嬪，2003），抑或是以香爐為核心的神明會和過爐等信仰實踐。侯錦郎（1993）分析古代金紙的運用不僅用於儀式本身，背後所涉及的是關於命運的宇宙觀，藉由天人感應的方式消災解厄。李豐楙（2018：277、291、511-512）藉由比較臺灣與東南亞華人的「分香」的理念與實踐，指出即使未必真正自神明原鄉「祖廟」分靈分香，未必一定要憑依於神像或香火袋之物質媒介，但香火靈力的具象化之「理念性移植」卻是深植於海外華人心中。凡此皆為香火所繫之符號意識形態。金紙與香在經過儀式與信仰的實踐中，其物質性的意涵進行轉化，不僅是透過燒化以供奉給神靈的物質，焚化後的香灰也成為神靈的代表與象徵，可以透過香火袋、香爐或置入神像中，代表神靈的化身，神靈的分身就透過各種不同形式的媒介物傳播出去，在信徒的身上或包包、在信眾家中的神明廳的香案上、抑或成為新的神壇或宮廟，透過香火的媒介，神靈衍生出諸多化身與分身，形塑了神靈母廟與子廟間的類親屬關係的社會連帶，而分靈的香火與神像必須重返母廟「過爐」以重新提升（renew）其靈力，進而再演化出返回母廟進香刈火的諸多儀式（張珣，2006、2011；齊偉先，2024：109-165；張桓耀，2023）。香火分靈及進香刈火的信仰與儀式，形塑另一種「信緣」的社會連帶，金紙與香作為媒介物具有積極主動的能力性（agency）能將信仰者凝聚起來，並形成積極的社會行動，藉此與其他的人群互動，也與非人的神靈互動。

北港武德宮一向主張其宮廟的主要決策者是其主神天官武財神，武德宮自開宮以來均服膺「神治」，所有重大決議與進程，小至殿堂對聯詩文、大至廟宇建築規劃，均透過主神天官武財神之鸞生的扶鸞指示，自居為「財

神開基祖廟」（林安樂、李豐楙，2018：18）。武德宮自 1970 年開始濟世、1980 年建廟入火安座以來，已在全臺各地有數千分靈金身，甚至也傳播至海外華人社群（林安樂、李豐楙，2018：8-9）。香火分靈所構築起來的武德一脈分靈宮廟與神壇和武財公信徒，是 723 眾神上凱道活動的主要支持者，由此觀之，金香不僅是客觀的物質，也深具能動性，其背後也是一整套的符號意識形態在運作與支撐。綜觀武德宮發起與規劃 723 眾神上凱道活動的過程，包括時間與地點的選擇、活動的主要基調、眾多宮廟陣頭隊伍在中山南路上三列並進的排列方式、串聯的宮廟等，皆由天官武財神作為背後「控盤的手」，天官武財神透過鸞生降下鸞詩（林安樂，2021：224-257）：

  恩主授令手印按
  水盤無蕊如無煙
  何立隱居欲回天
  相願一解三清香
  備筆提情求無尊

  林安樂解讀此鸞詩為神明的願望「不過就是三炷清香」，否則便欲回天。接著天官武財神指示上凱道的隊伍陣形（林安樂，2021：238-239）：

  三川領隊字其形
  主軍按排中要點
  恩派將護成圍中
  千歲踏前聖母團
  家將大爺前鋒霸
  五福大任顯神威
  一體同進不得分

青火十足不得敗

　　其中不僅隊伍的隊形、先後順序，也包括武德宮要出的神駕，皆在此鸞詩中指示。綜觀整個 723 眾神上凱道的過程中，諸多關鍵性的決策，武德宮主委林安樂皆透過扶鸞向神靈請示，並依旨奉行，因此觀察與分析事件始末，必須將非人的神靈也納入行動者之列，方能完整地理解整個行動者網絡的交互影響，正如同燒化的香與金紙作為儀式與信仰的物質媒介，對於信仰者而言也是不可忽視的行動者之一，具有其自身的能動性。

　　燒香的作用多元，劉枝萬（1967：129）的研究指出：「香在中國民間信仰上，實有通神、去鬼、辟邪、祛魅、逐疫、返魂、淨穢、保健等多方面作用，尤以通神與辟邪為最，則由香烟與香氣之二要素而演成者；蓋香烟裊裊直上昇天，可以通達神明，香氣蕩漾，自可辟禦邪惡，乃是人類所易於聯想到之作用。」在臺灣漢人民間信仰裡金香不僅是單純的「物」，更具有引發人宗教情感的作用，被賦予了精神及文化層面的意涵。張珣（2022）將漢人民間信仰的香火觀放在「氣」的宇宙觀與思維模式中，透過人與非人物質所具有的「氣」的類比感應作用，形塑香火的天人感應理論，非人的香火將人與國家、宇宙聯繫起來，以此可觀察到非人的香所具有的能動性（agency），跳脫出以人為中心的思考模式，甚至進一步演繹香火的宇宙觀不僅是思考的模式，也與信眾的實踐息息相關。漢人將香料運用於祭祀神靈可以追溯到上古時期，對於自然天的崇拜發展出對神的祭祀儀禮，雖然上古時期香料並未作為祭祀的主要物質，是將氣味視為是上通神靈的媒介，直到兩漢時期人們繼承自上古時期認為香具有神秘力量，才將香料作為人神溝通的媒介物質，並隨著佛道教教團的發展而賦予焚香具有宗教的義理。張梅雅（2003）耙梳佛道經典與史籍文獻提出宗教用香主要的功能有四項，一是做為潔淨宗教修行者的工作，包括外在形式的清淨與內在層次的神聖化；二是作為醫療之用，透過宗教儀式中焚燒各種香，可以醫療不同病痛，甚至可以赦免人的罪過；三是被視為供養神佛的物件，為神佛的食物等觀念的存

在;四是作為神聖與人的中介物質,或是可以讓人更接近神聖的媒介,透過香,人可以接觸到「神聖」,不論是以直接或間接的形式。

　　金香經過焚燒產生灰燼,不僅被視為是靈力的象徵,更是神明靈力的聚積與展現,灰燼具有靈力是經過了火化轉導的過程,香火觀維繫著傳統漢人社會關係網絡的運作,不僅象徵人與神之間的溝通,也是神與神、地方或廟宇之間的聯繫,發展出進香、刈香分靈等信仰習俗與儀式實踐,諸多相關的儀式活動與民俗活動皆是圍繞著香火的觀念與信仰所延伸出去,若是將金香抽離、禁止,那麼民間信仰的核心便被淘空,失去依憑的基礎。漢人信仰的香火觀念中,神靈靈力是以香做媒介,焚香、香灰、香爐三者交互構成所展現,張珣（2006、2011）指出臺灣民間信仰的香灰與香爐崇拜,香火是由人的動作與心靈能力的參與,才能使香火成為靈力,具有延續與重新強化（renew）神靈香火靈力的意涵,此為民間信仰中承載神明靈力最為核心的象徵性物質文化,作為物質的香火背後蘊含了無形文化資產的深刻意義,具有淵遠流長的歷史傳統。香火不僅具有象徵性,香灰可作為神明的靈力化身,在新塑神像的開光過程中,也會將香灰隨同其他各種入神寶物一同放入神像之中,以啟動其靈力（謝奇峰,2016：174-175）。圍繞著香火的一整套傳統知識與實踐,即形成整套的符號意識形態,不僅是傳承了人與天地神明之間的緊密連結和情感依託,也由天人感應的宇宙觀形塑出人間世的香火交陪的社會組織與社會網絡,以及包括分靈、謁祖、過爐、請火、請水等儀式,透過香火儀式、進香與遶境而建構出無形的香境空間觀,是為無形文化資產新項目的傳統知識與實踐,此一無形文化資產的價值與意義在華人社會文化中具有非常重要的核心意義,是為以金香為物質媒介溝通神靈所形塑的一整套符號意識形態。

　　燒化金紙與香的物質媒介,不僅在信仰中具有人與神靈溝通的作用,也有信徒者心理上的慰藉,以及在燒化實踐中所帶來的療癒感。在人神溝通的祈禱中,信眾向神靈傾訴所受的苦厄、陳述祈求神靈協助的願望、或表達對神靈襄助的感恩,皆能在心理上無形地化解焦慮緊張、委屈無奈,代之以

受到神靈加持後所賦予的信心與希望。而燒化香所形成的裊裊升天之香煙，予信徒在視覺上感受到其訴苦與祈願能隨著香煙傳遞到神靈所屬的世界，香的燒化也帶來光、熱和香氣與香灰，是藉由眼耳鼻舌身的感官感受轉化到「意」的第六識，轉化情感，從香煙的繚繞、香氣的薰陶、香火燒化的光與熱等感官感受，帶來儀式實踐中的療癒感。燒化金銀紙亦然，透過摺疊紙錢的反覆性動作帶來觸感，投放進入金爐中點火燒化，伴之而來的光與熱帶來的視覺與溫度感受，皆能帶來鎮定與心情轉化的效果，透過香火的光與熱，也帶來淨化的效果，不僅包括物理性與心理上的雙重淨化效果，而從宗教信仰的角度而言，還帶來無形中的空間淨化，驅除邪靈厄運。

這套金香論述的符號意識形態基於上述民間共享的金香觀念，凝聚了一群宮廟與信徒組成「捍衛信仰・守護香火大聯盟」，無法接受從環保科學主義的符號意識形態所推展的政策與文宣，遂於 2017 年 7 月 23 日發動「史上最大科 眾神上凱道」遊行活動，這些宮廟與信徒或許各有想法與信仰不同的神明，但其共同點是無法接受邇來從中央到地方政府所推動的以環保為名的減燒政策，以及其一連串相關的集中焚燒、「以米代金」、「網路祭拜」等替代方案，更難以接受十年達到「全面替代拜香及金紙，落實不燒作為」之政策目標。與環保論述相反，金香論述的符號意識形態主張應該維護傳統信仰中最為核心的金香，而改善環境污染之道在於宮廟與信徒自主地減燒金香，改善金香的品質，並增添環保金爐、香爐以提高燃燒率，減少懸浮微粒的排放，主張中央與地方政府應在控管金香品質、改善環保金爐／香爐的設備方面提供輔助與補助，並停止對民間信仰污名化為 PM2.5 的重要來源。723 眾神上凱道的事件，具體而微地反映出香火論述與環保論述兩個符號意識形態之間的折衝，在進一步分析之前，先說明從環保論述的觀點如何看待宗教信仰中的金香。

五、環保論述下的金香空污

　　以科學實證研究為基礎的環保論述所理解的燒化金紙與香又是另一套符號意識形態。不可否認的是燒化金紙與香會產生空氣污染的懸浮微粒，若是品質不佳的金香則更可能產生具致癌性的「多環芳香烴」成份，龍世俊等環境科學專家的燒化金紙與香的相關研究，藉由實證的科學研究來讓信徒了解燒香與金紙可能會產生的健康危險因子，仍然值得信徒與宮廟深刻思考與調整使用的習慣和空間配置（高玫鍾、龍世俊，1999、2000；胡淑娟、高玫鍾、龍世俊，2000；Lung & Hu, 2003；Lung, Kao & Hu, 2003）。環保論述基本上就是建立在以科學實證研究為基礎的符號意識形態，其對金紙與香的理解，忽略其所涉及的文化與社會脈絡，以及人與物（金紙與香）是如何互動以形塑意義和行動的動態過程。[8]事實上近年來對於香與金銀紙的品質，信徒與宮廟、儀式專家皆開始自覺地關注其品質，使用環保性材質的要求愈來愈高，這部份在宮廟、儀式專家、金香業者及信徒的訪談中皆透露出此一趨勢與風氣，同時對於焚燒的容器金爐與香爐也有意識地加以改善設備，提升其燒化的完全燃燒比例，甚至添購環保設備集塵減少排出空氣污染的微粒，這些措施多數都由宮廟與信徒自主性地提升改善，已行之有年，並非近幾年在環保部門的強力推廣之下才開始。以科學主義為基礎的環保論述符號意識形態更忽略了另一種「非人」的角色：神、鬼、祖先等神靈，因此僅從金紙與香燒化的污染物來思考相應的政策與法規，忽略了燒香與金紙對

---

[8] 筆者曾於 2018 年 11 月 2 日專訪龍世俊教授，了解其自身亦為傳統民間信仰的實踐者，研究初衷是關心信徒健康，通過科學研究揭示燒香與金紙的健康風險，並非反對燒金香。然而，媒體和政府在傳播中扭曲其本意，造成誤解。龍教授認為，若信徒認為燒香與金紙有益，即使面臨風險，也值得考慮，建議在保持宗教儀式的同時，調整祭祀習慣和空間設計，如改善通風以降低健康風險、使用不添加化學成份的金香等。此外，龍教授亦同意筆者觀點，宜從原料源頭管控，並鼓勵政府補助更有效率的環保焚燒金香設備之研究，並補助宮廟和家庭改善燒化設備，以保障信徒健康。參見林敬智主持，《文化部文化資產局委託傳統金紙及香製作無形文化資產潛力調查計畫結案報告》，頁 134。

於人與神靈溝通上的重要意義,也才會制訂多種未顧及金香信仰意涵及神靈溝通的諸多替代方案,無法讓信徒與宮廟接受。

環保部門從中央到地方層級,近年來逐漸強化對於燒化金香的管控,透過環保署所屬之財團法人環境資源研究發展基金會在各地的宮廟辦理「廟宇金紙、拜香減燒推廣研商會議」,推動「廟宇減燒環境教育」,環保署於2016年8月10日舉行「拜拜有誠心 嘸免放炮呷燒金」記者會,邀集臺北市覺修宮、臺灣省城隍廟、行天宮等參與,宣導民眾於民俗慶典活動或中元普渡等祭祀節日減少焚燒拜香、紙錢及施放鞭炮之行為,以維護居家環境空氣品質(行政院環境保護署空保處,2016)。並推出許多相關的文宣與替代方案,2016年農曆七月普渡期間推出的宣傳影片,將PM2.5空氣污染指數數據的問題歸咎於民俗與宗教信仰的焚燒金紙及香所產生的空氣污染,孤立呈現宗教儀式中焚燒金銀紙及香所造成的空氣污染,[9]卻未明確告知閱聽人該項空氣污染在整體各種污染源中所佔之比例,開始激化與民間信仰之間的對立氣氛。2016年12月27日再召開「廟宇宗教領袖推動減燒會議暨金紙減燒 神明疼惜記者會」,邀請艋舺龍山寺、北港朝天宮、中華無極瑤池西王金母教會、中華聯合五術團體總會、彰化元清觀、彰化南瑤宮、基隆市慈雲寺、臺中市六房媽會、臺灣寺廟金蘭會、臺灣首廟天壇、臺灣德天慈愛會等宗教團體,邀請宗教代表簽署減燒宣言(行政院環境保護署綜計處,2016)。[10]

---

[9] 例如:行政院環境保護署「拜拜有誠心 嘸免放炮呷燒金─神明篇(空保處提供)」影片,2016年8月9日發佈,https://www.youtube.com/watch?v=8tggzFQ6oPc。行政院環境保護署「拜拜有誠心嘸免放炮呷燒金─數據篇(空保處提供)」影片,2016年8月10日發佈,https://www.youtube.com/watch?v=3MGwDEOUKYg,擷取日期:2020年3月16日。

[10] 行政院環境保護署綜計處,〈金紙減燒 神明疼惜〉,環境部新聞專區,2016年12月27日,網址:https://enews.moenv.gov.tw/page/3b3c62c78849f32f/c6f5804e-720c-4ca1-9753-af1acba697f0,擷取日期:2024年1月30日。
資料來源為財團法人環境資源研究發展基金會,「廟宇金紙、拜香減燒推廣研商會議:推動廟宇減燒環境教育策略規劃及說明」簡報,106年4月。唯其中部份參與之宗教團體事後表明當時受邀參加會議,並不知道要開記者會、亦不知會簽署宣言,當場不便直接拒絕,但不代表完全支持其主張。

綜觀環保單位的相關論述之中，皆是以環保為主要的思考起點，忽略了宗教與信徒作為主體，更無視對於信徒與宮廟所崇敬的神靈，僅關注到金紙與物作為「物」的層面，忽略其背後整套的物質文化與符號意識形態，環保論述並非從信仰的邏輯來思考如何推動環保工作，反而以環保本位去指導宮廟與信徒應當如何改變，在這一系列的活動與宣傳背後的環保論述符號意識形態未與信仰者真正達成對話與溝通，反而是下指導棋式地「教育」宮廟與信徒「金紙減燒之知識、態度、行為」（財團法人環境資源研究發展基金會，2017a）。金香作為神人之間溝通的主要憑藉之意義，在環保論述中完全予以忽略，取而代之是強調「雙手合十」以表達虔誠，在官方設立的網站「拜拜網」還特別設計「雙手合十」之網站視覺形象設計代替「點香」（財團法人環境資源研究發展基金會，2017a：32）。下文將會進一步分析「雙手合十」的「心誠則靈」實際上是預設了基督新教的信仰觀與世界觀。其相關環保論述所建議的替代方案，也將在下文中進一步分析其如何與日常生活世界中的宗教信仰（lived religion）脫節。

實際上在檢視前文環保署自身委託成功大學吳義林教授執行之《臺灣細懸浮微粒（PM2.5）成分與形成速率分析計畫》的調查資料中，可以明顯觀察到民俗與信仰中所焚燒金銀紙及香造成的空氣污染排發量在整體的比例是相對較低、排名在後端的項目（圖 10-3），然而廣告文宣卻容易使人誤解，彷彿金銀紙及香的焚燒是極為嚴重的空氣污染源。

從環保的空氣污染觀點看待民間信仰燒化金香的作為，自然會聚焦於如何減少燒化的數量，或將宮廟的燒化集中在垃圾焚化爐藉此提高燃燒率，減少懸浮微粒的產生，因此推出一系列「以米代金」、「集中焚燒」、「網路祭祀」等替代性方案，然而這些相關的政策卻僅考量到環保論述，而忽略了從信徒者的角度去思考金香的文化意涵與宗教功能和信仰，反而招致更大的反彈。

信徒與儀式專家的宗教信仰與實踐反映其世界觀及其本體論架構，與環保專家所理解的金紙與香帶來空氣污染的世界觀與本體論有著根本上的歧

異。Philippe Descola（2013）將認識人與自然的關係分類成四種世界觀本體論，包括「自然主義」（naturalism）、「萬物有靈論」（animism）、「圖騰主義」（totemism）、「類比主義」（analogism）四種思維模式。近代的科學接受了自然主義的世界觀而將自然與人文二元化切分開來，也將自然界的物質視為外在，斷裂了與人的聯繫，此與傳統華人宗教所預設的天人合一、天人感應的世界觀迥然不同，環保專家從「自然主義」的世界觀本體論來檢視燒金香所帶來的空氣污染問題，而信徒者則從不同的世界觀本體論理解金香與神靈，後文將進一步深入闡述。誠如 Lynn White（1967）即以歷史發展歷程將人類所面臨的生態危機歸咎於基督教神學帶隱含的人類中心主義，《聖經》創世紀說認為上帝授權人類主宰大自然，因此視人類開發大自然生態環境為理所當然之事，而與基督宗教神學和現代性科學思維相近的「自然主義」思維模式，將人類與自然界明顯區隔，視自然界的資源為「非人」而加以物化（objectified），可為人類所運用，以科學理性的思維模式開發和應用自然界的非人之物質，下文中所見環保論述即以此種自然主義思維模式為基礎，背後所隱含的不僅是科學至上的開發主義思維（developmentalism），也隱含了基督宗教的思維模式，特別是對於反對偶像與宗教物質的神學思想，將「心誠則靈」、不需燒香等觀念強加諸於民間信仰之上。相對而言，華人宗教的民間信仰則複合 Descola 所指涉的類比思維、萬物有靈論和圖騰主義（林敬智，2024：26-38）。

　　簡言之，環保論述的背後是 Descola 所稱的「自然主義」、以及 White 所批判的基督教思維，將人文與自然二元對立、切割開來，將環境物化失去與人之間的應通與連結，更忽視了宗教信仰中非人的金香和神明在傳統思維中與人類的感應與連結、以及長期在宗教實踐中所形塑的情感，以局外人的角色下指導棋，不但無法在認識上理解和情感上同理信仰者何以重視燒香與金紙，更難以改變信仰者的行為和情感。

第十章　環境保護與宗教實踐的交錯：臺灣民間信仰中金紙與香的符號意識形態與非人能動性分析

各行業 PM$_{2.5}$、NO$_2$ 及 SO$_2$ 之排放量

行業別	PM2.5排放量(噸/年)	百分比(%)	NO$_x$排放量(噸/年)	百分比(%)	SO$_2$排放量(噸/年)	百分比(%)
1.電力業	2973	4.1	73114	16.8	45240	37.8
2.化學材料製造業	1037	1.4	15622	3.6	7743	6.5
3.鋼鐵基本業	3328	4.6	13772	3.2	15423	12.9
4.煉油業	855	1.2	16385	3.8	13130	11.0
5.混凝土	1707	2.4	19321	4.5	781	0.7
6.成衣業	783	1.1	5149	1.2	4755	4.0
7.造紙印刷	435	0.6	4394	1.0	3472	2.9
8.食品業	835	1.2	2256	0.5	2227	1.9
9.金屬製品製造業	1114	1.5	6060	1.4	1332	1.1
10.玻璃業	150	0.2	2763	0.6	825	0.7
11.塑膠製品製造業	466	0.6	3600	0.8	2416	2.0
12.電子器材製造業	118	0.2	333	0.1	90	0.1
13.自用小客車	3571	4.9	38500	8.9	141	0.1
14.柴油小貨車	1023	1.4	5532	1.3	15	0.0
15.汽油小貨車	377	0.5	5309	1.2	21	0.0
16.大貨車	6595	9.1	113454	26.1	70	0.1
17.公車客運車	525	0.7	11945	2.8	9	0.0
18.其他大客車	1056	1.5	21027	4.8	16	0.0
19.四行程機車	1560	2.2	13984	3.2	48	0.0
20.二行程機車	1696	2.3	3638	0.8	12	0.0
21.農業燃燒_水田	1949	2.7	4169	1.0	74	0.1
22.住宅燃燒	230	0.3	4118	09.	700	0.6
23.商業燃燒排放	134	0.2	3468	0.8	3437	2.9
24.船舶	143	0.2	16427	3.8	8057	6.7
25.餐飲也油煙排放	6114	8.5	—	—	—	—
26.農業操作	3693	5.1	—	—	—	—
27.建築施工	3974	5.5	—	—	—	—
28.礦場	3534	4.9	—	—	—	—
29.裸露地表	3533	4.9	—	—	—	—
30.鋪面道路揚塵	8453	11.7	—	—	—	—
31.未鋪面道路揚塵	427	0.6	—	—	—	—
篩選行業別總計	62388	86.4	404340	93.1	110033	91.9
全國年排放量	72172		434160		119720	

來源：臺灣細懸浮微粒(PM2.5)成分與形成速率分析 專案工作計劃期末報告

圖 10-3　各行業 PM$_{2.5}$、NO$_2$ 及 SO$_2$ 之排放量

資料來源：環保署委託成功大學吳義林教授《臺灣細懸浮微粒（PM2.5）成分與形成速率分析計畫》。

　　值得關注的是環保論述並不限於官方立場，部份民間宮廟也以環保之名，將金香禁絕，行天宮於 2014 年 8 月 26 日起撤除臺北行天宮本宮、北投與三峽分宮的香爐與供桌，請信徒以雙手合手祈禱，主張「心誠則靈」，

不必透過金香的憑藉。艋舺龍山寺自 2005 年先從 7 座香爐、每人 21 炷香減到 7 座香爐、7 炷香，2015 年 5 月又收起 4 座香爐，僅保留天公爐、觀音佛祖爐與後殿天上聖母爐，再於 2017 年 6 月 16 日將寺內香爐減為一爐，由寺內提供香枝每人一炷，不允許信徒自帶；最後於 2020 年 3 月 13 日起廟方雖然不撤香爐，但停止提供香枝，仍不允許信徒自帶，等同禁絕信眾燒香，兩廟內殿仍由廟方人員依例上香，但以環保之名要求信徒不再上香，此兩間臺北知名的宮廟停止燒香的做法，經常為公部門以環保之名宣導下提出反駁香火論述的例證，也因此成為民間宮廟與信徒間非議的對象。兩廟宣布即將封爐日期的前一晚，出現專程前往燒「最後一炷香」、「取香火」的信徒，也有信眾此後不再前往無法燒香傳遞祈願的廟宇，將其配合政府環保政策的宮廟減爐或封爐、將金紙集中送往垃圾焚化爐的做法視為「荒謬大戲」（林哲緯，2017），因而改往其他尚能燒香的宮廟。武德宮主委林安樂評論龍山寺全面封爐時，認為香是宗教膜拜的重要介質，不應停斷，「因為那跟禁絕信仰，幾乎畫上了等號」（蔡維斌，2020）。而行天宮、龍山寺收掉金爐與香爐的做法，經常為基督新教人士所稱許，視為民間信仰宮廟應當學習的範例，藉此宣傳基督新教宗教改革的理念「每個人都可以直接與上帝交通」、反對包括焚香的繁複儀節（《臺灣教會公報》，2014；方嵐亭，2014）。傳統民間信仰信徒與龍山寺、行天宮對於金香態度上最大的分水嶺在於對於祭祀是否需要透過金香物質性的媒介，後者接受了近似基督新教對物質的符號意識形態，相信只要透過虔誠的禮拜，即可「心誠則靈」，毋需透過燒化金紙與香來與神靈溝通。

六、香火論述與環保論述的符號意識形態折衝

華人政教關係的長久歷史脈絡中，官方對於民間信仰的干預從傳統帝制王朝的消滅淫祠、到近代二十世紀初的破除迷信、廟產興學，乃至於國民

政府在臺灣以減少舖張浪費、良善風俗等理由推動「統一祭典」，皆對民間信仰產生實質性的衝擊與影響，近年來逐漸轉向環保論述，以減少空氣污染之名，要求各地宮廟逐步減少金紙與香的使用，甚至推動封爐（金爐與香爐）、以米代金、金銀紙集中送至焚化爐燃燒等有違民間信仰邏輯的政策，官方背後所代表的是另一套符號意識形態，723 眾神上凱道事件，正反映出兩種不同符號意識形態之間的折衝（negotiation），此一分野不是官民之間的對立，而是環保科學思維與傳統民間信仰香火論述之間的折衝。2017 年 7 月 10 日由學術文化界發起支持民俗宗教自主發展之聲明連署，其中一段話正能彰顯兩種符號意識形態的折衝：

> 事實上，晚近中央政府與數個地方政府，針對民間信仰活動經常性提出之管控政策，已有明顯矯枉過正之實，諸如針對燒金、放鞭炮開出重金罰單，或透過公文方式誘導寺廟封爐，乃至於以各類傳媒方式散布未經嚴謹證實之數據，先污名化民間信仰儀式，再搭配各種調查宮廟的騷擾行為，迫使寺廟管理人配合政策，意圖透過公權力「移風易俗」。
>
> 這些現有諸多名為「替代」或「鼓勵」之政策方式，往往缺乏文化脈絡之理解認識，或是未經嚴謹研究與對話討論，罔顧臺灣民間文化發展自主性。透過國家機器強行干預民俗發展之行為，絕非珍重國家民俗文化之作為。更何況諸多寺廟自 1990 年代起，即因古蹟維護、環保理由等，主動減爐、減香，時至今日已有非常好的改善效果，政府單位從不重視民俗自理之可能，頻繁透過各種手段介入民間信仰，已造成民間社會嚴重反彈，並凝聚化成行動。（學術文化界支持民俗宗教自主發展之聲明連署，2017）

楊慶堃（1961：340）敏銳地注意到傳統中國社會中的「瀰漫性宗教形式」（diffused religion），普遍地滲透於世俗社會制度中，其特有之教

義、神明、信仰、儀式皆與民眾的生活形成系統性的影響。是以華人宗教民間信仰的符號意識形態與日常生活及政治、文化、社會、經濟等制度是相互纏繞交織的,西方宗教中的儀式實踐與信仰的二元對立也未必能在華人宗教民間信仰中成立,如果僅觀察外顯行為而未深究信徒行為背後深層的信徒內涵與情感連結、價值觀等民眾心態(popular mentalities),容易落入華琛(James Watson, 1985、1988、1993)所主張的儀式正確(orthopraxy)比正確信仰(orthodoxy)更為重要的「儀式優位」論點。[11]表面上看來,以「雙手合十」的「心香」取代燒香祭拜、獻上供品等儀式實踐,無法被信徒接受的主因是儀式無法被替代,但儀式的物質媒介及其背後隱含的符號意識形態才是信徒無法接受的主因,儀式的實踐與信徒的內涵是無法二元切分的,套用西方宗教理論的架構於此無法適用於華人宗教民間信仰的本土實況,儀式實踐透過物質媒介與信仰的教義與意涵相互纏繞交織,互為主體性。華人宗教民間信仰是有其主體性,誠如歐大年(Daniel L. Overmyer, 2003)歸結多年研究的心得:

> 地方性的民間信仰有他們自己的組織型態、秩序及邏輯,並制度化於百姓的日常生活之中,包括在家庭生活、廟宇、或是社區活動之中。

---

[11] James L. Watson, "Standardizing the Gods: The Promotion of T'ien-hou ('Empress of Heaven') along the South China Coast, 960-1960," in David Johnson, Andrew Nathan, and Evelyn S. Rawski, eds., *Popular Culture in Late Imperial China* (Berkeley: University of California Press 1985), 292-324. James L. Watson, "The Structure of Chinese Funerary Rites: Elementary Forms, Ritual Sequence, and the Primacy of Performance," in James L. Watson and Evelyn S. Rawski, eds., *Death Ritual in Late and Modern China* (Berkeley: University of California Press, 1988), pp. 9-11. James L. Watson, "Rites or Beliefs? The Construction of a Unified Culture in Late Imperial China," in Lowell Dittmer and Samuel S. Kim, eds., *China's Quest for National Identity* (Ithaca, NY: Cornell University Press, 1993), 80-103. 相關的討論尚包括其後華人宗教研究學者的回應,如 *Modern China*, Vol.3, No. 1 中由蘇堂棟 Donald S. Sutton、彭慕蘭 Kenneth Pomeranz、宋怡明 Michael Szonyi、康豹 Paul R. Katz 與華琛對論辯和對話,以及其後科大衛 David Faure 與劉志偉對此一論壇的回應,參見:科大衛、劉志偉,〈「標準化」還是「正統化」?從民間信仰與禮儀看中國文化的大一統〉,《歷史人類學學刊》第 6 卷第 1、2 期合刊(2008.10):1-21。

前人研究中多僅從人類中心觀點，忽略物質與神靈的非人角色，從人的外顯行為觀察居多，未進入宗教信仰的教義、情感、意義與價值等層面，特別是華人宗教民間信仰缺乏有系統的經典與教義、也無組織性與系統性的神職人員教育訓練和教會組織，各地區域性差異多元化，宗教的主體是各個社區的信徒，依此日常生活上的需求、信仰的傳承而從既有的儒、釋、道、法等制度性宗教中擷取其所需要的元素加以重新排列組合拼湊組裝（reassembling），這些元素包括神明、教義、經典、儀式及各種物質性的法器、供品、裝飾、服裝等等，當然也包括香與金銀紙。民間信仰的教義、信仰內涵需要長時間的觀察與詮釋，解讀儀式實踐的外顯行為與媒介物質、甚至其所處的脈絡與氛圍，並進入信徒的日常生活與內心世界去同理地理解其感受、意義與價值觀，並進而關注神聖經驗與靈驗故事，理解神靈如何透過儀式、夢境、靈媒、物質媒介與信徒互動，方能對其意涵、象徵、隱喻及符號意識形態入木三分，然而這些層面未必是既有的人類學、社會史學者所關注的重心，過去研究者也多關注經典教義、科儀、儀式專家卻忽略作為信仰主體的信徒，才會得出儀式優位的理論預設，其理論背後也預設了西方基督宗教為原型的「宗教」架構，夾帶了對儀式實踐 VS 信仰、教義 VS 物質、宗教精英 VS 庶民信仰等二元論的預設，未必適用於華人宗教與日常生活相互滲透的情況。此外，在以基督教為原型的「宗教」概念下，也區辨了宗教 VS 迷信的二元對立預設，將傳統華人宗教民間信仰視為迷信，並在進化論的前提下，視民間信仰為落後的、是現代化的障礙，此一「迷信」的概念與預設也是需要被打破才能更貼近民間信仰的實然層面。

孫中山藉毀壞神明偶像以表達破除迷信的舉動，其背後實為一種象徵性的冒犯褻瀆（symbolic offense）（Yelle, 2014；Coleman, 2014），既帶有世俗化、理性化的意涵，亦含有基督宗教所教化的破除偶像崇拜的教條，所涉入其中的不光是前述的符號意識形態的衝突，還蘊涵了近現代世俗化教育中所夾帶的基督教化的符號意識形態。魏樂博（Robert Weller, 2015:13-24）以「宗教化」（religionization）來形容近現代中國佛道教與組織性宗

教此一以基督宗教為原型的「宗教」改革趨勢，將建立與基督宗教相似的宗教組織型態、宗教教育、慈善活動、建立具有宗教背景的醫院和學校等。[12]基督宗教神學對於偶像崇拜及物質性的反對，有其《聖經》經典及神學上的依據，特別是宗教改革後的基督新教對於物質性有更為強烈的拒斥，在Keane（2007）分析基督新教的宗教改革過程中，與現代性的轉變皆強調現代個人主體性的提升，兩者之間高度連帶，形成了一套具有道德意涵及對物質性與語言有特定倫理與價值判斷的符號意識形態，這種轉化不僅影響了信徒的宗教信仰，也改變了他們與物質世界的關係。在華人的基督新教中主張要與物質性、甚至偶像性的崇拜切割，儘管實際上從信徒的角度而言，未必在信仰活動中完全排除（Keane, 2007、2008、2018），在華人的基督宗教中更是難以與物質性、甚至偶像性的崇拜切割（Kao Chen-yang, 2020、2021）；但此一基督新教預設的雙手合十、心香代替燒香的「心誠則靈」觀點、不需依靠物質性或神職人員的世界觀卻在臺灣的環保金香論述中佔有一席之地，基督新教教徒不燒香、不獻祭也成為教內主要的做法，[13]兩者背

---

[12] Robert Weller, "Global Religious Changes and Civil Life in Two Chinese Societies: A Comparison of Jiangsu and Taiwan," *Review of Faith & International Affairs*, 13(2)(2015), pp. 13-24. 關於近現代中國宗教的「制度化」努力，參見高萬桑 Vincent Goossaert, "Republican Church Engineering: The National Religious Associations in 1912 China," in Mayfair Mei-hui Yang ed., *Chinese Religiosities: Afflictions of Modernity and State Formation* (Berkeley: University of California Press, 2008), pp. 209-232. Rebecca Nedostup, *Superstitious Regimes: Religion and the Politics of Chinese Modernity* (Harvard: Harvard University Asia Center, 2009), pp. 67-108.

[13] 例如：劉曉亭（牧師），〈基督徒減香還是滅香？〉，《基督教論壇報》，日期：2017年7月29日，網址：https://www.ct.org.tw/1310129，擷取日期：2017年7月31日。積極在臺南推動移風易俗、建議殯葬業者達「零燃燒」願景的環保政策之民政局長陳宗彥即是長老教義的教友。參見陳怡萱，〈最重要的是分享基督的愛陳宗彥〉，《臺灣教會公報》「憑信得教找回失落的初代信仰」專題，日期：2016年11月29日，網址：https://tcnn.org.tw/archives/15953，擷取日期：2017年8月20日。陳逸凡，〈藝術進入南神吉肯節「蛋」生〉，《臺灣教會公報》，日期：2017年3月12日，網址：https://tcnn.org.tw/archives/20196，擷取日期：2017年8月20日。教內以「基督徒局長」稱之，介紹其近年因推動廟會減量燃放鞭炮、創意吐司金紙等宗教革新運動聞名。下文還會就陳宗彥在民政局任內推行的替代方案進一步分析。

後共享的是 Descola 所稱的 naturalism 世界觀。

　　杜贊奇（Prasenjit Duara, 1995:86-87）也注意到二十世紀初期的破除迷信運動背後即是「科學主義」（scientism）的思維，認為所有的現實可以置於自然秩序之中，並可透過科學方法予以理解，此種科學主義的思維在當時的知識份子中已然根深蒂固、並掌握最大的發言權，因此必須要以科學主義視宗教為不合時宜的（unnecessary anachronism）而必須加以鏟除。王斯福（Stephan Feuchtwang, 2001:216-217）認為近代政權接受了破除迷信的意識形態，尤其是 1949 年之後的中共政權，因此對於傳統民間信仰抱持著敵意，卻又不得忽視其在民間的廣大影響力，於是將傳統民間信仰中的活動以非宗教的形式宣傳，加入「更加科學和健康的進步內容」，而傳統的宗教文化則被視為是一種「落後的」東西或象徵。高萬桑（Vincent Goossaert）與宗樹人（David A. Palmer）亦留意到破除迷信運動中，將民間信仰視為「迷信」而與世界宗教（如基督教、伊斯蘭、佛教等）視為原型的「宗教」兩個概念對立起來，必須破除的不僅民間信仰的神明崇拜，還包括對祖先的信仰、傳統宇宙觀及因果報應的道德觀念等，因而當時的新知識份子的思想認為這些有礙中國現代化發展的障礙必須加以清除（Palmer and Goossaert, 2011:50-55）。這些對傳統民間信仰的行為規範與信仰之否定，實際上背後符號意識形態與世界觀即是預設了科學主義和基督宗教為原型的「宗教」觀念，二十世紀初期的破除迷信運動與毀廟運動亦是一種符號意識形態之間的衝突，可視為當代臺灣的金香的符號意識形態衝突之先聲，兩者之間隨著國民政府的遷臺、以及受五四運動影響深遠的知識份子移轉到臺灣，延續了二十世紀初期的符號意識形態衝突，舊酒裝新瓶，只是以環保之名重新搬上舞臺，背後的本質仍是高度雷同。

　　2017 年 723 眾神上凱道運動之前的一系列針對金香的相關政策，是以環保之名對民間信仰的貶抑，即是其符號意識形態所帶來的後果。以環保署過去所公開的主要固定空氣污染源的數據，傳統民俗與信仰的焚燒金紙與香並不在其中排名在前面的項目，其所佔的比例極低，僅佔 0.6%（吳義林，

2014），但在文宣與政策關注度上卻不成比例的高。

政府部門對於金紙與香作為商品也有一套檢驗的標準，經濟部標準檢驗局分別針對金紙與香皆訂有商品檢驗標準，CNS15047 為香的檢驗標準、CNS15095 則是規範金銀紙，必須符合規定始能上市與進口，而根據近年來標準檢驗局的市面採樣及海關檢驗的結果，在空氣污染方面的指數皆合乎標準，甚至經濟部標準檢驗局科長饒玉珍受訪表示：「近年市售、進口香品、紙錢抽驗都符合國家標準；但這兩類物品燃燒粒子都超過 PM2.5；未來制訂 PM2.5 標準，也不會針對這兩類進行規範。……大環境〔按：指 PM2.5 空氣污染〕也不是因為這兩種商品〔按：香品、金銀紙〕引起」（林朝億，2017）。

因此，從科學的調研與官方的檢驗，金紙與香的燒化並非主要的空氣污染源，而是環保論述加以誇大與突顯，並非基於科學實證上證據。

從傳統民間信仰的群體視角而言，並非侷限於信仰思維而不思改變、完全忽略當代環保的趨勢。實際上在環保單位強力介入前，許多宮廟與宗教團體早已自主性地改善在燒化香與金紙所造成的污染問題，包括自主性的減少燒化香與金紙的數量、改善品質，並設置環保金爐與香爐等措施，這些自主性的環保作為不僅來自主持宮廟的主事者有意識的改革、或出於信徒的建議，有時甚至是受神靈透過靈媒或託夢等方式所指示。北港武德宮燒化金紙的金爐即由主神天官武財神指示設立超大型的「天庫」，並於 2017 年起指示規劃「地庫」金爐的工程，神駕並逐步指示採用環保設備的設計、建築師及營造廠、泥塑彩繪匠師等（北港武德宮-財神開基祖廟臉書，2023）；武德宮的文創商品也在神明的指示下，加入環保的概念，推出加入香灰材質的武財神、虎爺、潮 T、織品手飾、手抄紙等紀念品，[14]一方面藉由香灰象徵神靈的庇佑，另一方面也讓香灰得以資源回收再利用，減少塑材的使用消耗

---

[14] 參閱北港武德宮官網，〈文創伴手〉，https://www.wude.org.tw/?act=wenchuang&cmd=list，擷取日期：2024 年 2 月 10 日。

（北港武德宮官網，2020）。在這些自主性的環境友善措施的背後，卻少見公部門主動的協助、遑論提供補助，也缺乏相關的法規與標準（鍾秀雋，2022：186-191）；取而代之的卻是環保單位從自身的符號意識形態提出不顧宗教信仰者思維與觀感的各種環保替代方案。

七、環保替代方案的滑稽戲（Burlesque）

　　白華／柏樺（C. Fred Blake, 2011:170-197）分析當代紙錢的演變，衍生出新型態的冥幣、紙紮靈厝等商品化與物化的現象，他以 Burlesque 古怪模仿的滑稽戲來形容，[15] 此一詞彙用來形容環保論述所提出的替代方案，也有異曲同工之妙。線上祭拜、網路燒金的推廣，至少早在 2007 年環保署的政策宣導中已可見推廣中元普渡「拜拜不一定要燒金紙，凡心誠則靈，大量焚燒金紙反而傷財又傷身」的觀點，並舉例燒化會產生的苯、甲苯、乙苯、乙腈、1,3-丁二烯等化學物質及可能帶來的各種癌症及身體病變，建議民眾金紙統一由清潔隊代收送至焚化廠燃燒，自 2003 年至 2006 年間從 260 公噸提高到 2700 公噸；並列舉臺北縣、桃園縣、高高屏等五縣市 2007 年開始提供網路祭拜方式，此外也提及上述縣市自 2006 年起推動「以功代金」，將原用於普渡的錢捐助社會福利慈善機構（行政院環境保護署空保處，2007）。金香相關的環保政策自民進黨第一次執政、歷經政黨輪替至第二次執政，相關政策跨黨派仍有一定的延續性，關鍵在於科學主義式的環保思維仍是政策制訂者的主流，缺乏對傳統信仰的理解與尊重。晚近環保單位提出「集中焚燒」、「以米代金」、「網路祭拜」等替代方案，未顧及信仰者的思維邏輯，越俎代庖地要求宮廟與信徒改變長久以來習以為常的慣習，僅從環境科學的角度擬減少燒化金紙與香，但所替代的方案卻未能滿足

---

[15]　C. Fred Blake 有白華、柏樺兩種中文譯名。

信徒燒金香原有的功能、象徵及隱喻，在心理上也無法帶來原有的慰藉作用，缺少了金紙與香作為物質媒介來傳遞信徒的祈願給神靈，在替代方案的思維中也彷彿漠視了重要的行動者神靈的存在，是典型的「以人類為中心」的思維模式，也無怪乎不易獲得多數信眾的接納。環保署在各地環保局處的推廣，特別是透過環保署所屬機關環境資源研究發展基金會在各地邀請宮廟參與「廟宇金紙、拜香減燒推廣研商會議」，推動「廟宇減燒環境教育」，其中便包括諸多環保單位建議的替代方案（財團法人環境資源研究發展基金會，2017b）。許多宮廟在環保單位的壓力下，不得不配合採取一些替代方案，如停止在廟中燒化金銀紙，改為集中存放後，由環保單位載運至焚化爐集中焚燒；或在宮廟中放置「以米代金」的小包裝生米，讓信徒捐獻香油錢後，自行選擇要取用金紙與香，或選擇只拿米回家、抑或捐出給慈善救濟之用。環保單位為了減少金銀紙與香的燒化，還天真地想出以網路虛擬祭拜、掃墓追思等方式，透過視覺化燒香與金紙的影像來取代實際物質。

儘管這些替代方案迎合了年輕世代、對香火符號意識形態不甚熟悉的信徒產生一定程度的影響，但整體而言，宮廟與信徒並未能接受這些未顧及信徒者心理需求、信仰的邏輯、實踐上的療癒感、心靈與神聖驅邪的淨化效果，替代方案對於信徒而言並無法帶來替代的效用，這也是筆者以 burlesque 來形容環保替代方案之緣故。以下就以米代金、集中焚燒、網路祭祀平臺等替代方案進一步分析與討論。

（一）以米代金

以米代金政策始自環保署倡議，各地方縣市政府的環保局處響應，在各地宮廟中推廣。2011 年臺南市環保局長張皇珍宣傳：「用白米代替紙錢，把製造空氣汙染的紙錢變成濟助貧困的白米，絲毫不減對神明、祖先的敬意，環保、公益雙贏，相信神明、祖先也會樂見其成」（臺南市政府環境保護局，2017）。做法是將宮廟提供的金紙減量，並勸導香客捐香油錢

時，選擇購買白米而非金紙與香，祭拜後將白米留在廟中，由廟方統一捐獻慈善機構或弱勢族群，既能發揮愛心，亦能做功德。此一做法隨著從中央至地方的各層級環境單位推廣，加上財團法人環境資源研究發展基金會在各地宮廟中宣傳，部份宮廟接受以米代金的做法，與傳統宮廟提供金紙與香同時並陳。

然而，以米代金的做法，與傳統民間信仰的祭祀邏輯有所相違，祭祀所用的金紙與香是作為人與神靈溝通的媒介，信徒捐獻做功德是另一回事，兩者並不相衝突。捐獻與燒香、燒金銀紙是兩種不同的行為，燒金銀紙的費用通常較低，並不會影響信徒額外捐獻資金用於慈善公益活動的能力。然而，將米包裝成金銀紙的外表被視為對神明、祖先或亡靈（好兄弟）的不尊重，這種行為也違背了傳統信仰和民俗文化的符號意識形態，被祭祀的神、鬼、祖先並不會因信徒提供的金香而接收到供養、或隨著燒化金香而傳遞的祈願。最弔詭的案例是以金紙造型製作的吐司，2017 年 3 月 3 日臺南市民政局長陳宗彥開記者會公開臺南獨創的「吐司金紙」創意，牛奶棒替代線香，歡迎抄襲（洪瑞琴，2017）。實際上是場美麗的誤會，最初，這只是一位替代役男在烘焙過程中的創意設計，並非旨在替代金銀紙。然而，這種創意被錯誤地讓環保單位用作替代金銀紙的宣傳方案，這一做法值得進一步討論和商榷。此外，部份紙錢的使用並非基於捐獻積累功德或奉獻寶物給神靈的概念。例如，庫錢是指人在轉世投胎前向陰間庫管借款以成人身投胎，必須償還的錢；補運類紙錢、七娘媽等的娘媽衣、遶境遊行中的篙錢和手錢、燒王船以及掃墓時的三色紙、各種祭煞錢、紙馬、建醮或喪禮所使用的紙紮等，這些都無法用「以米代金」來替代。從學術角度來看，對於信徒而言，這些各類紙錢均具有特定的信仰和民俗意涵及儀式功能。如果替代方案無法理解和體現這些意義與功能，就無法在信徒心中產生真正的替代效果。

（二）金紙集中焚燒

　　金紙集中焚燒的政策是將各宮廟的金銀紙、儀式紙紮先集中存放，不在宮廟的金爐中焚燒，由各地環保隊定期或不定期前往收集後，載往焚燒爐燒化，立意是各地宮廟的金爐規模不足，無法將紙錢充分燃燒，而燒化的懸浮微粒及空氣污染物若無完善的環保金爐設備予以回收與過濾淨化，會造成空氣污染，進而影響呼吸道系統及心血管系統方面的疾病，因此金紙集中焚燒的替代方案便是利用各地環保單位的大型垃圾焚化爐以更大型、專業的設備來燒化，降低空氣污染的排放（臺南市政府環境保護局，2011a）。從科學的角度來檢視此一政策，立意良善，但實際上的做法卻仍與傳統民間信仰的思維邏輯與做法有所扞格。

　　目前信徒對於集中焚燒政策的無法認同，癥結在於焚化爐與一般垃圾共用，暫時集中的容器又經常使用清潔隊的垃圾子母車，且不區分金紙（燒給神明與祖先）和銀紙（燒給好兄弟、地基主、犒軍及孤魂野鬼等），這些實際上是燒給不同對象的紙錢。如果金銀紙完全不區辨，並集中送往一般垃圾焚化爐，將會引發強烈的反對與抗議。筆者的學生蔡承甫曾經以道士身份進入臺北市某焚化爐，協助「淨爐」儀式。據其親身觀察（圖 10-4），儘管其科儀所淨化的五個匣口單純只放金銀紙，未與垃圾混雜擺放，然而金銀紙混放，並且許多紙紮已經破損，許多已經放置一段時間經過風吹日晒雨淋後的金銀紙還有破損髒污，實在不像該敬奉給神明祖先的神聖物。此外，工作人員以推土機剷起一堆堆紙錢運送，實在也失去其神聖性。更令人疑慮的是，其他匣口仍是垃圾、堆肥，難以避免玷污神聖金銀紙和紙紮神像。部份紙紮因體積較大，一般垃圾車無法載運，因此先以垃圾車擠壓破壞，此種做法嚴重傷害信徒的情感。筆者曾訪談新加坡的學者與官員關於當地金香政策，在聽聞筆者轉述臺灣此類做法後，新加坡的學者與官員皆搖頭表示，此種做法不尊重宗教自由，在新加坡已經達到違法違憲的程度，令人不可思議（林敬智，2018：98）。有關部門應該提出尊重信仰與民俗思維的政策與

配套措施,才能避免引起廣大信徒的反彈與消極配合。

圖 10-4 焚化爐地上髒污、混雜的金銀紙。資料來源:蔡承甫

(三)網路祭祀平臺

自 2007 年以來從中央至地方的環保單位戮力推廣線上參拜、線上掃墓、線上普渡等平臺,冀望以虛擬的供品和燒化金紙與香,來減少實際上的空氣污染(臺南市政府環境保護局,2011b)。依據 2011、2012、2013 年環保署所彙整各縣市政府提供符合環保之祭祀方式一覽表,各縣市已陸續推出「網路普渡」計有基隆市、臺北市、新北市、桃園縣、竹竹苗(新竹縣市、苗栗縣)、臺中市、彰化縣、臺南市、高雄市、屏東縣、宜蘭縣、花蓮縣、臺東縣(行政院環境保護署空保處,2011、2012、2013),線上祭祀的平臺宛如模擬遊戲 APP,以高雄市環保局紙錢集中焚燒網為例,[16]網路燒金平臺讓信眾可以自行選擇供品、水果牲禮、鮮花和紙錢,還可以輸入祭祀

---

[16] 高雄市政府環保局紙錢集中焚燒網的網路燒金平臺,原網址:http://www.escotech.com.tw/pudu/worship.htm,擷取日期:2018 年 12 月 23 日。現已移至高雄市政府環保局紙錢集中焚燒網的線上祭拜平臺,網址:https://www.escotech.com.tw/pudu/worshipStart.html,擷取日期:2024 年 2 月 5 日。

祖先親人的姓名、生卒年、生前事蹟等供作懷念，在經過層層關卡選擇與輸入後，會產生供桌香案的畫面、祭祀疏文，並模擬香煙裊裊的場景，結束祭祀後，在虛擬的金爐中燒化紙錢，還會呈現動態的熊熊烈火畫面，結束時，網頁還會感謝使用者支持環保愛地球為環保盡一份心力。

線上祭祀平臺（如線上祭拜、掃墓、普渡等）的出現，固然便利，但在以下幾個方面與傳統民間信仰的核心價值存在明顯的相違之處：

1.虔誠與禮敬的缺失：傳統祭祀儀式強調實體參與的肢體行動（如焚香、燒紙錢、叩拜等），以表達對神靈和祖先的尊敬。而線上祭祀僅依靠數位模擬，難以傳達同樣的虔誠和尊敬，削弱了儀式的神聖性。所欲獻給神靈的金紙、香、與供品，皆為虛擬而非實物，也有失禮敬虔誠之意。

2.神聖性的喪失：傳統祭祀場所（如寺廟、祖墳、家庭神明廳等）具有特定的宗教意涵和神聖氛圍，為信徒與神靈、祖先交流的重要媒介和空間場域，而線上祭祀平臺無法再現這種神聖的空間感和儀式感所形塑的氛圍。

3.現實與虛擬的界限：傳統祭祀活動不僅是宗教儀式，還是一種文化傳承和社會聯繫與凝聚的方式，人與人的交流在線上虛擬的世界中猶如隔靴搔癢，失去實體現實中人與人的互動與凝聚作用。線上祭祀平臺斷裂了這種文化傳承和社會聯繫，難以達到傳統祭祀的社會性功能與意義。虛擬的場景與動畫，也無法讓信徒直接感受到燒化金紙與香所帶來的身體感官之香氣、光、熱及香煙裊裊上升的氛圍感受。

4.對信仰與民俗的不了解與不尊重：推動線上祭祀的建議常被視為對傳統信仰和民俗的不理解甚至不尊重。線上祭祀若未經深入的文化研究和信仰理解，僅以技術手段替代傳統儀式和祭祀物品，宛如遊戲的做法，缺乏對神聖神靈的尊重，容易引起信徒的反感和抵制。

總結而言，線上祭祀在虔誠表達、儀式神聖性、文化傳承和信仰尊重等方面存在與傳統宗教信仰相違之處，難以被信徒廣泛接受。

八、結論

　　本文透過對臺灣民間信仰中燒香與金紙的符號意識形態的詳細分析，揭示了環保政策與宗教實踐之間的深層衝突。研究發現，燒香與金紙在臺灣民間信仰中的重要性，不僅僅是物質層面的媒介，更是信徒與神靈之間溝通的象徵性物質，具有非人的能動性。這種能動性不僅體現在宗教儀式中，還反映在信徒對神靈、鬼、祖先等非人行動者的依賴和敬仰上。

　　環保部門推動的政策，雖然旨在減少空氣污染，但在實施過程中忽視了民間信仰的文化脈絡，導致信徒的強烈反對。此一現象可以解釋為兩種符號意識形態的對立：一方面是以科學理性和自然主義為基礎的環保論述，強調減少燒香燒金紙對環境的影響；另一方面是以傳統信仰和儀式實踐為核心的金香論述，強調燒香燒金紙在信仰實踐中的不可或缺性。

　　在政策建議方面，筆者主張政府應該更尊重和理解民間信仰的文化脈絡，並通過與宮廟和信徒的對話，政策溝通必須傾聽、同理所受到影響的金香使用之信徒、宮廟及相關產業，不能僅從環保單位自身本位主義的科學思維單面向思考，方能探索更為有效且兼顧信仰需求的環保措施。例如，改進金香的品質，從源頭原料進來控管，提供環保金爐和香爐的技術研發和添購設備上給予經濟支持，並建設專用於宗教儀式使用的專用焚化爐，避免將金紙與一般垃圾混合焚燒，甚至應當尊重信仰者區別金紙與銀紙、紙紮的不同類型的用途而建置個別的焚化爐，這類焚化爐所燒化的金銀紙與紙紮並沒有臭味，不會如一般的垃圾焚化爐具有鄰避效應，在規模上也不需要像垃圾焚化爐巨大，反而應在各地廣建，減少集中金銀紙的交通運輸所帶來的碳排浪費。723 眾神上凱道活動後，環保部門多少已接收到信仰者的心聲，環保署所屬機關環境資源研究發展基金會在宮廟界推廣的「廟宇宗教領袖推動減燒會議」已停止原來的宣傳活動，晚近的文宣不再強調「不燒」的終極目標，地方政府向環保署爭取補助紙錢專用金爐也開始有了成果（梁珮綺，2017；臺南市政府環境保護局，2019；高雄市政府環境保護局南區資源回

收廠，2023）。這些措施不僅可以減少環境污染，還能在一定程度上保護和尊重信徒的宗教實踐和信仰需求。

　　總結而言，通過對臺灣民間信仰中燒香與金紙的深入分析，本文提供了一個新的視角來理解環保政策與宗教實踐之間的複雜交錯的網絡關係，將人與非人的行動者納入，其中非人的行動者除了物質性的金紙與香外，也包括了神、鬼、祖先等神靈。本文分析了環保論述所提出的三種替代方案：以米代金、金紙集中焚燒、祭祀網路平臺等，從民間信仰的思維邏輯與符號意識形態來檢視為何這些替代方案並未為信徒所接受，以此為基礎，得以作為未來的環保政策制定提供建設性的參考。

　　本文強調了文化和宗教因素在環保政策制定中的重要性，環保單位應跳脫科學主義本位思維，理解信徒者的思維邏輯，以在環保與信仰之間取得平衡，並善用宗教信仰的空間場域、人際網絡及教義中對環境友善的理念進行環境教育，達成永續發展的目標。2005 年監察院的調查報告結論，對於政府部門的提醒如今讀來，仍非常具有啟發的意義：

> 政府與老百姓不要站在對立的角度，不要老是想以法律的手段對待民俗活動，千萬不要處於絕對兩端的立場，而應導向對民俗認識、了解、包容的宏觀視野。
> 民俗文化的現象不宜以科技的思維邏輯來想像，必須要讓它有機會、時間漸漸的演變，採管制手段不見得會比提供各式各樣不同態樣供民眾選擇，來的有效、有意義，故良性的鼓勵比直接管制佳。
> 政府應將民俗視作資產，而非負債。民俗活動為國家民族之精神象徵及文化產物，有賴主管機關善加保有，以傳承百世。（林鉅銀等 2005：122-125）

參考書目

〈學術文化界支持民俗宗教自主發展之聲明連署〉

 2017 〈學術文化界支持民俗宗教自主發展之聲明連署〉，發起日期：2017 年 7 月 10 日，網址：https://docs.google.com/forms/d/e/1FAIpQLScDH1591Z-QDFcBBXH47lA0WiIp_JLahtqnurqSZRkifjTgpA/viewform。擷取日期：2017 年 7 月 20 日。

《龍山寺季刊》編輯部

 2017 〈減量燃燒　環境更好：廟宇宗教領袖推動減燒會議暨記者會〉。《龍山寺季刊》35 期：44-45。

方嵐亭

 2014 行天宮變革引反思　信仰不只服務信徒　更在追求心靈自由接近上主。「臺灣教會公報」網站，日期：2014 年 10 月 29 日，網址：https://tcnn.org.tw/archives/15850。擷取日期：2021 年 2 月 1 日。

北港武德宮

 2018 〈捍衛信仰，守護香火〉。《2018 年農民曆》。雲林縣北港鎮：北港武德宮，頁 46-53。

北港武德宮官網

 2020 信仰。香灰。寶特瓶，日期：2020 年 10 月 17 日，網址：https://www.wude.org.tw/?act=menuinfo&ml_id=20200811001&cmd=detail&mi_id=20200103044。擷取日期：2020 年 10 月 18 日。

北港武德宮－財神開基祖廟臉書

 2023 北港武德宮－財神開基祖廟臉書，日期：2023 年 6 月 27 日，網址：https://www.facebook.com/share/p/kW2dKXMoGRneariU/?mibextid=oFDknk。擷取日期：2023 年 6 月 28 日。

行政院環境保護署空保處

 2007 中元拜拜　還燒金紙？落伍啦！。環境部新聞專區，2007 年 8 月 25

日，網址：https://enews.moenv.gov.tw/page/3b3c62c78849f32f/ace8af00-badb-4881-8797-6ea64fb91438。擷取日期：2024 年 2 月 5 日。

2011 中元祭拜花和果 以功代金作功德 民俗環保一起顧 少污減碳酷地球。環境部新聞專區，日期：2011 年 8 月 1 日，網址：https://enews.moenv.gov.tw/Page/3B3C62C78849F32F/77ef5e2a-2c98-44ab-9ab5-27ae7adc329c。擷取日期：2024 年 2 月 5 日。

2012 中元普渡以功代金 鮮花素果 心誠則靈。環境部新聞專區，日期：2012 年 8 月 16 日，網址：https://enews.moenv.gov.tw/Page/3B3C62C78849F32F/cd8ed741-671b-492c-8955-acdd560b9279。擷取日期：2024 年 2 月 5 日。

2013 中元普渡不燒金，健康環保有敬心。環境部新聞專區，日期：2013 年 8 月 7 日，網址：https://enews.moenv.gov.tw/Page/3B3C62C78849F32F/8dcfa55a-869d-4824-be3b-fed439540a62。擷取日期：2024 年 2 月 5 日。

2016 拜拜有誠心 嘸免放炮呷燒金新聞稿。行政院環保署網頁，日期：2016 年 8 月 10 日，網址：https://enews.epa.gov.tw/Page/3B3C62C78849F32F/da2d7ee0-3309-4aa6-b61e-a50acceb5727。擷取日期：2020 年 3 月 16 日。

行政院環境保護署綜計處

2016 金紙減燒 神明疼惜。環境部新聞專區，日期：2016 年 12 月 27 日。網址：https://enews.moenv.gov.tw/page/3b3c62c78849f32f/c6f5804e-720c-4ca1-9753-af1acba697f0，擷取日期：2024 年 1 月 30 日。

李淑如

2019a 〈眾神上凱道──傳統信仰與現代香火的問題探析〉。《雲林文獻》60:53-67。

2019b 〈第六章臺灣天官武財神與信仰研究〉。《閩南文化研究視野下的水神與財神信仰》。臺北市：萬卷樓，頁 151-208。

李豐楙

2018 《從聖教到道教：馬華社會的節俗、信仰與文化》。臺北市：國立臺灣大學出版中心。

林安樂

2021 〈波瀾壯闊，史上最大科——眾神上凱道！〉。《內壇見聞：天官武財神扶鸞濟世實錄》。臺北市：橡樹林文化，頁 224-257。

林安樂、李豐楙主編

2018 《財神祖廟百年大醮》。雲林縣北港鎮：北港武德宮。

林冠吟、劉奕辛

2018 環保與文化的衝突——空污與民俗的翻雲覆雨。原載世新大學新聞學系重點學門成果，日期：2018 年 5 月 25 日，網址：http://shunews.shu.edu.tw/keys/2018/06/20/環保與文化的衝突/。擷取日期：2018 年 10 月 21 日。現移至《小世界》，網址：http://shuj.shu.edu.tw/blog/2018/05/25/環保與文化衝突-空污與民俗的翻雲覆雨/，擷取日期：2024 年 2 月 2 日。

林哲緯

2017 【信徒觀點】滅爐違逆宗教觀，談龍山寺減爐與官方禁香政策。「民俗亂彈」網站，日期：2017 年 6 月 19 日，網址：http://think.folklore.tw/posts/2698。擷取日期：2022 年 5 月 23 日。

林朝億

2017 減香與 PM2.5 是假議題？標準局不會規範香、紙錢〉，《新頭殼電子報》，日期：2017 年 7 月 21 日。https://newtalk.tw/news/view/2017-07-21/92918，2017 年 8 月 26 日擷取。

林鉅鋃召集；呂溪木、張德銘、陳進利、林時機調查研究；楊昌憲、莊晉源協助研究

2005 《因應社會環境變遷需要改善民俗活動專案調查研究報告》。臺北市：監察院。

林敬智

2024 《民間儒教及其現代命運：轉型時代下一貫道的挑戰與調適》。臺北市：新文豐。

林敬智主持

2018 《文化部文化資產局委託傳統金紙及香製作無形文化資產潛力調查計畫結案報告》。臺北市：國立政治大學華人宗教研究中心。

林瑋嬪

2003 〈臺灣漢人的神像：談神如何具象〉。《臺灣人類學刊》 1（2）：115-147。

林瑋嬪主編

2018 《媒介宗教：音樂、影像、物與新媒體》。臺北市：臺大出版中心。

吳義林

2014 環保署委託執行之臺灣細懸浮微粒（PM2.5）成分與形成速率分析計畫。計畫編號：EPA-101-FA11-03-A177。臺南：成功大學研究發展基金會。

侯錦郎

1993 〈臺灣常見的祭祀用紙錢〉。《民俗曲藝》 81 期：14-46。

洪瑞琴

2017 臺南獨創「吐司金紙」歡迎抄襲。《自由時報》，日期：2017 年 3 月 3 日，網址：https://news.ltn.com.tw/news/life/breakingnews/1991982。擷取日期：2017 年 7 月 10 日。

2018 南市推廟會優質化「減炮」網友給讚支持。《自由時報》，日期：2018 年 4 月 21 日，網址：https://news.ltn.com.tw/news/life/brea

kingnews/2402559。擷取日期：2018 年 4 月 22 日。

胡淑娟、高玫鍾、龍世俊

2000　〈寺廟燃香中懸浮微粒相多環芳香烴之暴露量與健康風險評估〉。《2000 年第八屆氣膠科技研討會論文集》，頁 83-88。

捍衛信仰守護香火大聯盟

2017a　捍衛信仰守護香火大聯盟官方說明。捍衛信仰守護香火大聯盟臉書，2017 年 7 月 4 日，網址：https://www.facebook.com/share/oTRBBjxhQWyXHfgE/?mibextid=oFDknk。擷取日期：2017 年 7 月 4 日。

2017b　〔史上最大科　眾神上凱道〕活動行前聲明。捍衛信仰守護香火大聯盟臉書，2017 年 7 月 21 日，網址：https://www.facebook.com/share/p/pi56Pk6Gc54biEmd/?mibextid=oFDknk。擷取日期：2017 年 7 月 21 日。

高玫鍾、龍世俊

1999　〈寺廟內燃香產生 PM10 濃度之探討〉。《1999 年氣膠科技研討會論文集》，頁 274-279。

高玫鍾、龍世俊

2000　〈香客在寺廟中懸浮微粒曝露濃度之探討〉。《中華公共衛生雜誌》19（2）：138-143。

高玫鍾、龍世俊

2000　〈不同通風狀態室內燒香產生 PM10 濃度變化之研究〉。《中華公共衛生雜誌》19（3）：214-220。

高雄市政府環境保護局南區資源回收廠

2023　兼顧居住環境品質與民俗信仰　高雄「平安」「如意」紙錢專用爐正式啟用。高雄市政府環境保護局網站，日期：2023 年 1 月 17 日，網址：https://ksepb.kcg.gov.tw/ActivitiesDetailC001100.aspx?Cond=0da97c6c-d628-444e-a885-22dbe7223e1a。擷取日期：

2024 年 5 月 12 日。

財團法人環境資源研究發展基金會
2017a 廟宇金紙、拜香減燒推廣研商會議 推動廟宇減燒環境教育策略規劃及說明簡報投影片，未出版。
2017b 廟宇金紙、拜香減燒推廣研商會議接受報名中，網址：http://www.ier.org.tw/J3/index.php/zh/313-news20170321，2017 年 3 月 21 日。擷取日期：2017 年 5 月 10 日。

許倬雲
2017 《中國人的精神生活》。臺北市：聯經。

曹婷婷
2017 賴清德親上區線：沒有要滅香。中時電子報，日期：2017 年 7 月 21 日，網址：http://www.chinatimes.com/realtimenews/20170721003444-260407。擷取日期：2017 年 7 月 21 日。

陳怡萱
2016 最重要的是分享基督的愛 陳宗彥。臺灣教會公報「憑信得救 找回失落的初代信仰」專題，日期：2016 年 11 月 29 日，網址：https://tcnn.org.tw/archives/15953。擷取日期：2017 年 8 月 20 日。

陳逸凡
2017 藝術進入南神 吉峀節「蛋」生。臺灣教會公報，日期：2017 年 3 月 12 日，網址：https://tcnn.org.tw/archives/20196。擷取日期：2017 年 8 月 20 日。

梁珮綺
2017 環保顧習俗 北市今年紙錢不與垃圾共燒。中央社網站，日期：2017 年 8 月 22 日，網址：https://www.cna.com.tw/news/aloc/201708220186.aspx。擷取日期：2024 年 5 月 12 日。

張珣
2006 〈香之為物：進香儀式中之香火觀念的物質基礎〉。《臺灣人類學

刊》4(2)：37-73。
2011　〈無形文化資產：民間信仰的香火觀念與進香儀式〉。《文化資產保存學刊》16：37-46。
2022　〈香火靈驗與信仰環境〉。收於張珣、江燦騰主編，《宗教環境學與臺灣大眾信仰變遷新視野》。臺北市：元華文創，頁 411-430。

張桓耀
2023　《臺灣香之研究》。國立臺北藝術大學建築與文化資產研究所碩士論文。

張梅雅
2003　《佛道教經典中的行香文化》。國立政治大學宗教研究所碩士論文。

張德厚
2017　李應元：講過「滅香」就辭職下臺。中央廣播電臺新聞頻道，日期：2017 年 7 月 31 日，網址：http://www.rti.org.tw/m/news/detail/?recordId=359949。擷取日期：2017 年 7 月 31 日。

齊偉先
2015　拜拜拿不拿香，是公共議題嗎？巷仔口社會。2015 年 1 月 27 日，網址：https://twstreetcorner.org/2015/01/27/chiweihsian/。擷取日期 2015 年 2 月 1 日。
2019　〈臺灣漢人民間神明信仰的現代性：宗教的社會鑲嵌變遷〉。湯志傑主編，《交互比較視野下的現代性：從臺灣出發的反省》。臺北市：國立臺灣大學出版中心，頁 325-363。
2022　〈儀式、香火與廟宇：現代治理情境中的傳統民間信仰〉。齊偉先編，《入世、修持與跨界：當代臺灣宗教的社會學解讀》。臺北市：國立臺灣大學出版中心，頁 129-157。
2024　《物質、隱喻與信仰：臺灣當代漢人民間宗教生活中的儀式力量》。臺北市：國立臺灣大學出版中心。

蔡彥仁

2012 〈從宗教的「不可化約性」論華人學術處境中的宗教研究〉。黎志添主編,《華人宗教學術處境中的宗教研究:本土方法的探索》。香港:三聯書店,頁 15-45。

蔡晏霖

2020a 〈金寶螺胡撇仔:一個多物種實驗影像民族誌〉。《中外文學》49(1):61-94。

2020b 〈一些福壽螺教我的事〉。《亞太研究論壇》68:75-78。

蔡維斌

2020 龍山寺將全面禁香 北港武德宮不以為然。《聯合報》,日期:2020 年 2 月 29 日,網址:https://udn.com/news/story/7323/4379046。擷取日期:2020 年 3 月 1 日。

臺南市政府

2015 臺南市政府 104 年市政大事紀。臺南市政府全球資訊網,2015 年,網址:https://w3fs.tainan.gov.tw/Download.ashx?u=LzAwMS9VcGxvYWQvMS9yZWxmaWxlLzEzNzA4LzEyOTQ5NDkvNmQ4YWUwMWYtOWU4Zi00MDdmLTg0YzYtNGRkOTY0ZWMyZDk2LnBkZg%3D%3D&n=6Ie65Y2X5biC5pS%2F5bqcMTA05bm05biC5pS%2F5aSn5LqL57SALnBkZg%3D%3D&icon=.pdf。擷取日期:2017 年 7 月 24 日。

臺南市政府民政局

2017 為有效落實「亮麗晴空──懸浮微粒削減管制計畫」惠請中元節起就轄下各殯葬設施配合辦理推動事宜函,南市民生字第 1060726445 號,日期:2017 年 7 月 14 日。資料來源:學甲慈濟宮臉書,2017 年 7 月 14,網址:https://www.facebook.com/ciji8888/photos/a.1423050894605932.1073741828.1422929294618092/1980975435480139/?type=3&theater。擷取日期:2017 年 7 月 15 日。

臺南市政府新聞及國際關係處

2011 「中元普渡新選擇 誠心環保積善德」賴市長呼籲民眾一起減燒金紙做功德，臺南市政府新聞及國際關係處，2011 年 8 月 2 日，網址：https://info.tainan.gov.tw/News_Content.aspx?n=25742&s=176078。擷取日期：2017 年 7 月 15 日。

臺南市政府環境保護局

2011a 大臺南推動紙錢集中燒，誠邀各廟宇參與。2011 年 5 月 12 日。網址：https://epb2.tnepb.gov.tw/lucky/news_page.asp?num=2011111084324&page=7&k=2。擷取日期：2017 年 7 月 11 日。

2011b 另類普度 線上選貢品祭拜。2011 年 8 月 11 日。網址：https://epb2.tnepb.gov.tw/lucky/news_page.asp?num=20111121132629&page=7&k=2。擷取日期：2017 年 7 月 11 日。

2011c 以米代金做功德 減少燒金誠意足。2011 年 11 月 17 日。網址：https://epb2.tnepb.gov.tw/lucky/news_page.asp?num=2011112113428&page=6&k=2。擷取日期：2017 年 7 月 11 日。

2019 臺灣首座「淨圓滿」、南瀛低碳金環保。臺南市政府環境保護局網站，日期：2019 年 6 月 18 日，網址：https://web.tainan.gov.tw/epb/news_content.aspx?n=15914&s=4034259。擷取日期：2024 年 5 月 12 日。

臺灣教會公報

2014 時論：從行天宮禁香談起。臺灣教會公報，日期：2014 年 9 月 3 日，網址：https://tcnn.org.tw/archives/16565。擷取日期：2021 年 2 月 1 日。

劉枝萬

1967 〈臺北市松山祈安建醮祭典：臺灣祈安醮祭習俗研究之一〉。《中央研究院民族學研究所專刊之十四》。臺北市：中央研究院民族學研究所。

劉曉亭（牧師）

2017 基督徒減香還是滅香？。基督教論壇報，日期：2017 年 7 月 29 日，網址：https://www.ct.org.tw/1310129。擷取日期：2017 年 7 月 31 日。

謝奇峰

2016 《臺南粧佛工藝研究》。臺南市：臺南市政府文化局。

鍾秀雋

2022 〈「金香政策」的衝突與困境：以「眾神上凱道」為例〉。《2021 北港武德宮財神信仰學術論壇論文集》。雲林縣北港鎮：北港武德宮，頁 183-215。

Blake, C. Fred

   2011 Burning Money: The Material Spirit of the Chinese Lifeworld. Honolulu: University of Hawaii Press.

Meyer, Birgit and David Morgan, Crispin Paine, and S. Brent Plate

   2010 The Origin and Mission of Material Religion. Religion 40(3), pp. 207-211.

Bräunlein, Peter J.

   2016 Thinking Religion Through Things Reflections on the Material Turn in the Scientific Study of Religion\s. Methods & Theory in the Study of Religion 28(4-5), pp. 365-399.

Coleman, Elizabeth Burns

   2014 Profound Offense and Religion in Secular Democracies: An Australian Perspective. In Christopher S. Grenda, Chris Beneke, and David Nash eds., Profane: Sacrilegious Expression in a Multicultural Age. Berkeley: University of California Press, pp. 141-166.

Descola, Philippe
  2013 Beyond Nature and Culture. Translated by Janet Lloyd. Chicago: University of Chicago Press.

Duara, Prasenjit
  1995 Rescuing History from the Nation: Questioning Narratives of Modern China. Chicago: University of Chicago Press.

Feuchtwang, Stephan
  2001 Popular Religion in China: The Imperial Metaphor. Abingdon, UK: Taylor & Francis Group.

Gell, Alfred
  1998 Art and Agency: An Anthropological Theory. Oxford: Oxford University Press.

Goossaert, Vincent and David A. Palmer
  2008 Republican Church Engineering: The National Religious Associations in 1912 China. *In* Mayfair Mei-hui Yang ed., Chinese Religiosities: Afflictions of Modernity and State Formation. Berkeley: University of California Press, 2008, pp. 209-232.
  2011 The Religious Question in Modern China. Chicago: University of Chicago Press.

Kao, Chen-yang
  2020 Materiality in the absence of the church: Practising Protestantism during China's Cultural Revolution. History and Anthropology, 31(5):563-582.
  2021 Reassembling Christianity: Fuzhou Protestantism under China's Cultural Revolution from the Perspective of Life-history Research. Sino-Christian Studies, 31:7-44.

Keane, Webb
- 2007 Christian Moderns: Freedom and Fetish in the Mission Encounter. Berkeley: University of California Press.
- 2008 The Evidence of the Senses and the Materiality of Religion. Journal of the Royal Anthropological Institute 14(S1):S110–S127.
- 2013 On Spirit Writing: Materialities of Language and the Religious Work of Transduction. Journal of the Royal Anthropological Institute 19 (S1):1-17.
- 2018 On Semiotic Ideology. Signs and Society 6(1): 64-87.

Miller, Daniel
- 1987 Material Culture and Mass Consumption. Oxford: Blackwell.

Nedostup, Rebecca
- 2009 Superstitious Regimes: Religion and the Politics of Chinese Modernity. Harvard: Harvard University Asia Center.

Latour, Bruno
- 2005 Reassembling the Social: An Introduction to Actor-network-theory. New York & Oxford: Oxford University Press.

Lin, Wei-ping
- 2015 Materializing Magic Power: Chinese Popular Religion in Villages and Cities. Harvard: Harvard University Asia Center.

Lung, S.-C. C., Kao, M., & Hu, S. 龍世俊、高玫鍾、胡淑娟
- 2003 Contribution of Incense Burning to Indoor PM10 and Particle-bound Polycyclic Aromatic Hydrocarbons under Two Ventilation Conditions. Indoor Air 13:194-199.

Lung, S.-C. C. & Hu, S. 龍世俊、胡淑娟
- 2003 Generation Rates and Emission Factors of Particulate Matter and Particle-Bound Polycyclic Aromatic Hydrocarbons of Incense

Sticks. Chemosphere 50:673-679.

Tsing, Anna
- 2013 More-than-Human Sociality: A Call for Critical Description. *In* Anthropology and Nature, edited by Kirsten Hastrup, pp. 27-42. New York: Routledge.

Yang, C. K.
- 1961 Religion in Chinese Society: A Study of Contemporary Social Functions of Religion and Some of their Historical Factors. Berkeley: University of California Press.

Yelle, Robert A.
- 2014 Secular Blasphemies: Symbolic Offense in Modern Democracy. *In* Christopher S. Grenda, Chris Beneke, and David Nash eds., Profane: Sacrilegious Expression in a Multicultural Age. Berkeley: University of California Press, pp. 141-166.

White, Lynn
- 1967 The Historical Roots of Our Ecological Crisis. Science 155(3767):1203-1207.

Weller, Robert
- 2015 Global Religious Changes and Civil Life in Two Chinese Societies: A Comparison of Jiangsu and Taiwan. Review of Faith & International Affairs 13(2), pp. 13-24.

▪第四部份▪

邁向生態靈性的塑造

第十一章　呼應羅斯頓的「故事居所」敘事：以泰雅人飲食實踐中的生態靈性為例　林益仁

第十二章　農本主義與希望詩學：「耕作」作為方法　周序樺

第十三章　沙漠、山海與小鎮：生態繪本中的地方與靈現　蔡怡佳

第十一章　呼應羅斯頓的「故事居所」敘事：以泰雅人飲食實踐中的生態靈性為例

林益仁
臺北藝術大學博物館研究所教授

本章大意

本文受到生態哲學家赫姆斯・羅斯頓三世（Holmes Rolston III）的「故事居所」（storied residence）敘事觀點（narrative）的啟發，以此作為分析方法探討泰雅族飲食文化背後的生態靈性意涵。羅斯頓指出在不同的文化傳統中，人與周遭環境互動以至於產生家園歸屬與認同的意象，必須從長時間演化的眼光與自然史來看，且常是透過故事的敘事形式來傳遞。透過這樣的分析架構，本文嘗試從泰雅族的神話、故事傳說與儀式對於食物取得、製備與分配等過程所表達出來的生態靈性觀點進行討論。基本上，生態觀的核心意涵即為對於家園的認識。本文的主要目的是延伸泰雅族人的飲食文化與家園建造之間的關係至生態靈性的討論。在本文中，將以山肉、野菇、桂竹與小米等泰雅族的傳統食物作為案例，從相關的故事與慣俗的敘事分析來回答以上關於飲食、家園與靈性的提問。本文的結論指出，這些不同的物種所轉化出的泰雅族傳統食物文化，都表達出他們對於周遭環境的深刻認識，並且透過故事或是儀式傳遞出他們與這些物種之間彼此依賴的生態關係。本文結論指出，作為食物的物種與取食的人類之

間有一種深度的連結，對比於現代化社會中兩者可以輕易切斷的理解是有很大差距的，而這種連結的內涵從泰雅人的眼光來看是富涵靈性的。

一、赫姆斯・羅斯頓三世（Holmes Rolston III）的來臺與「故事居所」敘事

「倫理的理性，像是將被繪製地圖的地區一樣，是具有歷史的。也就是說，邏輯的推理混合了故事。從『實然』（is）到『應然』（ought）的推論，是邏輯學者試圖解決的典型工作，但是在自然主義倫理學預設被證成之前，這樣的推論是伴隨著故事情節的。這個推理過程是從『實然』（is）到『轉然』（becoming），而這段過程則是這種『應該如此』（ought-to-be）的一部份。倫理，於是成為『史詩』（epic）。」（Rolston, 1988：342）

（一）從倫理學出發

2016 年六月，有「環境倫理之父」美譽的生態哲學家赫姆斯・羅斯頓三世（Professor Holmes Rolston III）教授第三度受邀來臺講學。羅斯頓的祖孫三代包括他在內都是美國基督教長老教會的牧師，他的環境倫理思想特色批判長期以來人類社會中「以人為中心的思維」（anthropocentrism），強調自然有其內在與系統的價值，並且推崇「荒野」（wilderness）概念的重要性。（Rolston, 1988）從倫理學的角度思考，羅斯頓認為倫理學作為一門學問，必須具備理論與普遍性的企圖。但是，他也指出這樣的理論必須允許且要求從個人的角度實踐出來。值得一提的是，這樣的實踐無法從周遭世界隔絕出來，像是他所批判的「笛卡爾式孤獨自我」（solitary Cartesian ego）一樣。反而，它是由具有主體性的「我」與客觀世界之間的「獨特交融」（singular communion）所致。整體而言，羅斯頓的主張蘊含了人在自

然之中且與世界連結建立家園關係的思考,這回應了生態學的基本意涵,且更重要的是,他認為人們這樣的認識途徑最終是透過「敘事」(narrative)來顯明。他指出,人類所追求的智性成就不會是一種「去身體化」(disembodied)的理性思考,但卻反而是有機地存在且成為這個自然歷史一部份的人與世界的連結關係。

這種有機的存在,就像是人們在一個地方住下來後,會感知到週而復始的某種普遍性,但卻又很獨特地在那個地方表現出來,像是四季、生命產出的活潑力量、生命支持系統、時間與空間的交疊組合,在在都是既普遍且獨特,而人就在其中成為一部份。他指出,人的文化特性,例如:食、衣、住、行等生活面貌,在相當的意義上即是表達上述觀點的故事情節,而這也是敘事的內容。因此,我們便可以理解本段開頭引言中,羅斯頓認為「倫理,即是一段史詩」的具體意涵。換句話說,倫理是史詩,也是敘事。這樣的理解,將帶出本文關於「故事居所」(storied residence)的用意。(Haught, 2013)在羅斯頓的著作中,他常交替使用「故事地方」(storied places)、「自然史的故事」(storied natural history)與「適應的故事」(storied fitness)等名詞來表達類似的想法。(Afeissa, 2008)但無論如何,其中最重要的是要表達生命(或是人)是如何設身處地在一個地方安居的敘事,它主要是透過對「地方的依附」(place attachment)以及在生態與演化意義上對於人與非人生命之間「親緣關係」(kinship)的強調來展開的。

在羅斯頓對於生態的論述中,自然、科學、文化與宗教信仰都是彼此互相關聯的。他以基督教為例,認為基督教聖經文本中表明人類應是大地看顧者,而不是主人。他特別指出猶太——基督宗教中所謂的「流奶與蜜」的「應許之地」(promised land),常被理解成「上帝賜予並祝福人為大地主宰」的簡化與傲慢心態。「人為大地主宰」是許多深層生態學者對基督教最大的批評,有名的「林·懷特(Lynn White)辯論」就是因此而起。(White, 1967;Oelschaeger, 1993)所以,羅斯頓主張以「帶有應許的行

星」（planet with a promise）來取代「應許之地」的論述。無獨有偶地，羅斯頓的「帶有應許的行星」與澳洲人類學家 Deborah Bird Rose（1996）所倡議的「沃地」（nourishing terrain）有著異曲同工之妙，兩者都是在講一個帶有內在運作生機的家園與其創造的過程，特別是討論人在其中的角色。唯一不同的是，這樣的結論是來自不同的故事傳統，前者是來自基督教聖經創世的敘事，而後者是取自澳洲原住民被稱為「傳命」（dreaming）的宇宙觀敘事傳統。（Rose, 2013）無論如何，兩者都蘊含了豐富的家園營造故事。

（二）「故事居所」是羅斯頓「找家」的架構

　　羅斯頓認為要展現不同的家園觀點有賴於「故事居所」（storied residence）的文化敘事來表達。「故事居所」，簡單來講就是各個民族在文化中找尋安居之所的歷史故事，換句話說就是一種歷史家園的概念。在經過嚴謹考察下的科學與宗教故事中，他提出一個既熟悉又陌生的生態倫理命題，就是「找家」（homing）。家，不只是一個屋子。家，是一個有意識的關係網絡連結的過程，食物與居所的提供是這個關係網絡建立的重要元素，而提供的動力則是來自一種關鍵的力量，就是「看顧」（care）。哲學家 Milton Mayeroff（1971）的書《論看顧》（*On Caring*）是最早針對這個概念進行深度思考的著作。他指出「看顧」即是「幫助它者成長」，這個它者不必然是人，它可以是非人的生命或是物體。「看顧」是一個過程，也是一個與它者連結並期待它發展的途徑，這不是一種孤立的感情或是短暫的關係。相反的，它是一個長期的關注。家的網絡關係育成，必須有這個關鍵力量，而這個力量運作的機制跟飲食有著密切的相關。「故事居所」（storied residence）是羅斯頓從「找家」的目的上所發展出來的方法。或許，人類真的沒有一個確定的家園方向，也或許不是單一，而是多元。在不斷遷徙的過程中，人們必須付出極大的努力隨遇而安居。無怪乎，像是「東

方主義」（Orientalism）（Said, 1978）的作者 Edward Said 作為一個巴勒斯坦知識份子，都要在《鄉關何處》（Out of Place）的自傳中沉思何為家園的主題。（Said, 2000）此外，人文地理學者段義孚盡其畢生之力論述有關於家園的主題，並提出「地方感」（sense of place）的相關理論（Tuan, 2001），其中 Topophilia（土地之愛）（Tuan, 1990）與 Escapism（逃避主義）（Tuan, 1998）剛好彼此呼應，豐富了他在「地方」理論的思想完整性。

　　羅斯頓被稱為是「荒野」（wilderness）哲學家，美國文化的「荒野」概念發展，其實是羅斯頓作為美國清教徒後裔，透過他所說的「故事居所」所進行的思想反省。他在臺灣的演講中，曾以「荒野中的基督徒」展開他的申論，結合新舊約聖經中的猶太人土地文化、演化論科學、價值哲學所形成獨樹一格的生態倫理觀點，充分地體現他作為「走向荒野」（gone wild）的哲學家風範。（Rolston, 1986）事實上，他的論述剛好相反地闡明了「荒野不荒」的道理。與其說他強調荒野中不一定需要有人，倒不如說，荒野是他遇見上帝創造的地方。因為如此，他的思想不僅拓展了我們對於家園想像的開闊視野，也解除了移民者長期以來困頓的自然與文化處境。我們不妨想像羅斯頓教授的祖先們，亦即那些搭乘著五月花號脫離歐洲母國的清教徒們，來到陌生荒野的美洲大陸。在這塊土地，既沒有高聳的百年大教堂，也沒有深厚藝術與知識底蘊的美術館與博物館等。那麼，這些清教徒要依恃的是什麼呢？對於家園的想像在哪裡呢？是獲得奧斯卡獎項的電影《神鬼獵人》（The Revenant）中所描述的開疆闢土，在蠻荒中血腥搏鬥求活？還是有其它的想法與可能性呢？前者的境遇或許無法避免，甚至必須面對與當地原住民族在資源與土地上的激烈衝突。但與此同時，卻有另一批人走出新路。這些人包括：被譽為美國國家公園之父的約翰‧彌爾（John Muir）這樣的浪漫主義作家。還有，提倡「公民不服從」（civil disobedience）精神的亨利‧梭羅（Henry Thoreau），甚至近代的自然保育經典《沙郡年紀》（Sand County Almanac）作者阿道‧理奧帕德（Aldo Leopold），以及

《寂靜的春天》（*Silent Spring*）作者雷秋・卡森（Rachel Carson）等。他們有別於拓荒的精神，開始反省與翻轉過去簡單的墾殖者開發近利心態，認真思考紮根大地的深層思想。這些都是「荒野」精神的具體內涵與落實，想必與清教徒信仰中創造的教理有著一定的關聯性。更重要的是，這是羅斯頓在北美洲的土地思想環境倫理的重要在地脈絡線索與精神資糧。

（三）羅斯頓「找家」敘事的臺灣延伸

在相當程度上，羅斯頓是將以上「荒野」精神透過哲學縝密的建構而成其系統者。其實，這樣的想法在芝加哥大學文學教授 Norman Maclean 自傳改編的電影《大河戀》（*A River Runs through It*）中，也有非常類似的描述，劇中描寫一個蘇格蘭清教徒移民家庭在美國蒙大拿州的大自然中成長的故事，內容多觸及清教徒信仰對於自然的態度。這些走向荒野的思想家，不同於毛皮獵人與大西部開發者，他們之間最大的不同是，前者懂得在造物者與受造界面前謙卑，更知道要敬畏自然，且從中尋求與大自然相處的道理。在美國文化中，「流奶與蜜」的豐饒成了應許之地隱喻的實質內容，而這原先是猶太土地文化的核心思考。應許之地，衡諸猶太人落難流離的千年歷史，構成了極大的反差與渴求。脫胎自猶太教，後來的基督教發展出超越鄉土具有普世價值的「上帝國」概念。羅斯頓教授在他的著作中從聖經的舊約一直講到新約，考察猶太人的土地文化觀。表面上看起來是一個好奇「外圍者」（outsiders）的學術探查，但實則是他作為歐洲清教徒墾殖者後代來到荒野的美洲大陸對於自我的身世探問。

羅斯頓繼承北美獨特的生態論述，從先哲如 Muir、Thoreau、Leopold 等人吸取思想精華，認為荒野的精神應可轉化「應許之地」當中過度以人為中心的傾向，而要走向「帶有應許的行星」（planet with promise）的方向。後者的主軸思考在於，人是大地的一員，是造物者所委託的大地園丁，大地照護者，既不是主宰，也不是處理大地財產的老闆。可惜的是，當代的

國家體制、市場經濟邏輯與私有財產權概念都透露出強烈的土地擁有者心態。荒野的精神，是建立大地家園的包容性觀念，不僅是人類，還包括土地上的生命與非生命。在一次筆者參與他的演講中，羅斯頓秀出一張臺灣的衛星地圖，語帶玄機地問說：「臺灣是一個『應許之地』（promised land）嗎？」如果是的話，是誰的？是墾殖者？是落難敗逃者？帝國殖民者？抑或原住民族的？這一問，成了當天演講的一個大哉問，它直接衝擊了 2016 年蔡英文總統在就職典禮中關於「美麗島」歌曲內容與原住民族衝突的爭論。歌曲中「篳路藍縷，以啟山林」的歌詞引發正反兩極的評述，原住民指出這段歌詞的陰暗面，亦即墾殖者造成在地原住民「顛沛流離」之說，其實，不僅原住民，生態保育團體也有不滿，臺灣的山川大地也因墾殖者的開發，帶出許多生態災難與環境變化。我們如何看到原住民族在自然中的角色？比較遺憾的是，原住民文化的論述是羅斯頓豐富多產的著作中較少著墨的一塊。

（四）生態靈性對苦難的凝視

然而必須一提的是，以上的探問跟本文的關鍵字「生態靈性」又有何關聯呢？自然，在當代科學機械論的浪潮中逐漸失去了其靈性的內涵。在 2016 年來臺的講學中，羅斯頓教授進了總統府與當時的副總統陳建仁教授會面，陳副總統帶著一份他的文章，上面畫了許多重點。他告訴筆者副總統認真地問他，到底自然與神聖之間有何關係？陳副總統作為一個傑出的科學家與虔誠的天主教徒，這個問題顯然是來自心中真誠的探問。羅斯頓教授並未告訴我他的回答，只是表示我們國家的副元首認真地問此問題，應該對臺灣未來的生態保育有很大的幫助。其實，他的哲學思想核心就是不停地在科學與宗教之間進行調和的努力，他獲得人文學界極高榮譽的「天普登獎」（Templeton Prize）的主要理由，就是努力尋求兩者之間彼此和解的過程。

這個關於自然與神聖的探問，讓筆者想起在 2008 年時任職於靜宜大學

生態人文系時，曾擔任他的「聖方濟講座」開座演講的翻譯者。當時，他提到了一個「逾越節花」（pasqueflower）的故事，這個故事是闡釋自然與神聖關聯性很好的例子。「逾越節花」是美國在初春復活節期間很常見，也很受喜愛的植物，甚至是以色列的國花。它受喜愛的程度，連美國自然保育先驅 Aldo Leopold 都曾說：「能在野地中找尋一朵『逾越節花』，是一種跟言論自由一樣重要的權利。」初春，尚且是在冰雪未融的環境底下，在此時刻能奮力開出花蕾的自然生命，象徵了在冷酷的自然中暗藏著生命的盼望，這是一種對於生命救贖的深刻盼望。在他眼中，更是一種自然天擇中無可迴避的淬煉，是一種出死入生的過程。換句話說，在自然中，死亡的威脅僅是一個過程，並不足畏。在基督宗教的信仰深處，其實就是十字架的象徵與意義。「十架形象」（cruciform），象徵了死亡的威脅與痛苦的折磨，但重新得到救贖的生命必須由此代價而出，基督的受難與復活成了所有生命重新得到救贖的最高境界，羅斯頓在這個基督信仰的意義上，結合了他對自然的理解與對基督信仰的見證，兩者並行不悖，並且交織整合在他的環境哲學思想中。更重要的是，「十架形象」成為我們深刻探索前節關於「篳路藍縷」與「顛沛流離」緊張對峙的關鍵線索，因為從一個更長遠的眼光來看，這些苦境都關聯到生存的現實鬥爭問題，然而其中苦難產生的緣由究竟何在？「十架形象」提供了一個來自靈性思考的出路。

對於苦難的凝視，大概沒有人可以超越巴西攝影師 Sebastião Salgado 的攝影作品了！在一部德國導演 Wim Wenders 詮釋 Sebastião Salgado 的傳記影片《薩爾加多的凝視》（英文原名是 *The Salt of the Earth*），筆者深深地被他的影像所震撼。在這部自傳性紀錄片的開頭，影像便帶著觀眾前往巴西的 Serra Pelaga（無畏之山），進入 1979 年的淘金熱場景。在那裡，無非就是一場一場的搏命賭盤，每個人都用赤裸的雙手與原始的肉體本錢下注。像螻蟻一般的日子，苟活、暴力、盼望、弱肉強食與人性無底的貪婪全部溶成一塊。Salgado 的影像讓人屏息，讓人不禁問為何有人可以凝視苦難到如此的程度？筆者承認自己完全沒有能力進行這樣的美學試驗。Salgado

意圖以如此寫實的方式直逼苦難，看到生命中難以承受的重，或許這是他自己也承受不起的負擔，但他勇敢地用鏡頭去紀錄它，顯示他並不迴避，證足了苦難並非口頭說說，而是真實存在。當然，他也付出生了一場重病的代價，奇妙的是後來竟然透過不斷地在巴西推動種樹造林，而恢復了他健康的身體。自然中有苦難，也有救贖的啟示，他從凝視苦難、重病、在荒蕪中種樹、一直到重新得到身心靈與土地連結的健康中，領悟了其中生態靈性的道理。靈性，並非空虛飄渺，而是一種實在與連結的力量，這種力量表達了「十架形象」所預示的連結，依然可見於初春綻放的「逾越節花」之中。無獨有偶，這種苦難與再生的雙向與辯證關係被羅斯頓指了出來。

　　羅斯頓在「聖方濟講座」的演講中說：「生命就是一團亂」（Life is in a mess.），當時筆者不是很能夠理解。但在前揭的《大河戀》電影中文學教授 Norman Maclean，他自承加爾文傳下來的長老教會改革宗信條就是相信「生命是一場受詛咒的混亂」（Life is but a damned mess）。但奇妙的是，亂中產生秩序則是生命的出口，演化學說論述的逢機選擇與物競天擇似乎也是從這個出發點開始。混亂中所顯現出的殘暴、無情與冷酷，這是自然的一面。自然如此，從自然而出的人性亦是如此！值得注意的是，羅斯頓的哲學並未停留在「生命只是一場受詛咒的混亂」的階段。他指出生命中受苦的常態，表面上似乎如佛家所言，但他卻進一步說明其背後的積極生命意義。他以「逾越節花」做比喻，指出自然之道，即是十架的道路。他在 1979 年所寫的短文，從物候的角度詮釋了這種花，在造物者的世界中所凸顯的救贖意義。當它在北美溫帶開花的時節，尚且是冰雪覆蓋的氣候，然而它含容了寒冬禁錮的力量，帶來了新生的氣息。冰雪對於它並非威脅，而是自然的一部份，看起來它必須忍受低冷的考驗，如受苦一般。反觀，這或許正是他在自然過程中得到滋養的一個必須過程。環境的壓力塑造生命的韌性，他的哲思反映了我們常說的「不經寒冬徹骨寒，那得梅花撲鼻香」，寒冷的氣溫與復活節花的開花是連在一起的生命現象。在文末，羅斯頓說：「讓冬天來吧！生命將會開花，只要地球還有存在的一天」。

（五）臺灣原民文化中豐富的生態靈性資源

　　筆者記得在靜宜大學的演講中，羅斯頓放了一張照片是一個藝術家合成的照片。前面是一處明顯的針葉樹，後面則是較為隱微的高聳教堂，象徵前面是自然的荒野，後面是文化的人類建築，兩者在形式上雷同，但重點是他用光筆點出在針葉樹下卻看到它守護了牧人與家畜。荒野並不冷酷，它庇護了人與其他生命。同樣地，他要表達的是這種自然中的「十架形象」。自然中有豐富的資源是提供人在文化中省思，羅斯頓在美國文化中用「逾越節花」，臺灣原民文化故事中的紅嘴黑鵯是可以呼應的案例，這是一種在臺灣中低海拔常見的鳥類。多年前，筆者的布農族學生 Neqou 在課堂上很直接地問我為何有些漢人會稱玉山為聖山，何神聖之有呢？Neqou 的問題既大膽，又挑釁。但卻讓人對原住民傳統生態知識的思考又進了一步。神聖？正如人類學家 Deborah Rose 所說，真是「令人緊張」的課題。有別於「超凡入聖」的神聖／世俗二分法，她說在原民的世界觀中奧秘總是與土地緊緊相連，其中充滿了神聖的氛圍。在那次 Neqou 的質問中，筆者認識到布農族的大洪水神話故事，以及非人生物在災難中如何搭救人類的偉大故事，其中紅嘴黑鵯犧牲自己美麗的羽毛為人類叼火的英勇行為，真如希臘神話的普羅米修斯一般。這是布農族神話中的救贖故事，因此布農族將玉山稱為「東谷沙飛」（避難之山），此地亦成為一個得到救贖的地方，在布農族文化中具有一定的神聖性。神聖性，讓人聯想到「生態靈性」這個主題，神學家 Thomas Berry 指出生態靈性是一種信仰的層面，它宣揚人與自然世界的連結。其實，前述羅斯頓關於「故事居所」的敘事，都跟人與自然世界的連結有密切的呼應。生態靈性，可以在任何的宗教中顯明，通常是在獨特信仰內涵與大地神聖性的聯繫中出現。生態靈性的運作，也可以是一篇篇的史詩內容，我們在布農族的紅嘴黑鵯故事中得到適切的回應。其實，關於神聖與土地緊密結合的故事，應該在世界與臺灣的原民文化中還有更多，這是本文希望借助羅斯頓的「故事居所」敘事理念，但卻補充他較缺乏的原民文本與論

述的用心所在。

　　以下，筆者想將場景轉換，從泰雅族的歷史家園脈絡試著回答以上的問題。本文將從泰雅族的飲食文化實踐切入，並放在一個生態思維的架構中來考察。生態（eco-），希臘文的原文 oikos，是家園的意思。因此，本文在看待飲食，即是從家園建立的角度來論述，本文認為這樣的角度放在與自然相當親近的原民文化中來考察亦是得宜的。

二、「故事居所」中的泰雅敘事：飲食文化與家園看顧中的靈性

　　B'bu 是泰雅語「山巒」的意思。從新竹尖石鄉的錦屏大橋開始，一路逐漸進入泰雅人的傳統領域，再往前即可到達鞍部的宇老，是個瞭望 B'bu 的好地點。在這裡，我們可以清楚地望見泰雅部落散村分佈的聚落特性。不僅如此，還可以看到傳統上泰雅人以「流域」（Llyung）作為支群分野的兩個流域群：Mknazi 以及 Mrqwang 的部份部落。天氣好的狀況下，在宇老的觀景台可見聚落、茂密的森林、馬里光溪、竹林、有機蔬菜園等屬於這個地方的文化地景。在本節中，我們將順著宇老往下到馬里光溪以及塔克金溪，在馬里光、田埔與新光等分屬兩個流域群的 B'bu 部落行走。

　　2015 年初，筆者與新竹尖石鄉泰雅族夥伴共同籌辦了一個名為「食在泰好」的通識教學課程，我們以此作為泰雅文化復振的一種嘗試。透過食物地景的親身體驗、備製食物與分享，泰雅族夥伴展現他們對在地食物的文化認識。qutux niqan（泰雅語「一起吃的共同團體」）則是這整個行動的關鍵，這是泰雅社會組織的核心概念。一切來自於吃，令人想起生態學的第一課大致也是從「食物鏈」（food chain）與「食物網」（food web）的觀念入手。吃，是為了滿足生物基本的生存需求，非人類如此，人類亦然。吃的教學行動，凸顯了食物生產的空間以及備製與分配的重要性，由此建構生物

與環境以及生物彼此之間的關聯。更重要的是，家園的內涵在此展現。生態學家善於分析生物與環境以及生物與生物彼此之間的關係，所以在研究中歸納了這些關係包括：競爭、獵捕、共生與寄生等，事實上這些關係無不跟吃有著密切的關聯性。因此，食性、棲地、族群、群聚與生殖型態被認為是生態學的基礎研究項目，而其中食性研究佔有關鍵性的角色。此外，「飲食路徑」（foodways）這種研究人群、地區或是某個歷史年代的飲食習慣與備製享用的實踐知識在人類學與社會研究中，也是相當重要的研究課題。

「實在泰好」的活動一共進行了五天，我們在新竹縣尖石鄉的 B'bu，泰雅族傳統領域的 Mrqwang 以及 Mknazi 兩個流域群的生活地帶走動。泰雅夥伴設計了以食物的製備與分配為主題的行程，邀請耆老現身說法，以現場走動以及做中學的方法，帶領北醫的師生進入到泰雅族的生活世界，這些飲食實踐包括：1.山肉桂與狩獵思維；2.打香菇與颱風天；3.採桂竹筍與竹聯幫；4.小米播種前的 Sbalay 儀式。這些食物本有其傳統文化背景，但也經歷了現代化的影響而產生新的社會意義，透過這些飲食的實踐，尖石後山流域群的食物地景儼然若現，例如：森林、菇寮、桂竹林與小米田。以下，就一一簡介：

（一）狩獵的生態道理：山肉桂與 Mgaga

田埔部落耆老 Pagung Tomi 邀集了一位獵人耆老 Yudas Silan 在和解廣場示範與講解了泰雅族的狩獵文化與在地的故事。和解（Sbalay）廣場的設立，是因為紀念一次在日據時代的狩獵誤擊事件的和解，這個誤擊讓 Mknazi 與 Mrqwang 的兩個支群因此產生衝突，並且持續相當長的時間。在此所凸顯的狩獵議題，不僅是一個維生的行動，更具有深刻的文化意涵。

土肉桂（*Cinnamomoum osmophloeum* Kanehira），是一種香料植物，泰雅族人稱為 hom，是他們重要的食材。土肉桂，不僅吸引泰雅族人，也吸引其他動物，所以當結實的季節，松鼠、飛鼠、果子狸、山羌等動物都會前

來覓食。土肉桂林,是善於觀察的泰雅人佈置陷阱狩獵的地點。在取得土肉桂樹葉的同時,這裡也提供了必須的動物性蛋白質。因此,辨認與認得土肉桂樹生長的地方,便是重要的生存知識。這些知識都是田埔部落的 Yudas Silan 耆老在課程中娓娓道出的內容。他帶我們走入森林,找到土肉桂樹,並且示範如何在樹下裝設陷阱,他一再強調狩獵,不僅要懂獸跡,也要辨認植物的用途。在製作陷阱的同時,他找到動物的腳印以及行走的路線,指出陷阱與腳印之間的關係,更重要的是就地取得做陷阱的材料,過程中還得注意不能破壞現地的環境。

原住民狩獵,是一種傳統的生活技術。這種技術,不僅需要搭配細膩的生態觀察,還受到狩獵文化禁忌與社會規範的約束,包括獵場經營的傳統領域概念。傳統上,不用槍的獵人,必定會是一個博學且技術高超的生態學家,因為他不僅懂得動物,還要認識植物,在山林中求生也必須知道物候(phenology),了解生態系統內的物種互動關係。獵人的行動背後受到養家糊口需求的約束,如果他回應了此一約束,必然也是個遵守文化規矩的人。此外,泰雅族有群獵的習慣,根據口傳獵人們要一起進入山林狩獵時,必定先進行一個 Sbalay 的和解儀式,意思是將各人彼此之間的恩怨過節在進入森林之前,先行和解,否則在狩獵面對兇險的情況下則無法團結。在泰雅人的生命觀中,死後,男人必須是合格的獵人才能走過彩虹橋,道理就在此。

在「食在泰好」的生活營中,我們見證了耆老的豐富生態技術、知識與道德觀,以及歷史事件。最後,我們還用土肉桂葉烤雞。傳統上,應是雉雞類的獵物,包括藍腹鷴與深山竹雞等,但我們技術不好又擔心違反野生動物保育法,只能用肉雞取代。所幸,林下捕捉到的松鼠後來製成了「三杯鼠」。這個土肉桂食物備製活動,深刻地體現了泰雅族文化的一個重要側面。森林,不僅是一個生態體系,在許多故事與口述歷史的連結下,這個地景呈現了一群人生活的整體面貌,而其中的連結橋樑則是耆老的經驗與知識。

關於狩獵，在一次的訪談中，泰雅耆老 Masa 跟我提到泰雅族的終末觀。他說，當一個好的獵人死去時，他的靈將會跟死去的獵狗以及獵物的靈一起走過彩虹靈橋。當下，我深感不解，如果是獵狗我可以理解，因為它是忠實的夥伴，但至於獵物我就真的不懂。為何生前打得非得你死我活的獵人與山豬的關係在死後，會一起度過彩虹橋呢？Masa 長老笑笑地說，林老師，泰雅族不是以敵對的關係來看待山豬與獵人。反之，在激烈的生死搏鬥當中都在決定誰會變成誰的食物，所以彼此為對方食物的關係是一種依賴關係，而非僅敵對而已。

臺灣原住民族文化中還有許多羅斯頓所言的故事居所案例，筆者曾以泰雅族 Mgaga 為例來說明泰雅族的世界觀。這個詞一般翻譯成「出草」，常被誤解為野蠻、報復、血腥等不文明的象徵。但它的本意卻是執行 Gaga，亦即落實倫理道德規範。可惜的是，這個深奧的生態道理被外來殖民者簡化與扭曲為「砍人頭」，是一個極大的誤解。因為單單只是砍人頭，實在無法解釋這個人頭被帶回後，泰雅族人還必須恭敬地將它放在骨頭架上，按時餵食，不可怠慢的行為。

其實，在泰雅族的世界觀裡，人死並非終結，尚有靈魂存在。所以，一個人頭被帶回，意味著這個人頭的靈魂加入此一部落的聯盟，成為「自己人」了！這個道理跟狩獵的獵物頭骨與下巴骨被保存並整齊排列在家屋角落一樣。這個動作象徵了這個外族與獵物成為自己的力量。這是一種自然界殘酷但卻互相依賴的生存道理，演化論提出者達爾文所在的英國維多利亞人們稱之為自然的「血牙腥爪」（red in teeth and claws）。這個自然的面貌是事實，也很難否認。這個自然的面貌隱微地表達在臺灣的原住民文化中，是生態倫理中較難融入現代所謂文明的人類社會中。但羅斯頓指出，在「血牙腥爪」（red in teeth and claws）自然演化史的傳統理解之外的相搭面貌，乃是一種強調「看顧」（caring）生成的過程，這個過程包含了：展延、多元、保育以及豐富等行動。這個照護的內涵，很有力地且充分地表達在原住民文化裡對於人頭架與獵物骨頭排列的動作中。雖然殘酷，但卻透露出「看

顧」的內涵。用哲學家 Mayeroff（1971）對「看顧」的定義來講，就是「幫助它者成長」。死去的獵物，成為食物幫助了人類家族成員的成長，而排列的獸骨，紀念著這些獵物成為人類食物的過程，形成了許多禁忌與儀式，獵人與形成獵物的動物的關係被豐富地呈現並且成長。

原民狩獵文化看似殘酷，卻反映了一種家園與「看顧」（care）的觀念，是一種有機體在環境中生存的辯證關係。基本上，「看顧」一個生命體起於生存條件的滿足，以食衣住行為基礎，從最基本的自我保護出發，所以個體的毛皮可視為是一種「看顧」的記號。自我保護，是一種不斷調整後的適應狀態，不同的生命體在不斷地彼此互相調整的過程中，整體性地網絡化於一個完整的生態體系中，而形成了一個它們彼此互相需求的支持系統。此外，在一個生態系統中，個體會被強制不斷地調整自己以求適應環境，因此有必要關注它者的動態。捕獵者必須「看顧」獵物，這是為了捕捉與食物的供給。相對的，獵物也必須「看顧」捕獵者，但卻是為了生存逃脫。兩者所在的位置不同，但都參與了「看顧」的行動，捕獵與逃脫似乎是一體的兩面。它們同時都必須「看顧」自己的幼獸，這都是為了自己基因的延續。「看顧」，無可避免必須認真考慮自我與它者的關係，而這些關係千變萬化，有些是我們熟悉可以接受的，但有些陌生也難以接受。羅斯頓的生態倫理論述，在相當程度上提供了對於 Mgaga 的生態意涵解釋，也對關於原住民狩獵議題提供寬廣的思考，這是一種深層的生態論述。

（二）採集的思維：颱風天「打香菇」以及桂竹的採收

香菇，是「食在泰好」課程的另一個重頭戲。臺灣是個多天災的國家，當政治人物已經慣性地從天災中謀取許多「天災乎？人禍乎？」的政治暴利或衝擊時，泰雅族人有智慧地避開政治口水，在颱風天上山「打香菇」，這是泰雅祖先們留下的生態智慧。

我們在部落的老師 Tomi 耆老帶我們到他的菇寮之中，示範他的椴木香

菇種植。這是一種揉合了傳統在地知識與現代農業技術的維生方式。傳統上，泰雅族人認識那些樹種可以長出蕈類，也在他們的傳統領域中知道這些地點。於是，傳統領域就像是菜園一般，他們知道在哪裡可以採集到這些蕈類，這是營養的來源。然而，現代化的過程讓他們逐漸改變傳統的做法，就是透過傳統知識將特定長蕈類的樹種砍下，切段培養香菇，而香菇蕈種則是由商家特意培養純化讓族人可以打入椴木之中，加以培養。在現代化的過程中，因為香菇的商業需求相當大，因此砍伐的樹木數量也跟著增加，於是跟管理森林的林務局產生極大的資源利用的衝突。我們在菇寮中，聽到 Tomi 耆老訴說這些陳年的歷史經驗，想像著食物地景從採菇到種菇的變化，以及椴木的種植對於森林樣貌的改變。

在這些故事中，最值得記錄的是泰雅族人在颱風來臨之前必須要趕快上山，拿棒子敲打埋有香菇菌種的椴木，然後將它放倒在地上。隔天，再反方向將椴木放垂直。族人的說法是，這是要嚇香菇蕈種，讓它驚醒過來，這樣香菇就會很快長大。根據他們的經驗，颱風天打香菇之後通常都長出很多。這些原住民種香菇的實做敘事，顯然還隱藏了不少科學原理是我們目前不知道的。其實，種椴木香菇揉合了原住民傳統與現代的知識，他們根據歷代祖先累積採野菇的經驗，歸納了某些物候學（phenology）的道理，再融入外界經採集不同香菇菌種實驗，純化並市場化的單一香菇菌種以及椴木種植的技術，形成了目前的椴木香菇種植。現代的技術從切割椴木、打洞、剝菌種、打菌種、一直到封蠟，配合上祖傳的物候觀察，隨時注意培養香菇的有利自然條件，例如颱風天或是梅雨季節等。在某些條件下，造就了我們在市場上販售的「花菇」。花菇不是一種品種的概念，而是一種物候的概念，也就是必須在某些特定的生態氣候條件下所長成的香菇。原住民沒有財團資金打造千萬的實驗室，控制所有物候條件，但原住民僅有的是長年與山林共存的生態智慧。

但無論如何，市場多數還是接受自然野生的比實驗室的品質好很多的事實，在氣候變遷的年代裡，全球的科學家與政策決定者開始在尋找一種能

夠適應極端氣候變遷的能力，稱為「回復力」（resilience），也是目前聯合國教科文組織與衛生組織的重要關切議題，這些力量非常可能潛藏在原住民的打香菇生活知識中。颱風天打香菇是泰雅族的傳統生態知識，至今科學尚無法解釋，為何在颱風來之前，族人趕上山敲打椴木香菇會大大提高香菇的生產量。這個傳統模式包括如何預知颱風的傳統知識，以及泰雅人並非將氣候的變遷完全是為負面，反而是以適應以及互動的方式來敏銳地因應環境的變化。此外颱風天打香菇，會讓我們看到氣候變遷在福禍相倚上的生態智慧。

颱風天打香菇以及找尋適合埋種香菇菌種的赤楊（*Alnus glutinosa*），泰雅語 Ibox，都是這些在地知識適應修整的例子。赤楊，是很容易成長的向陽性樹種，也是可以固氮的植物，很容易在農耕田地旁就可找到。事實上，泰雅族的椴木香菇一直是重要的生態農業生產，但卻與林務局產生巨大的衝突，主要是椴木香菇必須在森林中取材。林務局不明瞭原住民透過在不同的土地輪種的方式，就像燒墾一般地可持續使用這些樹木，並不至於耗盡樹木資源。近年來，由於這種在地知識與自然保育的論述逐漸推廣，所謂的「林下種植」也逐漸成為林務局可以考慮的保育策略之一。在田埔的菇寮中，我們再次見證到透過不斷地操作而保存在耆老的生活經驗中的寶貴知識，它甚至在面對當代的生態危機中還保有重要的價值。其實，這些具有豐富知識的耆老替泰雅族以及世界保存了重要的文化與生態知識，他們在照顧文化，而文化在滋養我們的生活。在菇寮中，我們看到的耆老並非弱勢，他們在照顧我們。

在「食在泰好」工作坊中，新光部落的 Tali 耆老帶我們進入他的桂竹（*Phyllostachys makinoi*）園，示範採竹的技術以及泰雅族對於桂竹的知識。桂竹是傳統屋舍的建材，也是食材，不僅如此，桂竹筍更是重要的經濟收入來源。使用桂竹，是泰雅族人採集與農耕文化的混合，是一種粗放且靠天生長的經營模式。桂竹叢生，對於其它植物物種的侵略性其強，有桂竹林的地方，很少有其它植物並存。泰雅族在遷徙的過程中，會攜帶幾節地下莖

在新的居住地種下，在即將離開的舊居田地附近也會栽種。時間一久，田地將成桂竹林，遷徙而來的人們可以燒墾成小米良田。所以，泰雅耆老說有桂竹林的地方，就是祖先曾經使用過的居所，竹林於是成了一種自然的人類聚落象徵。

Tali 耆老在桂竹林內重提以前常聽說的桂竹採收與保育論述。即是，竹林越採收，長得會越好。為了證實這一點，耆老挖出地底下的桂竹地下莖，說明砍一棵竹子跟砍一棵檜木是完全不同的意義。因為每一株竹子的地下莖彼此串連，所以砍一棵較老的竹子，就像是修剪大樹的枝條一般。而每年四月的竹筍收成季節，就像是疏伐一般，這些都像是整理竹林的必要工作。更何況，這些工作背後都有生態與經濟的雙重意義。所以，當地泰雅族人稱在桂竹林工作的人為「竹聯幫」。

ecology（生態學）與 economics（經濟學）都分享了 eco- 的字根，而 eco- 的希臘原文正是「家」的意涵。桂竹，對於泰雅族而言正是支撐家族的重要基礎。泰雅族因燒墾生活遷徙離去時，會在田地種上竹子，數年之後如果再回來就儼然是一片可再利用的竹林。竹林，就是泰雅族的家，這是林務局管理單位一直不懂的地方。竹筍，提供了重要的食材；竹皮可以做繩索；竹管可以做盛水器、竹杯與竹筒飯；剖開的竹片可以公母相依地蓋竹屋的屋頂與牆面；竹子也可以做竹橋；竹片可以當竹筷與編織竹帽以及配件，甚至可以製作口簧琴與童玩等。一種桂竹，就包羅了食、衣、住、行、育、樂等社會功能，能不重要嗎？

更重要的是，表面看起來各自獨立的竹子，在地下的延伸是彼此串連的，耆老說你看到的泰雅族部落雖然各自獨立，自給自足，但愈有困難時卻越能團結對外，就是竹子的地下莖彼此相連的道理。自然的現象呼應著文化的意涵，然而竹子本身不會說話，生態學家研究竹林生態也講不出這些文化故事。有能力講這些文化故事以及道德內涵的人是 Tali 耆老，是透過他們的生活經驗以及維護家園的內在動力才產生了這樣的詮釋。這些耆老詮釋的內容讓生態與社會的系統彼此辯證互惠起來，也讓我們在這樣的課程工作

坊中看見文化照顧的力量，耆老不僅是保存、媒介文化的知識，他們也在詮釋與創造文化的知識，耆老的文化照顧力量不僅在土肉桂與香菇地景中出現，在桂竹林中也沒有例外。

（三）播種的深意：宇老小米田的 Sbalay 儀式

在宇老部落附近，我們參與了播種小米的儀式。這是一個簡單但卻慎重的儀式。部落 Tali 耆老以半蹲之姿，在耕作的土地旁，面對著黑黝的土壤，一手舉起盛酒的竹杯，口中念念有詞。言語完畢，他將竹杯的酒灑向土壤，接著拿出小鋤頭，輕掘土壤，小心翼翼地將種子埋入土中。

儀式完畢，我們請教 Tali 耆老，詢問剛剛的儀式究竟是何意義？他說，竹杯的酒水乃是溝通的媒介，而溝通的對象是曾經使用過該地的所有生靈，包括祖靈以及其它與那塊土地有關係的生靈。溝通的目的有打招呼表示尊重、尋求祝福以及取得諒解等多層的含義。小米播種前的這個儀式，是一種 Sbalay。Sbalay，在泰雅族是一個確認與重建和諧關係的重要儀式。balay 有真實的含義，Sbalay 即是尋求或是回復真實（原先狀態）所做的一切努力，所以也有關係和解以及隨之而來的祝福等衍生意義。

Tali 耆老說，泰雅族相信萬物有靈，所以在播種小米之前舉行 Sbalay，是一種與曾經使用過此一土地的生靈重新建立和諧關係的儀式。宗教學者 Graham Harvey 有一些說法相當值得注意。他說世界上許多原住民族具有萬物有靈的想法，他們相信世界上有很多種「人」（persons），其中有一些是人類，但有些則否。此外，「人」生命的總體展現總是表達於「人」如何與其它的「人」建立關係的過程當中。因此，一個被稱為好的「人」其成立的要件，就是在與其它「人」建立互相敬重的關係中建立。他甚至將這樣的想法連結到猶太哲學家 Martin Buber 的 "I-Thou"（吾—汝）與 "I-It"（吾—它）的關係對比之上，認為前者乃是將其它「人」視為能思考有感情的主體，而不是如後者一般將對方看成是可以被動擺弄的客體而

已。可見，傳統的泰雅族農耕中並未將生產食物的土地單純當成是一種資源利用或是私有財產而已。反之，在生產小米的過程中，其實更重要的是建立一種健全的生態關係網絡。在這個網絡中，現在的農夫與過去世代使用此一土地的農夫，動物、植物與土壤的關係是一個跨越時間尺度，連結在一個地方的整全有機集合體。更重要的是，這個集合體並非僅指物質層面的連結，在其背後更包含了靈性的層面。

　　傳說中，有兩個太陽同時出現在天空中，導致人們相當痛苦。遠古的泰雅人於是以集體且跨世代的合作方式，幾個男人分別背著嬰孩長途跋涉，經過很長時間的尋覓，最後才由長大的嬰孩將兩個太陽中的一個射了下來。被射中的太陽流了許多血，後來變成了亮度弱許多的月亮，人們才得以回歸正常生活。我們不妨想像在遠行尋日的過程中，這一個泰雅隊伍就不正如牛津大學 J. R. R. Tolkien 教授所著作的「魔戒」遠征隊一般，必須經歷許多試煉與痛苦，而其共同的目標就是要達成拯救的重要任務。在這個拯救的史詩中，筆者注意到一個微不足道的細節，就是這些拯救者，其實隨身是帶著小米的，泰雅耆老 Atung 牧師說甚至是用一種特殊的耳管來裝小米粒。現實來看，或許他們不是一直都在跋涉，就如同泰雅人的燒墾遷徙文化一樣，他們的行徑是以自身的冒險不斷地開拓認識這個世界的疆域。找尋出路，是他們的使命，但自己先活下來或許更為重要。小米，於是成為他們生存的良伴。根據傳說，這些泰雅人不僅靠沿途栽種的小米過活，更重要的是以曾經栽種過的小米田為標記，作為日後回返家園的路徑。相當程度上，這或許也是泰雅族傳統領域的起造過程。很多人誤解泰雅族的傳統領域是自古以來就存在的神聖不變疆域。其實不然，傳統領域的構成就如射日神話中史詩英雄在長途跋涉中，沿途燒墾栽種小米，在尋找災難源頭的過程中不斷地與陌生環境互動，所產生的家園認識。這個家園的範圍，包括一個起初的源頭，但更重要的是那個跋涉的路程中不斷以小米為印記創造出來的生活環境適應。值得注意的是，這個射日史詩是否如羅斯頓所言，背後正是一種環境倫理在特定的文化脈絡中的展現呢？曾在司馬庫斯長期研究的加拿大學者 Kevan

Berg（2016）指出，在看似完全野生與自然的司馬庫斯部落森林中，其實潛藏了許多泰雅文化遺址包括小米田。他指出，必須將這些人類文化作為納入分析才能夠恰當地解釋當地的植物生態群落的分佈，其中有些樹種甚至是泰雅族人所種，而非天然長成的。或許，在這個漫長的長征旅程中這些古泰雅英雄走過的路如今都已匯然成林，腳蹤也隱埋在蔓草之中。但值得注意的是，神話故事的意旨卻還是在不同的時代持續地傳遞訊息。至少我們知道，遠古的泰雅人應該曾經感受過氣候變遷的某些現象，然後他們做出了一些行動，而更重要的是，小米，是帶有神聖使命的古泰雅人夥伴。

不管如何，小米應該是很容易適應環境的作物，尤其是在氣候變遷劇烈之時，所以它自然成為泰雅人自古依賴維生的主食。關於小米的神話傳說，泰雅人有另一段有趣的說法，就是在原古時代，僅以半粒小米，就可以煮出一整鍋的小米飯。但是，要將小米剖半是不容易的，需要費時用心才能完成。有一天，一個懶惰的人為了貪圖便利，就將一整粒小米煮下去，結果就煮出過多的小米飯，而浪費的食物。這個人的行為後來遷怒了祖靈，之後就沒有半粒小米煮成一鍋小米飯的好事了。

泰雅族的小米品種，米粒真的很小。神話故事中將小米剖半的敘事，如果連結到射日傳說中小米為伴的理解脈絡，似乎就不難理解這個人為何會招致祖靈的憤怒。換句話說，對於人與小米之間的互惠關係在泰雅文化中應是極為重視的。但筆者也清楚知道在部落中，耆老講故事都必須要有其脈絡與背景下才足以顯明，也就是這些神話故事並不見得真有有固定的隱喻意涵，關鍵在於敘事者當時所處的情境為何，這個部份跟泰雅人的 lmuhu（古調吟唱）有異曲同工之妙。其實，這些原住民敘事的傳統跟當代敘事神學（narrative theology）的一些方法論亦有相似之初，相當值得進行日後的對話。（Kepnes, 1992）

三、結論：生態靈性與「故事居所」

泰雅人的傳統知識與敘事，不僅富涵信仰的表達，更有深刻的生態意義。更進一步說，其實是一種對於家園的營造經驗，這個營造的範疇超越家屋、具有血緣的親人，它是以土地生產的物質層面做為連結媒介所產生出的非物質層面關係網絡。這層非物質的關係，包含心理與社會性，甚至有深刻的靈性層面。值得注意的是，相較於物質、心理與社會等不同層面，靈性的層面是比較神秘且較難理解的一部份，就像是當面對耆老在儀式中念念有詞的時刻，我們是很難理解的。宗教學者 David Tracy（2009）指出靈性是一種尋求與神聖者建立敏銳、反思、以及改造關係的能力。這種能力是當我們面對神秘無可附加的力量之際，能夠以開放的態度接納自身在世界存有其不確定性，但卻能處之安然的態度。面對世界，靈性的力量不是要進行全面的控制，而是願意在偉大的奧秘之前保持謙卑與尊敬的態度。相當程度上，Tracy 的說法具體說明泰雅人在狩獵、採集與小米播種前的 Sbalay 儀式等活動所展現出來的整體氛圍。

耆老針對要進行播種的田地舉行 Sbalay 的儀式。這是一個跟過去使用過這塊土地的先人表示敬意以及溝通的儀式。就跟獵人要進入森林中打獵，或是外人到泰雅族的傳統領域，耆老都堅持要做的 Sbalay 一樣。透過 Sbalay 這些儀式活動表達出神聖的意涵，亦即對於一種超越人類力量的崇敬態度，也是對於偉大造物者的感念。相當程度上，靈性並不玄妙，也不抽象，它反映在我們與土地互動的物質實踐之中。它是一種土地倫理，是一種懂得尊重它者的概念與建立信任關係的具體內涵。當我們在族人的田地上，隨著耆老進入播種的流程中，和煦的陽光、清新的空氣、鬆軟的土壤以及喜悅的夥伴，我們的五官敞開，跟大地進行不同層次的物質交換，這就是生態靈性。不僅如此，我們的內在深處被喚醒，那些被現代文明蒙蔽的感官逐漸回復。於是，我們開始學習感謝與分享，不僅感謝我們周遭的人而已，還包括更多我們看不見，但可以透過開放的心靈感受到的支持力量。這個連結的

網絡是巨大且連續的，它提供了像是家園的感覺。傳統上，泰雅族人透過狩獵、採集香菇與竹筍、以及小米播種建立起他們足以安身立命的生命倫理與生態哲學。簡言之，就是維持一個家園運作的互相依賴的關係，而這其中都有著 Mayeroff 所言：「幫助它者成長」的向著它者的照顧意涵。這是泰雅人的「故事居所」，裡面有泰雅族人的倫理與史詩。

泰雅人的神話故事中提到，遠古時期的泰雅族人是不需要耕田的，因為小米穗與山豬會自動提供小米粒與豬毛給人們，然後用一粒小米與一根豬毛就可以煮成足夠一家人吃的食物。直到有一天，有一個貪心的人竟然想要將整把的小米穗拿去煮，以及拿刀傷害山豬獲取更多的肉，企圖為自己個人累積更多的食物。這個貪心的動作讓小米穗與山豬感到憤怒，自此不再提供族人食物，泰雅人必須辛苦的耕田才有食物可吃。原住民一直有將山林視為冰箱的概念，去打獵說是去「裝」山肉給族人吃與分享，其實小米穗與山豬的神話提供了一個集體自給自足的文化概念，跟去山上「裝」山肉一樣。但是，人心的貪婪與私自擁有破壞了這一切。這個泰雅神話很美，也很真實，它道出了大自然「生態供給」（ecological service）的道理，也表達了原先的生態靈性遭受到人性貪婪破壞的事實。其實，物質與精神的連結，原先都共存於「物物相關」（Everything is connected to everything else）的生態系統之中。值得注意的是，它同時預示了人的社會中自利的天性，後來成為資本主義市場經濟推動的主要動力。簡單扼要的故事情節，竟然承載了深刻的倫理規範以及史詩般的內容，這些神話般的故事跟族人日常生活中的物質實踐彼此互相呼應與交錯，它們都見證了敘事的力量與重要性。

闡釋原住民的靈性觀點，往往與他們日常生活中的物質實踐無法分離，特別是食物的物質實踐。在許多傳統的人類社會中，食物備置與分配的實踐跟週遭的人、事、時、地、物之間有著密切的牽連，如前所述這往往跟生態系統中所強調「物物相關」的道理一樣，其中透露出令人著迷的完整性與靈性的連結。Frederik Van Oudenhoven（2015）在他的書《依靠自己的手：歡慶塔吉克與阿富汗帕米爾高原地區的食物與生命》清楚地展現出生態

靈性與食物之間的關係，特別是有關於飲食方面的儀式與禁忌等。這本書擺脫都會式的浪漫美食想像侷限，直接進入食物生產背後與大地連結的整體文化與生態的關係，在消費的過程中如何與日常生活中的人事物建立多層次的社會脈絡。更值得注意的是，他指出現代工業文明如何透過市場經濟的邏輯，劇烈破壞人們對於食物的多元理解以及背後的物質與精神實踐，而將食物豐富的內涵鎖進了簡化且剝削式的資本遊戲之中。同樣地，Staller and Carrasco（2010）在《前哥倫布時期的飲食之道：在中美洲有關食物、文化與市場的跨學科研究趨勢》一書中，豐富地傳達了飲食不僅是飲食本身，更是農業生活、宗教儀式、社群認同、技術發展、性別意識、生態環境與政治權利等不同領域的交會處。他們更呼應知名人類學者 Claude Levi-Strauss 的主張，肯定「飲食之道」是認識文化表現、社會實踐與意識形態的極佳途徑。食物，不單單只是食物本身。它更體現了需求者、生產者以及食物生產環境彼此互動所共構的所有自然─社會關係。原住民的飲食文化，引領我們進入家園營造的敘事之中，這些在地的知識與文化內容都具體地呼應了羅斯頓在「故事居所」中強調的重點，亦是他「找家」論述的重要依據。如果他的「帶著應許的行星」是值得深思的啟示，那麼筆者相信那些應許的部份應該也會在泰雅人的家園營造過程當中尋得。而在其中，生態靈性即是最關鍵的連結力量。

參考書目

Afeissa, H.-S.
    2008 Darwinian Storied Residence: An Introduction to the Work of Holmes Rolston III. Surv. Perspect. Integr. Environ. Soc. 1:117-124.

Berg K. J., Icyeh L., Lin Y.-R., Janz A., and Newmaster S. G.
   2016   Multiple-factor Classification of a Human-modified Forest Landscape in the Hsuehshan Mountain Range, Taiwan. Ambio 45(8): 919-932.

Haught, Paul
   2013   Place, Narrative, and Virtue. Poligrafi 18(69/70): 73-97.

Kepnes, Steven
   1992   The Text as Thou: Martin Buber's Dialogical Hermeneutics and. Narrative Theology. Bloomington: Indiana University Press.

Mayeroff, M.
   1971   On Caring. New York: Harper & Row.

Oelschlaeger, Max
   1993   The Idea of Wilderness: Prehistory to the Age of Ecology. American Journal of Theology and Philosophy 14(1):105-105.

Rolston, Holmes III
   1986   Philosophy Gone Wild: Essays in Environmental Ethics. Buffalo, N.Y.: Prometheus Books.
   1988   Environmental Ethics: Duties to and Values in the Natural World. Philadelphia, PA: Temple University Press, Pp. 342.

Rose, Deborah Bird
   1996   Nourishing Terrains: Australian Aboriginal Views of Landscape and Wilderness. Canberra, ACT: Australian Heritage Commission.

Rose, Deborah Bird
   2013   Wild Dog Dreaming: Love and Extinction. Charlottesville, VA: University of Virginia Press.

Said, E. W.
   1978   Orientalism. New York: Pantheon Books.

2000　Out of Place: A Memoir. New York: Vintage Books.

Staller, Edward John and Carrasco, Michael

2010　Pre-Columbian Foodways: Interdisciplinary Approaches to Food, Culture and Markets in Ancient Mesoamerica., edited by John Edward Staller, and Michael Carrasco. NY: Springer. Pp. 1-20.

Tracy, David

2009　The Analogical Imagination: Christian Theology and The Culture of Pluralism. Religious Studies Review 7(4): 281-332.

Tuan, Yi-Fu

1974　Topophilia: A Study of Environmental Perception, Attitudes, and Values. Englewood Cliffs, NJ: Prentice-Hall.

Tuan, Yi-Fu

1977　Space and Place: the Perspective of Experience. Minneapolis: University of Minnesota Press.

1998　Escapism. Baltimore: Hopkins University Press.

van Oudenhoven, Frederik and Haider, Jamila

2015　With Our Own Hands: A Celebration of Food and Life in the Pamir Mountains of Afghanistan and Tajikistan. LM Publisher's.

White, L.

1967　The Historical Roots of Our Ecologic Crisis. Science 155(3767): 1203-1207.

第十二章　農本主義與希望詩學：「耕作」作為方法

周序樺
中央研究院歐美研究所副研究員

本章大意

本文正文整理自 2022 年諾曼・威茲伯（Norman Wirzba）教授與中央研究院歐美研究所周序樺副研究員的對談逐字稿。兩人分別從神學、倫理學以及文學與文化的觀點出發，進行環境人文的跨領域對話。

全文對談以中文翻譯的方式呈現，並加上周序樺撰寫的前言。對談主要分為兩個部份：第一部份由「農業、農耕文學以及農本主義」出發，藉由探索威茲伯務農以及求學的歷程，反思他由農業轉向食物、再回歸農業的動機與意義。他也回溯與美國重量級農業作家貝瑞（Wendell Berry, 1934-）間多年的友誼，並分享農耕文學如何形塑他的環境倫理，特別對於社群（community）與同理心等耕作價值的肯定。第二部份則聚焦在「農耕、靈性以及實踐」，威茲伯回歸基督教的信仰，思考農本主義以及信念（belief）對於當今社會的重要性。周序樺則在回應威茲伯時分享將耕作作為一種創造與實踐希望的策略。

一、前言

  2022 年新冠疫情持續蔓延、烏俄戰爭爆發，同年冬天我（周序樺，下同）邀請美國杜克大學基督教神學與倫理學特聘教授威茲伯（Norman Wirzba）演講，分享他剛於 8 月出版的新書《農本精神：信仰、社群與土地的培育》（*Agrarian Spirit: Cultivating Faith, Community, and the Land*）。威茲伯教授欣然答應我的邀約，並提出希望這次活動能以對話的形式進行，以便更直接回應我的研究關懷。

  當時，我正在撰寫專書，希望探討二十世紀初期迄今，美國有機農業文學與文化的發展，而其中一個關鍵是 1960 與 70 年代的反文化運動。我想透過嬉皮歸園田居（back-to-the-land）運動，探討耕作和靈性之間的關係；白話一點來說，為什麼自古至今，許多人都覺得種花、種菜很療癒？以及歸園田居作為一種社會運動的意義。因此我十分好奇威茲伯教授為何擱下耕耘二十餘年的食物倫理，重新回歸農業、耕作與農本（agrarianism）議題。無庸置疑，「食物」與「農業」皆涉及穀物、蔬果、肉品與海鮮，但食物生產（food production）與消費（food consumption）卻意謂著截然不同的政治、經濟結構，以及文化與倫理價值。我想聽聽威茲伯教授對於這個陳年又小眾的主題有何新的見地。同時也想知道他關注什麼農業議題，又如何回到神學，透過重新詮釋基督宗教經典與基督教文學書寫，重申「以農為本」的倫理。

  威茲伯教授的新書看似保守，實則相當前衛。二十世紀中葉起，隨著農村人口大量流失，農業議題在西方人文學界明顯式微。它既不如荒野，反映環保人士對於原始自然野性的崇拜，也不如城市、海洋、島嶼、濕地、甚至是菌菇或土壤，或象徵著一股反抗的勢力、或代表一種全新的人類與自然倫理契機。當然，它更不如氣候變遷、水汙染等各式慢性環境暴力（slow violence）影響來的全面，也沒有疫苗或者能源與晶片所引發的地緣政治衝

突來的切身與迫切。[1]在資本與工業掛帥的今天，回歸以小農經濟為基礎的民有、民治與民享的社會理念並不切實際。更有甚者，威茲伯教授不僅專注於農業，也渴望在當今物質主義和個人主義盛行、後現代除魅後的時代，重新探索信仰和社群的價值。無疑地，他的觀點挑戰主流論述，形成一股反動力量。

威茲伯教授與我所關心的農本主義可追溯至希臘和羅馬時代。Agrarian 一詞最早出現於羅馬共和國所制定的「銘文土地改革法」（lex agrarian111 BC），該法規訂定土地重新分配的方式，目的是確保國家擴張而獲得的土地能夠公平地分配給貧困的公民。同時期，詩人赫希爾德（Hesiod, c. 776 BC）、哲學家蘇格拉底（Socrates, 470-399 BC）、亞里斯多德（Aristotle, 384-322 BC）與政治學家西塞羅（Cicero, 106-43 BC）等人也相繼歌頌農務（georgic）以及鄉村的價值，認為農人自給自足、獨立自主，比起貪婪與功利的商人擁有更崇高的民主精神與道德標準。在隨後的三百年裡，農耕生活雖然一直被摩爾（Thomas Moore, 1779-1852）等人視為理想國（utopia）的象徵，但「農本」一詞逐漸演變成強制規劃和分配土地與財富的代名詞。在當時的貴族社會中，它的含義多帶有負面色彩，相當於現今的「共產主義」（communism）一詞（Inge, 1969: xiii）。直到十七、八世紀之後，在法國的重農學派（phsysiocracy）與英國的亞當·史密斯（Adam Smith, 1723-1790）、德萊頓（John Dryden, 1631-1700）、綏夫特（Jonathan Swift, 1667-1745）、波普（Alexander Pope, 1688-1744）、強森（Ben Johnson, 1572-1637）等政治學家與文人大力的鼓吹之下，農業重新成為世人眼中最推崇的職業以及國家經濟命脈的關鍵。在美國第三任總統傑佛遜（Thomas Jefferson, 1743-1826）等人的倡導之下，新興的美國更是以農本為民主共和國的藍圖，認為「那些在大地裡耕作的人是上帝的選民」

---

[1] 「慢性暴力」一詞出自尼克森（Rob Nixon）教授的 Slow Violence and the Environmentalism of the Poor (2013)。

（Jefferson, 165）。受到《聖經・創世紀》（*Book of Genesis*）的啟示，如同亞當（Adam）負責管護神所創造與賜贈的伊甸園（Garden of Eden），農人被賦予大自然的管理者身分。透過農人辛勤的勞動、精心的管理和永續的土地運用，「農本」重新成為政治文明的核心。

十七、八世紀，西方世界重商主義與殖民運動勃興，人文主義與科學也快速發展。受到啟蒙運動的影響，政治、經濟學家轉由勞力分配、土地資源、與社會經濟的視角，切入農業與農民議題；他們的農業政治理論凸顯出各種複雜的宗教面向。以傑佛遜為例，他雖然尊崇神（God）和聖經的教誨，但對三位一體和耶穌的神性表示懷疑。如同當時的自然神論（Deism）者一般，他所謂的「神」指的是一個崇高的力量或造物主；祂如同一位精巧的鐘錶匠，運用物質和機械原理創造宇宙萬物，但造物完成之後便不再干涉，而是任其按照機械論的法則運行。又如馬爾薩斯（Thomas Robert Malthus, 1766-1834）最著名的《人口論》（*An Essay on the Principle of Population, 1798*），雖然以科學實證的方法探討人口過剩與糧食匱乏的問題，但他對於「預防性抑制」（preventive checks）與「現實性抑制」（positive checks）等規範的見解，卻深受基督教對於人性以及上帝恩典觀點的影響（LeMathieu, 467）。十八、九世紀，英國的圈地（Enclosure）運動達到高峰，公有耕地大量流失。面對工業崛起以及流離失所的農村人口，浪漫時期（Romanticism）的詩人重拾古希臘的牧歌傳統（pastoralism），一邊歌頌大自然的神聖性，一邊遙想牧羊人純樸又自在的日常生活。作品中，安閒恬淡的鄉村成為工業社會最鮮明的對比，只是由於刻意避免談論農事與農務的艱苦，這種遠離塵囂的情懷與著重現世性的農本或農事傳統有所差異。[2]

直至二十一世紀的今天，傳統西方基於「敬天」的農本主義也許式

---

[2] 文中有關古典政治經濟學中農業資源與鄉村發展的論述，感謝中央研究院人社中心副研究員王冠棋的提點。

微，但對於鄉村發展與資源規範的討論不斷。受到馬克思影響的政治經濟學家，持續由不同的世俗面向，批判資本主義對於小農與土地的剝削。威茲伯教授雖為神學家，他的新書特意將「農本」的討論範疇由國家政治與經濟體制下的土地和農耕的關係，擴展到地球與環境議題。稍有耕作經驗的人應該很容易理解信仰與信念對農民的重要性。畢竟，收成除了辛勤之外，也仰賴陽光、空氣、水等外在的因素，其中更充滿許多的不確定性。我跟威茲伯的對談從他幼時在農場上照顧牛的經驗出發，探討他如何「背棄」農耕生活，改從神學與倫理的觀點回歸農本主義，積極參與並且回應日益嚴峻的環境問題。透過重新詮釋基督宗教經典中農耕的討論，威茲柏教授主張耕作是一個「謝天敬人」（thanks-giving）的過程。他認為人類能藉由耕作，感受到上帝所賜與的恩典，注意吃穿用度，因而與環境和鄰居建立永續並且友善的關係，在面對氣候災難與物質主義當道的時代，為自己與社群贏得希望。威茲伯的農本思想與我對於有機農耕的見解——「有機」是一種「有意識對抗農業工業的運動」不謀而合（Chou, 319）。我跟威茲伯教授深信農耕作為一種重新建立人與環境關係的方法，即是一種對於主流價值的反動。

二、對談稿中文翻譯[3]

周序樺：我是中央研究院歐美研究所副研究員周序樺，今天感謝各位參與諾曼・威茲伯（Norman Wirzba）教授與我的對談。我們很榮幸邀請到威茲伯教授來分享他對農本主義、靈性和希望生態詩學的見解。威茲伯教授是杜克大學凱南道德研究所（Kenan Institute of Ethic）生態倫理學高級研究員和吉爾伯特・羅維（Gilbert T. Rowe）神學特聘教授。他的研究和教學皆著重於神學、哲學、生態學以及農業和環境研究等領域。威茲伯教授在

---

[3] 對話原文在《英美文學評論》第 42 期（2023 年夏）曾以全英文刊出，基於對宗教學跨領域嘗試的重視，中英對照網路版則在《複眼重讀：宗教學與人文心理》網誌刊出。

阿爾伯塔省南部的農場長大，爾後在萊斯布里奇大學（University of Lethbridge）主修歷史、到耶魯大學神學院（Yale University Divinity School）進修神學，並於芝加哥洛約拉大學（Loyola University Chicago）鑽研哲學。他先後在聖托馬斯莫爾學院／薩斯喀徹溫大學、肯塔基州喬治敦學院和杜克大學神學院任教。

我第一次接觸到威茲伯教授的作品是在我就讀洛杉磯南加州大學比較文學所，當時我還是一名研究美國有機農業文學和文化的博士生。他 2004 年所編輯的著作，《基礎農本讀物：文化、社區和土地的未來》（*The Essential Agrarian Reader: The Future of Culture, Community, and the Land*）是當時少數相關主題作品之一，當中他將農本主義形塑成一種獨特的美國價值觀和思想流派，並融合湯瑪斯·傑佛遜（Thomas Jefferson）[4]、十二位南方農民（The Twelve Southern Agrarians or The Twelve Southerners）[5]，以及溫德爾·貝瑞（Wendell Berry）[6]、韋斯·傑克遜（Wes Jackson）[7]和萬達娜·希瓦（Vandana Shiva）[8]等重要思想家們的思維。之後威茲伯教授持續大量發

---

[4] Thomas Jefferson（1743-1826），美國第三任總統，認為小農因為遵循自然法則，崇尚自給自足，而在道德上與經濟上都成為民主社會的基礎，然而傑佛遜在促成小農經濟的同時，也建立在國家對領土的積極擴張與開墾上。

[5] The Twelve Southern Agrarians 或 the Twelve Southerners，是 1920、30 年代美國南方支持小農的社團之一，分別是 Donald Davidson、John Gould Fletcher、Henry Blue Kline、Lyle H. Lanier、Andrew Nelson Lytle、Herman Clarence Nixon、Frank Lawrence Owsley、John Crowe Ransom、Allen Tate、John Donald Wade、Robert Penn Warren 與 Stark Young，他們的身分大多是詩人、小說家、歷史學者或教授。

[6] Wendell Berry（1934-），美國小說家，詩人，散文家，環保活動家，文化評論家和農夫。Berry 與美國肯塔基州農村有著深厚的聯結，他的父母雙方家族至少有五代人都在這個地區務農，而 Berry 的寫作也與農業、農村社區的發展密切相關。

[7] Wes Jackson（1936-），是國際永續農業運動的領導者，他與 Dana Jackson 創建了土地學會（Land Institute），致力於探究可永續發展的農業項目。Wes Jackson 與 Wendell Berry 也是多年好友，Berry 認為 Jackson 在土地學會的農業研究發展出「以自然為典範」來思考農業問題的可能性。

[8] Vandana Shiva（1952-），是印度學者，環保活動家，糧食主權倡導者，生態女權主義者和反全球化運動的代表人物之一。她曾協助非洲、亞洲、拉丁美洲、愛爾蘭等地的綠色運動基層組織，反對以基因工程促進農業發展，她也積極投入在推廣有機農業和公平貿易，致力於保護生物資源的多樣性和生態完整性。

表相關文章。今日對談也將提及其相關著作，包括 2011 年《食物與信仰：飲食神學》（*Food and Faith: A Theology of Eating*）、2021 年《神聖的生命：受傷世界中的人性地位》（*This Sacred Life: Humanity's Place in a Wounded World*）和今（2022）年 8 月出版的《農本精神：耕作信仰、社區與土地》（*Agrarian Spirit: Cultivating Faith, Community, and the Land*）。對食物、農業綜合企業以及環境倫理和生態靈性感興趣的人士，都不能錯過諾曼・威茲伯教授的作品。

諾曼・威茲伯：Serena，謝謝你的介紹。

（一）農本精神的根源之一：逃離

周序樺：我想從您的個人經歷開啟今日的對談，也就是您對農本主義的學術興趣從何而來。在《農本精神：耕作信仰、社區和土地》一書中，您提到您是在農場長大的，能和我們分享您當時的農場生活嗎？

諾曼・威茲伯：我的祖先過往一直在中歐耕種，由於戰後可用的土地減少，於是他們在 1952 年從西德移民至加拿大，抵達阿爾伯塔省之後發現當地有充沛的土地能打造小型家庭農場時，他們顯得非常興奮。我們的農場非常傳統規模也不大，以照料土地和動物為重，豢養著包括牛、雞、豬等許多動物，同時種植穀物和苜蓿來餵養牲畜。我成長的年代農業經歷了翻天覆地的變化，二戰後政府大力推行工業化生產，農民深感壓力，因為他們被要求盡可能地提高產量，便開始施用大量肥料和除草劑，動物亦被迫關在畜欄或密閉空間中。我和祖父身歷其境，我們的耕作方式依循傳統，倘若不能給予動物適當的照顧，便極可能造成傷害。儘管我對畜牧生活相當著迷，當時家族卻受到來自銀行的巨大壓力。銀行表示我們必須擴大經營規模才能繼續提供支援，我們得將現有的 2,000 頭牛增量至 20,000 頭牛，一旦牲畜量增加便需要添購大量的土地，這對我們而言是極為龐大沉重的經濟負擔。不單是我們一家，這是全球農民都面臨的問題，即進入工業化生產，便需承擔

巨額的債務以茲生產，且在這樣的情況下便得捨棄對動物和土地的關照，這是農民並不樂見的耕作模式。

1980年代我已成年，當時正值農場危機爆發時期，許多農民因破產和失去抵押品贖回權而無法再持有農場，也令我開始思考這並非我想要的生活。因此我決定放棄農民身份而選擇教職。我當時並沒有想到多年後我會遇到溫德爾・貝瑞（Wendell Berry）這位重要的學者，他說服我從當代哲學和宗教重要議題反思農民議題，進而激盪出不同思維。待過農場的人就會知道，曾與土地和動物一起工作的人們，相較於從未種植過自己的食物也不飼養動物的都市人，二者對世界的看法不盡相同。溫德爾確實幫助我透過自身從事的哲學和神學專業來審視如何將農業生活帶入更大的文化議題。

周序樺： 我喜歡您對職涯的見解，即使您最終選擇了不同於農夫的職業道路，實際上也未遠離農場。相反的，您逃離的實則為農業企業的暴力，而非傳統畜牧業或農場管理。

諾曼・威茲伯： 我一向認為耕種是最美麗的生活方式。但是從歷史上看來，從事這項工作的人們往往被要求在經濟困難的環境下生存，導致生活相當艱難。當迫於經濟壓力而無法隨心所欲時，務農就變得非常痛苦。

周序樺： 我相當好奇您兒時在農場都負責哪些事務？

諾曼・威茲伯： 因為我們是家庭農場，所以必須處理各式各樣的工作。我每天到農場兩次，主要負責餵養動物，包括牛、豬、雞等。我必須確保雞不會在夜間發生被野狼襲擊或被老鷹等抓走等意外。另一個主要的工作是灌溉，阿爾伯塔省南部非常乾燥，因此需使用管道灌溉系統來種植莊稼。管線必須每六到八小時移動一次，否則水就會淹沒土地。我必須每天早上四點或五點起床去移動管道，至中午再去更換，爾後睡覺前再做一次。有許多不得不做的事務，令人時常容易心生不滿，我不像那些住在都市的朋友們，可以在晚上或週末做任何想做的事，我們總是有很多必須完成的工作。

這也是很難令人理解的課題之一。無論你是否樂意從事這些工作，動物仍需被照顧。即使你生病或不舒服，仍然必須去餵養牠們。我們得在寒冷

的冬天去畜欄裡鋪上墊草，牛隻躺下休息時才不會受凍。你得妥協於天氣、季節和植物的生長時序。當收成季節來臨，你就得犧牲假期。收割餵養家牛的乾草時，也會祈禱老天不要下雨。因為雨水會使得乾草的品質下降。還必須迅速把乾草割好並帶進室內，才不至於爛在田裡。這樣的工作模式雖然規律卻也很多變。除此之外，工作還包括建造與修繕建物。但我非常喜歡這份工作，尤其是可以一直待在外面。不過這確實不容易，也完全無法鬆懈，譬如你便不能隨意去度假，這些工作不會因為想停就停。

（二）農本精神的根源之二：歸鄉

周序樺：感謝您提出這些關於農場工作議題，不過度浪漫化農場生活和農場工作是相當重要的。現在大多數人仍然懷念農耕或農家生活，儘管那是苦樂參半的日常。正如您提出的簡短定義，農本主義意味著「居住義務」或「一種適應土地和當地社區需求的生活方式」。您編纂 2003 年出版的《基礎農本讀物：文化、社區和土地的未來》背後有什麼個人或歷史因素嗎？我在寫論文時發現這算是為數不多探討農業倫理的著作。您的動力來源是什麼？（您為何想要編輯這本文集？）

諾曼・威茲伯：在編纂這部著作的幾年前，我搬到肯塔基州任教。為更了解肯塔基州文化，我請一位當地朋友推薦肯塔基州作家的作品來閱讀，他推薦溫德爾・貝瑞。當時我從來沒有聽說過溫德爾，也對他一無所知，也未曾聯想到他的作品會和農業有關。溫德爾是詩人、小說家也是散文作家。我挑選了他的一些書籍來拜讀，自此便完全沉溺其中。對我而言讀他的作品像是回家，在我的整個研究生期間，我早已完全忘記過去務農的種種。

儘管我從小務農，但對我而言那個階段已然結束，我重新展開生命的另一個篇章。然而，當我開始閱讀溫德爾的作品時，我發現他會透過非常有力的方式，以及我從未見過的重要語言和概念來提出人類生活以及人與土地關係的相關基本問題。在我學習神學和哲學過程中，至少在我所知範圍內的

大學，肯定沒有和農民與農業相關的議題。農民不會出現在大學校園裡，不會在此教書，更不會去撰寫給學生閱讀的書籍或論文，我開始體認到這是一個相當嚴重的問題。一開始我想做的只是召開一個研討會來表彰溫德爾的著作。但當我就此向溫德爾提出建議時，他卻表示對研討會完全沒有興趣。

周序樺： 他是對學術還是對研討會沒有興趣呢？

諾曼・威茲伯： 主要是針對研討會。所以我寫信給溫德爾的編輯說我想出資贊助召開一場研討會，因為我認為他的著作在許多學科中都舉足輕重。他的編輯表示，溫德爾的著作《美國的不安》（*The Unsettling of America*）即將出版滿 25 週年，或許我們可以以這本書為主題，探討他在 1977 年出版的論點至今是否仍然成立，溫德爾也對此表示同意。我便詢問他想和哪些人一同談討農業作用於文化復興和文化批判此一議題，最後我們列出如 Wes Jackson、Vandana Shiva、David Orr[9]等名單，其中一些人後來也有參與《基礎農本讀物：文化、社區和土地的未來》一書。

研討會結束後，我認為當時的討論應該讓更多人受益。因此我和每位發表人合作，透過撰寫論文來達成目標。這些探討的內容（這次探討的主題）雖源於農耕生活，取材於農人經驗，但並不是針對於農民的獨有論調，農民授予我們的東西需要被各行各業的人理解。這便是《基礎農本讀物：文化、社區和土地的未來》背後的推動力。過去極少人試圖從更廣泛的文化角度為農業地位而努力。除了編撰這本書，我們還與肯塔基大學出版社合作「土地文化」系列書籍，邀請許多作者撰寫，闡述農本主義教予我們在美術、教育、文學理論或者其他各種層面上的議題，共有 15 本書左右。

---

[9] David Orr（1944-）是歐柏林學院（Oberlin College）的保羅・西爾斯（Paul Sears）環境研究特聘教授與政治學榮譽教授，其著作與研究關注議題廣泛，橫跨了環境與政治、環境教育、校園綠化、綠色建築、生態設計和氣候變遷等多個領域。

（三）克服生態健忘症

周序樺：非常重要的是，您提到農本主義不僅適用於農民或鄉間居民，也是微型社區的廣義範圍（也適用於整個地球村）。我發現在《基礎農本讀物：文化、社區和土地的未來》一書中，許多章節都將農本主義作為一種生活方式、一種風氣來探討，這對每個關注環保生活的人來說都很重要且迷人。

諾曼・威茲伯：我認為關於農人的基本觀點是，如果你意識到這不僅僅是與他們息息相關的事，也就是說農人應理解人類的健康和福祉和這片土地及其所有生物均脫不了關係。因為人類也是生態動物：我們除了吃、喝、呼吸也需要能量和建造住所，這些事務都將我們與土地緊密聯繫在一起。當我們居住於城市時，很容易誤以為我們並不依賴土地、水或空氣生活。農業人士的立場所試著要做的，是為都市人克服生態健忘症，這時常發生，如果你一輩子都購物，或單靠消費購買維持生活的必需品。我們能夠買東西，但購買，最終會帶我們回到那些東西源生之處。因此，對於農本思想家來說，他們試圖做的其中一件事情就是，幫助所有人理解他們的身體實踐如何帶領我們回到世界的肉身，那是源生、維持、滋養、鼓舞，並且也是喚醒我們的地方。這就是我們能夠協助城市人保持敏感度，或許僅是有同感也很重要。我的論點不是要讓人們回歸土地。現況是目前也尚無足夠的土地，且許多人也並無照顧土地的企圖，導致這成為一項非常困難和繁複的任務。

周序樺：我很讚賞您將農本主義定義為一種負責任的居住形式，一種生活方式，或者與土地和當地社區的要求可以協調一致的身體實踐氛圍。在某種程度上，湯瑪斯・傑佛遜、南方農民主義者等人物的農本主義都與社群的形成有關。我很好奇您在此傳統思想中如何定位自己，或者您如何跳脫早期美國農本主義框架？

諾曼・威茲伯：這是一個很好也很重要的問題。農業史並非總是和善，且經常涉及強制勞動，農業社區有時可能非常封閉，我們不應對這些問

題不置可否。特別是美國的農業史無法跳脫契約奴役或奴隸制度。當時湯瑪斯・傑佛遜和十二位南方人未能妥善處理這個議題，他們認為使用奴役來種植食物是可被接受的。對未來的農業工作者而言，這是一個核心議題：如何在不犧牲他人利益，包括勞動、健康和福祉等代價的前提下來促進良好的農業發展？我們都知道即使在今日，這也相當困難。我不確定世界各地的情況如何，但在美國大部份的農業工作都是由移工完成，但這些工人並沒有得到可維持生活品質的工資。他們經常被要求在使用大量化學品這類危險、高溫或有毒的環境下工作。這又引發出許多問題，例如何種社會體制是可以與農民並肩努力又給予尊重，使他們得到合理工作報酬的？我認為這相當重要，如果無法發展出能夠讓農民兼顧關心土地和生物、動物、植物的經濟環境，世界將持續退化。

眾所皆知，農業活動對地球造成極大破壞。因此我們確實需要讓城市居民和郊區居民共同致力發展出能夠確保農民持續守護作物與大自然的經濟政策。然而從古至今這都未曾發生，農民從工作中獲得的回報微乎其微，他們往往被迫屈就於不認同的耕作方式，這些都是重要的問題。

（四）滋養孕育你的地方

周序樺： 距離您最初談論食物與信仰約莫已過 10 年，是什麼激勵您再次重新審視農業以及耕作的價值觀、哲學和神學？您現今所強調的價值觀為何？我很高興也和驚訝地發現在 2022 年夏天《農本精神：耕作信仰、社區和土地》問世時，您重新審視農本主義。

諾曼・威茲伯： 我認為主因是我想推崇農業作家們：他們不斷地讓我們反思最基本的問題，包括我們要怎麼吃？我們如何建立不僅為人類，也同時為土地和動物帶來繁榮的經濟？我們如何創造既不會減少生物多樣性，又能維持甚至增加生物多樣性的種植方式？全球面臨的諸多議題，包括氣候變遷、食安問題、人口遷移、死亡區（不毛之地）的形成、含水層枯竭等等都

讓人們越來越難以忽視，我們其實正在濫用賴以生存的土地。

農業人士的核心立場是堅信你需滋養孕育你的地方；農人在日常實踐這方面擁有悠久的傳統和智慧，因此我們需要聽取並學習他們的意見。我不清楚各位所在的區域情況，但在美國，環境保護主義興起時受到荒野倫理的影響極大。保護原始自然是一個重要的想法，因而開始有國家公園的歷史等等。我愛大自然也愛荒野，我甚至喜歡最原始的大自然。但我們在公園裡稱之為「荒野」的地方並不屬於人居。其實我們需要弄清楚的不是去國家公園時如何成為稱職的遊客；而是我們應該透過何種勞動形式，什麼樣的經濟政策來培育這片滋養我們的土地。

世界各地的農業人口經年在土地上耕種，我們可以從這些歷史中吸取教訓，因為在土地耕作中，有一部份是極具破壞性的行為；也有一部份是使土地變得更肥沃、更多樣化的做法。我們需要尋思如何從錯誤和成功的歷史經驗中學習，在一個大規模毀滅的世界之中，找出能夠協助治癒土地的做法，而非繼續濫用土地。

（五）世界作為神聖的禮物

周序樺： 如果指稱這段歷史是促使您對食物和農業神學和靈性層面感到興趣的原因，是否恰當？

諾曼・威茲伯： 我想是的。去年我參加在蘇格蘭格拉斯哥舉辦的聯合國氣候峰會（COP26），幾乎在每一場關於食品系統、商業、投資支持等議題的會議上，大家普遍的結論都是「我們知道怎麼做，我們在工程和相關技術層面都沒問題。」然而真正的問題應該是，我們是否真的願意讓事情如此發生，或支持如此造成這些發生的文化。這也意味著氣候變遷和物種滅絕等並非技術問題，而是文化議題，這正是我們所關心的價值觀。

我認為我們沒有充分理解的是，現代世界和現代性的核心承諾如何透過挪用、開發、商品化將事物變成可銷售的物品。我認為人們已意識到這對

人類思考自身在世界上的定位而言，是相當具破壞性的方式，這是持續依賴暴力威脅的一種制度。這種想像的思維方式違背世界各地的文化傳統，我們必須了解這個世界不僅是由商品，而是由活著的生物組成。他們具有價值，我們甚至可以將他們視之為親人。現今，這整個說法的前提是世界在某種程度上是神聖的，它暗示整個世界都是我們所獲贈的禮物的一部份。

　　禮物與商品的詮釋截然不同。並非以掠奪、竊取以及囤積的方式，你必須以接受的方式獲得禮物。它是你感激地收下然後再分享的東西。我認為未來將面臨的問題是，我們是否能夠挑戰當今世界各式的商品化制度：如土地私有化以及為植物和動物申請專利，這些行徑只是讓公司股東利潤最大化，並且圖利現在試圖控制世界糧食系統的富人和投資者們的制度。人們可以在物資缺乏的情況下生活，但是人類卻無法沒有食物。我擔心的是各種生命形式的商品化——不僅僅是土地商品化。生命的商品化將挑戰人類是否足夠剛毅去認知到，當我們將生命商品化時，也同時會侵犯生命。我涵蓋的範圍不只是人類，也包括動植物。為此，我們需要能夠借鑒世界上偉大的靈性和宗教傳統。那是我們留下文字紀錄、歷史和記憶之處，它們仍然可喚起一種完全不同的方式來理解我們所處的世界。所以生活在這樣的語言（語境）之中，世界被創造出來，在這當中有位造物主相信所造的一切都美好，如此已經相當程度的遠離那種只想著如何從中獲利的開發態度。

　　周序樺： 關於您提及的語言或敘事的重要性，對人文學者來說至關重要，某種程度上，我們的工作就是探索哪些敘事可以改變行為，並且促使人們在他們創造世界的實踐中可以有些不同的關懷與行動。接著想探討您對食物和神學的研究，在《食物與信仰：飲食神學》一書中，您指出「直到我們感知、接受和品嚐到食物的源頭和終點時，才真正理解食物，因為上帝是提供、交流並最終調和創造者。」我認為這與您剛提及的論點有關，即大自然不應被理解為一種商品形式，而應被認知為「禮物」。我們應試圖將自然理解為上帝賜予我們的禮物，並尊重和珍視它。您自 2005 年起開始撰寫關於農業的著作，歷經十多年後又回來重新審視，期間您也撰寫幾本關於食物的

書，很好奇您是否認為食物在食用和種植的定義層面有所區別？我本身經常陷入此一學術認同危機。通常我會被貼上「批判食物研究」學者的標籤，儘管我的研究確實與食物相關，但其實我並不大認同此分類，您的觀點為何？是什麼讓您多年後再次回頭審視食物生產議題？您是否也有和我相同的焦慮？畢竟於我而言，種植食物與僅僅食用食物差異甚鉅。

諾曼・威茲伯：這是一個很好的問題。在此我想提出幾個觀點，一般食客多半以「無知」的方式透過採購獲取食物，正如同溫德爾・貝瑞所說的他們「迷信」食物係由錢產生。即如果有錢就能有食物，但這完全是一種自我欺騙，因為錢無法被食用。食物生產係透過泥土、土壤、細菌、微生物等物質。食物成長在土壤、水中，需要根系和蜜蜂及蝴蝶等授粉者。當你試圖了解任何食物形成的故事時，也正涉入繁複的生物與生態過程中。若沒有光合作用便沒有食物；若沒有授粉者，沒有下雨，就沒有食物；上述對了解任何食物都至關重要。我們很容易自欺欺人，認為因為擁有了食物產品，如一包意大利麵、一包米、一袋蘋果或其他物品就認為食物等同於其包裝。事實上，任何參與食物種植過程的人都明白，食物有一個自己的故事，這個故事帶你回到過去，了解食物如何透過繁複的生物聚集而得以可能。

我撰寫《食物與信仰：飲食神學》的原因之一，是因為我認為許多城市居民並不了解食物繁複的歷史。這不只是關乎生態，也和歷史、社會和政治。人們必須意識到，如果拿到穀物，就可以做麵粉；再加入酵母、水和少許鹽，就可以製作麵包，這只是一個例子。人們擁有需要大量創意來成就烹飪的傳統歷史，才會造就食品經濟和分配體系。例如為何選用小麥而非大米？或者為何吃素而非吃肉？為什麼全球飲食方式如此迥異？都是值得探索的議題。

人們承襲族裔傳統，飲食習慣因而受到各種繁雜的社會、文化因素影響。例如美國著迷於速食，有五花八門的漢堡炸雞店，這實則為 1950 至 60 年代為實現特定文化和財務目標而創造出的文化現象。若是以生態和文化層面做剖析，便能理解「漢堡」一物其實相當複雜，和文化及生態都有關係。

那麼在靈性層面又該如何闡述呢？回應你剛所引述的這句話，從起源，及以造物主為參照點的角度來理解事物。

諾曼・威茲伯：倘若食物不僅是商品，而反映複雜的生態文化歷史，那麼最終可將其視為禮物，更甚者，是送禮者對愛的表現。舉一個常見的例子，當你被邀請去某人家吃飯，他們把食物端上餐桌時會說「這是我為你做的食物。」而你作為接受者，看到主人為你準備的食物便是其愛的表現。食物便是我們對世界的愛、造物主對我們的愛，以及我們對彼此愛的宣言。這就是為何在眾多文化中，分享食物對文化福祉至關重要。好客非常重要，前提是假設我們都以接受禮物為生。而這些禮物並非隨手可得，而是他人給予的。這對我們看待世界的方式有何影響？若我們為了表達造物主對世界的愛，便有義務彼此分享食物，如此神聖的款待不可或缺。因此，在眾多本土和靈性的傳統中，讓人飢餓是種道德錯誤。當我們剝奪人們的食物時等於剝奪了他們的生命。神創造的世界即是從生活是美好的假設開始教導我們。若我們不倡導彼此共存共榮，不分享食物，那便是在反對生命的力量和否定其珍貴之處。如果我們想使享用食物有意義，就需要滋養其生命。

周序樺：當代臺灣多少算是世俗社會，大多人信仰佛教或道教。[10]在《食物與信仰：飲食神學》和《農本精神：耕作信仰、社區和土地》兩本著作中，您提出諸如「因何上帝創造了一個每個生物都必須進食的世界？」此類問題。通過如園藝和您所闡述的「死亡與犧牲；聖體聖事與和解的意義；感恩和自我奉獻的意義；和天堂與希望」等主題，您視耕種和飲食為一種靈性實踐。您能分享更多關於這些意涵嗎？

諾曼・威茲伯：我認為基督教信仰植根於一種體驗，這種體驗不僅為

---

[10] 根據美國在臺協會所發布，〈2022 年宗教自由報告──臺灣部份〉中所引用的中研院社會所調查資料指出：「若只能選擇單一信仰，臺灣有 27.9%的民眾認為自己信奉傳統民俗宗教，19.8%為佛教，18.7%為道教，23.9%為無宗教信仰。其餘人口主要信奉基督新教（5.5%）、一貫道（2.2%）和天主教（1.4%）。」
https://www.ait.org.tw/zhtw/zhtw-2022-report-on-international-religious-freedom-taiwan/瀏覽日期：2023 年 10 月 21 日。

基督徒所知，而是所有人。當你坐在一張桌子旁，拿著盤子裡的食物時，必須留意到聽起來有些可怕的一點：為了你用餐，其他生物必須死去。倘若你只是購買食物，很容易忽略並忘記這點。購買肉或農產品時，並不會看見血，皮毛和羽毛，甚至菜蟲被滅絕的歷史彷彿已不復存在，因為這些過程在上架前都已被刪除。人們認為食物就在那裡，但需要明白的是我們生活的世界只能靠吃來生存。每一個活著的生物都必須進食，吃的即是其他生物。接踵而來的問題是，如果你是一個負責任，甚至是細心的食客，該如何使自己值得另一個生物為自己犧牲呢？這便是我們在做的。如飯前謝恩的操練便標示出此事的嚴肅性。

每當我接待對農業一無所知的訪客用餐時，若有提供肉，我便會在供餐時說「謝謝雞為我們奉獻生命以利我們享用。」人們便會說，我現在不想吃雞肉了。我想說的是，你認為雞肉從哪裡來？其實它就是一個生命體，當你意識到為了讓人們有食物可吃其他生物便必須死時，便不得不問，我們該如何配得上他者的死亡？在基督教的想像中，儘管難以做到但答案其實很簡單。若要享用他者的生命，就必須尊重它。即意味著好好照顧它，而非濫用和貶低生命的重要性。

在我的農場經歷中我們養雞是因為自家要吃。我的祖父教導我若要食用雞，就必須確保牠的生活幸福，所以絕不容忍任何虐待動物的行為。我們養的雞群可以在農場自由活動覓食，但我的祖父仍堅持每天割草並餵食牠們，因為這會令雞愉悅。他認為若要吃雞，就必須盡可能讓牠們活得快樂，以此來紀念其生命。若你要吃肉，該動物肉源必須得到妥善對待，對農民而言這並非牽強附會的想法，而是尊重土地的方式。而這是農業工業生產方式十分缺乏的思維。

在工業生產中並不會尊重和充分照顧雞、牛、豬或農地。為求盡可能有效地提高產量，農事在此一濫用土地的制度中已被簡化。人們對動物進行基因改造，使牠們比平時更快達到屠宰體重，以生產出更多肉量。因為美國人偏愛雞胸肉，胸部巨大的雞應運而生，我們對待眾生就像對待死人或機器

一般。可想而知，一旦我們像對待機器一樣對待動物，便能夠進一步操縱、修改、加速牠們，甚至有一天我們也會如此對待人類，誠如現在農民所遭遇的。我們將人體視為容器並追求吃得越多越好，而這將一路通往墮落的體系。我們需要恢聖禮的靈性理解，否則所有生命都容易受到資源開發與竊取的影響。我們處在一個相當可怕的世界。

周序樺：謝謝您提出這點。我正在研究關於跨太平洋的食品生產和消費行為，以及如何將日常實踐轉化為可永續和正義的參與策略。為什麼您認為在農業或飲食的道德之外，引起人們對靈性的關注也相當重要？靈性通常與保守主義或霸權相關，有時也被稱為政治鄉巴佬，不知道您是否可以多談談這部份？

諾曼‧威茲伯：宣稱我們所處的世界中消費不僅僅是一種商品，而是一種饋贈和禮物是相當具革命性。因為它所指涉的是主導地位的經濟模式，即為了股東利潤最大化是錯誤的。當一個持續增長的經濟體將重點全部聚焦在 GDP 最大化時，你卻主張這不應該是我們的生活目標時，便是相當具革命性的言論。這並非一場保守運動。想要保持現狀的人是保守派，那是因為他們尚未意識到如果行為依舊不改變，就會耗盡水，使土地退化，導致生育率持續下降，並消除傳粉物種並弱化微生物系統，破壞植物和動物生命的多樣性。

談論如何珍惜世界其實是最激進的政治行動，因為它像是在為驅使世界衝向懸崖的車輪加上釘子。面對世界的商品化之際，要表態不會容忍此過程更進一步需要甚大的勇氣，因為我們知道它的發展方向是將所有生命化約成生命成本效益分析表，但我並不想出現在他人的分析表上。我感興趣的靈性並非只是一種天真的虔誠，它涉及實際和經濟層面的問題：我們如何學會愛護、珍惜和滋養孕育我們的所在？我們如何學會熱愛、培育和表揚動植物與農人？這些皆是革命性的行為，它們顛覆了在世上造成如此巨大破壞的經濟政治秩序。歷史學家教導我們，大多數偉大的革命運動都是圍繞著土地問題展開的，例如誰擁有土地，何者能定論土地上發生之事等等。曾有人說，

革命運動的起源多半來自想從菁英和有權勢的人手中奪走土地。對我而言，表態需要保護生命而不是繼續濫用遠非保守，而是更為激進的姿態。

周序樺：感謝您提供這些歷史和文化脈絡。作為一名人文學者，我的看法是，這些不僅關乎土地，也可能涉及政治、抵抗和示威。激進不僅止於參加街頭示威和扔石頭，愛護土地或正確飲食和種植食物也屬於政治的一環。在物質──靈性氛圍的體現意義上，我也主張政治和示威完全不同。

諾曼・威茲伯：我認為你說得很好。我有過幾次經驗，課堂上我讓學生們閱讀農業作家的作品：學生們對這些他們所說的話非常感興趣，他們確實幫助學生了解關於健康、幸福和生活目的等基本現實面。我有些學生除了閱讀相關資訊外，還會花上一整個夏天的時間待在農場。他們告訴我他們從未想過這些作品會如此改變他們，他們不再以自己的認知想像另一個世界，而是透過身體力行的方式進入那個世界。你生活中所在乎的種種，優先順序開始發生變化。

如果你在思考基進政治，「基進」一詞在最初意味著，帶你回到根源。基進政治應該能夠說明根基的重要性，以及我們需要因何做出承諾。農民用一種強而有力的方式告訴我們，現今的政治和經濟優先順序從根本上就被扭曲了。我們需要有一套截然不同且具革命性的優先順序。因為我們現在所認知的世界秩序以及我們評斷美好和成功生活的整套模式都是錯誤的。人們因此被誤導，不明白什麼是最重要的。銀行帳戶和房子有多大並不重要；土壤的健康、水的質量和清潔程度、空氣的通透性以及豐富多樣的生命才是最重要的。失去這些，沒有人可以活得很好或很長壽。人可以住在小房子裡，但不能不依靠好的土壤生活。

周序樺：我們談論的是行動，具體實踐的精神以及勞動，這些是農本思想家所支持的。我讚賞將農耕主義作為一種植根於土地的形式來進行探討。農本主義不僅是農業，它亦涉及不同種類的行動並關乎地球存亡，像是方濟各教宗（Pope Francis）在 2015 年的通諭《願祢受讚頌》（*Encyclical Laudato SI': Care for Our Common Home*）中所主張的「生態皈依」。也

如同威雷伯（Rob Wilson）教授在 *Be Always Converting, Be Always Converted* 中，將皈依視為一種「自我創生與詩意轉化」的形式──「一種革命性的可能性，即我可以重製漂流、意識形態的困惑或懸而未決的承諾。」我個人相當著迷於農業和園藝能夠創造生態皈依的能力。

諾曼‧威茲伯：這是非常重要的一點。本地作家羅賓‧基默爾（Robin Kimmerer）表示，當歐洲人來到北美時，他們的目的是將土地變成財產並從中賺錢。他們以淘金為目的，所以永遠也顧不上這片土地，只能將其商品化。然而原住民對這整個做法深感困惑和擔憂，無論這些歐洲征服者去到何處，他們都不想留下來。他們沒有養育土地的想法，只想賺錢。當人們只將土地商品化時，將無法感受到土地是滋養和幸福人類的源泉。在尊重土地的同時，你會發現土地也同等愛你。基默爾闡述一件非常重要的事情：當人們感覺不到被愛，或者感受不到所在所屬之處時，便會產生許多心理障礙，因人類本質上便需要歸屬感和重要感（被認同）。倘若培育人們的地方已經被降格和破壞，或者已被物化和商品化，人們怎麼會感受到歸屬感和重要呢？當代許多人感受到的巨大孤獨感和無意義感並非偶然，係因他們將上述種種視為商品，從而掏空了世界的意義和價值。如果讓我們賴以生存的世界僅只是一堆商品，我們是否也僅是一堆可以賣到最高價的商品？

我認為人們已經意識到現代這種挪用、商品化和剝削的潮流是災難性的行為。當我們商品化、佔用和開發土地或生物時，我們最終也不得不對所有人這樣做。最終只會落得爭論誰是最好的剝削者，即是說最富有、最有權勢或最暴力的為何人。從歷史上可得知需要有足夠的錢才能過上體面的生活，但在某些時候金錢並不會使你更快樂，只會讓你更痛苦。我認為人們實則想要回歸去探究何者會令生活有意義，何者能肯定生命的價值。這些皆須與人們如何形成土地和生物價值等問題串連起來。我的論點是，除非我們皆認同所有生命和滋養我們的所在都是神聖的、值得珍惜的，人類的生命才有同等價值。

周序樺：我喜歡您強調農業和飲食是人們可以從事的靈性實踐方式，

這不僅賦予我們作為城市居民的力量，同時亦指引了應該為之努力的方向。您在《農本精神：耕作信仰、社區和土地》一書最後為讀者提供的農本精神實踐方式很有價值，例如學習如何祈禱、正確看待事物、保持正派，並學習謙遜、慷慨和希望的意義。現在的世界似乎貌似慘淡，您是如何保持希望的？希望的意義為何？在您看來何謂「希望」，又該如何實踐？

諾曼・威茲伯： 其實這與我所重視的農業和環境問題息息相關。現今諸多的新聞確實很慘淡，世界各地的年輕人都非常關注氣候變遷等議題。許多年輕人不想有下一代，因為擔心未來會缺糧，或者數億人將因高溫、火災、乾旱或海平面上升等環境變化而流離失所，未來將非常嚴峻。我經常被問到「是什麼賦予你希望？」思考此問題的同時，我同時意識到這不一定是個好問題。因為這個闡述聽起來像是希望是能夠被擁有的東西，有些人有，有些人則否。彷彿它像一種疫苗，如果擁有它就能免受世上的麻煩，但我不認為這該稱之為「希望」。我認為希望是一種自我參與的活動。與其回答或甚至詢問「是什麼給了你希望？」我反而覺得應該問「你喜歡什麼？」這是一個更佳也更有益的問題。這個問題的重要性在於當你問人喜歡什麼時，也是在定義應該保護和珍惜的承諾，希望存在於「愛」發揮其作用之處。這便是我對希望的簡短定義：希望並非某個東西，而是你所做的某件事。

我知道有很多人會反駁為何不保持樂觀？我認為樂觀與希望截然不同。樂觀主義強調任何事情皆會好轉，毋需擔心。但人們不推崇的是，樂觀主義是一種非常保守的思維方式，因為它不挑戰現狀。而是繼續無所作為，相信事情就會好起來。我們知道事實並非如此，新自由資本主義現狀造就年輕世代正面臨的問題。希望和樂觀不同，因為希望並不意味壞事不會發生。而希望就彷彿是質疑我們「你打算對世界做什麼？如何想像在一個異於現狀的未來中，生命是被珍惜而非濫用的？」正如溫德爾・貝瑞所言，希望存在於手段而非目的。年輕一代不需要關於 50 年後世界發展的預測。也不需被告知「別擔心，一切都會好起來的」，那都是謊言罷了。我們該承諾做到應行之善事以傳達我們的愛。希望應是一種紀律而非鼓舞人心的樂觀，誠實認

知到未來將會有苦難發生。至關重要的是人們應承諾將愛與世上美好的事物相結合。美麗的地方將被創建，包括健康的社區和良田。指引我們的並非恐懼和絕望，也非樂觀；而是人們對地方、社區和彼此的愛。

周序樺：我喜歡您對希望的定義。想再延伸一個問題：您如何看待基督教「救贖」概念的背景和框架？

諾曼・威茲伯：這是一個術語，但不僅用於基督教。馬克思（Karl Marx）也有一套救贖的版本。救贖故事基本上是談論生活的最佳方式之一。我們如何得知在生活中做得很好？這就是救贖所協助我們理解的面向。從基督教的角度而言，所有影響人們生活的關係都以愛為表徵時，救贖就實現了。我們在世界上遭受如此多苦難的原因之一正是因為我們扭曲和否認愛。無論暴力或是虐待都是人們無法去愛的表現。正如基督徒所理解的，救贖故事即是上帝不斷教導人們何謂愛。在基督教中耶穌以實際行為向人們展示愛的意義，他餵養、醫治、寬恕、勸和、並與沒有朋友的人成為朋友。這些形塑出救贖的模樣並示範何謂愛。基督徒所說的神的國度是這樣的世界，在當中，神的愛是支配關係的唯一力量，這也意味著救贖。我試圖讓人們想像如果他們接觸和從事的一切都得到妥善地滋養和照顧，那會是怎樣的生活，並且也去理解和感受，所有人都在努力確保自己能夠最好地活著，同時也致力於幫助他人盡可能活出最好的生活。我們會活在多麼不同的世界，不是嗎？這便是基督教之救贖。上帝的愛在人們的生活中紮根，所以對彼此和對所在之處的關心是最首要的。這是相當美好的願景，遺憾的是鮮少被世人理解。

周序樺：感謝您對救贖的深刻見解。今日的與會者非常多元，包括來自不同學科背景的學生與教授們，我們都非常享受這次的對談。您對生態和歷史的見解使我們獲益良多，也讓臺灣及亞洲各國的聽眾帶回許多資訊與知識，做為日後思考與激盪的材料。

參考書目

Chou, Shiuhhuah Serena
    "Cultivating Nature." Cambridge Critical Concepts: Nature and Literary Studies. Peter Remien and Scott Slovic. Cambridge: Cambridge UP, 2022.

Inge, M. Thomas
    "Introduction." Agrarianism in American Literature. Ed. M. Thomas Inge. New York: Odyssey P, 1969.

Jefferson, Thomas
    Notes on the State of Virginia. Ed. William Peden. Chapel Hill: University of North Carolina Press for the Institute of Early American History and Culture, Williamsburg, Virginia, 1954.

LeMahie, D. L.
    "Malthus and the Theology of Scarcity." Journal of the History of Ideas 40.3(Jul-Sep 1979), 467-474.

第十三章　沙漠、山海與小鎮：生態繪本中的地方與靈現*

蔡怡佳

輔仁大學宗教學系教授

本章大意

繪本是結合文字與圖像的創作，其簡潔又不失深度的文字以及生動的意象，可以運用於反思人與地方之關係，成為激發環境意識的媒介。本文在這樣的關注中，以幾位繪本創作者的圖文創作為例，希望探討繪本如何透過圖文交織的獨特性進行地方書寫與生態書寫，使我們得以對生活的地方展開精神性的看見，並進而反思我們與地方的關係。從 Terrapsychology 的視角出發，本文討論美國繪本創作者拜爾德・貝勒（Byrd Baylor, 1924-2021）和彼得・帕爾諾（Peter Parnall, 1936-）共同創作，一系列以沙漠為主題的繪本、日本的繪本作家伊勢英子（Hideko Ise, 1949-）與小說家立松和平（1947-2010）合作的《山之生》與《海之生》，以及臺灣繪本作家劉如桂的劍獅系列作品，探討這些繪本的故事與象徵如何表達人與地方的連結，呈現以地方為基礎之精神性的開展。

---

* 本文曾以〈沙漠、山海與劍獅：生態繪本中的地方與靈現〉為題在「亞洲處境中的環境危機與宗教實踐」學術研討會中發表，感謝評論人周惠玲對論文題目以及內容的寶貴建議。本文部份內容曾刊登於《火金姑：中華民國兒童文學學會會訊》，2022 年秋季號，頁 103-120。

一、前言

　　本文的發想和我之前所進行的研究計畫有關：我曾經以臺灣兩個生態保護團為對象，以生態心理學（ecopsychology）為理論取徑，討論兩個團體之生態論述與實踐如何提出一種人與土地之間的倫理關係。在我訪問的對象中，許多人在童年階段都有在鄉下成長的經驗。鄉村中的作息、遊戲與勞動都與大自然息息相關。在大自然中的遊戲讓他們體驗到生命的自在奔放與冒險的樂趣，在自然中的勞動也教導了他們人的生活如何依賴自然的供給。換言之，在大自然中的體會、探索與成長是他們童年的重要經驗。然而，環境的變遷也是這些出生於五、六〇年代的受訪者共同的經驗。成長之後的都市經驗失去了昔日與自然的親密連結，兒時的自然體驗也就成為在生活中追求與自然重新聯繫的種子。受訪者在投身於生態教育的過程中，有對於自我與自然之關係的種種體驗與認識，構成他們投注於環境教育或是環境運動的基礎。

　　與本文相關的第二個脈絡，則是源於我參加約瑟夫・柯內爾（Joseph B. Cornell）[1]於 2017 年在陽明山所舉辦的「珍愛世界，共享自然」工作坊時，經驗了與柯內爾協同帶領工作坊的講師對於瑞士插畫家 Jörg Müller 之作品的運用。Müller 在 *The Changing Countrysite*（中譯《挖土機年年作響——**鄉村變了**》）中，以七幅單頁的繪畫，用同一個取景、每三年的間隔時間，記錄一個鄉村二十年所經歷的變化。這本書生動地呈現了從鄉村到都市的生態變化，出版後得到很大的迴響，也成為環境教育用來討論環境變遷的重要教材。在工作坊中，透過繪本的中介，連結了參與者對於生長之環境之變化的經驗，也激發了熱烈的討論。《挖土機年年作響——**鄉村變**

---

[1] 柯內爾是國際知名的自然教育學家，創辦了「全球共享自然協會」（Sharing Nature Worldwide），他的中譯著作對臺灣的自然教育帶來許多啟發，例如《共享自然，珍愛世界：適用全年齡層的自然覺察活動》、《自然就該這樣玩：深度的自然體驗》，均由張老師文化出版。

了》沒有文字，以圖像的方式有力地說明了從鄉村到都市的環境變化。以這樣的經驗為起點，我開始關注繪本這種結合文字與圖像的創作，如何成為反思環境議題，以及激發行動改變的媒介。[2]

與生態議題相關的繪本很多，本文將聚焦在以人與地方之連結為主題的繪本，討論這些繪本的故事與象徵如何表達人與地方的連結，呈現以地方為基礎之精神性的開展。

二、繪本的可能性

瑞士心理學家榮格（Carl G. Jung, 1875-1961）認為現代人的精神危機來自於自我意識對於無意識心靈的隔閡與陌生。無意識心靈儲存著人類存在經驗的種種母題；透過形象與象徵所表述的無意識心靈，常常以宗教象徵的方式來表述生與死、黑暗與光明、空虛與意義、墮落與救贖、分裂與整合，……等等的心靈經驗。因此，榮格對於現代人之精神處境的診斷，也可以理解人與宗教象徵所指向之超越失去聯繫的狀態。榮格認為象徵是心靈自發的創造，在神話與宗教傳統中累積了大量的象徵創造。重新建立起與神話或是宗教象徵的聯繫，也就成為克服精神危機的道路。

創造存在經驗之核心母題的象徵，是一個持續不斷的過程，除了宗教傳統與神話，榮格的學生馮・法蘭茲（Marie-Louise von Franz, 1915-

---

[2] 有研究指出閱讀對於參與環境保護工作的影響，在一個針對美國不同洲的比較研究發現，在地的圖書館有越多關於植物與動物的藏書，讓居民有機會閱讀到這些書籍時，就有越多的居民會參與環境保護的工作。參見 Ingram, Dustin & Hassnaa Ingram, How Access to Plant & Animal Books Affects Participation in Conservation Activities. *Library Philosophy and Practice* (e-journal), Summer 5-26-2015. 另一個針對摩洛哥的研究也發現，當摩洛哥的西北部因為觀光業的發展而生態開始遭受破壞時，學校如何運用繪本的故事來提高學生的生態意識，而帶來認識上的改變。參見 Fanini, Lucia & Soumia Fahd. Storytelling and environmental information: connecting school children and herpetofauna in Morocco. *Integrative Zoology*, 2009, 4:188-195.

1998）從童話的閱讀中開展許多對於心靈的理解。她認為童話是表達集體無意識之心靈歷程最純粹與最精簡的方式，透過童話的閱讀可以開展我們對於心靈更深廣的理解。馮・法蘭茲的童話分析為現代人開闢了一條與心靈重新聯繫的新道路。曾經當過馮・法蘭茲學生的日本榮格學派心理學家河合隼雄（Hayao Kawai, 1928-2007），則進一步從兒童文學與繪本中看到與心靈對話的豐富可能性。河合隼雄曾經說，繪本是很神奇的東西，潛藏了極大的可能（河合隼雄，2005：7）。對他來說，童話與繪本是通往心靈的管道；閱讀兒童文學是接近靈魂與理解靈魂的工作。換言之，兒童文學與繪本可以成為現代人探問靈魂與生命意義的途徑，探索對超越的體認、生活的意義與目的、生命的神聖性，對痛苦的認識，以及靈性生命的開展等主題。

　　繪本又稱為圖畫書（picture book），[3]是以兒童為對象的創作，但不是「兒童的專屬」（Motolka, 2018：12）。繪本結合了文字與圖畫，用種種不一樣的圖文關係構成獨特的藝術形式（Motolka, 2018：13）。繪本作家桑達克（Maurice Sendak）就曾經說：「文字和插圖就像有節奏的切分音，必須融合得恰到好處」[4]日本童書重要的出版人與創作者松居直也提出繪本作為一種綜合藝術，是透過文與圖來達成「書」的形式。文字與圖像是兩套表現系統，兩者都是說故事的媒介（柳田邦男，2006：11）。作為一種獨特的圖文藝術，繪本的創作從十九世紀之前的「插圖書」演變到十九世紀後大量湧入市場，專為兒童設計的出版品，圖像與文字比起以前有更多的互動與結合（Motolka, 2018：24-26）。從二十世紀到二十一世紀，繪本創作的活力日益蓬勃，不但吸引了各個領域的藝術家投入，也因為技術的進步，開展了更豐富多元的藝術形式。繪本雖然主要是為兒童而創作，但其說故事的

---

[3] Picture Book 在臺灣並沒有統一的譯名，目前還是「繪本」與「圖畫書」並存混用的狀態。「圖畫書」的用法出現於 1980 年代，直接翻譯自英文；「繪本」則是借用日文漢字，出現的時間約晚了「圖畫書」十年。參見游珮芸，〈Why "picturebook"？──「圖畫書」或「繪本」在臺灣風行的幾點觀察〉，《竹蜻蜓・兒少文學與文化》，第四期，2018 年，頁 350。

[4] 引自沙利斯伯利（Martin Salisbury），《童書插畫新世界》，2008 年，頁 13。

能力以及藝術的價值也獲得成人的認同。

　　日本作家柳田邦男曾經在遭逢人生谷底的經驗中透過閱讀繪本而重新得到對於活著的盼望，他說自己是「在人生後半重新發現繪本深意的人」。因為這樣的經驗，他提出「人生後半讀繪本」，以及「在人生中三讀繪本」的主張：

> 所謂的「三讀」，指的是小時候、育兒階段，以及人生進入後半的那個階段。尤其是我們來到人生的後半段，會因為面臨衰老、疾病，以及回顧人生起伏，而更能理解繪本中的深意，並因為對繪本有了意想不到的發現。人生在世，到底什麼才是最重要的？在繪本裡，早就給了許多答案。（柳田邦男，2006：103）

　　與兒童相比，成人更容易因為生活的庸庸碌碌，遺忘了生命中真正重要的事物。透過「重拾繪本，並仔細閱讀。那些因為汲汲營營於工作而被遺忘的事物──幽默、悲傷、孤獨、相互扶持、別離、死亡、生命，將會像烙畫般再次浮現」（柳田邦男，2006：16）。優秀的繪本和故事蘊含著深刻的話語，雖然是以平易的方式表現，但其中厚實的深意，所關切的人生的普遍問題，都足以為成熟的大人帶來重要的啟發（柳田邦男，2006：22）。柳田邦男對繪本重新發現的經驗說明了為兒童創作的繪本也有啟迪成人的可能性。另外，在資訊爆炸的時代中，繪本的存在也有特別的意義：

> 現在是所謂的「IT 革命」，人們透過電腦、手機取得各種資訊，或是傳送各種畫面給人，這使得人生活失去喘息的空間，在這個資訊化的時代中，有什麼媒體可以真正讓人的靈魂有充分的時間、空間游離震盪呢？或許，繪本就是最棒的一樣東西呢！當然，音樂、繪畫等藝術也很令人傾倒，繪本將和他們一樣，成為一種可以引起生命共鳴的手段。（柳田邦男，2006：133）

三、生態繪本與大地心理學（Terrapsychology）

將自然生態繪本運用於環境教育或是地方教育的書籍可以用 Kriesberg 的兩本著作為例來說明，在 *A sense of place：Teaching children about the environment with picture books* 這本書中，Kriesberg 以地方的奇妙、感受地方、適應地方、地方的運作、地方的動植物，地方的歷史，以及保護地方為主題，選擇相關的繪本並設計活動；在 *Think green, take action： books and activities for kids* 中則分別從地方生態、瀕危物種、資源耗竭、污染，與激發行動等主題選擇書籍與設計活動。就臺灣本地的研究成果而言，大多是碩士論文，以行動研究的方式討論繪本運用於環境教育的效果。[5] 這些著作與研究說明了繪本運用於環境教育的可能性。

繪本所傳遞的生態觀、環境倫理，或是人與自然的關係。[6] 另外，也有研究以繪本為媒介，來分析人與自然之關係的變化。William 等人的研究就以 1938 到 2008 年凱迪克獎[7]的 296 本得獎作品為對象，分析當中所表達的人與環境的關係，是否有所變化。他們的研究發現，隨著都市化的過程，人越來越生活在一個與自然環境隔絕的地方，這些得獎作品也就越少以自然環境或是野生動物為主題。換言之，人與自然關係的疏離也表現在繪本的創作上。[8] 這個研究把繪本當做訓練孩童社會化的媒介，當孩童越來越不容易從

---

[5] 例如李偲華，《國小低年級教師使用繪本融入環境教育之行動研究》、劉美玲，《以繪本為媒介進行環境議題教學之研究》、蔡鈺瑾，《以繪本進行學童環境覺知教學研究》、蔡鳳秋，《一個教師的兒童環境教育讀書會之行動研究》。

[6] 例如李明足，《樹從繪本長出來了——論《世界精選大樹繪本》系列中的生態保育觀》、吳宜臻，《近藤薰美子自然繪本之生態觀解析研究》、郭美汝，《自然生態類圖畫書的內容分析——以小綠芽獎得獎作品為例》、張家綺，《生態繪本作繪者的重要生命經驗與環境信念》、楊雅蓉，《論凌拂、劉克襄、劉伯樂的自然生態繪本》。

[7] 凱迪克獎（Caldicott Award）於 1937 年創立，是由美國圖書館學會所頒發給繪者的兒童繪本大獎，與頒給作者的紐伯瑞兒童文學獎（Newbery Medal）並列為美國最重要的童書獎。

[8] Williams, J. A., Christopher Podeschi, Nathan Palmer, Philip Schwadel & Deanna Meyler. "The Human-Environment Dialog in Award-winning Children's Picture Books." *Sociological Inquiry*, February 2012, Vol. 82 Issue：Number 1, pp145-159.

繪本的閱讀得到關於自然以及野生動物的相關訊息時，他們對於自然的疏離也就越加嚴重。這個研究只分析得獎的作品，若將研究範圍擴大，且持續關注後來的變化，可能會得到不一樣的觀察結果。以自然為主題的知識繪本一直是繪本出版的重要主題，以環境議題為主題的繪本也不斷有新的作品誕生。近年來繪本跨越兒童文學的趨勢，也出現了更多可以歸類為自然書寫或是地方書寫的作品。這些創作沒有明顯以兒童為教育對象的企圖，但若擴大教育的指涉，其所蘊含的對於人與自然之關係的反思也具備了「教育」的意義—將已經被忽略或是遺忘的人與自然的原初關係「重新帶出」。這個人與自然之原初關係的遺忘，正是生態心理學與大地心理學所關注的議題。

提出大地心理學（Terrapsychology）的 Craig Chalquist 以 terra（earth, ground）和 Pscyhology 的組合鑄造了這個新詞，以生態心理學（Ecopsychology）為前驅，[9]批判傳統心理學將人類心靈的理解約化為大腦生理過程、以及將心智認定為人類專屬的預設。[10]Chalquist 是美國加州的榮格心理學分析師，曾經夢見聖地牙哥化身為女子之形象，提醒他對於這個長久居住的地方的關注。[11] 這是 Chalquist 提出大地心理學的經驗基礎；大地不只是人類生活的背景，或是非人類之有機物與無機物的物質組合。大地心理學是對於地方之臨現（presence）與其靈魂（soul）的研究（Chalquist, 2007：7）。Chalquist 認為：

> 當人住在特定的地方，這個地方的樣貌會在人們的心靈住下來，也會

---

[9] 生態心理學目前在臺灣所出版的中文譯著可參考《生態心理學：復育地球，療癒心靈》與《失靈的大地：生態心理學的反思與實踐》。

[10] 人類學約於 20 年前開始對於 Animism 的反思，與生態心理學所企圖反省之何謂心靈、心靈邊界、以及存在樣態之本體論等議題有許多可以對話之處。

[11] Chalquist 將這個夢境理解為地方精神（Genius Loci）的召喚，從此開始對於聖地牙哥之地理與歷史的探究。當他完成關於聖地牙哥的地方的著作後，再次夢見化身為女子的聖地牙哥，頒給他一張 U.C. San Diego 的文憑。Chalquist 認為自己從夢境得到了地方精神的肯定："You see San Diego!"。

逐漸成為其自我的延伸的一部份。這種地方的樣貌以及多重性構成了人們對於環境之臨現的感知。然而，當這個對於環境的感知越被壓抑，其地方的面貌就越會以無意識象徵以及具有生命力的方式在心中沸騰。（Chalquist, 2007：7）

具有榮格心理學背景的 Chalquist 以深度心理學的無意識動力來表達人與環境疏離時的狀態，那成為人類靈魂一部份的地方的臨現，當不再被覺知時，靈魂是不完整的。因此，大地心理學企圖重新挖掘人與地方的關係的深度，透過對於大地的聆聽，重新看見人類心靈如何與大地互相連結與隸屬。大地並非無言，而是以象徵、神話與故事的方式臨現並發聲（Chalquist, 2007：48-49）；人們則透過對大地之臨現的覺知與共鳴恢復心靈的廣度與深度。大地心理學因此牽涉到覺知與恢復的技藝。從這個角度來說，本文所討論的繪本也可以被視為以圖文並置的故事表達了那難以言說的、被遺忘的、隱藏的認識與連結。本文討論的作品包括美國繪本創作者拜爾德・貝勒（Byrd Baylor, 1924-2021）和彼得・帕爾諾（Peter Parnall, 1936-）共同創作，一系列以沙漠為主題的繪本，日本的繪本作家伊勢英子（Hideko Ise, 1949-）與小說家立松和平（1947-2010）合作的《山之生》與《海之生》，以及臺灣繪本作家劉如桂的劍獅系列作品。透過沙漠、山、海、以及劍獅所守護的小鎮，本文希望探討繪本如何以圖文共同創作的方式提供讀者對生活的地方展開精神性的看見，進而反思人類與地方的關係。

四、沙漠系列：沙漠是我的家

拜爾德・貝勒（Byrd Baylor, 1924-2021）和彼得・帕爾諾（Peter Parnall, 1936-）一起創作了十一部繪本，貝勒創作文字，帕爾諾創作圖

像。貝勒出生於美國德州，後來定居於亞歷桑納州的 Arivaca。[12] 她居住的地方沒有電，也沒有網路，大約三十本的創作都是以手動的打字機寫出來。貝勒被喻為自然主義作家，作品透過對於西南部沙漠的勾勒表現出人與土地的深刻連結。她說自己的作品都反映了她所喜愛的事物：她喜愛土地，也喜愛動物。[13] 貝勒曾經說：「我的書都是關於我對西南部沙漠地帶的熱情，它的地形、植物、動物和人們，以及它的力量」。[14] 繪者帕爾諾出生於美國紐約，在靠近沙漠的小鎮成長，後來定居於緬因州的一個農場，為超過八十本的繪本擔任圖像的創作。他的圖像風格獨特，擅長用鋼筆畫，尤其專精於自然世界的勾勒。貝勒與帕爾諾的作品中，有三本得到凱迪克獎（The Caldecott Honor）的肯定。本文將從他們的作品《沙漠是他們的》（The Desert Is Theirs, 1975）、《聆聽之道》（The Other Way to Listen, 1978）、《沙漠眾聲》（Desert Voices, 1981），以及《我負責慶祝》（I'm in Charge of Celebrations, 1986），來討論他們如何透過這些作品來訴說人類與大地相屬，與眾生互為家人的故事。

沙漠是一個生存條件嚴苛的地方，有誰會想要待在這樣一個乾燥貧瘠的地方呢？在《沙漠是他們的》的一開始，貝勒就說，對那些喜愛和緩的山丘，和遍地綠意的人來說，沙漠真不是個地方！然而，

> 這裡是給老鷹的，他們只喜歡最寂寥的峽谷；是給蜥蜴的，他們在酷熱的沙地上奔跑；是給土狼的，他們專挑嶙峋小徑行走；是給在仙人掌上築巢的鳥兒的，他們的歌聲穿越了茂密的荊棘，因為這就是他們

---

[12] 貝勒一直到 2010 年，86 歲時，才搬去 Tusan 與孫子同住。

[13] 參見 https://tucson.com/lifestyles/article_44bb6c9b-de27-5a91-b402-259727e10e17.html。

[14] 引自，陳怡如《論人與自然世界的連結——以拜爾德・貝勒和彼德・巴奈爾合著的圖畫書為例》，2009 年，頁 8。

想要的地方。[15]

　　這個屬於老鷹、蜥蜴、土狼、鳥兒與仙人掌的地方，也屬於人，有著棕色皮膚的、強壯的沙漠人。他們知曉這裡的秘密，喜愛這片土地的山、沙漠與太陽，待它如老友。這份情感，土地也感受得到。為什麼選擇這個生活如此艱困的地方呢？貝勒以印第安豆族人（Papago Indians）神話的語言講述了一個關於沙漠誕生的故事：大地的造物主輕拍手中的一小塊泥土時，刺莖藜的灌木叢從那裡長了出來，就形成了沙漠。而沙漠需要沙漠人，這就是沙漠裡人的由來。沙漠剛誕生時，土狼就在旁邊，教導沙漠人如何在丘陵側邊撒下種子；那些撒下種子的地方，到現在都還長著仙人掌。在這個沙漠剛剛新造的地方，還有蜘蛛，它們在這個危危顫顫的新世界中，將天與地縫在一起。禿鷹用他們的翅膀造出山；地鼠挖出一條路，引導人們從地底來到日光如烈燄的地面。大兄長教沙漠人祈雨的儀式，以及如何吟唱，才能碰觸到大地母親的力量。大兄長還教導他們尊重所有一起分享這片土地的生物。沙漠對她的孩子們都慷慨給予；沙漠人與動物們有共同喜愛的事物（食物、藥草）以及行動（編織、建造、儲藏），他們還分享了「在沙漠中成為手足，以及一同作為沙漠居民的感受」。他們一同期待雨水，一同耐心等待，等待事物成熟的時機。萬物在沙漠中，過著沙漠的時間；當慶祝的時刻來臨，他們也都知道：

　　突然間……
　　一起
　　發生了。
　　仙人掌開出黃花、紫花，和粉紅色的花，
　　豆族人開始舉行把雨水降下來的儀式，

---

[15] 筆者譯，參見 Baylor, 1975。

所有的植物都加入了。

　　當雨水碰觸大地時，連乾枯的土地都發出歡呼聲。

　　老鷹的叫聲穿越峽谷。

　　孩子們無由來地歡笑。

　　土狼在月光下舞蹈。[16]

　　貝勒在書的最後問：「沙漠人還會想去什麼別的地方呢？」，表達了人與大地之間的相屬。帕爾諾在《沙漠是他們的》中用細細的鋼筆線條勾勒出太陽、沙丘、岩石、植物、動物以及人的輪廓。線條細膩卻不溫婉，透出一種充滿生氣、又寧靜飽滿的力道。畫面留白之處很多，這些空白的地方與線條及顏色構成一種蒼茫遼闊的整體感。他以飽滿的鮮黃色畫出太陽、用鼠尾草藍畫月亮；以暗金菊色、橙色、琥珀色畫出層層疊疊的丘陵；用暗青色、氖綠色與銅青色的交疊畫出天空；他以薩克斯藍與灰丁寧藍畫出河流；用暗綠、草綠、葉綠與苦艾綠種種不同的綠為仙人掌以及其他植物著色。帕爾諾所畫的動物大部份用線條和筆觸勾勒，或是塗上與大地與植物接近的顏色。沙漠人大部份穿著與仙人掌花朵一樣的螢光粉紅或是山茶紅的衣服，或是與天空和河流類似的青色衣服，頭上戴著草綠、茜紅以及淺天藍顏色的帽子；有時也留白，只勾勒輪廓。帕爾諾通常把人畫得很小，把動物與昆蟲畫得比較大。唯一一幅把人畫得稍大的圖是孩子在岩石上作畫的圖像。在沙漠的世界中，人看起來很小，但也是顏色比較醒目的生物，而這些顏色都來自於周遭的花朵，天空或是河流。沙漠人所有的顏色彷彿都是來自於周遭的賜贈。

　　帕爾諾所使用的顏色有一種既古老又新鮮的氣息，讓人覺得，世界剛剛開始的顏色與線條，就該是如此。這些畫並沒有一般圖畫中主角與背景的區別，天空、岩石或是河流並不是作為背景而存在，植物或是動物的輪廓常

---

[16] 筆者譯，參見 Baylor, *The Desert Is Theirs*，跨頁 13。

常與之交疊，彷彿他們都作為整體的一部份，互相滲透。幾乎每一幅畫都有一個大的，類似橢圓線條的輪廓，包覆著圖中的沙漠眾生。這些接近橢圓的線條宛若洞穴、子宮，也像一顆蛋，就像孕育萬物的母腹。這些畫面也不存在著引導讀者眼睛聚焦的設計，閱讀時可以跟隨著鷹翱翔的視野，跟隨沙漠人靜坐、攀登岩丘、舉行儀式，或是採集植物的視野，也跟隨蜥蜴匍匐在岩石上的視野，或是獾在地底中休憩的視野，而成為沙漠眾生的一份子。貝勒用詩意的文字帶領讀者體會沙漠如何和這些形形色色的生命互相隸屬，這些不同的生命如何彼此連結。透過帕爾諾的畫，讀者可以更進一步地走入這個獨特的地方，感受到這個地方獨特的氣息，以及萬物在其中生活時，被大地的靈氣所支持與哺育的親密感。《沙漠是他們的》透過文字與圖像的合作，說了一個人與大地如何互相隸屬的故事，這也是一個人透過與一個地方彼此相屬的關係來理解自己是誰的故事（陳怡如，2009：76）。

《聆聽之道》（*The Other Way to Listen, 1978*）是沙漠系列的第二本著作，從小女孩與老人的對話開展出學習聆聽沙漠的故事。老人能夠聽見玉米的歌唱、野花種子在地下發芽與開花的聲音，以及蜥蜴與石頭交談的聲音。對老人來說，這些都是再也自然不過的聲音。小女孩向老人詢問如何學習聆聽。老人說，要在這些重要的事情上花足夠的時間，也要尊重山丘、螞蟻、蜥蜴、和野草，向他們學習。老人建議小女孩從特定的、微不足道的小東西開始學習聆聽；像他當年就從一棵棉白楊（cottonwood）開始，每天清晨爬到樹上，練習聆聽。小女孩把老人的話語記在心底，但仍然只能聽見風聲、郊狼與鴿子，這些所有人都能聽到的聲音。小女孩沒有放棄；既然聽不見，就開始對著山丘歌唱。直到有一天，在山頂上：

> 突然間，我知道，
> 我不是唯一唱著歌的人。
> 山丘也在唱歌。
> ……

我這輩子從來沒有這麼認真聆聽，
當然，那不是響亮的聲音。
無法解釋、沒有歌詞，也無法記下來。

唯一可以說的是，
它就這樣，從那些烏黑閃亮的熔岩中，
真實地來臨，
像風一樣環繞，
嗡嗡低吟，
就像是世界最古老的聲音，

唯一可以說的是，
清晨七點，我站在這個聲音之中，
只是想著，
我在這裏！
還有，
聆聽！

甚至，
一點都不感到驚訝。
就好像是這個世界之中，
再也自然不過的事情（Baylor and Parnall, 1978）。

在《聆聽之道》出版之後三年，貝勒與帕爾諾又合作了《沙漠眾聲》。《沙漠眾聲》是以十種沙漠動物的第一人稱來言說各自在沙漠中的生活，包括喜愛四處收集東西的林鼠、善於躲藏的長耳兔、耐心等待降雨的鋤足蟾蜍、知曉大地秘密的響尾蛇、在仙人掌的灌木叢中築巢的棕曲嘴鷦鷯、

在沙漠度過悠長歲月的沙漠陸龜、不傷害生命的禿鷹、在崎嶇地面上飛速奔跑的蜥蜴、在月下吟唱的土狼,以及沙漠人。沙漠人說:

就像其他沙漠生物一樣,我也用沙漠的賜予,為自己建造一個安全的庇護。
我用泥巴和麥桿打造厚厚的牆壁,用自己的雙手將泥土製作成房屋。
但是,當我說:「這是我的家」時,另一個沙漠人總是知道,我指的並不是這間房屋。
我的意思是指眼界所及的,那個最遙遠的山。
我的意思是指滿佈整個天空的夕陽。
我的意思是指峭壁多采多姿的顏色、它們的沈默,以及它們的暗影。

我的意思是:這個沙漠,是我的家(Byrd Baylor & Peter Parnall, 1981)。

帕爾諾為書中每一個上場的沙漠動物畫了他們在沙漠中存在與生活的樣貌,使用的輪廓、顏色,以及畫面的構圖延續了《沙漠是他們的》一書中的風格。比較特別的是最後一個上場的沙漠人,帕爾諾並沒有畫出人的形象。這個跨頁的前景是一棵巨大的白色仙人掌,在幾抹草綠與葉綠交疊的頂端長出了艷麗的茜紅色花朵。遠處是灰紫紅色的山丘、只露出不到三分之一的橙色太陽,以及天空。天空有一抹與花朵互相輝映的細長茜紅,以及另一抹暗綠松石色的天際線。從仙人掌聳立處望出去的地平線,是金色與琥珀色交織的大地、錯落在大地上的幾棵仙人掌與刺莖藜的灌木叢,以及與金色大地顏色相同的三棟小小的長條屋。在這一幅表達沙漠人聲音的圖中,勾勒的是站在仙人掌旁邊望出去的景象,這個景象就是沙漠人所指的家。在這種圖像的表述中,讀者的視角成了沙漠人的視角。讀者沒有看見沙漠人,反而成了沙漠人。貝勒與帕爾諾在這部作品中透過十種聲音來訴說著種種以沙漠

為家的故事。這些生物在沙漠家園中展現了屬於自己與地方的獨特連結，訴說著生命的驕傲、謙卑與喜悅。會不會，這才是「家」的本質呢？家是與眾生合唱生命之歌，齊跳生命之舞的地方。

《沙漠眾聲》出版五年後，兩人再度合作出版了《我負責慶祝》，透過一個女子[17]的眼睛記錄在沙漠中生活的種種驚奇。沙漠生活一點兒也不孤單，因為有好多值得慶祝的事情，成了值得紀念的節日。這些紀念日並不是學校會放假的那些節日，而是自己訂立的。女子有一本記事本，上面記錄著種種屬於沙漠的節慶日：這些日子是特別需要慶祝的日子，也是她的餘生想要記住的事情。哪些日子會成為紀念日呢？她說：「你能分辨出來，因為你的心會蹦蹦跳，然後，你會覺得自己像是站在山頂上，忍不住屏息，像是吸到了某種新的空氣」（Byrd Baylor & Peter Parnall, 1995）。於是，有塵魔節（Dust Devil Day），記載著女子在沙漠中遇見七捲旋風，與旋風一起大聲喊叫，瘋狂旋轉，直到摔倒在地的幸運經驗；有彩虹節，和長耳兔分別在山腰與山頂一起看到三道彩虹。女子說，自己大概是全世界唯一看到長耳兔在霧中安靜地注視著三道彩虹的人，為了這個理由，於是有了彩虹節。還有二月六日的綠色雲朵節，那一天，雲朵的顏色綠得像叢林鸚鵡，更奇妙的是，這朵雲竟然幻化成鸚鵡的樣子。雖然僅僅持續不到一分鐘的時間，這仍是一個值得慶祝的幸運日。還有土狼節：

> 土狼節，是和土狼在小徑上相遇的那一天：
> 我沿著鹿走過的小徑，徐徐前行。
> 邊走邊哼歌（我獨自一人時，常常喜歡哼著歌）。

---

[17] 貝勒的文字並沒有指出行文中第一人稱的說話者是怎樣的身分，例如性別或是年紀。帕爾諾的圖選擇以女子來表述這個文字中的「我」。貝勒長年住在沙漠中，這些創作都來自於她對於沙漠生活的體驗，也許是因為這樣，帕爾諾的圖就為這個故事中的「我」創造了一位女子的形象。這個形象也出現在他們其他的作品中，例如 1979 年出版的《你最棒的秘密基地》（*Your Own Best Secret Place*）。

當我彎下腰,往上看時,剛好看到一隻年幼的土狼快速通過粗樹叢。
她從我眼前通過,
那是一個有風的日子,
她朝向東行。

小土狼用一種輕易、安靜無聲的方式,
逆著風前進。
我站在那裡,屏息凝視,希望我也能夠像她那樣移動。

我驚訝地看見她停下來,轉身,注視著我。
她可能以為,我只是走在另一條岩石小徑上的某個生物。
(當然,這也沒錯,我的確是啊)

她不慌不忙,也不害怕。
我看著她的眼睛,她也看著我的眼睛。
這樣的對望,把我們連結在一起。

因為如此,事情再也不一樣了。
所以,9月28日,我慶祝土狼節。
我是這樣的做的:我走上那天散步的那條小徑,一邊走,一邊輕輕地哼著歌。抵達時,我將想要款待她的食物打開。
上一次,我帶了三顆蘋果,一些南瓜籽,一根玉米,還有一些自己做的、鬆軟的大薑餅。
隔天,我剛好經過那裡時,看到原本放食物的岩石上,都是土狼走過的足跡。
而食物已經不見了。
明年,我還要設計一個更棒的慶典。

還要多準備一份豐富的盛宴，

然後，也要在那裡吃。（Byrd Baylor & Peter Parnall, 1995）

最後，是在春天來臨時和沙漠中的動物一起慶祝的新年。女子用鼓聲標示這一天的來臨，漫步在自己最喜歡的小徑，以及所有喜愛的地方。用這一天，來欣賞周遭的一切。

在這部作品中，帕爾諾為這個負責節慶的女子勾勒了許多生動的形象。雖然延續之前的風格，幾乎都把人畫得比動物小，但「人」在這部作品中有更多采多姿的展現。封面的女子對著緋紅色的太陽高舉雙手，帕爾諾用這個姿勢表達全書「慶祝」的主題。女子白色的衣服上有淡淡的香檳黃，與周圍橙色與琥珀色的大地互相輝映。在這個時時有驚奇的世界中，女子佇立遠眺、低頭書寫、在風中舞動、攀登山丘、彎腰與土狼對視、躺臥仰望天空流星，擊鼓舞蹈。有一幅圖中，女子面對仙人掌端坐，彷彿正在對著仙人掌唱歌。在最後一個跨頁中，女子以昂然前行的姿勢與鳥、土狼、獾等沙漠動物一起向前走。女子和其他生物的輪廓周圍都畫上了金色的光芒。這是沙漠的精神映照在她所生養之眾生身上的光。

五、《山之生》與《海之生》：涵容生死之處

伊勢英子（Hideko Ise, 1949-）出生於北海道，是日本知名的繪本創作者，創作的繪本已經超過一百多本。她的畫風沈靜溫暖，被讀者認為很有安慰人的力量。自然是她的作品中常見的主題，尤其是人與樹的關係。《山之生》與《海之生》是她與立松和平（1947-2010）合作的作品，分別出版於1990年和1992年。立松和平是日本小說家，《山之生》與《海之生》是他首度為兒童創作的故事。兩部作品分別以山與海做為主題，出版後在日本引

起很大的迴響，[18]臺灣的譯本是在 2005 年一起出版，由在臺灣大力推動繪本閱讀的林真美老師翻譯。這兩部作品分別以「山」與「海」為背景，作品名稱雖然都有「生」，但其實觸及了死亡的嚴肅議題，可以說是由「死」談「生」的深刻作品。

　　第一次為兒童寫作的立松和平，在《山之生》的頁底提到：「**創作者不能忘記小孩的感覺**」。立松認為，隨著成長，人離地面越來越遠。遠離地面後，也逐漸遠離了生命。「**悲傷的大人要用什麼樣的語彙對多感的孩子們訴說呢？我想返回童年**」。《山之生》是一部想要回到童年，貼近孩子感受的作品。回應孩子的感受，也意味著回到地面，為孩子訴說對於生命的理解。

　　《山之生》是描寫一個因為父母工作忙碌，被送到鄉下祖父家的孩子，與祖父在山中共度一段夏日時光的故事。靜一是在水泥叢林長大的孩子，和父母一起生活的這個家，像是浮在空中的水泥盒子。靜一很久沒有上學了，他喜歡這個盒子，因為可以不用跟任何人說話。祖父住在大片森林中，這也是靜一父親已經很久沒有回去的老家。已經失智的祖父，一直把靜一當做兒子良一，想要把自己覺得重要的生命經驗傳承給他。沈默的靜一，就在被大自然環繞的山中，和誤認他為兒子的祖父開始一起生活。

　　書中最主要的內容是祖父帶著靜一到河邊釣魚的過程。祖父帶著靜一與關在籠中的鼬鼠走進森林的河邊釣魚。鼬鼠因為吃掉了祖父養的雞，沒能脫逃，而被關在木籠裡。為了製作捕魚的誘餌，祖父將木籠放進水裡，鼬鼠一番掙扎後，淹死在水中：

　　　　牠已經不必害怕了。牠小小的靈魂在那一帶漂浮呢！
　　　　靜一隨著祖父的眼神看了過去。水流撞到岩石，濺出了水花，並在剎

---

[18] 《山之生》得到日本學校圖書館協議會的肯定，《海之生》則被列入國小教科書。參見林真美，〈讓孩子看見生命中的美好與缺憾──讀伊勢英子的經典繪本《山之生》、《海之生》〉。《親子天下》，2016a。https://www.parenting.com.tw/article/5075337-。

那間亮了起來。說不定那是魚或小蟲的靈魂呢！

「要仔細看啊！這傢伙是為了你來示範的。」

祖父將刀子對準了鼬鼠的喉頭，然後順著身體一直劃到尾巴。血染紅了岩石和河水。祖父用指尖將鼬鼠的眼瞼蓋好。這可憐的小動物一臉安詳。

「好可憐。」

靜一動了動嘴唇，說出了這一句話。靜一好久沒聽到自己的聲音了。（立松和平，2005：9-10）

祖父教導靜一如何把鼬鼠的皮剝下，把白肉丟到河中，當做魚的食物：

「……山裡面什麼都有。只要走進山裡，就不愁沒有東西可以吃。大家都吃比自己還要小的生命。魚吃蟲，鼬鼠或人類吃魚。……吃與被吃。山中的所有東西都不會被浪費掉，所有的東西都是循環不息的。」（立松和平，2005：11）

接著，祖父跟靜一示範抓魚的技術。祖父身手矯捷地在岩石間結網，揚起綁著鼬鼠皮毛的竹竿，鼬鼠彷彿從空中躍入水中，在水中輕巧地游著，彷彿活過來了，將櫻花鉤吻鮭嚇得到處亂竄。最後，祖父把竹竿交給靜一：

靜一站在岩石上摩拳擦掌。

「不可以慌張。從一開始，就要一鼓作氣。把自己變成鼬鼠。」

祖父從靜一的背後伸出自己的手來抓住靜一。祖父量著靜一的呼吸，在他的耳邊輕輕出聲，接著，就讓鼬鼠在水面拍打起來。鼬鼠如魚得水。看著魚群慌成一團。鼬鼠潛入深水中，追著櫻花鉤吻鮭不放。

（立松和平，2005：15）

在《海之生》的頁底，提到《山之生》是關於來自都市的男孩在山裡重生的故事。靜一的重生是什麼呢？靜一生長的水泥叢林是一個與生死距離很遙遠的地方，在那樣的世界中，他和任何對象都發生不了關係，連父母都是忙於工作，沒時間陪伴他。在父親的老家，爺爺長年居住的地方，靜一才開始進入一個可以與生命靠近的地方。立松和平在故事中藉著鼬鼠之死來開啟靜一的重生：看著鼬鼠死亡的臉孔，說出「**好可憐**」的靜一，好像藉著打破沈默，打開了禁錮的生命狀態，開始進入和萬物的生命交流循環的過程。鼬鼠因為吃了母雞，被淹死之後成了魚的食物，在水中藉著祖父與靜一的手，又彷彿活過來了。祖父說，鼬鼠是來為靜一做示範的。靜一透過鼬鼠打開生命的悲哀、恐懼、與可憐，最後也透過自己身體的力量和鼬鼠一起在水中重生，展開與櫻花鉤吻鮭之間的追逐遊戲。

立松和平的文字既凝練又生動，讀者可以深刻地感受到祖父的身姿與話語如何引領著沈默的靜一打開生命原本的黑暗。這個以代間的傳承來訴說「生」之理解的方式，在《海之生》中也有類似的結構。《海之生》的主角太一出生於世世代代捕魚的家庭。父親是村裡最厲害的潛水漁夫，即使在惡劣的天候中，仍能躍入內海補到魚。但父親從來不自鳴得意，只說：「**真要感謝大海啊。**」某一天，父親在試圖捕捉一隻巨大的七繪魚時，葬身海底。太一從小就喜歡海，也立志當漁夫，中學畢業時，開始和與吉爺爺學習捕魚。與吉爺爺不只教太一捕魚的技術，也教導他在人與所取用的生物之間維持平衡的生態智慧：「**在一千隻裡，只要抓一隻就夠了。如果只是在千隻中取一隻，那大家就能永遠靠海生存了**」。太一拜託與吉爺爺教他捕魚時，與吉爺爺已經是不再捕魚的漁夫了，他說：「**我已經老了。我捕的魚夠多了，再捕，就是罪孽深重了。我現在只想看魚在海裡自在的優遊**」。太一當了與吉爺爺好幾年的徒弟後，已經成為村裡最好的漁夫，也長成不畏颱風、意志堅定的青年。儘管背負著母親失去父親的憂傷，他仍一心一意想潛到父親當初與七繪魚搏鬥的內海，他想見到那隻讓父親失去生命的七繪魚。在某一個捕魚的日子，太一決定潛入內海，找尋那隻夢幻之魚。太一終

於找到牠，以刺刀瞄準牠時，牠卻無動於衷：

> ……只見內海之王一動也不動的盯著太一看。牠的眼神溫柔。那眼神彷彿是要太一將牠殺了。太一早已置無數的魚於死地，但是，有這種感覺卻是生平第一次。要是不拿下這隻魚，就不能成為真正的漁夫了。太一想著想著，覺得想哭。
> 水中的太一忽然開始微笑，並在水裡吐出銀色的氣泡。他把刺魚刀的刀刃移到腳邊，再度對著七繪魚微笑。
> 「爸，您在這兒嗎？我來見您了。」
> 有了這個想法，使得太一放下殺死七繪魚的念頭。太一心想，大魚是這片大海的生命。（立松和平，2005：14-15）

　　太一後來建立了一個幸福的家庭，生下四個精力充沛又懂事的孩子。和七繪魚相遇，卻沒丟出刺刀的經驗，成為太一獨自擁有的秘密。

　　大海是滋養萬物的地方，不只供給捕魚人家生活之所需，也是海中生物賴以生存的家。漁夫捕魚是人與魚兩種生命之間的搏鬥，一個生命的存活建立在另一個生命的給予之上，這是漁夫在每一次捕魚時，都要照面的生命現實。太一從父親身上看到面對大海的謙卑，以及對於大海的感激之情；從與吉爺爺的教導學習如何在大海中生存，以及人與大海共存的智慧。與吉爺爺因為年老而去世時，太一體認到生命的終結就像回到大海，雖然傷心，但能平靜接受。但父親的死亡對他來說仍是無法釋懷的傷痛，一心想潛到父親死去的那個內海深處，也就是那片「父親的海」。那是屬於父親的地方，也是父親歸屬的地方。在這個寂靜的深處，太一看見了那隻巨大的七繪魚，七繪魚也看見了他，並溫柔地注視著他。被魚溫柔凝望著的太一，很想哭泣，卻開始對著七繪魚微笑。太一從七繪魚的凝視中，看見了一直在這裡的父親嗎？還是看見了大海的生命呢？被大海的生命凝視過的太一，返回陸地，開展自己的人生，繼續用與吉爺爺教給他的方式捕魚，只取用千分之一，讓海

的生命得以延續。

　　為這兩個故事進行圖像創作的伊勢英子曾經說：「**要畫自己經歷過的事物，因為有實際的體驗和感受，才能切身投入故事的情境**（熊君君，2016）。」伊勢英子在《山之生》中用大片濃密的綠畫出靜一和祖父相處的森林，森林中的花草樹木、鳥與河水都被透入森林中的光染上一股奇妙又寧靜的氛圍，宛若在夢中。伊勢英子善於運用光與暗的交錯來勾勒景象，讓人感受到那是有獨特生氣的地方。在《山之生》的頁底，她提到自己在自然之中茫然，只能張嘴望著天空與雲朵，無法以筆墨形容的感受。她覺得自己變成一株小草、一棵樹。腳浸在河裡時，聽到了來自光的音樂、風的聲音、鳥的歌聲。伊勢英子被山的精神所震懾，與小草與樹木共鳴，透過繪畫把這些觸動帶給讀者，與立松和平的文字一起說了一個如何在自然中重生的故事。

　　以實際的體驗做為創作基礎的伊勢英子，讓她在接受立松和平《海之生》的創作邀約時，充滿不安。伊勢英子的童年有溺水的陰影，而且不會游泳，但為了畫出「海的各種表情」，她要想辦法克服自己對於海的恐懼。為了畫出海中的景象，她決定學習潛水，兩年後還取得潛水師的執照。親臨海底的經驗使她得以捕捉到海底特殊的光影（林真美，2016b）。她說：「**當發現自己可以在海底『散步』時，感動駕凌了恐懼，看到了一個自己從來都不曉得的地球的另一張臉，看到了波浪的內在層次，也發現了海中的山谷與海中的風，還有，海的溫度、海的顏色、海的味道、海的聲音……等等**」。（林真美，2016b）在《海之生》的頁底，伊勢英子分享了她第一次潛到海中的體會：

> 第一次潛到海底時，我看到發亮的海面就像一張飽含著風的天幕。我一邊看著自己吐出來的銀色氣泡，一邊十公尺、二十公尺地往下潛降。水好冷。四周開始變暗。已經二十四公尺了。

在澄藍的水中，景物的輪廓都變模糊了。不過，只要揉揉眼睛，就可以看到海草林中有貝類附在上面、岩石的底下有蝦子在睡覺。當魚群在嬉遊時，還可以看到下方的蝦虎魚正在努力的翻泥土呢！當光、聲音、生、死，都處在不明確的狀況下，我已將陸上的一切拋諸腦後。甚至，連自己不會游泳也忘了。

伊勢英子在《海之生》中以種種的藍為大海勾勒不同的表情，同樣運用光影的交錯畫出海洋的神祕與深邃。那是她親身體驗過內在恐懼的地方，也是被自己所不認識的地球感動的地方。海洋是生命的起源，也是陸地人陌生的原鄉，伊勢英子所畫的海底深處呼應了立松和平所說的悄靜無聲，卻又渾厚壯闊的意象。海底是陸地人的他界，但擁有生命與死亡的祕密。在那裡有種種人們不認識的古老生物，仍然活在這個萬物生命起點的地方。已經無法在海中生活的人類，透過與這些古老生物的相遇，才不會遺忘生命形式的豐厚，以及生命的脆弱與力量。當太一的父親和巨大的七繪魚綁在同一條繩子時，那是兩種生物的對決，用盡全身力氣的拚搏。一生與一死，卻透過生命的交會，分不開了。太一在潛入父親的海洋，看見七繪魚溫柔的眼神時，是否也看見了父親呢？放下刺魚刀的他，在伊勢英子的畫中宛如重新被生出來的人；此時的他，不只是漁夫，也是看見過大海生命的人。聯繫著他與七繪魚的，不再是父親當年的繩索，而是生命的臍帶。

《山之生》與《海之生》以山、海作為涵容生死的地方，生與死在這些地方得到了理解與接納。

六、劍獅系列：小鎮的護守者

臺灣繪本作家劉如桂出生於臺南，在廟會活動中長大，她曾經提到常常跟著母親到廟裡拜佛求籤，對於透過擲筊求籤所開展的人神對話一直很著

迷。劍獅是早年在臺南安平地區幾乎家家戶戶都會懸掛的鎮宅避邪物，但已經逐漸消失。劉如桂以劍獅為主題創作了三個系列繪本，就是以安平的建築與街景作為背景。《劍獅出巡》以安平地區不同造型的劍獅以及口中所咬著的七星寶劍為題，創造了一個兼具懸疑與溫暖的故事。《劍獅擒魚》是《劍獅出巡》的續集，同樣以安平地區為背景，用太極圖為主題，說了一個從混亂到重新恢復和諧的故事。《劍獅祈福》以民間習俗中的「乞龜」為題，編寫了劍獅幫助乞龜完成人們祈福願望的故事。繼劍獅三部曲之後，劉如桂再以金門的避邪物風獅爺為主題，創作了《風獅吼》。劉如桂以避邪物書寫民俗文化的視角，在她最近的作品《屋頂千秋》中也有非常精采的呈現。

　　劍獅成為安平地區鎮守家戶平安的辟邪物，有怎樣的歷史淵源呢？根據在地民眾的理解，認為劍獅是由刀劍盾牌演變而來。安平是明鄭時期水師駐紮之地，官兵返家時將刀劍插在懸掛的獅面盾牌上，置於門口，以嚇阻宵小。之後演變為以劍獅啣劍的辟邪物來守護家戶的安全（鄭道聰，1995：97；黃怡嫣，2015：44-45）。兵器種類繁多，為何劍獅口啣七星劍，而非其他兵器呢？根據地方耆老的理解，劍是階層較高的將領才能配戴的，七星又有法力，予人威力強大的印象（黃怡嫣，2015：45）。劍獅口中有的咬單劍，有的咬雙劍，有的朝左，有的朝右。這些不同的形式也有在地的理解：由左插入，劍尖向右者，代表祈福；由右插入，劍尖向左者，代表辟邪，雙劍交叉則代表戰鬥，更顯威赫。劍獅為何口啣寶劍呢？安平耆老認為獅子要鎮宅而不是傷人，所以口咬寶劍，免得任意張口傷人（何培夫，2001：45；黃怡嫣，2015：46）。口咬兵器而不傷人，透過當代的重新詮釋，賦予了劍獅敦親睦鄰之純樸可愛的形象。

　　在臺灣最常見的劍獅造型是獅頭啣劍，再加上太極八卦的圖案（謝宗榮，2000：70）。劍獅雖然有不同的造型，但共同的特徵為寬額、凸眼、大鼻翼的鼻型，大口、呲牙裂嘴、鬃毛團繞，兩耳平張或是微微下垂（謝宗榮，2000：50）。劉如桂繪本中的劍獅造型，即採用了這種最普遍的形象：在劍獅系列中固定出現的三個角色：紅臉劍獅與黑臉劍獅的額頭中間寫

著「王」字，黃臉劍獅的額頭上則有太極八卦圖。紅臉劍獅與黃臉劍獅口啣單劍，黑臉劍獅口啣雙劍，七星劍上有北斗七星的符號。獸面、七星劍、「王」的符號與太極八卦圖共同構成辟邪鎮宅之力量的象徵，這種象徵的力量已經透過文化的思維與實踐深植人心。以這樣的象徵力量為基礎，劉如桂的劍獅系列要在這片文化的精神土壤上再說出怎樣的故事呢？

貫穿這三個繪本故事的主角是三隻顏色相異的劍獅。如同前面提到的對於劍獅形象的當代詮釋，這幾個劍獅的造型活潑可愛，在第一本作品《劍獅出巡》中甚至沒有任何為了鎮邪而打鬥的場面。在這個故事中的劍獅猶如平安鎮[19]居民的一份子，在夏季午後的悶熱中，昏昏欲睡。劉如桂用大幅跨頁畫出小鎮在火紅太陽下的寧靜，除了一隻躺在屋頂的貓，其他的人與動物似乎都躲在房子裡避暑打盹了。護守著劉家的紅臉劍獅在午後的寧靜中，忍不住睡著了。就在此時，它口中咬著的寶劍喀噹一聲，落地了！紅臉劍獅還在沈睡中，最先發現寶劍落地的是三隻小螞蟻，接著是鴿子與黑貓。被熱風吹醒後，紅臉劍獅這才發現寶劍不見了！發現掉了寶劍的紅臉劍獅從框裡跳出來，急著找寶劍，在途中遇到了黑臉與黃臉劍獅，故事就在三隻劍獅找寶劍的過程中，逐漸開展。另一方面，午覺醒來的人們也發現劍獅不見了，原本平靜的小鎮陷入一陣憂慮不平安的恐慌之中，急著找媽祖娘娘詢問。三隻劍獅在追索可能的線索卻徒勞無功之後，比人們早先一步到了媽祖娘娘那裏請示。透過媽祖娘娘的指示，他們才知道把寶劍拿走的是一個小男孩。然而，小男孩是因為家中的劍獅早已損壞，才拾來這把寶劍，希望能護守自己的家。紅臉劍獅不忍取回寶劍，陷入兩難，黑臉劍獅魚於是提議一起為它畫一把新的寶劍。鎮民來到媽祖面前，燒香、叩拜與求籤，媽祖娘娘給了一張平安籤：「平安鎮上萬事吉，神獅出巡保平安，小事莫作大事憂，事已安然心且寬」。居民就在這個平安的訊息中各自回家。劍獅重返崗位，小鎮恢復寧靜。

---

[19] 這是故事背景中小鎮的名稱。

在《劍獅出巡》中，平安鎮是一個居民、劍獅與神明一起生活的地方。原來要護守家園的劍獅，發現自己不慎丟掉了重要的辟邪武器時，展現了互相合作、積極追查、以及求助於神明的智慧。劍獅們從框中躍出的情節是故事重要的突破點，由靜止不動的辟邪物變成活生生的護守者，有對於偷拾寶劍之小男孩的不忍，還有用自己繪製之寶劍來取代遺失寶劍的幽默與融通。這一場居民眼中的危機，透過劍獅們的合力得到了化解。劉如桂在故事時間的流動採取了一個特別的手法：繪本一般來說是利用翻頁來呈現時間的區隔，但她卻在同一個空間的場景展現了兩個時間點，還以曲線式的畫面呈現視角移動的綿延感。這種時間流動的形式給予讀者一種在故事的場景內移動的身體感。這是一個交織著劍獅、居民、以及神明視角的故事，這些視角透過繪畫的手法讓讀者感到身歷其境。透過閱讀的過程，彷彿走進了這個人神共居，由劍獅努力護守的地方。劉如桂在這個作品中為日常生活中靜止不動的辟邪物賦予了生命，也生動地勾勒了一個人神共居的世界。

在《劍獅擒魚》中，劉如桂將故事的焦點轉移到黃面劍獅額頭上的太極八卦圖。兩位小男孩爭執著誰家的劍獅法力較強大，紅面劍獅與黑面劍獅於是想要一較高下，請黃面劍獅來仲裁，在較量過程中，黃面劍獅額頭的太極八卦圖不小心被刺到，因而帶來一陣撲天蓋地的混亂。劉如桂以白魚和黑魚表達太極圖中的陰陽，兩隻魚被震出後四處闖禍，刮風下雨、攪翻田裡的蔬菜，井水變成冰水與滾水。三隻劍獅用七星劍變成魚網，經過一番合力追逐，才捕捉了白魚與黑魚，也讓原先被破壞的自然重新恢復調和。最後，用四十九天清晨的露水將白魚黑魚收回八卦圖裡，兩隻魚重新合而為一，結束了這場混亂。在這個故事中，從圖像裡被震出的白魚與黑魚是故事的突破點。兩隻因為貪玩而在上天下地的魚兒為漢人宇宙觀最為核心的太極象徵賦予了動態的活力。太極八卦象徵著宇宙的創生，有從混沌中帶出宇宙秩序的力量，在民間信仰中也就成為有強大辟除邪祟功能的聖物（謝宗榮，2000：113）。故事中白魚與黑魚的分離帶來一連串驚心動魄的混亂，讓這個信仰文化中的象徵成為有所作為的真實力量。白魚與黑魚破壞的是農家生

活的日常：在土中成長的紅蘿蔔、在井水中冰鎮的西瓜、母雞在井邊下的雞蛋、等待著晾乾的衣服。這些看起來微不足道卻又重要的日常小事，正是依賴著自然的秩序才能如常運作。在這部作品中，劉如桂用了好幾個跨頁的場景來勾勒魚兒大亂以及劍獅追捕的盛況，在上一部作品中以同一個場景橫跨兩個時間點的手法也再度出現。三隻劍獅的性格依舊充滿人性的趣味，從比較法力的爭執到最後協力恢復秩序的過程，尤其是故事接近結尾處，幫忙把衣服晾回去，命令紅蘿蔔鑽回土裡的場景，既幽默又可愛。在《劍獅擒魚》中作者勾勒的是萬物在宇宙創生力量的支持下平衡運轉的地方生活，這樣的秩序因為人的衝突有了裂隙，帶出了一連串日常生活的混亂。天地人均衡的宇宙觀透過圖文一起說故事的過程，生動地演示出來。

　　《劍獅出巡》與《劍獅擒魚》透過劍獅可愛質樸的性格，除了讓民俗文化中的辟邪物宛如有真實生命一般地活了起來，也生動地呈現了一個眾生與神相繫、以陰陽和諧為秩序之基礎的地方生活。在另一部以金門辟邪物風獅爺為主角的《風獅吼》中，地方的獨特風貌更為凸顯。故事的主軸是由王爺所指示設立的四尊風師爺與風神對抗的過程。金門因為歷史上種種的原因（發展鹽業、海盜縱火、打仗製造船艦）森林被嚴重地破壞。東北季風的吹襲導致土地裸露，風害於是更加嚴重（劉如桂，2017）。設立風師爺對抗風煞，其實有著原初自然生態被嚴重破壞的背景。劉如桂將風神從地方傳說中的魟魚改為大鱟，也有對於生態環境的考量。鱟是遠古的生物，在地球上出現的時間比恐龍還早。臺灣本島西部海岸由於開發與破壞，幾乎已經不見鱟的蹤影。金門由於過去為戰地的特殊背景，保留了大部份的棲地。但自從小三通開啟之後，鱟的棲地被大量破壞，在金門的鱟也面臨了巨大的生存危機。[20]劉如桂以鱟作為風神的形象，將風害理解為鱟失去生存棲地的反擊，有著對於人類破壞生態的批判。東西南北村的風師爺協力將巨風收入葫蘆

---

[20] 相關的報導可參見洪淳修的紀錄片《刪海經》，以及公視《我們的島》中〈等鱟〉、〈金門守鱟人〉，以及〈金門的離島心願〉等節目。

後，聽到大鱟的悲鳴，才理解了風害的真正原因。風師爺釋放大鱟是故事裡的重要轉折，之後召喚群鳥收集種子，將種子灑在各處，又召喚樹靈幫忙讓種子瞬間冒芽茁壯，長成大樹，最後，「大鱟的氣息，持續吹襲著風沙島。但自從有了大樹的遮蔽，島上不再受風沙的襲擊。風師爺悠哉的站立在村落前，繼續守護著風沙島」，為故事帶來美好的結局。風師爺在故事的最後展現了生態智慧，與群鳥及樹靈合作，讓乾枯的大地重獲生機，使得小島成為一個與風和諧共存的地方。故事最後幾幅跨頁描繪群鳥撒種、樹靈幫助大樹成長，以及大鱟的風與小島共存的場景，都極為動人。繪本提出了一個與現實恰恰相反的「超現實」圖像，指出了現實的困境，也提出解決之道。現實令人感到憂傷，但透過繪本故事的想像，指出了改變現實的可能性。劉如桂在這幾部作品中，以活靈活現的辟邪物說了關於地方的故事，這是人與神靈以及自然之道共感的地方，失衡的危機既需要神靈的護守，也需要人的自我反省與改變。故事中最有作為的劍獅或是風師爺，透過神奇的法力所召喚出來的超現實，指出了人與萬物以及自然之道和解之後的美好，激勵我們為生活的地方做出行動的改變，與劍獅以及風師爺成為協力護守地方的力量。

七、結論

本文以美國、日本與臺灣幾位優秀繪本作者的作品為例，以對於「地方」的關注為焦點，嘗試說明這些作品如何讓人反思地方的精神性。本文討論的沙漠、山與海，以及劍獅護守的小鎮，都有獨特的風土精神，與在地的眾生一起活出獨特的生命樣態。這些創作者對於他們所勾勒的地方，都有深厚的情感，也因為如此，才有辦法勾勒出地方的「靈魂」。沙漠系列的作品指出一種跨越人類中心的「家」的意義，山與海所呈現的涵容生死之處，以及劍獅所守護的小鎮中人與神靈以及自然之道的共感，都是在回應我們的生活對於「重要事物」的遺忘──對於靈魂的遺忘。當地方書寫以這種圖文並

置的方式說出一則則人與地方深刻連結的故事時，大地心理學所企圖朝向的大地與心靈的整全，在這些故事中看見了曙光。

參考書目

立松和平（文）、伊勢英子（圖）
2005　《山之生》。林真美譯。臺北：青林國際出版。
2005　《海之生》。林真美譯。臺北：青林國際出版。

何培夫
2005　《臺灣的民俗辟邪物》。臺南：臺南市政府。

沙利斯伯利（Martin Salisbury）
2008　《童書插畫新世界》。曾秀鈴譯。臺北：積木文化出版。

河合隼雄
2005　《神奇的繪本。繪本之力》。河合隼雄，松居直，柳田邦男著，林真美譯。臺北：遠流出版。

林真美
2016a　〈讓孩子看見生命中的美好與缺憾──讀伊勢英子的經典繪本《山之生》、《海之生》〉。《親子天下》。
　　　https://www.parenting.com.tw/article/5075337-/。
2016b　〈不只是繪本畫家──從伊勢英子作品中看見生命的形式〉。《親子天下》。https://www.parenting.com.tw/article/5075336-/?page=2。

柳田邦男
2006　《尋找一本繪本，在沙漠中……》。唐一寧、王國蓉譯。臺北：遠流。

陳怡如
2009　《論人與自然世界的連結──以拜爾德・貝勒和彼德・巴奈爾合著

的圖畫書為例》。國立臺東大學兒童文學研究所碩士論文。

黃怡嫣
2015　《辟邪兵器的文化意涵研究》。國立成功大學藝術研究所碩士論文。

游珮芸
2018　〈Why "picturebook"？──「圖畫書」或「繪本」在臺灣風行的幾點觀察〉，《竹蜻蜓‧兒少文學與文化》4：頁 347-364。

熊君君
2016　〈日本重量級繪本作家伊勢英子：書所承載的，是「人的記憶」〉，《親子天下》。https://www.parenting.com.tw/article/5072409-/

劉如桂
2008　《劍獅出巡》。臺北：信誼出版。
2010　《劍獅擒魚》。臺北：信誼出版。
2014　《劍獅祈福》。臺北：信誼出版。
2017　《風獅吼》。臺北：步步出版。
2018　《屋頂千秋》。臺北：步步出版。

鄭道聰（編著）
1995　《安平文化資源巡禮》。臺南：南市文化。

謝宗榮
2000　《臺灣辟邪劍獅研究》，國立藝術學院傳統藝術研究所碩士論文。

Baylor, Byrd & Peter Parnall
　　1975　The Desert Is Theirs. New York：Aladdin Paperbacks.
　　1978　The Other Way to Listen. New York: Aladdin Paperbacks.
　　1981　Desert Voices. New York：Aladdin Paperbacks.
　　1995　I'm in Charge of Celebrations. New York：Aladdin Paperbacks.

Chalquist, Craig
　　2007　Terrapsychology： Re-engaging the Soul of Place. New Orleans,

　　　　Louisiana：Spring Journal Books.
Salisbury, Martin
　2008　《童書插畫新世界》（Play Pen: New Children's Book Illustration）。曾秀鈴譯。臺北：積木文化出版。
Motolka, Denise I
　2018　《圖畫書大解密》（A Picture Book Prime: Understanding and Using Picture Books）。王志庚譯。臺北：天衛文化。

國家圖書館出版品預行編目(CIP)資料

宗教環境學在亞洲的跨界對話. 第三卷/張珣, 高晨揚, 江燦騰主編. -- 初版. -- 臺北市：元華文創股份有限公司, 2024.11
面； 公分

ISBN 978-957-711-403-7 (平裝)

1.CST: 宗教人類學 2.CST: 比較研究 3.CST: 文集 4.CST: 亞洲

210.1307　　　　　　　　　　　　　113013852

宗教環境學在亞洲的跨界對話（第三卷）
臺灣與亞洲共同直面的環境危機與宗教實踐

張珣、高晨揚、江燦騰　主編

發 行 人：賴洋助
出 版 者：元華文創股份有限公司
聯絡地址：100 臺北市中正區重慶南路二段 51 號 5 樓
公司地址：新竹縣竹北市台元一街 8 號 5 樓之 7
電　　話：(02) 2351-1607　　傳　　真：(02) 2351-1549
網　　址：www.eculture.com.tw
E-mail：service@eculture.com.tw
主　　編：李欣芳
責任編輯：立欣
行銷業務：林宜葶
出版年月：2024 年 11 月 初版
定　　價：新臺幣 660 元

ISBN：978-957-711-403-7 (平裝)

總經銷：聯合發行股份有限公司
地　　址：231 新北市新店區寶橋路 235 巷 6 弄 6 號 4F
電　　話：(02)2917-8022　　傳　　真：(02)2915-6275

版權聲明：

本書版權為元華文創股份有限公司（以下簡稱元華文創）出版、發行。相關著作權利（含紙本及電子版），非經元華文創同意或授權，不得將本書部份、全部內容複印或轉製、或數位型態之轉載複製，及任何未經元華文創同意之利用模式，違反者將依法究責。

本著作內容引用他人之圖片、照片、多媒體檔或文字等，係由作者提供，元華文創已提醒告知，應依著作權法之規定向權利人取得授權。如有侵害情事，與元華文創無涉。

■本書如有缺頁或裝訂錯誤，請寄回退換；其餘售出者，恕不退貨■